CONTENTS
行政法研究　第60号

【巻頭言】オーストラリア・シンガポールにおける審判所
……………………………………………………宇賀　克也…3

創刊第60号特別企画

〈特集〉地方分権改革の検証と課題

1　機関委任事務の廃止………………………………斎藤　　誠…11

2　平成の合併による地域の変容と「地方自治の本旨」
　　からの考察……………………………………幸田　雅治…37

3　広　域　連　携……………………………………木村　俊介…67

4　基礎的自治体への権限移譲………………………飯島　淳子…93

5　自主財政権の拡大
　　――地方税財政制度改正の展望と政策課題……小西砂千夫…109

6　自主立法権の拡大
　　――計画改革から考える………………………勢一　智子…129

7　自治体の「国政参加」論再考
　　――二つの理論的出自…………………………中嶋　直木…149

8　地方議会の活性化…………………………………駒林　良則…171

9　監査機能の強化と内部統制の充実………………石川　恵子…189

10　住民訴訟制度の見直し
　　――地方分権改革以降の展開……………………曽和　俊文…207

11　国地方公共団体間の法関係
　　　── 関与関連訴訟に関する判例からの示唆……………村上　裕章…*227*

────── ＊ ──────

【論　説】
◆ 連載　事実認定と行政裁量(3)……………………………船渡　康平…*251*
　　　第1章　これまでの主張の整理（承前）（*252*）
　　　　〈第3節第2款第5項より〉
　　　第2章　これまでの主張の正当性（*291*）
　　　　〈第2節まで，本号〉

行政法ポイント判例研究

厚木市議会ホームページ会議録発言掲載等請求事件
　　　── 発言取消命令に対する司法審査を中心に
　　　横浜地判令和6年11月27日判例集未登載………………神橋　一彦…*303*

書評

〈1〉友岡史仁『原子力法の構造と専門知制御』
　　　　　（信山社，2024年）……………………………………筑紫　圭一…*331*

〈2〉宇賀克也『行政の実効性確保 ── 行政代執行を中心として』
　　　　　（勁草書房，2024年）…………………………………宇那木正寛…*351*

【巻頭言】

オーストラリア・シンガポールにおける審判所

宇賀克也

1　2024年11月，オーストラリアとシンガポールに出張させていただいた。裁判所，大学，調停機関，仲裁機関に加えて，オーストラリアおよびシンガポールにおける紛争解決の特色である審判所（tribunal）も訪問して，調査を行った。

2　ニューサウスウェールズ州の民事・行政不服審判所（以下「NCAT」という）では，アームストロング所長から説明を受けた。オーストラリアの州では，私人間の民事事件と私人・行政間の行政事件の双方を審理する民事・行政不服審判所が設置されている。州では，私人間の紛争を司法裁判所でない審判所が行うことについては，司法裁判所による紛争解決のルートが開かれている限り，憲法上の制約はないと考えられているのである。NCATは，2013年に制定されたNCAT法により，従前の22の個別の審判所を統合した総合的審判所であり，2014年1月1日から活動を開始している。審判所を統合した理由は，管理費用を節減できること，多様な事件を取り扱うことができるようになるため審判官が取り扱う事件の選択肢が拡大し，職務の魅力が増すことである。

NCATは多様な事件を取り扱うので，「行政及び機会均等部」，「消費者及び商事部」，「後見部」，「職業部」の4つの部に分かれており，また，各部で行われた裁決への内部的な不服申立てについて裁決する「不服審査パネル」も存在する。

興味深いのは，NCATの所長は，同州の最高裁判事をもって充てること（NCAT法13条1項），所長は常勤とすること（同法10条6項）が法定されていることである。アームストロング所長も，同州の最高裁判事であるが，NCATの所長としてフルタイムで勤務している。他の州の民事・行政不服審判所では，所長が常勤ではなく，審判所と裁判所の双方で勤務する例もあるそうであるが，NCATの業務量は多いので，所長を常勤とすることは不可欠とのことである。

最高裁判事の身分を有する者が，常勤で審判所長を務めることは，わが国では考え難いが，NCATでは，裁判官は，司法権の行使のみならず行政不服審査のような行政権の行使も認められており，憲法上の問題はないようである。最高裁判事は定年（同州の場合は75歳）まで身分が保障されているので，任命権者から

の独立性を保持しやすく、国民からの信頼も得やすいことが、このような制度とされた主たる理由であるということであった。NCAT は行政事件も取り扱うので、政府に忖度することなく判断するためには、所長の身分保障はきわめて重要と考えられているのである。

　NCAT は、訴訟よりも迅速で安価な紛争解決を行うことを目的としており、実際、弁護士を代理人として選任せずに不服が申し立てられるケースが多い。しかし、弁護士が代理人につかない場合には、審理に不要な大量の文書等が提出されることが少なくなく、また、論点から外れた議論がされることが稀でないが、審判官が助言をする場合に、反対当事者から公正性を損なうという批判を受けないように慎重に行う必要がある。

　NCAT が審理する事件の約99％は民事事件であるが、2023年7月1日〜2024年6月30日の統計によると、1年間に7万1223件の不服申立てがあり、そのうち5万2028件は「消費者及び商事部」、1万7323件は「後見部」が審理しており、この二つの部が担当する事件が大半を占めている。「行政及び機会均等部」への不服申立ては997件にとどまる。2023年7月1日〜2024年6月30日の統計では、この期間に解決された事件は7万666件であり、申立件数の約99.2パーセントであるから、NCAT では、未処理案件の蓄積が問題になっている状況ではない。

　行政庁の原決定への不服申立てを NCAT が審理する場合、merits review が行われるが、これは、わが国の法律用語でいえば、判断代置審査に当たる。すなわち、原決定を行う行政庁が行政裁量を有しているか否かにかかわらず、NCAT は、自ら原決定者と同じ立場に立って、覆審的に決定をやり直すのである。わが国では、行政不服審査法1条1項で、「違法」であるか否かのみならず「不当」であるか否かも審査の対象になるとしているが、実際の運用上は「違法」であるか否かの審理にとどまり、「不当」であるか否かの審査が行われることは稀であることが指摘されてきた。しかし、オーストラリアでは、審判所が判断代置審査を行うので、そもそも、「違法」と「不当」の区別を意識することはないようである。

　3　次いで、同州の人身傷害委員会を訪問し、フィリップス委員長から説明を受けた。同委員会は、2020年の人身傷害委員会法により州保険規制庁紛争解決局と労働者災害補償委員会を統合して、2021年3月1日に設置された。人身傷害委員会は、労働者災害補償部と自動車事故部からなる。このように、同委員会は、従前は別組織で審理されていた労働者災害補償に係る紛争と自動車事故に係る紛争の双方を審理する審判所として設置された。個別の審判所を統合した総合的な NCAT がすでに存在する以上、人身傷害に係る紛争の審判機能も NCAT に統合

し、その中に労働者災害補償部と自動車事故部を設けるという選択肢も考えられる。しかし、NCATは州政府の予算で運営されているのに対して、同委員会は、使用者および自動車の運転者からの保険料を原資として運用されており、収入構造が大きく異なることが、同委員会がNCATとは独立に設置された主たる理由である。予算不足に悩むNCATとは対照的に、人身傷害委員会は保険料により豊富な資金を得ている。同委員会のオフィスは、眺望の素晴らしいビルにあり、オフィスの内装も、資金の潤沢さを感じさせるものであった。

　NCATにおいては、弁護士が代理人となる不服申立ては稀であるのに対して、同委員会の場合、2023年7月1日～2024年6月30日の統計によると、自動車事故部が審理する案件の81％は弁護士を代理人として保険金請求者が不服申立てをしており、弁護士を代理人として保険会社が不服申立てをしたのが11％、弁護士を代理人とせずに保険会社が不服申立てをしたのが2.68％であり、弁護士を代理人とせずに保険金請求者が不服申立てをしたのは0.2％にとどまっている。また、労働者災害補償部では、不服申立て案件のうち、弁護士を代理人とした労働者による不服申立てが97.2％、弁護士を代理人とした保険者による不服申立てが2.6％であり、弁護士を代理人としない労働者による不服申立ては0.2％にとどまっている。

2023年7月1日～2024年6月30日の統計によると、人身傷害委員会は、1万6585件の新規の不服申立てを受け付けているが、1万8,366件の案件を終結させている。これは、主として、労働災害補償関係事件を迅速に処理していることによる。交通事故の案件についても、2023年7月1日～2024年6月30日の統計によると、約92％が裁決前に和解に至っているが、労働災害補償関係事件と比較すると解決に時間を要している。

　4　連邦の行政不服審判所（Administrative Review Tribunal、以下「ART」という）も訪問し、ソーレイ副所長からご説明を受けた。ARTの所長は連邦裁判所判事をもって充てることが法定されており、数名置かれる副所長の中にも判事がいる。ソーレイ副所長も連邦裁判所判事であり、2018年2月14日、連邦裁判所判事に任命されている。ソーレイ副所長は、私たちとの面談日は、連邦裁判所判事としての勤務であったため、ARTのオフィスがあるビルではなく、前日訪問した裁判所合同庁舎内のソーレイ判事の執務室での面会となった。

　オーストラリアでは、連邦レベルでも、かつては、分野ごとに多数の行政審判所が設置されていたが、裁決の一貫性の確保やコストの削減の観点から、1975年の立法により、その翌年から行政不服申立審判所（Administrative Appeals Tribunal、以下「AAT」という）が活動を開始し、約半世紀にわたって存続してき

た(1)。しかし，2024年5月31日の法改正で，AATは同年10月14日に廃止され，それに代替する組織としてARTが設置されたのである。したがって，私たちがARTを訪問した同年11月21日の時点では，ARTの発足後1か月余りしか経過しておらず，ARTの実績を伺うには時期尚早であった。保守連合政権時代にAATの審判官の任命が，実績・能力ではなく政治的に行われる傾向にあったことを，政権を奪還した労働党が厳しく批判し，スポイルズ・システムからメリット・システムへ転換することを旗印にして，ART法の制定を実現したとのことであった。

　ARTは，AATと同様，判断代置審査を行う。そして，違法ではなくても，ARTが行政庁の決定と異なる判断に至れば，当該決定を取り消し，異なる内容の決定をすることができる。ARTは総合的不服審判所として多様な事件を取り扱う。ARTには，専門性を確保するため，「一般部」，「諜報・セキュリティ部」，「移民部」，「全国障害保険事業部」，「保護部」，「社会保障部」，「租税及びビジネス部」，「退役軍人及び労働補償部」の8つの部が設置されている（ART法196条1項）。

　また，AATでは，その裁決に不服がある場合，法的問題について裁判所に出訴する以外の選択肢しかなかったが，ARTでは，「指導及び不服申立パネル」（guidance and appeals panel）が設置され（ART法40条〜42条），当事者は，ARTの裁決が行政決定にとって重要な意味を有するか，または重大な法解釈の誤りもしくは事実誤認があると考える場合には（ART法124条2項），裁決の理由を通知されてから28日以内に（ART法125条），所長に対して，「指導及び不服申立パネル」での再審査を申し立てることができることになった（ART法123条1項）。すなわち，裁判所に出訴することなく，訴訟より安価にARTの当初の裁決の見直しを求めることができるようになったのである。再審査の申立てを受けた所長は，当該裁決が行政決定にとって重要な意味を有するか，または当該裁決に重大な法解釈の誤りもしくは事実誤認があると認める場合には，「指導及び不服申立パネル」による再審査に付すことができる（ART法128条2項）。

　さらに，所長は，ARTに不服申立てがされた場合，当該申立てが行政決定にとって重要な意義を有するか，または正義の実現のために適切と認める場合には，職権により，「指導及び不服申立パネル」における審査に付すことができる

（1）AATについては，碓井光明『行政不服審査機関の研究』（有斐閣，2016年）55頁以下が詳しい。平松紘＝金城秀樹＝久保茂樹＝江泉芳信『現代オーストラリア法』（敬文堂，2005年）141頁以下（久保茂樹執筆）は，オーストラリアの「新しい行政法」と呼ばれる行政法改革との関係でAATについて解説している。

（ART 法122条1項）。指導及び不服申立パネル」の裁決（Tribunal guidance decision）があるときには，ART は，類似の事実または事項については，「指導及び不服申立パネル」の裁決を考慮しなければならないとされた（ART 法110条1項）。「指導及び不服申立パネル」の裁決に拘束されるわけではないが，その裁決を考慮することが義務付けられたため，実際上，ART の裁決の統一機能を果たすことになると考えられる。

　ART の構成員の中には，特定の部に専属している者もいるが，複数の部に所属している者もいる。最も専門性が高いのは税務事件であるので，その担当者には，通常，税の専門家を充てることになる。労働災害補償事件の場合，医学の知識が必要なことがあるので，法律家と医学の専門家の双方が審判に加わることがある。著作権関係事件では，経済的な価値の検討のために経済学者が審判に加わることもある。過去に法曹として多様な事件に携わってきた経歴のある者は，複数の部署の担当を兼務することがある。

　オーストラリアの州では，民事・行政不服審判所で民事事件と行政事件の双方を審理しており，NCAT では，実際には，圧倒的多数は民事事件を取り扱っている。これに対して，ART は，行政事件のみを取り扱っている。連邦の審判所で民事事件を取り扱うことに憲法上の制約があるのかについてソーレイ副所長に質問をしたところ，民事事件と行政事件が常に明確に区別できるわけではなく，労働者災害補償事件を ART は管轄しているが，これは，被災労働者と保険会社の間の民事紛争としてみることもできるので，憲法上の制約はないと考えるという回答であった。

　「全国障害保険事業部」や「移民部」が取り扱う事件，少額の租税事件においては，不服申立人が経済的に余力に乏しいことが多いので，弁護士が選任されないことが多い。審理期間について ART 法では一般的な制限規定を設けているわけではないが，大量の事件を抱える中で，審理の迅速化は大きな課題である。連邦裁判所では，非常勤の裁判官が年に数回，1～2週間，勤務する制度があり，ソーレイ副所長は，ART でも，迅速に処理しなければならない事件について，既存の構成員で対応が困難な場合には，同様の対応を行うことが必要になるかもしれないという。

　5　シンガポールの CCTC（Community Courts and Tribunals Cluster）のティアン主任地区判事およびホー地区判事からは，初めにパワーポイント資料を用いて審判所について説明を受けた。シンガポールにおいても，オーストラリアの審判所と同様，審判所では判断代置審査が行われ，その裁決に不服があれば，法的問題について裁判所の司法審査を求めることができる。CCTC は，少額請求審

判所,労働審判所,地域紛争解決審判所,ハラスメントからの保護裁判所,治安判事裁判所から構成されている。少額請求審判所では,原則として2万シンガポールドル以下の請求に関する事件を取り扱うが(2),双方の当事者が書面で合意すれば,3万シンガポールドル以下の事件を取り扱うこともできる。商品やサービスの売買,財産被害に係る不法行為,2年以内の賃貸借に係る紛争等が審理対象になる。地域紛争解決審判所は,騒音,悪臭等に起因する近隣紛争で2万シンガポールドル以下の請求に関する事件を取扱う。審判所の裁決は,損害賠償や差止め,特定の行為の履行のほか,謝罪を命じたり,地域からの追放を命じたりすることがある点が興味深い。

　CCTCに属する審判所および裁判所は,裁判官が手続を主宰する場合であっても,証拠法則を適用しない等,手続は簡素化されており,一般の市民が容易に司法にアクセスすることを可能にしている。法的紛争一般を対象とする裁判所と異なり,CCTCでは,特定の分野で特別のルールと手続により紛争を解決することにより,一般の裁判所の司法機能を補完して,事案に即した柔軟な紛争可決を志向している。興味深いのは,経済格差による不平等が生じないように,審判所のほぼすべてで弁護士の選任が禁じられていることである。

　同国では,2000年に訴訟に関する資料のオンライン提出が義務付けられており,IT化は,わが国よりはるかに進展している。もっとも,判決をデータベースとして公開するに当たっての匿名化等の作業は,手作業で行っており,匿名化等のソフトは使用していないとのことである。将来は,AIを活用することによって,英語を母国語としない当事者のための書類の翻訳,大量の書類の要約等が実現する可能性があると考えているとのことである。

　6　シンガポール大学(以下「NSU」という)では,タン非常勤教授からは,シンガポールの審判所を中心に詳しい説明を受けた。シンガポールの審判所には,行政決定に対する不服を審理する審判所,たとえば収用補償額の適否についての不服を審理する審判所が,土地収用法に基づき設置されている。この審判所に不服を申し立てられるのは,補償額の適否のみであり,収用の可否は対象外である。したがって,収用の可否を争う場合には裁判所に訴訟を提起しなければならない。

---

(2) シンガポールには,少額紛争,近隣紛争,労使紛争等の個別分野に特化した多くの審判所が存在し,オーストラリアとは異なり,審判所の総合化は行われていない。シンガポールでは,審判所は,司法組織の一部として位置付けられるものと行政組織の一部として位置付けられるものがある。Bala Reddy & Jill Tan eds, Law and Practice of Tribunals in Singapore (Academy Publishing, 2019) の巻末に審判所が列記されている。

〈巻頭言〉 オーストラリア・シンガポールにおける審判所〔宇賀克也〕

　主要な審判所の中には，専門職に対する規律を目的とする懲戒審判所もある。専門職に対する懲戒は，同じ専門職によって行われるべきという考え方に基づき，医師，歯科医師，弁護士，公認会計士，弁理士，建築士，専門技師等の専門職ごとに懲戒審判所が設けられている。これらの審判所の審判官は，主として，それぞれの専門職から任命されるが，他方，同業に携わることから身内意識で処分が甘くなるおそれもあるので，当該専門職以外の者も審判官に加えるように配慮されている。懲戒裁決に不服があれば，裁判所に出訴することができるが，通常は，出訴されることはないとのことである。

　少額請求審判所も重要な審判所である。これは，準司法的な作用を営む。この審判所の設立は，消費者と企業，家主と店子のように経済的社会的な力関係に差がある場合に弱者の側が強者の法的責任を追及することを容易にすることを目的としている。したがって，一般の私人間の紛争は対象としていない。このような目的に適合するように，オンラインでの申請が可能になっており，不服申立費用は5シンガポールドルにとどまる。経済力によって結論が左右されないように，少額請求審判所では，代理人の選任が禁止されており，消費者が企業に対し，あるいは店子が家主に対して請求する場合であっても，本人で不服申立てを行わなければならない。少額請求審判所の裁決に対しては，高等法廷に出訴できるが，出訴事由は，法律問題または審判所の管轄外であることに限られる。

　地域紛争解決審判所もシンガポールにおいて大きな役割を果たしている。地域内の紛争，とりわけ近隣紛争の場合，紛争終結後も，双方の当事者が近隣に居住することが多いことに鑑みると，黒白をはっきりつけるような解決よりは，近隣住民間の対立を緩和することを重視した解決が望ましいことが少なくない。したがって，地域紛争解決審判所の審判官は，訴訟における審理を運営する能力のみならず，調停を行う能力も兼備することが求められる。地域紛争解決審判所の存在によって，低廉なコストで多くの地域紛争が解決され，裁判所の負担が軽減されている。

　タン非常勤教授の見解によれば，シンガポール政府は，訴訟の増加を必ずしも好ましいとは考えておらず，審判所による紛争解決に加えて，裁判所が主導する調停がかなり活用され，成果を上げている。裁判所が判決になった場合の見込みを心証として双方の当事者に提示すれば，当事者も訴訟を継続して時間と費用を費やすよりも，金銭的に折り合える妥協点を見出して，早期に紛争を終結するインセンティブが生じるという。

7　出張中は，在オーストラリア日本国大使館の鈴木量博特命全権大使，山口勇公使，長島慶典一等書記官，在シドニー日本国総領事館山中修総領事，新村雄

海副領事，在シンガポール日本国大使館の石川浩司特命全権大使，伊藤友香子参事官，潮田遼二等シンガポール書記官等から，現地情勢についてブリーフィングをしていただくなど，大変お世話になった。ここに記して謝意を表したい。また，随行していただいた仙台高等裁判所小田誉太郎判事，出張にあたり様々な準備をしていただいた井手正弘前参事官，髙櫻慎平参事官を始め最高裁判所事務総局秘書課渉外第2係の皆様にも厚く御礼申し上げたい。

〈特集〉地方分権改革の検証と課題

1　機関委任事務の廃止

斎　藤　　誠

はじめに
Ⅰ　機関委任事務「体制」
Ⅱ　淵　源
Ⅲ　「対等・協力」を目指して —— 廃止の過程
Ⅳ　残された問題への対応とこれからの課題

はじめに

　機関委任事務の廃止は，第1次地方分権改革において，改革行程で中心の位置を占め，そのもっとも華々しい「成果」にもなった[1]。そして，廃止後の地方公共団体の事務と国の関与のあり方については，その後も様々な改革と議論が継続している。2024年の地方自治法改正による，「国民の安全に重大な影響を及ぼす事態」における国関与の強化をめぐる議論が記憶に新しい。
　したがって，このテーマについては，「検証」と「課題」それぞれについて汗牛充棟の文献がある。なにがしかの新規性を求めて，いくつかのキーワードを軸に考察を加えたい。

Ⅰ　機関委任事務「体制」

1　体制の含意

　第2次世界大戦後，市町村だけでなく，都道府県も新たにその対象として，拡

---

[1]　以下，事務廃止，ないし事務の廃止と略記することがある。現在の地方自治法体系書における事務廃止の位置付けとして，塩野宏『行政法Ⅲ〔第5版〕』（有斐閣，2021年）180-181頁，184頁，宇賀克也『地方自治法概説〔第11版〕』（有斐閣，2025年）144頁以下を参照。第一次地方分権改革の途上における本稿筆者の分析として，斎藤誠『現代地方自治の法的基層』（有斐閣，2012年）96頁以下（1997年初出）を参照。

大更新された機関委任事務については，事務そのものについてだけでなく，機関委任事務をとりまくものごとも批判の対象となってきた。

　機関委任事務，そして，この事務を典型とする中央・地方の関係，特に中央によるコントロールのあり方を認識し，批判する場合，これが「機関委任事務体制」と表現されてきた(2)。

　一般用語としての「体制」は，いささかあいまいな言葉ではある。

　「(社会を一つの生物体のように見て)社会が組織されている様式(用例「資本主義体制」。あるいは，「ある勢力に支配されている状態(用例「ベルサイユ体制」)(3)。両者の弁別もあいまいではあるが，機関委任事務体制という言葉の場合，まずは，前者だけでなく後者の意味も含んでいよう。

　もう少し，専門的な用語として「体制」を捉えるとどうなるだろうか。

　「特定の分野における明示的，あるいはインプリシットな，原理，規範，ルール，そして意思決定の手続のセットであり，それを中心として行為者の期待が収斂していくもの」。

　これは国際政治学における「国際レジーム」の定義の一つであり，正確に引用するためには，冒頭に「レジームとは，国際関係の」と補う必要がある(4)。しかしながら，明示・黙示の原理・規範・手続等を包摂し，そして，機関委任事務を中心に，行為者として事務を実施する者と事務を委任する者，そしてその他の利害関係者の期待 ―― 法社会学の言葉を借用すれば，そこには，「認知的予期」と「規範的予期」の両者が含まれる ―― も醸成されている点で，機関委任事務体制については，この定義の示す特徴もある程度当てはまるのではないか。

　そして，より上位かつ包括的なシステムとしての，中央・地方の伝統的なあり方の中心に位置するのが，レジームとしての機関委任事務体制ということになる。

2　体制の認識と批判

　この体制については，分権改革前にも，繰り返し問題性が指摘され，改革が求められてきた。その一端を，戦後における制度の拡大更新から22年後，分権改革

---

(2) 例えば，辻山幸宣「戦後日本の自治と統治」自治実務セミナー(2018年4月号) 2頁。
(3) 西尾実他編『岩波国語辞典〔第2版〕』(1971年) 605頁。機関委任事務制度の都道府県への拡大と，その後の逐次の改革については，成田頼明『地方自治の保障』(第一法規，2011年) 283頁以下(1998年初出)が詳細である。
(4) 山本吉宣『国際レジームとガバナンス』(有斐閣，2008年) 35頁。小寺彰『WTO体制の法構造』(東京大学出版会，2000年) 61頁も参照。

の始動から24年前，つまりおよそその中間地点において，「機関委任事務の再検討」を「主集」（特集）とした，「都市問題」誌冒頭，「主集のことば」で見ておく。

「……（機関委任事務の）処理機関はいうまでもなく地方公共団体固有の機関であり，地方公共団体は住民自治のもとに公の行政を行うものであるから，そのような機関が当該地方公共団体とは別個の国その他の団体の指揮監督を受け，ばあいによっては罷免の処分さえも受けることは，住民自治を基礎とする地方自治にとって侵害を意味するものではないかとの疑問が生じてくる。また，それらの事務のうちには，それぞれの地方公共団体において，その責任の下に行なう方が適当と考えられるものも少なくない。しかもこのような機関委任事務の量が極めて多いことは周知のとおりである。それでこれを抑制する方法が講ぜられているのであるが，それにもかかわらず今後もなお増加する傾向が強い……」。(5)

これはどちらかといえば，当該事務自体に焦点を当てた批判であり，前半は法的視点から，後半は政策的視点からの指摘である。

そして，現場の実務にとっては，機関委任事務そのものだけでなく，その体制が問題であったことを，同特集の，青山春雄（当時，広島県府中市市長）「市政の運営における機関委任事務の問題」(6)が端的に示している。

同論説は，日本の自治体の「発生時における脆弱性」，「国の指示には平伏しなければならないシステム」，機関委任事務の存在による「（自治体の）出先機関としての性格」に言及した上で，府中市には，約70種類にのぼる（機関）委任事務があるとして，そのうちの指定統計調査，自衛官募集等，36を列挙する――「市役所の行っている行政事務の大部分が機関委任事務，もしくは之に近いものである」。そこで，とりわけ問題とされるのは事務の市費負担による市の事業の圧迫である。実例として負担の実態が提示されるのは，（機関委任事務でないものも含むが）「保育所運営」「生活保護行政」「義務教育行政」「国民健康保険」である。

総じて，機関委任事務を中心に，「自治体でやらなくてもよい行政が，しいられている面が多すぎ」，そしてまた，「自治体側も何でもやろうとする悪いくせがある」。機関委任事務について，国は「大乗的見地に立って，おおらかな考え方」

---

(5) 都市問題60巻4号（1969年）1頁。
(6) 同上，59頁以下。行為者の期待も含めた「体制」形成の要因については，小早川光郎教授による次の指摘も参照。
「行政法の基本システムと各分野の専門技術性とを各省でうまく組み合わせたもの」として，「それなりに大きな国での，個々の地域の現実と，大きな政策と，法制度としての統一性とを，なんとか整合的にうまく組み合わせてできたのが機関委任事務」。地方自治制度研究会編『地方分権20年のあゆみ』（ぎょうせい，2015年）145頁。

で「思いやりのある方策」により、「自治体の自主性を尊重」すべきとする[7]。

　機関委任だけが問題なのではない。自治体に対する事務の義務付けと財政負担も大きな問題だ。現場からの切実な問題提起であり、機関委任事務廃止後に残る課題もまた、既に予示されていたことになる。

　そして、この特集から十年近くを経て、現場で実施されている仕事のうち、何が機関委任事務であるかも、実は判別がつき難く、なおかつ当該事務以外にも、財政、監督等の問題が及んでいることを、川崎市の事務事業に関する調査が実証的に指し示した[8]。この調査は、機関委任事務問題に一貫して取り組んだ辻山幸宣氏の研究の出発点になったものでもある[9]。

　機関委任事務が量として多く、なおかつ他の事務との区別も曖昧であると、機関委任事務自体の特質、そしてその「反自治的」[10]なあり方、さらには事務の自治体における受容のあり方は、他の事務にも及んでくる。いわゆる機関委任事務「浸透」論、浸透説である[11]。事務は「体制」をなしているから、前掲「主集のことば」の指摘する法的問題点が、罷免権の発動等の行使によって実際に顕現しなくとも、問題は存在し、浸透する。

3　分権改革始動時における機関委任事務廃止の位置

　分権改革前、地方公共団体、自治省、地方制度調査会、そして、行政学及び行政法学を中心とする地方自治研究者は、長きにわたり機関委任事務改革を唱道し

---

(7)　前掲注(5)都市問題60巻4号、70頁。
(8)　加藤芳太郎＝辻山幸宣「自治体事務の分類方法に関する試論 —— 川崎市事務事業の事例を通じて」自治研究54巻2号（1978年）。辻山・前掲注(2)6頁以下も参照。
(9)　辻山氏の機関委任事務研究については、金井利之「機関委任事務の呪縛 —— 辻山幸宣の軌跡」（2022年12月22日地方財務協会地方財政研究会・地方行政研究会合同研究会報告（報告資料は協会HP掲載））の教示を得た。
(10)　亀掛川浩「機関委任事務の沿革」都市問題60巻4号（1969年）16頁。
(11)　辻山幸宣「『機関委任事務』概念の再検討」『ジュリスト総合特集・行政の転換期』（1983年）189頁を参照。成田・前掲注(3)300頁以下も、機関委任事務制度が「中央集権型行政システムの中核的部分」であり、通達によること細かな関与・干渉が、他の事務にも及んで「本来の自治事務や団体委任事務までも実質的に機関委任事務化している」と指摘する。大橋洋一『都市空間制御の法理論』（有斐閣、2008年）309頁注7（2002年初出）も参照。浸透説への批判として、鳥飼顯『『法定受託事務』概念の放棄と事務区分の考え方の見直しについて」都市問題90巻8号（1999年）105頁以下。同論説は、上下・主従意識は、機関委任事務によって形成され、浸透したものではなく、戦前期の上下・主従関係から形成された意識が戦後に継承され、他方で、戦後、法令による義務付けが過剰であることと「職員の遵法精神」が結びついたことが問題である旨をいう。以下で略説するように、戦前期の監督関係と上下・主従意識の中心に機関委任事務があったとすれば、この批判は浸透説と共通の文脈に布置することもできよう。

た。しかし，逐次の改革はなされたものの，その廃止には至らなかった。

「廃止」を中心に据えることで，「体制」及び上位のシステムの変革を目指し，廃止を実現したのが，第１次地方分権改革である。地方分権推進委員会のスタート時点において，廃止は「集権融合型」の地方制度からの転換の第１上陸点として位置づけられていた。この点について，改革を主導した西尾勝氏の「体験観察に基づく研究書」[12]における振り返りを掲げる。

「日本の行政システムを先進国なみのグローバル水準に近づけようとすれば，差し当たりまずは，先進諸国に類例を見ない日本に独特の機関委任事務制度を全面廃止し，国と自治体の融合の度合を大幅に緩和することが求められる。」

「それだけで集権的分散システムの集権性の抜本的解消にはならないが，その集権制の度合を大幅に緩和することには寄与する」[13]。

このような，理想的な自治を阻害する最大要因が機関委任事務であるという，行政学による前提的理解（Vorverstehen）が，改革始動時に存在し，その推進力となった。地方分権推進委員会において「くらしづくり部会」部会長，そして「行政関係検討グループ」のメンバーとして西尾氏を支えた大森彌氏も，廃止がもたらした成果の面も含めて，以下のように回顧している。

機関委任事務は，「集権システムの本体」「官治（官による統治の仕組み）」であり，「自治体に対する中央省庁の行政統制の根幹をなしてきた」[14]。

「二〇〇〇年四月から，自治体が国の事務を処理することは一切なくなった」。官庁側は，通達による統制ができなくなり，法律政令によらなければ「自治体に仕事はさせることなどできなくなった。それは，自治体との関係を『対等・協力』へと転換させていくような振舞い方を所管省に要請するものであった」[15]。

Ⅱ　淵　源

1　市制町村制 ── 村役場は，「国家の一部」「出先機関」だったのか

機関委任事務は，一体どのように登場し，「体制」を形成したのか。この問いに関して，分権改革の前後を問わず必ずといってよいほど言及されるのが，明治

---

(12) 西尾勝『地方分権改革』（東京大学出版会，2007年）5頁の表現。
(13) 同上13頁。同書234頁には「日本の集権分権構造を支えている大黒柱は機関委任事務制度」ゆえに，「全面廃止が最優先課題」ともある。
(14) 大森彌『官のシステム』（東京大学出版会，2006年）177頁。
(15) 同書182頁。

21年市制町村制の町村制第69条第3号，そして「市制町村制理由」における当該条項の解説[16]である。

「第69条　町村長は法律命令に従い左の事項を管掌す
　1　司法警察補助官たるの職務，法律命令に依て其管理に属する地方警察の事務但別に官署を設けて地方警察事務を管掌せしむるときは此限に在らず
　2　浦役場の事務
　3　<u>国の行政並府県郡の行政にして町村に属する事務</u>但別に吏員の設けあるときは此限に在らず
　（中略　助役による分掌を規定）
本条に掲載する事務を執行するが為めに要する費用は町村の負担とす」

「理由」の方は，その意を採って要約すると，以下のようになる。
　国が，町村を国政に関する事務に参与させる方法には二つの方法がある。第一（甲法）は，町村に委任し，その自治権によって処理させる方法である。この場合，事務についての議決は町村会の職権に属し，町村長や吏員は町村会に対して責任を負い，その監視を受ける。
　第二（乙法）は，直接に町村長ないし吏員に委任する方法である。その場合，町村長は直接官命によって事務に従事し，町村会とは関わらない。指揮命令は所属官庁から受け，当該官庁に対して責任を負う。
　両者は互いに得失はあるが，今日の情況に照らして，乙法を採用した。

　この条項と「理由」による趣旨説明が，機関委任制度のオペレーションシステムの基本コードであり，そしてまた，「市制町村制において同制度が採用されたことで，村役場は国の『下部機関』となり，第二次大戦後，官選知事から公選知事への転換に際して，この制度が県にも導入されて，拡大更新されたことで，『体制』も存続・拡大し，他の事務分野にも『浸透』した」，という歴史理解（図式）の大元にある文書である。
　明治期についての比較的新しい歴史研究書である，中西啓太『町村「自治」と明治国家』も以下のようにいう。
　「〔町村制下における「自治」について〕自ら国家の一部として国家の事務を分

---

[16]　小早川光郎他編『史料日本の地方自治1』[Ⅱ-1]（学陽書房，1999年）136頁以下（カタカナをひらがな，現代かな遣いに改め，句読点を付した。下線は本稿筆者による）。理由の該当箇所は，156頁。なお，市制の場合，相当する規定は74条3項である。

担し，責任を果たすことを『自治』とする原理であった。……町村を住民が運営するという点では一定の住民自治は成立していたと言えるが，団体自治という要素は極めて薄かった……。この『自治』を具体化したのは，町村制第六九条であった。」

「国家は法律・命令を定めることで，様々な事務とその費用負担とを，地方に転嫁することが可能となったのである。町村が自らの費用負担において実施しなければならない，国家をはじめとした上部機関の事務は，機関委任事務と呼ばれている」[17]。

同著では，この認識枠組みのもとで，例えば，衛生費・伝染病関係経費など機関委任事務にかかる支出が地方債によってまかなわれていることを析出した上で，「町村が様々な制度を『自主』的に活用し，機関委任事務の負担要求に対し自助努力で応えたことで，結果的には衛生・教育などを充実させ，その底上げに寄与していた」と総括している[18]。

なお，機関委任事務における費用の地方への（全面的な）転嫁については，『理由』は，先に要約して挙げた部分に続けて以下のように述べていた。

「此乙法を行うに至りては，其委任の職務に付き生ずる所の費用は何れの負担なるかを明言せざるを得ず。依って同条末項に之を掲ぐ。其の他町村固有の事務に要する費用は町村の自ら負担すべきこと言を俟たずして明かなり」。

以上の歴史理解（「図式」）に対して，実証面とその概念化の面，双方の観点から，若干の注釈を加えておく。

第1に，市制町村制で採用された機関委任事務という手法の，その時点での新しさは，「他人の事務」を市町村の機関が実施するということにあった。市制町村制の下では，市町村は，法的には国とは別の法人であって，市町村長も，市町村の「吏員」であった。市町村長に地方官官制の適用はなく，市町村長は，それまでのような官吏（地方官）の待遇は受けない[19]。

したがって，歴史家が，市町村が「国家の一部として事務を分担し」た，あるいは，「国家の下部機関である［村］役場」[20]，と表現したとしても，それは，法的には，市町村長が国の事務としての機関委任事務を行う，ということを意味するにとどまる。しかし，その言わんとするところは，機関委任事務を囲繞する

---

(17) 中西啓太『町村「自治」と明治国家』（山川出版社，2018年）9頁，4頁も参照。もっとも，同著は，戦後，特に分権改革後は，「大きく異なる図式である」（5頁）と把握している。
(18) 同上218頁。
(19) 姜再鎬「解説Ⅰ」小早川他編・前掲注(16)8頁以下。
(20) 大島美津子『明治のむら』（教育社，1977年）119頁。

事柄も含んだ実質的・政治的な意味であろう。

　第2に、この面のいわばメダルの裏側にあたるが、市制町村制「以前」に、機関委任事務の淵源を求めようとすると、法律構成の違いを意識しなければならない。そもそも往時は、市町村の団体としての位置付け、市町村長の地位、そして、（地理区分としては、同じ区域として存在していても）国の行政区画と市町村の区画の法的区別、それぞれが、未だはっきりしていなかった。よって、その淵源探しは、法形式の観点からでなく、やはり、より実質的・政治的な観点からということになる(21)。

　第3に、その実質的・政治的観点から見れば、3新法から市制町村制制定後まで、国政事務（第2の観点からすると、「国の事務」というよりは、国全体の利害が強い事務として、このように表現する方が、妥当であろう）の実効的履行が、明治政府側の一貫・通底した最重要関心事であった。しかし、「理由」の起草にあたったアルベルト・モッセ（Albert Mosse）は、国政事務は必然的に機関委任すべきであり、議会が関与する団体委任事務には未来永劫できない、とは考えていなかったように見受けられる。上記「理由」中の「今日の情況」というヘッジワードも、立憲政の進展によって、地方議会のあり方もおのずと変わってくるという面から捉えられよう(22)。

2　市制町村制における機関委任事務の質量

　機関委任事務が、その存在と処理のシステムを中心とする「体制」を形成するには、事務における強い国家関与といった、事務の「質」だけでなく、市町村行政全体のなかで占める、ある程度以上の「量」もその前提となる。いくら中央による統制が強い事務であっても、その分量がわずかで、全体のなかで例外的な位置付けにとどまるのであれば、それを核として地方の事務全体に及ぶ有形無形のメカニズムは成り立ち難い。市町村行政における同事務の具体的対象と分量は、

---

(21) 亀掛川・前掲注(10)16頁以下は、三新法の下では、町村長の町村「総代」規定の案が採用されなかったこともあって、町村について、国と地方団体の二重の性格が維持され、町村制の下でも、機関委任事務が存在し、国の地方区画と町村の区画が一致する結果、同様に二重の性格があるとする。

(22) 「今日の情況」について、辻山・前掲注(2)3頁は、翌年発布予定の明治憲法では、行政権が天皇に属するゆえに、「自治体住民に自治権が認められるはずは」なく、「国政事務を自治権をもって処理させるわけにはいかなかった」と推測している。この点は、モッセの実務的かつ漸進的思考との関係において、検証が必要であろう。例えば「モッセ氏自治論」山中永之佑監修『近代日本地方自治立法資料集成2』（弘文堂、1994年）166頁以下。三成賢次『法・地域・都市』（敬文堂、1997年）58頁以下も参照。Vgl., Kraus, K., Die Familie Mosse, 1999, S. 200ff.

どのようなものだったのか。

列強による植民地化のおそれのなかで，「緊急避難」のように近代化を急いだのが日本の明治維新の歩みであったから[23]，市町村長，そして実際には市町村役場が担当する国政事務としての機関委任事務も，徴兵，戸籍，選挙，小学校関係，伝染病予防，道路，河川等多岐にわたった。

その量に関して，例えば，大島美津子『明治国家と地域社会』[24]は，「町村役場の取り扱う事務の7，8割が，国，府県，郡の行政事務」であるとした上で，市制町村制施行前から施行後の経費費目の変化，特に役場費の増加を，「国家委任事務遂行を保障する機構整備を財政面で示すもの」とする[25]。そしてまた，「町村費の7，8割は国，府県，郡の委任事務費」であるとし，村によっては，役場費，会議費，教育費が町村財政の99%を占め，土木費が支出されていないところもあることから，「村役場とは国の出先機関であるにすぎず，自治体とはまさしく名のみであった」という[26]。

役場費，会議費には，かならずしも機関委任事務でない事務の費目も含まれるし，そもそも機関委任事務とそれ以外の事務も切り分け難い面がある。分権改革時に，分権推進委が提示した機関委任事務の割合（都道府県事務の7〜8割）が批判されたこと[27]が想起されるが，市制町村制施行後の状況において，「国政委任事務」が町村行政・財政の多くを占め，町村固有のニーズが旧村（部落）の負担（協議費）により充足されていたことは確かである。先に掲げた町村制69条2項が，機関委任事務の町村費用負担の法的根拠ではあるが，先行する3新法の時代の，国家的な事務（基幹的な道路建設等）の経費が，府県・郡の地方税や地元住民の協議費等により賄われるという構造[28]が，市制町村制においても，町村に過重な負担を課すという面において継承された。

そして，市制町村制のもとで，近代国家に必須の人的・物的インフラを充実さ

---

(23) 渡辺京二『小さきものの近代1』（弦書房，2022年）5頁以下。
(24) 大島美津子『明治国家と地域社会』（岩波書店，1994年）。
(25) 同著，232頁。なお，大島・前掲注(20)139頁は，「機関委任事務は村役場の事務のほとんどを占め，その費用も村財政の過半をしめた」とする。同著は，この著作を加筆修正したものであるが，この表現は採られていない。山中監修・前掲注(22)解題1［山中］14-15頁も参照。
(26) 大島・前掲注(24)233-4頁。
(27) 鳥飼「機関委任事務に関するいくつかの『通念』への疑問」都市問題88巻7号（1997年），51頁以下。
(28) 渡邊直子「『地方税』の創出」高村直助編『道と川の近代』（山川出版社，1996年）133頁以下，長妻廣至『補助金の社会史』（人文書院，2001年）長井純一『河野広中』（吉川弘文館，2009年）60-63頁，を参照。

せるべく，伝染病予防や小学校教育など各分野での個別法の整備が進むと，機関委任事務の対象も拡大し，市町村の負担も増加した[29]。中西著が指摘するように，地方債の利用等によって市町村側が「自主的に」これに応えた面もあるが，他方で，このような負担のあり方が行き詰まりを見せる度に，中央政府の懐がいたまないタイプの改革（地方改良運動）[30]や，財政調整制度の導入（個別分野におけるその先駆を義務教育費の国庫負担に見出すことができる[31]）によって，「体制」の維持・強化が図られた[32]。

Ⅲ 「対等・協力」を目指して ── 廃止の過程

1 第1次地方分権改革前の状況

戦後，拡大更新された機関委任事務に対しては，地方公共団体のみならず，その連合組織としての地方6団体，そして地方自治研究者など，その「応援団」も批判を積み重ね，神戸勧告，累次の地制調答申等，多くの政府文書においても，改革が唱えられた。（当時の）現状認識及び事務批判論の一端は，既に見たところである。

　地方分権の原理論，地方自治のモデル論との関係で付言すれば，第1次地方分権改革では，国・地方の対等・協力関係の構築が高く掲げられたが，そもそも，日本国憲法上の地方自治条項について，当初から地方自治と国家の政治の「共同」，そして，地方公共団体の「個性」「独立的存在」の尊重が，その趣旨として説かれていた[33]。さらに，戦後改革に続く昭和27（1952）年地方自治法改正において，「法的併立的協力関係」への転換が図られていた[34]。その後の地方自治の歩みについて，このような「対等・協力関係」の構築を機関委任事務の存在と

---

(29) 大島・前掲注(24)284頁以下，斎藤誠「解説2」小早川他編・前掲注(16)所収29-30頁，中西・前掲注(17)195頁以下，216頁以下を参照。
(30) 地方改良運動については，斎藤誠「地方自治の法的構造 ── その史的前提」後藤・安田記念東京都市研究所編『都市の変容と自治の展望』（後藤・安田記念東京都研究所，2022年）93頁以下とその参考文献を参照。
(31) 進藤兵「解説Ⅰ」小早川他編『史料・日本の地方自治Ⅱ』（学陽書房，1999年）所収17頁以下を参照。
(32) 中西・前掲注(17)は，市制町村制移行後の地方自治について，「システム的側面」として，自主性を組み込んだ制度の諸相を提示する。本稿で瞥見した，機関委任事務にかかる制度の推移からすると，大島らが描く古典的な「体制」が，中西のいうシステムよりも上位のシステムとして存在・存続したと解釈することもできよう。斎藤誠「戦後地方自治の原像 ── 帝国議会における憲法条項審議をめぐって」自治実務セミナー（2015年8月号）14頁以下を参照。

その形成する磁場が制限し続けた，と見立てることもできよう[35]。

2 理念と戦術，そして成果

(1) 廃止への転轍

1970年代〜90年前半には，漸進的な改革はなされたものの，機関委任事務の廃止にまでは至らなかった。潮目がかわったのは，90年代後半，様々な要因が積み重なって，分権改革が始動したことによってである。地方分権推進委員会において，その廃止が明確に打ち出され，なおかつ改革の中心となった。

廃止方針を同委員会の公式文書として最初に提示した中間報告（1996年3月29日）の該当箇所を，煩を厭わず以下に掲げる。

「第2章 国と地方の新しい関係 Ⅱ 機関委任事務制度の廃止

(1)機関委任事務制度は，地方公共団体の執行機関，特に知事及び市町村長を国の機関とし，これに国の事務を委任して執行させる仕組みであり，明治時代の旧市制・町村制下の地方制度において自治体であった市町村の長を国の指揮監督下に置く方式として制度化されたものである。旧府県制下の知事は，内務大臣によって任命される国の機関であったために，このような制度を必要としなかったが，戦後の地方自治制度の発足により，都道府県が完全自治体となり，知事が公選制となったことに伴って都道府県にも拡大され，現在では地方自治法別表に法律単位で列挙されている項目数で561（うち都道府県379，市町村182）にも及び，これは都道府県が行う許認可の8割，市町村が行う許認可の3〜4割を占めているとも言われている。

(2)機関委任事務の執行については，知事は主務大臣の，市町村長は国の機関としての知事の指揮監督を受けることとされ，地方公共団体の議会や監査委員によるチェック機能も制限されるなど，機関委任事務制度は，わが国の中央集権型行政システムの中核的部分を形づくる制度となっている。

(3)機関委任事務制度は，住民による選挙で選ばれた知事や市町村長を，国の下部機関とみて，国の事務を委任し，執行させる仕組みであることから，次のような様々な弊害が生じている。

① 主務大臣が包括的かつ権力的な指揮監督権をもつことにより，国と地方公

---

(33) 金森国務大臣の国会における趣旨説明に登場する語句である。斎藤・前掲注(32)を参照。
(34) 塩野宏『国と地方公共団体』（有斐閣，1990年）59頁以下を参照。
(35) 同上51頁，183頁以下を参照。

共団体とを上下・主従の関係に置いている。

② 知事, 市町村長に, 地方公共団体の代表者としての役割と国の地方行政機関としての役割との二重の役割を負わせていることから, 地方公共団体の代表者としての役割に徹しきれない。

③ 国と地方公共団体との間で行政責任の所在が不明確になり, 住民にわかりにくいだけではなく, 地域の行政に住民の意向を十分に反映させることもできない仕組みになっている。

④ 機関委任事務の執行について, 国が一般的な指揮監督権に基づいて瑣末な関与を行うことにより, 地方公共団体は, 地域の実情に即して裁量的判断をする余地が狭くなっているだけではなく, 国との間で報告, 協議, 申請, 許認可, 承認等の事務を負担することとなり, 多大な時間とコストの浪費を強いられている。

⑤ 機関委任事務制度により, 都道府県知事が各省庁に代わって縦割りで市町村長を 広く指揮監督する結果, 国・都道府県・市町村の縦割りの上下・主従関係による硬直的な行政システムが全国画一的に構築され, 地域における総合行政の妨げとなっている。

(4)地方分権推進法の趣旨に即して, 国と地方公共団体との関係を抜本的に見直し, 地方自治の本旨を基本とする対等・協力の関係とする行政システムに転換させるためには, この際機関委任事務制度そのものを廃止する決断をすべきである。

(5)なお, 機関委任事務制度は, 国と地方公共団体とが一つの目的に向かって共同で実施する行政分野にとって必要不可欠な仕組みであるとの見解や, 仮に機関委任事務を廃止した場合においても, 新たに例えば共同事務のような事務区分を設けるべきとする見解がある。しかしながら, 真の共同・協力の関係は, 国と地方公共団体との行政権限と行政責任の所在が明確に区分され, かつ, 両者の関係が上下・主従から対等・協力の関係に大きく変化してはじめて可能となると考えるものであり, このような見解は適当でない。

国と地方公共団体とが国民福祉の増進に向かって相互に協力する関係にあることはもとよりであるが, 地方分権を抜本的に推進するためにも, 機関委任事務制度を廃止し, 国と地方公共団体との役割分担を明確にすることにより, 両者の間の調整は基本的には国が優越的な地位に立つ行政統制によるのではなく, 公正かつ透明な立法統制・司法統制にできるだけ委ねることとすべきである。」

中間報告は, 委員会の委員が主体になり関係省庁や地方六団体の関与なしで作

成されたという経緯も含め,「型破り」であり,「斬新な制度設計」からなっていた(36)。

もっとも,機関委任事務廃止の部分については,ここで指摘された機関委任事務の割合の把握((1))を中心に,実証面での疑義・批判も呈された(37)。しかし,「体制」は,事務自体だけでなく,それをとりまくものごと,発想も含めてのものであることを想起する必要がある。中間報告は,事務自体の弊害を列挙しているが((3)①～④),この面にも触れている((2)と(3)⑤)。

中央集権,そして(言葉の一般的な意味での)上下・主従関係,その中心に機関委任事務があると分権推進委員会側,同事務所管各省庁の側いずれもがとらえていたことが肝要であり,だからこそ廃止に対する各省庁の抵抗があり,廃止後の法定受託事務のあり方をめぐっても攻防が続いた。

翻って,事務自体を廃止したとしても,それをとりまくものごとや発想が改められなければ,「体制」はなお存続しているということにもなる(38)。

(2) 進展と成果の要因

機関委任事務廃止が,第1次地方分権改革の成果の中心となった要因として,改革の内と外,いずれからも挙げられているのは,委員会が早い段階でターゲットをこの課題に絞りこんでいったことである。

このスコーピングの理由(要因の要因)は,第1に,既に触れたように,「体制」の打破により理想的分権への転換を図るという,行政学等の共通了解を前提とする,西尾氏主導の大きな戦略があったことである。

第2に,分権改革におけるステークホルダーの立ち位置との関係で,このテーマが取り組みやすいという委員会の戦術的判断があった。すなわち,機関委任事務によって地方に種々の仕事を割り付け,コントロールしていた各省庁は,事務の存続を求めるとしても,それ以外のステークホルダー,特に,政治家,経済団体にとって,機関委任事務の帰趨は関心の外にあった。また,このテーマは,市町村への権限移譲や地方行政体制の改革等とは異なって,地方6団体の足並みがそろいやすい。そこで,「官」だけが抵抗する課題であるとして,優先的な進行が図られた(39)。

---

(36) 西尾・前掲注(12)30-32頁。
(37) 鳥飼・前掲注(27)56頁以下。辻山・前掲注(2)7頁以下も参照。そこでは,国の出先機関が担う場合と対比して,同事務が「執行の段階で現場でアレンジを利かせることができる現地適合性」があること,「現場アレンジメント」(4頁)を,そのメリットとして指摘している。
(38) 鳥飼・前掲注(27)108頁以下,辻山・前掲注(2)7頁以下も参照。
(39) 西尾・前掲注(12)31頁以下。

第3に，早期に財源問題との切り離しがなされたことである。まず，機関委任事務自体に即してこの決断の合理性を挙げるとすれば，ある事務が機関委任事務であることと，その事務への国の財政的な手当の関係は，事務の性質決定によって，一意には定まらない。機関委任事務も含めた事務と国の財政支出の関係は，法的には地方財政法が規律している。改正前地方自治法232条2項は，団体委任事務及び機関委任事務の経費についての財源措置義務を定めていたが，個別の機関委任事務についての具体的措置までは，そこから導出できない。

　そして，実際には，機関委任事務以外の事務への国の財政支出も，地方交付税と補助金との関係も含め錯雑である。さらに，そもそも何が具体的に機関委任事務であるかも，加藤＝辻山論考が検証したように一義的確定は難しい[40]。

　機関委任事務自体の外部ファクターも含め鳥瞰的に見ても，国・地方の財源再配分の問題は，ステークホルダーの利害の状況が，事務廃止そのものとはまったく様相が異なった[41]。総じて，事務事業の見直しとセットで財源のあり方を改革することには大変な困難が伴う。分離の選択は分権改革を着実に進めるために当を得たものであった[42]。

　中間報告で提示された廃止論，それは「理念」「アイデア」に重きをおいたものでもあったが，委員会の戦術とあいまって現実を動かし，制度改正という成果をみた。理念が示され，その理念に基づき政策が敷衍されたが，その弾劾の対象が機関委任事務「体制」であった[43]。したがって，事務不履行の場合の職務執行命令訴訟や罷免のような，ハードな仕組みが実際に発動されることはなくとも，また，事務割合のカウント方法など実証的には疑問点が付いても，理念と戦術が押し切ったのである。

　他方で，機関委任事務制度にまとわりついていた，あるいは制度に内在してい

---

(40) 加藤＝辻山・前掲注(8)。西尾・前掲注(12)57-58頁も，改正前地方自治法別表3・4記載の条項「外」の同事務の存在（政省令や個別法による）について回顧している。なお，改正後232条2項は，法律・政令による事務処理の義務付けについて，国の財源措置義務を定めるが，この規定についても本文で述べたことは当てはまるだろう。法令の定めと国の財政措置の関係の具体例につき，斎藤誠「種子法の廃止と独自条例の登場」法学教室525号（2024年）54頁以下参照。

(41) 西尾・前掲注(12)62-63頁，成田頼明『分権改革の法システム』（第一法規，2001年）162頁を参照。

(42) 小西砂千夫『地方財政改革の政治経済学』（有斐閣，2007年）18頁以下は，委員会が第2次勧告後，機関廃止の「一点突破の戦略を採ったように見える」とし，「大改革に成功」したのは「一点に集中した結果」であると評価している。

(43) 言説における理念，政策，弾劾という類型については，村瀬信一『名言・失言の近現代史（上）1868-1945』（吉川弘文館，2024年）126頁以下から示唆を得た。

た「体制」さらには，それによって形成された，他の事務も含めた職員執務の意識などの「体質」については，第1次分権改革での廃止論は，集権のシンボルでもあった事務の廃止により，その打破を企図していた。そこで，事務の廃止で，それがどのように変わったのかも含め，廃止後の課題はどのように提示され，どのように実現されたのか。また，どのような課題が残っているのか，検証しなければならない。以下で若干の考察を加える。

3 法定受託事務の登場

廃止の方針決定を受け，①事務類型論の新設計，そして，②従来機関委任事務であった個々の事務の，廃止及び地方公共団体の事務としての法定受託事務と自治事務，そして国の直接執行事務への振り分け作業が行われた。委員会が，この作業に多大なエネルギーを傾注したことは，廃止を貫徹するという成果をもたらすとともに，改革における他の課題への取り組みと具体策の提示に対してもハレーションを及ぼした[44]。

事務の分類について大局的に見れば，国（中央政府）の利害が大きな事務に対応した地方公共団体の事務の新事務類型として，法定受託事務が登場した。ここでは，委員会の各勧告から1999年改正地方自治法にいたる，その定義の変遷には逐一立ち入らない。委員会において，この事務概念の法的彫琢に大きな役割を果たした成田頼明部会長の（作業と並行して書かれた）メモランダム[45]を軸に，事務自体の要点を指摘するにとどめる。

(1) 「受託」という語については，分権改革以前から，対等・協力関係の構築という観点から，（「委任」ではない）「委託」という語が，自治省及び地方制度調査会で使用されていた。そこでの「委託」の含意も，新事務概念における「受託」も，契約としての「委託」とは異なっている。国会が法律によって地方公共団体に事務を授権していること ——「国の立法府が地方公共団体に一定の事務処理をオーソライズするもの」[46] —— を，授権された側から見た表現にして，対等・協力関係も示すべく「受託」という表現が採用された。

(2) 定義の変遷は，成田氏の回想によれば「立法技術的に表現方法をより明確にした」[47]ものであるが，その過程（内閣法制局審査）で，法定受託事務に関す

---

(44) 西尾・前掲注(12)37頁以下。
(45) 成田・前掲注(41)，第1部「分権改革のプロセス」。定義の変遷についての，立法実務担当者側の解説として，佐藤文俊「地方分権一括法の成立と地方自治法の改正（3）」自治研究76巻2号（2000年）84頁以下を参照。
(46) 成田・前掲注(41)105-106頁164頁。

る条例制定権について，法律による個別委任が必要であると考えていた委員会の見解から，それを不要とする立論への転換がなされた(48)。違法な条例の抑制には，地方自治法14条1項で十分であり，なおかつ，事務の類型によって委任の必要性の有無を区分できないという内閣法制局の指摘を受けてのものである。

(3) 具体的な事務の振り分けについては，機関委任事務を現に処理している地方公共団体の事務とし，国の事務とはしない方針が採られた。いわゆる現住所主義である。機関委任事務が国の事務であったから，その性質を維持しようという考え方（本籍主義）を委員会は斥けた。

地方分権推進計画では，「別紙1　従前の個別の機関委任事務の在り方」において，546法律における個々の事務の振り分けと廃止の帰結が示されている。これを「機関委任事務を定める［定めていた］法律数」という概括的な単位で見ると，433法律であり，振り分けの結果は，自治事務を定めるものが303，法定受託事務を定めるものが252である。地方分権一括法の段階では，それぞれが432，298，247となり，さらに，同法の他に，同法附則159条が適用され，機関委任事務が消滅した法律が50ある(49)。

各勧告から一括法に至る過程で，上記「機関委任事務を定める［定めていた］法律数」の中での，自治事務・法定受託事務の「案分比率」が注目され，批判もなされた。各省との折衝対象にならずに自治事務になったものは，案分比率の外にあり(50)，そしてまた，法定受託事務が選択されたものについては，委員会の設定したメルクマールとその個別適用の妥当性の検証がなければ，代案も示せないから，「数や比率だけを取り上げて批判するのは無意味」(51)なものであっただろう。

IV　残された問題への対応とこれからの課題

1　概　観

機関委任事務廃止後の課題として，なお大小様々なものが残された。廃止後の

---

(47) 成田・前掲注(41)168頁。
(48) 成田・前掲注(41)172頁は，これを「思いがけぬ収穫」という。本誌「7　自主立法権の拡大」も参照。
(49) それぞれの数字の差異も含め，佐藤・前掲注(45)90頁以下，同論説（2）同誌76巻1号（2000年）62頁以下を参照。
(50) 西尾・前掲注(12)60頁以下。
(51) 成田・前掲注(41)65頁。

〈特集〉 *1* 機関委任事務の廃止〔斎藤　誠〕

新たな事務に関する国の立法のあり方，中央省庁及び地方の対応に何が問題として残り，そしてまた，そこに「体制」も関わっていたのか，そして関わっているのか。廃止時の記録と視線を往復させて見ていく。

　よく知られているように，委員会は，その最終報告（平成13年6月14日）において，6項目の「改革課題」を提示した。

　Ⅰ地方財政秩序の再構築，Ⅱ地方公共団体の事務に対する法令による義務付け・枠付け等の緩和，Ⅲ地方分権や市町村の合併の推進を踏まえた新たな地方自治の仕組みに関する検討，Ⅳ事務事業の移譲，Ⅴ制度規制の緩和と住民自治の拡充方策，Ⅵ「地方自治の本旨」の具体化，である。

　そのなかで，特に機関委任事務廃止後との関わりが深いのは，Ⅱである。まず，その部分を掲げた上で，廃止後の課題への対応の諸相を分析する。

　「Ⅱ地方公共団体の事務に対する法令による義務付け・枠付け等の緩和

　ついで第2に，地方分権を実現するには，ある事務事業を実施するかしないかの選択それ自体を地方公共団体の自主的な判断に委ねることこそが最も重要であるため，地方公共団体の事務に対する国の個別法令による義務付け，枠付け等を大幅に緩和していくことである。

　第1次分権改革の主要な成果の一つは，国の通達等による関与を大幅に緩和したことであるが，国の法令等（法律・政令・省令・告示）による事務の義務付け，事務事業の執行方法や執行体制に対する枠付けの緩和については，ほとんど全く手付かずに終わっている。地方公共団体の事務を文字どおりそれらしいものに変えていくためには，国の個別法令による事務の義務付け，事務事業の執行方法や執行体制に対する枠付け等を大幅に緩和する必要がある。

　また，自主財源である地方税収入をこれまで以上に充実確保したとしても，その反面で国からの依存財源が縮減され，しかも国による事務の義務付けは従前どおりに続くことになれば，地方税収入はこれをすべて国から義務付けられている事務の執行経費に充当せざるを得ないことになりかねない。これでは，地方公共団体には単独事業を行う余裕がなく，独自の個性的な自治体政策を展開することは不可能になる。

　さらに，国からの依存財源を縮減する方策の一環として地方交付税の大幅な減額を行おうとすれば，義務的経費の縮減を図らなければならない。そのためには，これに先立って国の法令による事務の義務付けや事務事業の執行方法や執行体制に対する枠付け等を大幅に緩和することが不可欠である。それには，全国どこでも一律に最低限度確保されるべきナショナル・ミニマムとは何かを，個別行政サービスごとに厳しく見直す必要がある。その判断基準はその時代時代の社会

状況によって変わり得るものであり，不断の見直しが求められるものだからである」。

2　立法のあり方の改革と自治体の対応

　この報告にいう「第1次分権改革の主要な成果の一つ」としての「国の通達等による関与を大幅に緩和したこと」の中心にあったのが，機関委任事務の廃止であるが，廃止に対する所管省庁側の対応として，地方を拘束する要件・基準を法令に規定して維持する対応も多々みられた(52)。それはいわば氷山の一角であり，水面下に存在する，自治事務に対するものも含めた法令による義務付け・枠付け（以下，義務付けと総称する）の問題性が，事務廃止の結果より鮮明になった。

　委員会は，先に見たように，事務廃止において財源との関連付けを行わず，それによって成果を得た面も大きいが，そのことはまた，この報告が述べるように，義務付けによる自主財源の制約，そして「個性的な自治体政策〔の〕展開」の阻害の問題が残っていることをクローズアップさせたのである。

　往時の調査文献として，自治法改正後約1年半の段階で，立法による義務付けも含めた事務廃止に対する各省庁の対応に関し，上記報告といわば並行して，包括的な問題提起を行ったのが，滝本純生「最近の法律は地方分権の精神を体現しているか」(53)である。

　そこでは，地方分権推進計画の閣議決定後に公布された法律のうち，「地域の住民生活と密接に関わり，地域の事務と関連を有する」もの，44本を対象に「分権改革の理念に反する」立法としての問題を，自治体現場の状況もふまえ，以下のように類型化して幅広く提示している。

　（一）地域における行政を国の直接執行事務とする問題点（例　特定家庭用機器再商品化法など）。（二）地方自治体を国の補助機関化する問題点（例　住宅品質確保法など。同法は，基準設定や評価等すべての事務を国の事務とし，住民への情報・資料提供のみを地方の責務とする）。（三）自治事務を創設するにあたっての問題点

---

(52) 詳細な処理基準（自治法245条の9）の設定，技術的助言（245条の4）への移行など，他の対応手法も含め，礒崎初仁『地方分権と条例』（第一法規，2023年）22頁以下が，地域づくり分野と暮らしづくり分野の計15事務を対象に移行の在り方を検証している。

(53) 滝本純生「最近の法律は地方分権の精神を体現しているか」自治研究77巻11号（2001年）92頁以下（福岡県庁内の研究グループによる研究成果に基づくもの）。2001年～2002年の横須賀市における調査に基づく，北村喜宣編『ポスト分権改革の条例法務』（ぎょうせい，2003年）。北村他「分権改革で自治体現場は変わったか」自治総研305号（2004年）も参照。

(持続性農業促進法など)。(四)「基本法」における問題点（例　食料・農業・農村基本法など)。

　(二)は，地方を下級行政機関のように使う点で，「体制」が払拭されるにいたっていないことを端的に表している。(三)(四)においては，やはり，立法における拘束的要件・基準の定立，その詳細化という手法が中央省庁側において夙に登場していたことが示されている。

　このような義務付けの見直しは，第二次地方分権改革において正面から改革の対象となり，現在の地方からの提案募集方式による改革（現時点で，第14次地方分権一括法（令和6年6月12日に成立）が最新）まで継続し，成果を上げてきた(54)。ここでも財源問題との切り離しがなされたことには留意をしなければならない。

3　法定受託事務の「抑制」メカニズム

　国の利害が強い事務が存在し，また新しく登場するとしても，それが法定受託事務としての関与を必要とするかどうかは，精査しなければならない。所管官庁の主張する利害をそのまま事務に落とし込むと，法定受託事務は形を変えた機関委任事務として増殖し，「体制」を形成する。

　機関委任事務の全廃を成し遂げた委員会にとっても，法定受託事務の「抑制」は，当然の帰結である。以下，1999年法改正の段階での「抑制」にかかる具体装置(55)について再整理し，その後の推移と課題につき触れる。

(1)地方自治法上の定義規定と閣議決定されたメルクマール

　法定受託事務の定義（2条9項）は，「国が本来果たすべき役割に係るもの」で「国においてその適正な処理を特に確保する必要がある」という，不確定概念を含んだものではあるが，「特に確保」という点も含め，定義自体が限定を付している。

　そして，事務振り分けにおいて委員会が提示した事務のメルクマール（8項目）は，法定化されなかったが，閣議決定である地方分権推進計画に記載された（同計画第2・3（1））(56)。

(2)地方自治法及び同法施行令における別表

---

(54)　本稿筆者による（改革と並行しての）検討として，斎藤誠・前掲注（1）309頁以下，その後の動向の概観として，同「序説」成田頼明他編『注釈地方自治法Ⅰ』（加除式，第一法規，2000年）所収，を参照。
(55)　立案担当者の解説として，佐藤・前掲注(45)92頁以下が詳細である。
(56)　佐藤・前掲注(45)92頁以下，成田・前掲注(41)176頁。

これは，分権一括法に向かうプロセスにおいて，委員会が，法定受託事務の一覧性を確保すべく，強く要望したことにより設けられた[57]。

(3)分権一括法附則250条と附帯決議

同法附則250条は，上記別表の第一と施行令別表記載の法定受託事務について，「地方分権を推進する観点から検討を加え，適宜，必要な見直しを行う」ことと併せ，第1号法定受託事務について，「できる限り新たに設けることのないようにする」と規定した。また，参議院の特別委員会の附帯決議で，当該附則による事務区分の見直しにつき，「地方分権の推進，地方自治の確立，住民自治の充実の観点に立って，適宜，適切にこれを行うこと」とされた。

以上は，いずれも新規法律が法定受託事務の定立を含む場合，法案の国会提出前の省庁間の法令協議，そして国会審議において，自治法を所管する総務省及び国会のイニシアティブにより抑制装置として作動するものである[58]。事務区分を問わず，地方公共団体に関する法令の規定が，国と地方との適切な役割分担を踏まえたものでなければならないとする，自治法2条11項も，より一般的・抽象的ではあるが，装置としてここに加えるべきであろう。

同条13項が，地域の特性に応じた事務処理ができるよう国に配慮義務を課した自治事務についても，変則的な関与[59]や法令による詳細な義務付けの抑制に向けて，国の立法府・行政府が自己チェックするシステムは重要であるが，自治事務・法定受託事務ともに，地方のイニシアティブで作動する装置がなければ，分権・自治と適合的ではない。

地方側の意見具申権の充実[60]，国と地方の協議の場の創設[61]など，その後，

---

(57) 西尾・前掲注(12)107頁。機関委任事務時代の別表との差異も含め，佐藤・前掲注(45)92頁以下を参照。
(58) メルクマールが法定化されなかったことについては，成田・前掲注(3)315頁，同・前掲注(41)176頁以下，佐藤・前掲注(45)92頁以下も参照。同93-94頁は，一律の期限を付しての法定受託事務の国会における検証の立法化（いわゆるサンセット条項）は「考えづらい」としつつも，個々の事務の「妥当性の判断は不断に行われるべき」という。
(59) 具体的には，教育行政49条等における「内容を示して行う」特別な是正の要求が挙げられる。斎藤誠「地方分権・地方自治の10年」ジュリスト1414号（2011年）31頁を参照。
(60) 2006年自治法改正による263条の3第5項の追加，そして，地方分権改革推進委員会による同条項の運営改善に関する勧告（2009年10月7日第三次勧告）。前者にいたるまでの地方の意思反映の議論と制度の経緯については，井隆彦「意見具申制度の成立と成長過程」熊本大学社会文化研究17（2019年）147頁以下も参照。
(61) 国と地方の協議の場に関する法律（2011年）。塩野・前掲注(1)96，213，及び260頁，宇賀・前掲注(1)283頁，藤巻秀夫「『国と地方の協議の場』法の意義と課題」札幌大学総合研究第4号（2013年）95頁以下，井隆彦「『国と地方の協議の場』と地方自治」熊本大学社会文化研究13（2015年）30頁以下を参照。

この点に関する新たな取り組みも生まれたが，地方側の監視・防御のための人的物的リソースも含め，なお十分なものとは言いがたい[62]。

そして，法令協議を中心とする現在の抑制装置の成果はどのようなものであるのか。試みに ── ここまで，概数・割合による議論の意味と限界を指摘してきた本稿筆者としては，この点を強調する他はない。あくまで議論のきっかけとしてである ── ，抑制装置の一つでもある別表記載の法律数を瞥見すると，第1号法定受託事務について，平成11年整備法によるもの以降の10年間（平成11（1999）年〜平成20（2009）年）までで，27法律，直近の10年間（平成27（2015）年〜令和5（2024）年）で，18法律，になる。

各法律中の事項数は区々であるし，なにより，それぞれの内容，そして地方と国会で，どのような議論がなされたかを精査しないと，この数の減少を位置付けることはできないだろう。他日を期したい。

4　法定受託事務に関する関与と争訟手段

この論点についての詳細は本誌「12 地方公共団体に対する国または都道府県の関与」に委ね，「体制」の存続と関わる問題に言及するにとどめる。

(1) 99年自治法改正による関与の整備においては，法定受託事務について，是正の指示（245条の7），代執行（245条の8）という，自治事務と対比して，より強い関与手段が認められた。後者における訴訟の制度（代執行訴訟，同条3項以下）は，罷免の処分は無くなったものの，機関委任事務時代の職務執行命令訴訟制度を継承している面もある。

そして，自治事務における是正の要求に対する地方の側の不作為に対処するため，不作為の違法確認訴訟が，2012年法改正で導入された。第一次分権改革時には，制度化が断念されていた訴訟である[63]。この訴訟は，法定受託事務における是正の指示に対する不作為も対象としたので，事務所管官庁の側から見れば，代執行訴訟という「重装備」の要件と手続を満たさない場面，あるいはそれを使うことを自制する場面においても，事務実施に向けて行政過程を進める新たな手段が加わったことになる。

(2) 地方公共団体の行為に対する私人による行政不服申立てに対する国の裁決

---

(62) 全国知事会「地方分権改革の推進について」（2022年7月29日）が，現状を踏まえ，チェックシステムや立法の原則の法制化など積み残しの課題に注意を喚起し，提言を行っている。成田・前掲注(41)192頁も参照。
(63) 西尾・前掲注(12)74頁以下。この制度に対する筆者の見解については，斎藤・前掲注(59)27頁以下を参照。

などのいわゆる裁定的関与は，99年自治法改正においても存続し，しかも，自治法上の「国の関与」及びそれに続く係争処理と関与訴訟の適用除外とされた。機関委任事務の廃止によって，事務の実施にあたって地方と国が下級行政庁と上級行政庁の関係に立つという関係は解消されたはずである。しかし，第三者としての審査庁がレビューする審査請求の方が，処分庁がレビューする異議申立てよりは公正であるという（当時の）行政不服審査法の建て付けを根拠として，裁定的関与自体が残った。その関与訴訟等からの排除は，これもまた，国民との間での簡易迅速な紛争解決，そして国民の権利利益救済という行審法の制度趣旨を，当該紛争における地方側の権利利益の主張よりも優先した制度設計である[64]。

その後の行政不服審査法改正（2014年）においても，法定受託事務に係る裁定的関与制度は存置された。関与訴訟の排除もそのままであるから，裁定的関与をめぐる紛争において，自治権に基づく地方公共団体の主張を受けとめ得る訴訟は，裁決に対する抗告訴訟のルートである[65]。しかし，最判令和4年12月8日民集76巻7号1519頁は，このルートの利用を一般的準則の形で否定した。地方自治の保障，自治権の実現にとっては，判例変更ないし立法を求めるという険しい道が続くことになった。

5　法定受託事務の議会議決権

（1）シンボルとその攻防構図

最後に，法定受託事務の議会議決権の問題を取り上げる。この点に関する法改正は，事務廃止にもかかわらず残った関連規定の問題への対応として，第1次改革と第2次改革の幕間に位置したが，残余「掃討戦」の当時だけでなく，今日においても「体制」の存続問題が集約的に現れていると考えられるからである。

委員会勧告から，地方分権推進計画を経て，自治法改正の段階になって，法定受託事務についても法律の個別委任規定なく条例制定権を認める方向へと転じたことが，「思いがけぬ収穫」（成田頼明氏）であったとしても，法定受託事務に対する議会の関与については，問題も残された[66]。既存の自治法96条2項については，条例による議決事項の追加の「活用」が勧告等において謳われたものの，

---

[64]　佐藤・前掲注(45)98頁以下。
[65]　この訴訟ルートを肯定する筆者の見解は，斎藤誠「ドイツの監督訴訟制度に関する考察（上）（下）――地方公共団体の義務の司法的執行の問題に寄せて」地方自治750／751号（2010年），同「行政主体間の紛争と行政訴訟」藤山雅行＝村田斉志編『行政争訟〔改定版〕新・裁判実務大系25』（青林書院，2012年）94頁以下，で示した。現在もこの考え方に変更の要はないと考えている。

法定受託事務については，同項による議決追加の対象外のままとなった。この点に関する立法実務側の説明は，要約すれば，以下のようになる。

①同事務の適正執行に対する国の関心と責任から，法令の規律密度は高く，適正事務処理の確保のために，議会議決権を及ぼす必要性が乏しいこと，②自治事務に比して，議会の議決が得られない場合に影響が重大であること，③議決を認めると，執行権と議会の関係において，議会の議決権が広範囲になり，従来の「チェックアンドバランスのあり方を大きく変えることに途を開くこと」になる[67]。

しかし，①②によって，包括的に議決を排除することは，条例について個別法との適合性確保で十分であるとして，同事務に条例制定権を一般的に認めた前記改正と平仄があわないし，同事務と自治事務の差が国の関与の差に収斂するとすれば[68]，それぞれの事務のなかで，一般的関与とは別の規律（議会の議決を排除する必要性があるかどうかも含め）を設定する必要性の有無は個々に精査すべきである。

③についても，分権改革のなかで，そもそもの議会・長の権限配分のあり方が問われ，今後は議会の役割が重くなる旨の方向性が示されていた。また，法規範の定立と事務執行過程では，執行部と議会の権限バランスの図り方は異なるという判断要素があるとしても，審議を行い自治体の意思を決定することは，議会の最重要権限であり，事務の執行過程についても，計画の策定など，議会がより権限を持ってしかるべき段階と事項もある。

分権・自治の理念論及び法政策論からは，このように，概括的除外の削除の方向になる。しかし，その実現にあたっての，関係アクターの利害の布置を見ると，法定受託事務の設計や，事務の振り分けにおいて見られたような，中央省庁と地方公共団体という対立軸だけでなく，議決権限を行使する地方議会と執行権限を有する首長（およびそれぞれの支援アクター）という対立軸も，ここには登場

---

(66) 以下に記す議決権の問題に加え，行政監視権としての，検査権，監査請求権及び100条調査権に関する制約も存続し，現在に至っている（98条，100条）。経緯の概観として，斎藤誠「総論第11章　地方分権の進展と地方議会の権能拡充」全国市議会議長会編『全国市議会議長会九十年史・記述編』（全国市議会議長会，2022年）370頁以下，2項議決の解釈論に関する筆者の見解は，斎藤「96条注釈」成田頼明他編・前掲注(54)所収，斎藤「［資料紹介と解説］名古屋市議会の再議議決に対する市長の審査申立てに係る愛知県知事の裁定（2件，平成23年1月14日）」自治研究87巻6号（2011年）121頁，及び斎藤・前掲注(1)465頁以下で示している。庄村勇人「地方議会の議決事項についての一考察」名城法学 66巻1・2号（2016年）377頁，も参照。

(67) 佐藤・前掲注(45)97頁以下。

(68) 大橋・前掲注(11)308頁を参照。

する。
　機関委任事務体制の残余を払拭するというシンボル的意義については，議会と首長が同方向であるとしても，事務の執行は首長の権限に属し，議会議決は，それを外から制約するものであるという視点からは，首長サイドは，議決追加一般につき逆の方向のベクトルを向き得る。また，事務を所管する中央省庁にとって，議会議決は，法定受託事務における中央の統制・コントロールを制約するので，統制・コントロールの存続を図るという実際的意義から，やはり議決権は除外のままにしておくという指向となる。

（2）　自治法上の決着と実務のあり方

　攻防の場は，第28次及び第29次地方制度調査会に移り，第29次地制調答申は概括的除外条項の削除を是とした。答申を受けた2011年法改正によって，96条2項のかっこ書きは，「国の安全に関することその他の事由により議会の議決すべきものとすることが適当でないものとして政令で定めるもの」という個別限定的な内容での除外規定に改められた。政令においては，武力攻撃事態国民保護法及び災害救助法施行令における事務が規定されるにとどまった（地方自治法施行令121条の3）。

　シンボルの残滓除去は，自治法の条文上は達成され，実際的意義としても，議会の権限は法定受託事務にも大幅にウィングを伸ばしたように見える。

　ところが，法定受託事務を所管する各中央省庁の当該事務の（そして，当該事務による）コントロールへの執着，および，議決による事務執行権限の制約への首長サイドの懸念は強く，ベクトルとして同方向に作用し，総務省と各省庁との個別検討の結果，政令の定立というルートによらず，議決限定を具体的に示す文書が発出された。「地方自治法第96条第2項に基づき法定受託事務を議決事件とする場合の考え方について（通知）」（平成24年5月1日総行行第68号総務省自治行政局行政課長通知。以下，議決事件通知という）である。

　議決事件通知は，96条2項の解釈の部分とそれを個別条項にあてはめた部分からなる。解釈について，同通知は，先行した法施行通知[69]において，上記政令で定めるもののほか，「法令が明瞭に長その他の執行機関に属する権限として規定している事項及び事柄の性質上当然に長その他の執行機関の権限と解さざるを得ない事項は含まれないと解されている」ことを留意事項としていたことに言及し，これを踏まえて，各省庁との検討の結果，以下のような再整理と具体化をな

---

[69]　「地方自治法施行令の一部を改正する政令等の施行について（通知）」（平成24年5月1日付け総行行第67号各都道府県知事・各都道府県議会議長宛て総務大臣通知）。

した。

「Ⅰ　法律又はこれに基づく政令により地方公共団体に執行が義務付けられている事務であって，その執行について改めて団体としての判断の余地がなく，いわば機械的に行わなければならないもの」

Ⅱ　Ⅰの事務以外の事務であって，法令によって長その他の執行機関の権限に属することとされているものや，事務の性質等から，当然に長その他の執行機関の権限に専ら属すると解されるもの」

そして，ⅠⅡおよび政令による除外事項を除くと，議決事項になるのは「一般的には，法定計画の策定，工事に係る費用の一部負担額の決定や，損失補償について相手側と行う協議等が考えられる」との解釈を示している。

この解釈のもとで，所管府省と共に個別に検討を行った結果としての，膨大な数の除外条項のリスト（「法定受託事務の事務分類の考え方に基づく各条項の分類結果」。以下，リストという）が提示された。

解釈とリストいずれもが，技術的助言ではあるが，さらに各所管官庁側では，議決事件通知のリスト外の事務についても，除外されるものがあると解釈して，独自に提示している。

例えば，道路法について，リストは，都道府県等が指定区間外の国道の道路管理者として処理することされている事務のうち，同法12条ただし書以下，99にわたる条項を筆頭に，他の法令（軌道法以下26法令）による条項も含め，上記事務分類の「Ⅰ又はⅡ」に該当するとしている。

それに対して，議決が可能なもの(Ⅳ)としてリスト上明示されているのは1条項「都道府県が指定区間外の国道の道路管理者として処理することとされている事務のうち［道路法］第17条第2項の規定により処理することとされているもの」だけである。

そして，道路法所管官庁は，道路法関係法令には，リストに明示されたもの以外にも「議決事件の対象外と解釈できるもの」があるとして，「工事実施計画等の作成」（共同溝整備計画の作成（共同溝法§6①）など7項目），「他の主体が作成する計画作成に当たっての意見陳述等」（市町村が作成する道路特定事業計画（バリフリ法§32①）など3項目），「その他」（指定市以外の市町村が指定区間外国道の管理の一部を行うことについての同意（道路法§17④）を列挙している（以下，独自リストという）[70]。これらの事務は，いずれも「道路管理者の具体的な管理事務」で

---

(70) 道路法令研究会「平成23年地方自治法一部改正に伴う議決事件対象の範囲の拡大について」道路行政セミナー2012年6月号4頁以下。

あるというのが議決除外の理由である。

　あわせて、リストにおいて唯一（！）議決対象とされた、同法17条2項の都道府県による同意については、その理由について、「誰が道路を管理するかを決める事務に関しては、道路法上議会の関与が想定されている」からであるという解説が、同法16条2項を参照した上で付されている。

　しかし、道路管理者を決める事務として、17条2項同意と同様の性質を持つと考えられる17条4項同意については、独自リストで議決除外と解釈されており、いささかならず平仄があわない。

（3）「体制」は克服された（される）のか ── むすびに代えて

　自治法所管官庁たる総務省から、技術的助言として示された考え方とリスト、さらには、独自リストに見られた、各所管官庁による追加的かつ独自の解釈が妥当なものか否か、自立的かつ的確に判断して、議決事項の拡大を検討することが、各自治体及びその議会に求められる。法定受託事務は、もはや中央省庁の通達・通知に法的に拘束された機関委任事務ではないのだから。

　それがなされなければ、地方自治法上の概括的除外条項の削除という象徴的成果のみが残り、実務的な成果は得られない。そしてまた、技術的助言を鵜呑みにするようでは、機関委任事務「体制」は払拭されていないということにもなる(71)。本稿のはじめに、体制が行為者の期待を含んだものであることに言及したところでもある。

　しかし、自治事務については、法律に規定された事務も含め、2項を活用して議会議決の対象を設ける都道府県・市区町はそれなりに多くを数えるところ、法定受託事務を対象とした独自の議決条例の例を、寡聞にして知らない(72)。

　法定受託事務の議決対象性に関する国（中央省庁）の対応とその地方側の受けとめ方は、事務の自治・分権適合性を確保するチェックシステムの必要性と、自治体側の、ニーズの発掘・認識も含めた自立の確立という、機関委任事務時代以来の課題が、決して消え去っていないことを示している。

---

(71) 西尾・前掲注(12)66頁以下は、事務廃止による条例制定権及び法令解釈権それぞれの拡大を自治体が活かせているかを問い、成田・前掲注(3)299頁も、国および地方公務員の（通達に関する）意識を「抜本から変えなければ……事柄の本質は全く変わらない」としていた。

(72) 議決条例の悉皆的な調査表として、「法第96条第2項の規定による議会の議決すべき事件に関する調」地方自治月報61号（2023年）を参照。それによれば、令和5年4月1日現在、都道府県40団体、81件、市町村1422団体、2042件の2項議決を含む条例が制定されている。

2　平成の合併による地域の変容と「地方自治の本旨」からの考察

幸　田　雅　治

Ⅰ　はじめに
Ⅱ　合併推進に関する政府のスタンスの変遷
Ⅲ　平成の市町村合併による地域社会の変容
Ⅳ　「地方自治の本旨」を踏まえた平成の合併の検証
Ⅴ　平成の合併に関するあるべき制度について
Ⅵ　おわりに

Ⅰ　はじめに

　1999年7月16日，地方分権一括法に盛り込まれた市町村合併特例法の改正が施行され，「平成の大合併」がスタートした。平成の市町村合併（以下「平成の合併」という）へと進むきっかけは，第1次地方分権改革の最中に地方分権推進委員会が，機関委任事務の廃止などの地方分権改革に取り組む中で浮上してきた。第1次勧告（1996年12月）の説明を自民党行革本部などへ行う中で市町村合併の促進を求められ，「（地方分権の）『受け皿』論議は当面棚上げするという当初の委員会方針を転換し」，第2次勧告に市町村合併の推進が盛り込まれることになったとされる[1]。

　その後，合併推進への国の取組みは順次強化され，1999年4月1日時点で3232あった市町村は，2010年3月31日時点で1727市町村となり，11年間で市町村数は53・4％にまで減少するに至った。

　本稿では，第1に，合併推進に関する政府のスタンスの変遷について触れる。第2に，平成の合併が地域社会にどのような変容をもたらしたのか，主として国勢調査を元に分析する。第3に，平成の合併がこのような結果をもたらした要因について，「地方自治の本旨」の観点から検討を行い，第4に，合併に関して，あるべき制度について述べる。

（1）　西尾勝『地方分権改革』（東京大学出版会，2007年）38頁以下。

Ⅱ　合併推進に関する政府のスタンスの変遷

　第1の時期は，平成に入って，合併が内政の課題として捉えられた1993年が最初である。同年6月に，憲政史上はじめて，衆議院，参議院の「地方分権の推進に関する決議」が行われたが，同年10月に臨時行政改革推進会議（第3次行革審）最終答申において，「国からの権限の移管等の推進や地方自治体の財政基盤の強化と相まって，市町村の自主的合併が推進されていくことが望まれる。」とされ，政府として，市町村合併を内政の重要課題として取り上げ，その後，第24次地方制度調査会答申（1994年11月）を受けて，旧法（市町村の合併の特例に関する法律（1965年））の改正が1995年3月に行われた。ただし，この法律は，法律の目的を「市町村の合併の円滑化」から「自主的な市町村合併の推進」と改正したものの，基本的には，一般的・全国的に合併を推進していくことを意図したものではなく，自主的な合併への機運醸成や合併後の市町村への支援等の施策にとどまっていた[2]。

　第2の時期は，一般的・全国的に市町村の合併を推進すること，つまり市町村の再編を進めていくという考えに立ち，1995年改正法の再改正を行う方向へ政策を進めていこうとした時期が1999年に繋がる1997年から1998年にかけてである。

　図表1は，平成の合併についての政府の取り組みを時系列に沿ってまとめたものである。「はじめに」で述べたように，自民党の行財政改革推進本部からの要請を受け，地方分権推進委員会の第2次勧告（1997年7月）で，「基礎的自治体である市町村の行財政能力の向上，効率的な地方行政体制の整備・確立が重要……今まで以上に積極的に自主的な市町村合併を推進する」と，合併について取り上げることとなった。

　同勧告に先立つ同年6月の「財政構造改革の推進について」（閣議決定）では，「地方公共団体の行政体制を強化していく必要があり，……市町村の合併について，……積極的に支援していく必要がある」と，財政構造改革の一環として市町村合併が進められることとなった。これらと連動する形で，第25次地方制度調査会も「市町村合併に関する答申」を1998年4月に行った。そして，1999年7月に地方分権一括法で旧法を改正し，合併推進のための合併特例債や合併算定替の10年への延長などが盛り込まれ，政府として合併を全国的に推進していくこととなった。

　第3の時期は，さらに一歩進んで，政府内の関係省庁も巻き込み，強力かつ積

（2）松本英昭「地方制度改革の取り組みを振り返って（6）平成の大合併」地方財務2010年3月号。

〈特集〉*2* 平成の合併による地域の変容と「地方自治の本旨」からの考察〔幸田雅治〕

図表 1　政府の合併の推進方策の推移

年月日	主体	推進方策
1993.10.27	政府	臨時行政改革推進会議（第3次行革審）最終答申
1994.11.22	政府	第24次地方制度調査会答申
1995. 3.29		市町村の合併の特例に関する法律（旧合併特例法の改正）が成立
1997. 7. 8	政府	地方分権推進委員会第2次勧告
1998. 4.24	政府	第25次地方制度調査会「市町村合併に関する答申」
1999. 7. 8		地方分権一括法による旧合併特例法改正が成立
7.12	自治省	「市町村合併推進本部」を設置
8. 6	自治省	「市町村合併の推進についての指針」を都道府県に示し，合併のパターン等を内容とする「市町村の合併の推進についての要綱」を2000年中に策定するよう要請。 →その後，全都道府県で要綱は作成された。
2000. 4. 4	自治省	世論を喚起するため「市町村合併推進会議」を設置。
7.27	与党	行財政改革推進協議会
10.25	政府	第26次地方制度調査会答申
11.22	自治省	「市町村合併の推進に係る今後の取組」について決定。
11.27	政府	地方分権推進委員会「市町村合併の推進についての意見」
12. 1	政府	「市町村数を千を目標とする」という与党方針を踏まえ，自主的な合併を積極的に推進する基本的な考え方を盛り込んだ行政改革大綱を閣議決定
2001. 3.19	総務省	「「市町村の合併の推進についての要綱」を踏まえた今後の取組（指針）」を策定し，県に知事を長とする合併支援本部の設置，合併重点支援地域の指定等を要請。
3.30	経済界	「21世紀の市町村合併を考える国民協議会」設立
3.27	政府	総務大臣を長とする「市町村合併支援本部」を設置
8. 6	総務省	「合併協議の運営の手引 ── 市町村合併法定協議会運営マニュアル」を取りまとめ，公表。
2002. 2.21	政府	市町村合併支援本部が「市町村合併の支援について当面の方針」を決定。
3.29	総務省	「「市町村合併の協議の進展を踏まえた今後の取組（指針）」を策定し，県に独自の合併支援プランの策定，合併重点支援地域の複数箇所の指定等を要請。

	3.31		旧合併特例法の改正
	8.30	政府	市町村合併支援本部が「市町村合併支援プラン」改定（拡充）。
2003. 5. 8		片山総務大臣	「市町村合併促進プラン」（合併推進のための新法案や，現行特例法の改正等）を政府の経済財政諮問会議に提出。
	6.11	総務省	「市町村合併の更なる推進のための今後の取組（指針）」を策定
2004. 5.19			市町村の合併の特例等に関する法律（合併新報）が成立
2005. 5.31		総務省	「自主的な市町村の合併を推進するための基本的な指針」を策定
	6. 3	政府	市町村合併支援本部が，合併新法下でも，新たな支援プランをとりまとめることを決定。
	8.31	政府	市町村合併支援本部が「新市町村合併支援プラン」を決定。
2006. 9.25		総務省	「市町村合併法定協議会マニュアル」を公表
2010. 3.31			平成の合併が終了（合併新法の期限切れ）

　極的に合併を推進しようとする時期が2000年から2003年である。一番のきっかけは，2000年7月27日，与党（自民党・公明党・保守党）の行財政改革推進協議会において，「基礎的自治体の強化の観点で，市町村合併後の自治体数を1,000を目標」とされたことであるが，それに先立ち，7月24日には，森総理から西田自治大臣に対して「市町村合併を強力に推進」する旨指示が行われている。その後は，「さらに積極的な取組みを支援する」ためという表現で，第26次地方制度調査会答申（2000年10月）が行われるとともに，地方分権推進委員会「市町村合併の推進についての意見」（同年11月）も出された。そして，行政改革大綱が同年12月に閣議決定され，「与党行財政推進協議会における「市町村合併後の自治体数を1,000を目標とする」という方針を踏まえて，自主的な市町村合併を積極的に推進し，行財政基盤を強化する。」とされた。

　その後，総務省は，まず，2001年3月に「「市町村の合併の推進についての要綱」を踏まえた今後の取組（指針）」の策定・通知を行うとともに，総務大臣を本部長とし各省副大臣を本部員とする市町村合併支援本部を立ち上げた（同年3月）。各省庁がメンバーとなった政府を挙げての取り組みとなったのである。また，経済界が中心となった「21世紀の市町村合併を考える国民協議会」も同月，設立された。その後は，毎年の経済財政諮問会議の「基本方針（骨太の方針）」及び「経済財政運営及び構造改革に関する基本方針」閣議決定における度重なる合併推進の繰り返し，何回もの総務省の通知等（2001年は，指針の通知，マニュアル公表，支援プランの策定。2002年は，指針の通知，支援プランの策定，2003年は手続き

の迅速化の通知，指針の通知）が行われ，市町村への強力な働きかけが行われた。

　2000年から2003年の時期は，こういった総務省による助言指導のほかに，啓発事業として，全国的に合併キャンペーンが大々的に実施された。特に，2000年度から始めたリレーシンポジウムは大きな効果があったと思われる。同年度は，7月から12月まで，47都道府県のリレーシンポジウムと東京での総括シンポジウムが開催された。2001年度は，8月から同様に47都道府県で開催されたが，前年度に比較し，相当強化された形で実施された。3月に設置された市町村支援本部を主催者とするとともに，本部員である各省副大臣が出席し，合併重点支援地域を中心に具体的合併論議を行うこととなった。政府全体の姿を見えるようにし，しかも具体的合併論議を行う実践的なものとなった。2002年度も，基本的に，前年度と同じ形式で実施された。その他の総務省としての国民への啓発事業としては，講演会の実施やマニュアルの作成などに加え，有識者の派遣事業を実施した。また，都道府県が自ら行う啓発事業に対する財政措置を行うことにより，都道府県単位でのシンポジウム等が多く実施された。

　また，総務省による人事交流を通じた推進が行われた。各都道府県には交流人事により総務省職員が派遣されているが，これら職員が担当部局にいる場合や新たに派遣されるなどして，これら職員を通じて都道府県の内部から合併推進の取り組みへの支援が行われた。

　第4の時期は，旧法による合併の積極的な推進が終わる時期で，それは合併新法（市町村の合併の特例等に関する法律）の施行がされた2005年4月からの時期である。同年4月からの1年間は，旧法の経過措置期間であるので，旧法に基づく合併への支援が行われてはいるものの，新たな旧法に基づく合併案件が発生する時期ではないので，主に，合併新法に基づく合併支援に重点が置かれた時期になる。この時期は，新法に基づく指針の策定・通知や新市町村合併支援プランの策定などが行われた。そして，新法の期限切れとなる2010年3月末日をもって，平成の合併は終了した。

Ⅲ　平成の市町村合併による地域社会の変容

1　国勢調査に基づく地域社会の変化

（1）　人口及び高齢化率の推移

　地域力を端的に表しているのは，人口である。日本全体が人口減少社会に入っており，少子高齢化対策が重要な政策課題となっているが，合併地域が，合併が

原因で一層の人口減少に陥るとするならば、これは人為的な人口減少ということになる。日本弁護士連合会（以下「日弁連」という）の分析によれば、2000年時点で、人口4000人未満の町村で、人口規模及び産業構造が類似し⁽³⁾、隣接した合併旧町村と非合併町村について、重複している4例及び人口急増の1例を除き、全国47組、94自治体の合併後の人口変化・高齢化の進捗について2015年国勢調査を元に比較したところ、人口減少率は、47組中43組で合併後の人口減少率（2005年から2015年。2003年に合併した町村は2000年から2015年の変化で比較）が、非合併町村よりも合併した旧町村で高いという結果が判明している⁽⁴⁾。つまり、合併町村が非合併町村よりも人口減少率が高い地域が9割を超えている。

2020年国勢調査によって、同様の分析を行った⁽⁵⁾ところ、隣接類似団体の合併・非合併町村のうち非合併町村の方が人口減少率が高い団体は、図表2の通りで、2015年国調を元にした日弁連分析と同じ町村・旧町村であった。さらに、地域の事情をヒアリングした（図表2の「地域の事情」を参照）ところ、東白川村と旧加子母村のように合併町村の方が人口減少率が高い理由があるところ⁽⁶⁾と、必ずしも明確でないところがあった。いずれにしても、9割を超える地域で、合併町村の人口減少率が高く、合併町村の方が地域の衰退が進んでいることが明らかになった。

日本全体が人口減少している中で、合併した地域が衰退するとは一概に言えないとか、合併した町村の人口減少率の方が低いところがあるなどと反論する人もいるが、具体的な根拠や分析は示されていない⁽⁷⁾。隣接した類似の自治体で比較

（3）総務省が行なっている、日本の各地に存在する多様な自治体を人口と産業構造の組み合わせによって自治体を類型化し、それぞれの類型を類似団体として比較対象とする方法に準拠。

（4）「第32次地方制度調査会で審議中の圏域に関する制度についての意見書」（日弁連2020年3月18日）別紙1「隣接した合併・非合併町村の人口・高齢化率の変化」参照。
https://www.nichibenren.or.jp/library/pdf/document/opinion/2020/opinion_200318.pdf

（5）坂本誠「「自治体消滅論」の前になすべきこと」（自治実務セミナー2024年9月号）は、2020年国勢調査に基づき、人口減少率及び高齢化率の上位20市町村（合併前）について分析している。

（6）距離的に高校に通学するのが難しくなると、親が引っ越しせざるを得なくなる可能性が高まる。

（7）高原剛「令和の時代の地方自治」では、「熊本県における平成の市町村合併検証報告書」を引用し、八代市の合併を例に取り、本庁がなくなった周辺部でも人口が増加しているところもあるとする（『地方自治』866号（2020年）5頁）。これは旧千丁町の事例であるが、ヒアリングによれば、旧千丁町と八代市の間に九州新幹線の新八代駅が開業（2004年）し、旧千丁町の地域の地価が低いため、人口が増加したもので、極めて特殊な例である。

〈特集〉 *2* 平成の合併による地域の変容と「地方自治の本旨」からの考察〔幸田雅治〕

図表２　隣接類似団体の合併・非合併町村のうち非合併町村の方が人口減少率が高い団体

非合併町村と合併旧町村	合併年（合併市町村数）	2005→2020	地域の事情[8]
青森県新郷村	2004（2町村）	-30.1	五戸高校が廃校になり、通学先の八戸高校は、車で、新郷村から40分、旧倉石村から20分。旧倉石村にあった地域活性化補助金は合併後も継続されている。
旧倉石村（五戸町）		-20.8	
群馬県南牧村	2003（2町村）	-45.0	南牧村から下仁田高校、旧中里村から藤岡中央高校へは、いずれも通学が可能。世帯用の町営住宅が旧中里村（17戸）、旧万場町（28戸）、南牧村（35戸）あり。
旧中里村（神流町）		-39.2	
岐阜県東白川村	2005（8市町村）	-29.4	2007年学校統廃合で、白川高校（東白川村から車で15分）及び恵那北高校が廃校となり、統合後の加茂高校及び中津高校は寄宿舎がなく、東白川村から通学はほぼ不可能。旧加子母村は、国道257号が通っていて、車で25分程度で中津高校へ通学が可能。
旧加子母村（中津川市）		-26.3	
宮崎県諸塚村	2006（3村）	-29.9	高校統廃合はなく、諸塚村及び旧北郷村ともに延岡高校及び延岡星雲高校に在学者が多いが、両校ともに寮があり、全員が入寮している。
旧北郷村（美郷町）		-25.3	

した結果は、明確なエビデンスであり、そのような反論は成り立たないと言える。合併の行きつく先は、周辺部に位置する地域の更なる衰退と地域力の低下である。

　次に、高齢化率についての2015年国勢調査に基づく日弁連分析では、47組中41組で、非合併町村よりも合併した旧町村の方が高齢化の進捗率（2005年から2015年）が高かった。ただし、1組（東白川村・旧加子母村）は、東白川村の高齢化の進捗率がその後鈍化し逆転した。また、他の1組（産山村・旧波野村）は、非合併村である産山村に2008年に特別養護老人ホーム及び有料老人ホームが開設されていたという事情が判明した。この2組を加味すると、47組中43組で、非合併町村よりも合併した旧町村の方が高齢化の進捗率が高かった[9]。やはり、合併旧

---

　(8)　図表１及び図表２の「地域の事情」は、2024年８月〜９月にかけて筆者が行った自治体及び高校等ヒアリングに基づく。

町村が非合併町村よりも高齢化が進捗している地域が9割を超えていた。

　高齢化についても，2020年国勢調査によって，同様の分析を行ったところ，隣接類似団体の合併・非合併町村のうち非合併町村の方が高齢化率の進捗率が高い団体は，図表3の通りで，2015年国調の時には入っていた東白川村・旧加子母村が外れ，新たに宮崎県諸塚村・旧北郷村（美郷町）が対象となっていた。ただ

図表3　隣接類似団体の合併・非合併町村のうち非合併町村の方が高齢化率の進捗率が高い団体

非合併町村・合併旧町村名	合併年（合併市町村数）	2005→2020	地域の事情
青森県新郷村	2004（2町村）	12.8	図表2を参照
旧倉石村（五戸町）		10.5	
秋田県上小阿仁村	2005（4町）	13.3	旧阿仁町は秋田内陸鉄道の駅があり，観光地でマタギの里で有名。毎年若者が2人程度移住してくる。上小阿仁村に駅はなく，観光地でもない。北秋田市内の4つの高校が2011年に統合し，秋田北鷹高校になったが，いずれからも通学可能。
旧阿仁町（北秋田市）		12.2	
山梨県鳴沢村	2003（3町村）	12.5	旧足和田村には西湖があり，観光地。鳴沢村は観光地ではない。鳴沢村から富士吉田高校，旧足和田村から河口湖高校まで，ほぼ同じ時間で通学可能。
旧足和田村（富士河口湖町）		10.5	
和歌山県古座川町	2005（5市町村）	10.6	古座川町の高齢者施設（2か所）の2020年入所者数（住民票あり）は61名。ただし，2011年紀伊半島水害により，それ以前の書類が紛失し不明。旧本宮町は，熊野古道で有名な観光地。若者の移住は毎年，若干数。
旧本宮町（田辺市）		9.8	
熊本県産山村	2005（3町村）	9.8	2008年に産山村にオープンした特養及び有料老人ホーム入所者数（住民票あり）に基づく補正後の産山村の数値は8.2。
旧波野村（阿蘇市）		9.2	
宮崎県諸塚村	2006（3村）	10.4	図表2を参照
旧北郷村（美郷町）		9.5	

（9）　前掲注(4)を参照。

し，1組（和歌山県古座川町・旧本宮町）は，古座川町の高齢化の進捗率がその後大きく鈍化したこと，他の1組（産山村・旧波野村）は，同様に高齢者施設入所者数を補正すると高齢化の進捗率は逆転していた。この2組を加味すると，47組中43組で，非合併町村よりも合併した旧町村の方が高齢化の進捗率が高く，9割を超える地域で，合併町村の方が高齢化の進捗が早いことが明らかになった。なお，地域の事情をヒアリングしたものを図表3の右欄に記載している。

（2） 産業分類別就業者数の推移

合併した市町村の中心部，その周辺部，非合併町村の産業分類別就業者数の2005年と2015年を比較した日弁連分析では，5業種（卸売・小売・不動産業，飲食店・宿泊業，教育・学習支援業，複合サービス事業，公務）について，合併した市町村の周辺部（旧町村部）における就業者数の減少が生じていた[10]。2020年国勢調査を元に，産業分類別就業者数の増減を比較したものが図表4である。

これを見ると，2015年において周辺部での大幅な減少が指摘できるのは，「農業」，「飲食店・宿泊業」，「教育・学習支援業」，「公務」であるが，2020年においては，これらに，「教育・学習支援」，「卸売・小売・不動産業」，「建設業」が加わり，多くの業種で就業者数の減少が加速していることが明らかになっている。その原因としては，人口減少の著しい周辺部におけるこれら業種や役場関連（支所職員の減少等）の需要の減少とともに，例えば，「教育・学習支援業」では，学校や幼稚園等の統廃合も影響していると考えられる[11]。

（3） 団体自治の観点から見た平成の合併の影響

総務省は，平成の合併を推進するに当たり，「市町村合併の背景とポイント」をHPで公表しており，そこでは，合併推進の背景として，①地方分権の推進（地方でできることは地方で，住民に最も身近な市町村について，規模・能力の充実が大切），②少子高齢化の進展（人口減少社会に突入，少子高齢化に対応した，サービス提供・専門スタッフが必要），③広域的行政需要が増大（日常生活圏（通勤，通学，買い物等）の拡大に応じた市町村の拡大が必要），④行政改革の推進（極めて厳しい財政状況。国・地方とも，より簡素で効率的な行財政運営が必要）と記載されていた。

地方自治の意義と役割は何かを考えた場合，1つは，地域における諸問題・諸課題について，住民に近い自治体が施策に取り組むことで課題解決に繋がること，新しい行政ニーズへの対応を迅速に図ることができるという「実際的機

---

(10) 前掲注（4）の別紙3を参照。
(11) 前掲注（4）の別紙4を参照。

図表4　2005年，2015年，2020年産業分類別就業者数の増減

（2000年国勢調査を100）

	国勢調査	非合併	合併（本庁所在）	合併（周辺）
総数	2005	92.0	92.8	91.1
	2015	76.5	77.4	72.5
	2020	71.2	70.4	64.9
農業	2005	94.3	95.1	94.4
	2015	69.2	67.5	62.2
	2020	60.3	54.7	52.6
飲食・宿泊業	2005	98.5	94.1	94.6
	2015	94.2	92.9	87.3
	2020	85.5	81.6	75.9
教育・学習支援	2005	86.4	86.7	85.1
	2015	49.7	54.7	50.0
	2020	42.7	46.2	40.5
卸売・小売・不動産業	2005	95.8	95.9	95.0
	2015	74.8	73.4	72.0
	2020	68.8	64.6	63.7
建設業	2005	75.4	78.9	76.5
	2015	52.1	55.0	51.2
	2020	47.6	47.9	44.7
公務	2005	92.3	91.2	84.7
	2015	92.2	84.8	61.0
	2020	91.4	80.4	53.4

能」，2つには，地方自治は民主主義を支える土台であるという「政治的機能」がある。広い意味で，前者は「団体自治」にかかわること，後者は「住民自治」にかかわることと捉えれば，総務省が示したポイントは，団体自治にかかわるものと言える。

　総務省は，合併の一番の目的である④を強調すると自治体からの反発が出ることを心配し，最後に持って来て目立たないようにして，「衣の下の鎧を隠す」よ

うにした。また、①から③も、合併推進があたかも必然であり、住民に利点があるかのように主張していたが、それがイリュージョンであることは、合併後の結果を見れば明らかである。順番に見ていこう。

　①については、地方分権の推進は、それ自体として取り組むべきことであり、合併を前提とすべきではない。この点に関連して、合併推進のために、総務省は、本来の意味とは違う意味で地方自治の理論を誤用した。総合行政主体とは、「行政を一体的に実施する」という意味（地方自治法第1条の2）に過ぎないのに、第27次地方制度調査会答申（2003年11月）では、すべての基礎自治体は、「高度化する行政事務に的確に対処できる専門的な職種を含む職員集団を有するものとする必要がある」として、本来の総合行政主体論を誤用して、そうした能力を持てない基礎自治体を合併する方向に誘導する方針を打ち出した。また、補完性の原理も、「基礎自治体により多くの仕事を押し付け、それがいやなら合併して大きくなれ」という考えではないにもかかわらず、誤用して合併を推進した[12]。また、合併推進の結果として、地方分権が進展したことはまったく起きていない。

　②については、合併することによって、例えば、専門職の充実が図られるとするものであり、総務省は、岩手県資料を引用して、「合併市町のうち旧町村部における平均専門職員数は、合併により、非合併市町村の約5倍となる。」とする[13]が、専門職員数を市町村数で割っているもので、例えば、5市町村が合併して1市になった場合、人数がまったく増えなくても5倍になる。本来、合併前と合併後を実人員で比較する必要があり、「合併後の職員数の方が充実している」とする総務省の結論は、完全な間違いである[14]。

　③については、日常生活圏の拡大に応じた市町村の規模の拡大が必要という根拠は成り立たない。交通網の発達に伴っていくらでも市町村が大きくなることに合理性がないことは論を待たない。むしろ、必要な行政需要に対応する上では、

---

(12)　大森彌「補完性の原理を誤用するな」全国町村会HPコラム、平成19年10月。
(13)　「「平成の合併」の評価・検証・分析」市町村の合併に関する研究会（総務省）平成20年（2008年6月）31頁。
(14)　個別合併市町（宮古市、八幡平市、一関市、遠野市、西和賀町）における栄養士、保健師・助産師は、合併前よりも合併後の方が減った自治体が多い。また、土木技師（上下水道を除く）については、増えた合併市町の方が多いが、平成18年頃から県から市町村へ土木技師の派遣制度（平成20年度まで）が始まっており、この影響も加味する必要がある。同様に、自治体の数を分母にして、「専門職員数が増えたと分析している「長崎県合併効果等研究会報告書」（平成22年2月）、自治体単位で見て、「専門職の配置割合は上昇している」とする大分県：「平成の大合併10年を迎えて」（平成28年3月」などがあるが、いずれも、実際は、専門職員数は減っている。

それぞれの分野ごとに広域連携による対処の方が適切と考えられる。

　④については，平成の合併では，「合併しないと財政的にやっていけない」と国が圧力をかけたが，合併しなかった町村は財政的にどうなっただろうか。小泉和重は，人口３万人台の市町村において合併自治体と非合併自治体を比較し，「前者は後者と比較して，財政力指数が低く，一人当たりの住民の歳出額が高いという対照的な結果となった」とし，山崎重孝の「自治体の最適規模論」[15]を厳しく批判している[16]。そもそも，企業の合併と異なり，合併したからと言って，住んでいる住民の数も面積も変わるものではなく，規模の経済を自治体合併に当てはめること自体がナンセンスである。一方，合併市町村については，合併算定替えの特例期間中に，職員数を早く類似団体並みに削減すれば財政的なメリットが出てくるが，職員の身分保障があるため，それは難しく，財政はむしろ悪化することになる。

　ミクロ面からの合併後の財政について見てきたが，マクロ面ではどうだろうか。合併算定替えは，合併による自治体の集約化に伴うスケールメリット（経費の合理化）をもたらすまでの激変緩和措置であり，交付税算定上のメリットは約１兆円（9,500億円）が見込まれていた（平成27年２月６日参議院決算委員会での高市早苗大臣発言）。しかし，合併算定替が段階的終了局面に入る中，総務省は合併により市町村の姿が大きく変化したことを踏まえ，①支所に要する経費の算定②人口密度等による需要の割増し③標準団体の面積の見直しの観点から，５年間（2014年～2018年）にわたり普通交付税の算定（一本算定）にこれらの要素を反映させることとし，約７割の需要額が事実上復元された。

　同様のことは，読売新聞の記事「平成の大合併　経費削減　推計の２割」[17]も指摘している。交付税算定の見直しは，合併後の市町村の財政需要を踏まえた算定の見直しであるが，先に述べたように，合併によるスケールメリットという想定自体が成り立たない。読売新聞での削減額「推計の２割」（3800億円）のうち，首長，議員数の減少による1200億円を差し引くと2600億円となる。これは，人員削減などによる効率化によるものであるが，近年の児童福祉，高齢者福祉，公共施設等の維持管理などを考えた場合，そのこと自体が問題であると言える。

　また，総務省は，平成の合併を推進するに当たり，「市町村合併による効果の全体像」をHPで公表しているが，「国民から見て」として，①住民サービスの

---

(15) 山崎重孝「新しい「基礎自治体」像について（上）」自治研究80巻12号（2004年）。
(16) 小泉和重「平成合併後の小都市財政 ── 人口３万人適正化論の実際」自治総研510号（2021年）。
(17) 2019年４月９日読売新聞記事「平成の大合併　経費削減　推計の２割」。

向上，②利便性の向上，③地域コミュニティ，市民活動の振興，④防災力の向上などを列挙している。ここでは，①及び②は，合併によって住民サービスを適切に提供できるかどうかという点，④は，防災対応力が高まるかという点は，「団体自治」に関係する事柄である。

①及び②の住民サービス及び利便性に関しては，合併後の住民アンケートがマスコミ，大学などで100を超えて実施されたが，総務省によると，「住民の反応としては，『合併して悪くなった』，『合併しても住民サービスが良くなったと思わない』，『良いとも悪いとも言えない』といった声が多く，『合併して良かった』という評価もあるが，相対的には合併に否定的評価がなされている。」とされている[18]。平成の合併に関しては，都道府県合併報告書が23出された[19]が，このうち，住民アンケートは7県でのみ実施されている。しかし，このうち5県のアンケートは，アンケート自体が「効果があることを前提とした誘導的なもの」「不公平で偏った選択肢のみ」のもの，アンケートではやってはいけないとされる「ダブル・バーレル型質問」など，質問自体が不適切なものであった。中立的・公平性のある適切な質問をした残り2県の結果を見ると，ほとんどの項目で「良くなった」「少し良くなった」よりも「低下した」「少し低下した」が上回っていた県，「地域の意見の行政への反映」が合併後に「悪化した」と考える住民が多くなっている県で，いずれも住民の合併への評価はマイナスであった。中立的・公平性ある質問を行ったマスコミや大学での結果は，ほぼ否定的評価となっている[20]。

④の防災力に関しては，防災学者と行政学者による現地調査及びアンケート調査等によって，東日本大震災を踏まえた分析[21]が行われたが，平成の合併によって大きく防災力が低下したことが明らかとなっている。図表5[22]に示す通り，マンパワーの低下，自己決定力の喪失（本庁へのお伺い），政治的発信力の低下などによって，災害の各フェーズのいずれにおいても合併はマイナスに作用し

---

(18) 「『平成の合併』について」（総務省，2010年3月）10頁。
(19) 昭和の合併では，ほとんどの都道府県で合併誌が発行されたのに対して，平成の合併では報告書の発行数が少ないことについて，市川喜崇は，平成の合併に関する報告書が作成されているものも「内容的にも分量的にも大きく見劣りがする」とし，昭和の合併については達成感があったのに対して，平成の合併は「受け身で対応させられた。」「指導した都道府県にしても，必ずしもやりたくて始めた合併ではなかった」ことが理由ではないかと推測している。(「「昭和の大合併」再訪」自治総研437号（2015年）82-83頁。
(20) 今井照「市町村合併検証研究の論点」自治総研373号（2009年）。
(21) 室崎益輝・幸田雅治『市町村合併による防災力空洞化』（ミネルヴァ書房，2013年）。
(22) 幸田雅治「市町村合併による震災対応力への影響」前掲注(21)84頁。

図表5　災害の各フェーズにおける合併の影響

	災害の各フェーズ		
	応急	復旧	復興
行政対応力（マンパワーの面）	◎	△	○
行政対応力（自己決定力の面）	○	◎	◎
政治的発信力	◎	○	○
地域力（発展力）	−	○	◎

（注）◎は，マイナスの影響が大きいこと，○は，マイナスの影響があること，△は影響がそれほどないこと，−は事柄上関係ない事項であることを示している。

た。

（4）　住民自治の観点から見た平成の合併の影響

「住民自治」は，地域の行政に地域の住民が参画し，そのあり方を住民の意思に基づいて決定し（自己決定），その責任において処理すること（自己責任）であり，国の統治原理たる「民主主義の原理」の発現とされ，憲法93条で，長・議員の住民による直接選挙制が定められていることがその最も根幹的は保障とされている。

そうであれば，第1として，平成の合併によって，選挙の投票率がどう変化したかが問われなければならない。堀内匠によれば，首長選挙については，小規模自治体は「平成合併がピークを迎える2005年ごろからは合併自治体の投票率下落が大きくなり，2006年ごろからの投票率の差は10％pt強を維持している。」，議員選挙については，「首長選挙と同様に2006年ごろから5％ptほどの差が出はじめ，2014年現在ではその差は10％ptへ広がっている。」と分析し[23]，「地域から選出される議員の数は，合併後「周辺」化した地域ほど合併によって大きく減少している。」「地域から擁立される議員数の減少は，地域の投票棄権と相関している。」と結論付けている[24]。住民自治の観点から見て，深刻な事態と言わざるを得ない。

第2として，住民代表としての地方議員が合併後も維持されているかは極めて重要である。平成の合併によって「議員ゼロ」になった旧町村部の地域が，2014

---

[23] 堀内匠「「平成合併」に関する調査結果」『「平成の市町村合併による住民の代表性の変容 ―― 議会議員非選出の影響を中心として」報告書（地方自治総合研究所，2016年3月）』171頁以下。前掲注(19)においても同様の結果が示されている（77頁）。
[24] 前掲注(23)188頁。

年調査[25]では69箇所であったが，2023年3月1日現在の読売新聞調査[26]では，122箇所とほぼ倍増していた。議員という存在は，議会という公開の場で，政策課題を議論し実現する存在であり，また，首長の政策を監視し，誤りを正すことができる民主的正統性を持った唯一の存在である。議員ゼロになり，住民の声が届かなくなると，特に，将来，地域の声を主張しなければならない深刻な局面が発生した場合に，「旧町村全体の地域代表」の不存在は死活問題となる。中心部の多数意見によって，旧町村部が切り捨てられることに繋がるだろう。

議員ゼロでは無く，議員が1人いたとしても，地域の声は，合併自治体議会の多くの議員数の中では少数派となり，声が通りにくくなる。そこで，第三として，議員機能（民意反映機能）の別ルートが機能するかどうかが「住民自治」にとって重要となる。

総務省がHPで公表している「懸念されるデメリットとその対応例」の中で，「住民の声が届きにくくならないか」の項目で，「地域住民の声を新市町村の運営に反映するための制度として，地域審議会や地域自治区，合併特例区の制度があり，これらの制度を積極的に活用する。」と記載していた。これらの制度は，合併しても住民の声は反映されますよと合併に反対する住民への説得材料として制度化したものであるが，実効性がどの程度発揮されているのかが問題となる。合併特例区は時限であることに加え，筆者の知る限り，機能している地域審議会は皆無であることから，住民自治としての機能を十分に果たす可能性がある制度は地域自治区となる。

地域自治区は，2004年の合併新法で創設された制度で，「地域の住民の意見を反映させつつ」事務を処理させるため，当該自治体の全域に区を設け，住民の意見をとりまとめる地域協議会と住民に身近な事務を処理する事務所を置くものである（法202条の4）。地域協議会の権限として，条例で定める地域自治区の区域に係る重要事項等について市町村長が意見聴取すること，及び市町村長等に対する意見具申権を有するものである（法202条の7）。実質的に機能しているのは，上越市や飯田市[27]などごく一部であることに加え，合併時に設置されても，しばらくして廃止される事例が多い[28]。過去に設置されていたが，その後に廃止

---

(25) 幸田雅治他「平成の市町村合併による住民の代表性の変容 ── 議会議員非選出の影響を中心として」報告書（地方自治総合研究所，2016年3月）https://jichisoken.jp/file/publication/researchpaper/117/No.117.pdf

(26) 読売新聞「大合併で議員ゼロ　122区域　住民「声届きにくく」」（2023年3月25日）。

(27) 前掲(25)の上越市（77頁以下）及び飯田市（111頁以下）の事例を参照。

(28) 「出張所や自治区の廃止相次ぐ「平成の大合併」のその後」（日経グローカル2024年12月23日）。

された自治体は42団体[29]であり、2024年4月現在で地方自治法に基づく地域自治区は13団体となっている。「地域自治区を設けて周辺旧町村の住民の意見もしっかりと聴くと言われたので、合併に賛成した」場合、地域自治区を廃止する際、旧町村部に抵抗する手段は既に失われている。

フランスでは、日本の地域自治区に相当する住区評議会[30]が2002年の「近隣民主主義法」によって、人口8万人以上のすべてのコミューンに対して義務付けられている。「住民自治」の保障の観点から、日本においても、法律によって、自治体内分権の制度化を検討するべきではなかろうか。

Ⅳ 「地方自治の本旨」を踏まえた平成の合併の検証

1 合併特例法の推移

1965年旧合併特例法が1995年に改正され、その後、1999年の地方分権一括法に再改正法が盛り込まれ、続いて、2002年に再改正され、2004年に合併新法が制定された。これら法律の規定の変遷を項目ごとに比較したものが図表6である。政府が積極的な合併推進に舵を切った時期を法の規定から判断する上では、目的規定、国及び都道府県の関与の規定及び合併推進のための方策を併せ見る必要がある。

第1に、目的規定を見ると、当初は「市町村の合併の円滑化」といういわゆる「合併の障害除去」の消極的措置を定めるスタンスであったが、徐々に、合併推進に舵を切っていったことが分かる。1995年改正では、「自主的な市町村の合併を推進」と「推進」の文言が入り、新合併特例法では、目的規定に「自主的な市町村の合併の推進による市町村の規模の適正化」を明記し、国として「規模の適正化」を進める意思を明確にした。

第2に、国及び都道府県の関与に関しては、当初は、国及び都道府県は「必要な措置を講じるよう努める」と努力義務にとどまっていたが、1995年改正では、「必要な助言、情報の提供その他の措置を講じるものとする」とされ、1999年改正では、都道府県知事による合併協議会設置の勧告規定が盛り込まれ、2004年の合併新法では、国が合併推進の基本指針を定めること、都道府県による合併推進

---

(29) 宮崎市は、地域自治区を2025年3月末で廃止することを明らかにしている（宮崎日日新聞2023年12月14日記事）。

(30) フランスの住区評議会制については、中田晋自『市民社会を鍛える政治の模索——フランスの「近隣民主主義法」と住区評議会制』（御茶ノ水書房、2015年）を参照。

図表6　合併特例法の規定の変遷

	旧合併特例法（1965年）	1995年改正	1999年改正	新合併特例法（2004年）
目的（第1条）	市町村行政の広域化の要請に対処し、市町村の合併を円滑化するため→市町村行政の要請に対処し、市町村の合併の円滑化を図り、あわせて合併市町村の建設に資するため（1985年改正）	市町村行政の広域化の要請に対処し、自主的な市町村の合併を推進し、あわせて合併市町村の建設に資するため	同左	地方分権の進展並びに経済社会生活圏の広域化……のため、自主的な市町村の合併の推進並びに合併市町村の規模の適正化及び市町村の円滑な運営の確保及び発展ある発展を図り、もって合併市町村が地域における行政を自主的かつ総合的に実施する役割を広く担うことができるようにする
国、都道府県の関わり	第14条　国、都道府県及び公共的団体は、合併市町村の建設に資するため必要な措置を講ずるよう努めなければならない。	第16条　国及び都道府県は、市町村に対し、自主的な市町村の合併を推進するため、必要な助言、情報の提供その他の措置を講ずるものとする。 2　都道府県は、市町村の合併の求めに応じようとする市町村相互間における調整を行うものとする。 3　国、都道府県及び市町村は、合併市町村の建設に資するため必要な措置を講ずるよう努めなければならない。	第16条　国及び都道府県は、市町村に対し、自主的な市町村の合併を推進するため、必要な助言、情報の提供その他の措置を講ずるものとする。 2　国は、合併市町村の建設に資するため必要な財政上の措置その他の措置を講ずるよう努めなければならない。 3　都道府県は、市町村の合併の求めに応じようとする市町村相互間における調整を行うものとする。 （合併協議会設置の勧告） 第16条の2　都道府県知事は、第二百五十二条の二第四	第65条　国は、都道府県及び市町村に対し、自主的な市町村の合併を推進するため、この法律による助言、必要な助言、情報の提供その他の措置を講ずるものとする。 2　国及び都道府県は、合併市町村の円滑な運営の確保及びその発展に資するよう努めなければならない。 3　都道府県は、市町村に対し、自主的な市町村の合併を推進するため、この法律に定めるほか、必要な助言、情報の提供その他の措置を講ずるものとする。 4　都道府県は、市町村の合併を推進するため、この法律に定めるほか、必要な助言、情報の提供その他の措置を講ずるものとする。 5　都道府県は、合併市町村の求めに応じようとする市町村の求めに応じ、この法律に定めるものの他、市町村相互間における調整を行うものとする。

第4章 市町村の合併の推進に関する構想等	総務大臣は、合併推進の基本指針を定める。都道府県は、基本指針に基づき、合併推進の構想を定める。都道府県に合併推進協議会を置く。(合併推進協議会設置の勧告、合併協議会に係るあっせん・調停等)	同左	同左	同左に加え、(合併特例区)(地域自治区)
住民発議	項の規定により、関係のある市町村に対し、合併協議会を設けるべきことを勧告しようとするときは、あらかじめ、当該市町村の意見を聴かなければならない。合併協議会の設置請求(有権者の50分の1以上の署名)があった市町村長は、合併対象市町村の長に対し通知し、合併協議会設置について議会に付議するか否かの意見を求めなければならない。	同左に加え、すべての関係市町村に対して同一内容の合併協議会設置請求があった場合に、各市町村長に対して合併協議会設置付議について議会への付議を義務付け	(2002年改正)合併協議会設置協議について、合併請求市町村の議会がこれを否決し、かつ、すべての合併対象市町村の議会がこれを可決した場合における住民投票の制度を創設(地域審議会)	
住民投票	なし。	なし。		
地域自治に関する組織				同左に加え、次の制度を創設(合併特例区)(地域自治区)

の構想策定や合併協議会に係るあっせん及び調停などの規定が定められ，国のより強力な関与が規定された。

第3に，合併推進のための財政的措置については，1995年改正で，地方交付税の合併算定替えの期間に激変緩和5年間が加えられて計10年間となり，1999年改正で，合併特例債の規定が加えられるとともに，合併算定替えは合併後10年間＋激変緩和5年間の計15年間に拡充された。2004年の新合併特例法では，合併算定替えは段階的に縮減し，計10年間とされた。

第4に，合併推進協議会に関する規定を見る。1995年改正で，合併協議会の設置請求（住民発議）の制度が規定され，1999年改正では，すべての関係市町村で同一内容の合併協議会の設置請求があった場合の合併協議会設置協議について議会への付議を義務付けた。さらに，2002年改正では，合併協議会設置協議について，合併請求市町村の議会がこれを否決し，かつ，すべての合併対象市町村の議会がこれを可決した場合における住民投票の制度を創設した。いずれも合併推進の一方向のみの制度的住民参加の規定である。

2 地方自治の本旨

憲法第92条は，地方自治の基本原則を明らかにした「第8章 地方自治」の総則的規定である。同条の「地方自治の本旨」の意味について，憲法は具体的にその内容を規定していないが，一般には，住民自治と団体自治の二つの原則によって構成されているものとされる[31]。なお，「地方自治の本旨」の内容として，住民自治と団体自治のみならず，「国と地方の適切な役割分担」を読み込む学説もある[32]が，通説にはなっていない[33]。

「地方自治の本旨」に反する法律は違憲であり，無効となる点では，多くの憲法学者や行政法学者が一致している[34]ものの，塩野宏が「どの条項が地方自治の本旨に反して違憲であるかについての具体的審査基準を提示するにいたってお

---

(31) 長谷部恭男『憲法〔第8版〕』（新世社，2022年）463頁以下。
(32) 磯部力は，「役割分担原則の法定は，憲法規範としての「地方自治の本旨」の規範内容を，念のため法律レベルで確認するための条文である。」（「国と自治体の新たな役割分担の原則」西尾勝編『地方分権と地方自治』（ぎょうせい，1998年）89頁）とし，小早川光郎は，「憲法解釈としては，従来の"地方自治の本旨"の内容に，この"国と地方の適切な役割分担"をも読み込むべきであろう。」（「地方分権改革 ── 行政法的考察」公法研究62号（2000年）170頁）とする。
(33) 「法は，役割分担原則は，地方自治の本旨そのものではないという理解のもとにあるように解される。」（塩野宏「地方自治の本旨に関する一考察」『行政法概念の諸相』（有斐閣，2011年）356頁）。

らず，抽象的定性的基準の提示，あるいは国の側の説明責任を課すにとどまる。」(35)とされるように，いかなる判断基準によって「違憲，無効」となるかが明確ではないため，具体的な法律を対象に論じることには大きな困難が伴う状態にある。今後，具体的規範としての「地方自治の本旨」の基準が定立されることが求められる。

　現在は，以上のような状況にあるものの，1999年地方分権一括法のスローガンが，「上下主従から対等協力へ」及び「自己決定・自己責任」であったことからも，「地方自治の本旨」の中心は「自律性の原則」である点は，おそらく異存のないところではないかと思われる。この「自律」の核心部分について，塩野宏は，組織の自己決定であり，「「政府」はみずから設計するというその根本的発想にこそ普遍性がある」(36)とする。石川健治も，「ホーム・ルールを認められた自治体では，自治体の憲法に相当する憲章（その核心は組織法）を自前で —— home rule charterとして —— 制定できるようになる。（中略）日本国憲法「第8章」には，95条→94条→92条の順で進んだアメリカ流の地方自治の歴史と論理が，不発弾として眠っているのは事実であり，とりわけそこには「ホーム・ルール制」という未完の夢が埋もれている。」と組織の自己決定権に言及している(37)。

　また，林知更は，ドイツにおけるシュテルンなどの議論を紹介し，「自治権の核心領域（ないし本質内容）に対する侵害は許されない」とされている(38)とした上で，日本においても，「自治権や権限配分原理を憲法から導出し，これに触れる立法に一定の正当化審査のハードルを課す」ことは1つの方法であり，「本来は憲法レベルで正面から主題化され議論されることが適切な問題があるとしたら何かを明確化していくことが，憲法学にとっての今後の課題のひとつになるように思われる。」(39)とする

　以上を踏まえて，平成の市町村合併を「地方自治の本旨」の観点から見た場

---

(34) 長谷部恭男・前掲注(26)464頁では，「中央政府が法律によって地方公共団体に留保されているはずの事務を奪い取った場合には，その法律は違憲とされることになろう。」とする。毛利透ほか『憲法Ⅰ 総論・統治〔第2版〕』（有斐閣，2017年）370頁では，「地方自治制度の本質的内容は，92条による法律の留保にもかかわらず，憲法上，立法に対しても保障されているものと考えるべきである（いわゆる制度的保障）。」とする。
(35) 塩野・前掲注(4)351頁。斎藤誠「現代地方自治の法的基層」（有斐閣，2012年）81-82頁も同旨。
(36) 塩野・前掲注(4)343-344頁及び359頁。
(37) 石川健治「未完の第8章」自治実務セミナー638号（2015年）。
(38) 林知更「憲法原理としての地方自治」只野雅人編『講座 立憲主義と憲法学（第4巻）統治機構Ⅰ』（信山社，2023年）365頁。
(39) 前掲注(38)370-371頁。

合，市町村の存廃に直結する「合併するかどうかの判断」は「地方政府たる市町村」の存立に直接関わる事柄であり，最も「自律性の原理」が適用されなければならない分野と言える。したがって，国が合併推進の一方向で不当な介入をすることは「地方自治の本旨」を侵害することになると言え，国は，最も慎重に対応することが求められると言えるのではなかろうか。

次に，「地方自治の本旨」についての現在の通説である「団体自治」と「住民自治」に沿って，「自律性の原理」について考えて見る。「自律」の意味は，「自分で自分の行為を規制すること。自身の立てた規範に従って行動すること。」（広辞苑），「他からの支配・制約などを受けずに，自分自身で立てた規範に従って行動すること。」（大辞泉），「外部からの力にしばられないで，自分の立てた規範に従って行動すること。」（精選版 日本国語大辞典）と説明されている。共通する要素は，「外部からの支配を受けないこと」と「自らの規範に従って行動する」の2点と言える。この共通要素を踏まえると，「団体自治」の侵害は，国からの介入（支配）が容認できないほどのレベルに至り，自治体自らの判断に従って行動できなくなることであり，「住民自治」の侵害は，外部からの介入（支配）が容認できないほどのレベルに至り，住民の意思が反映されなくなることと言える。

「容認できないレベル」に至るかどうかの判断基準は，1つは，地域のどのような分野のどのような課題に関することなのか，2つは，国の目的に合理性及び必要性に基づく大義があるのか，3つは，介入（支配）の程度がどの程度かが重要となると思われる。この3つのウェイトをどう考えるかは，人によって分かれると思われる。

この3つの観点から，合併特例法に基づく制度を考察する。1つ目については，先に述べたように，合併は「地方政府たる市町村」の存立に直接関わる事柄であるから，最も重要な分野及び課題に関することであり，国の介入については，厳格に判断されるべきと言える。2つ目については，平成の合併は，明治の合併及び昭和の合併と異なり，市町村規模の拡大，市町村の財政力強化と言うだけで，明確な理念を欠いたもので，大義は薄弱であった。この点は，多くの識者が指摘する[40]ところである。3つ目については，次節以降で，「団体自治」と「住民自治」に分けて，考察する。

3 合併特例法に基づく制度と「団体自治」

先に，合併特例法の規定の変遷を示したが，盛り込まれた制度について，「団

---

(40) 嶋田暁文「「平成の大合併」の総括的検討」地方自治ふくおか64巻（2018年）8頁。

体自治」の観点から,「国の介入(支配)の程度」について考察すると, 1つは,「国の意思」(自治体の意志は横に置いて, 国の意図(国の考える方向性)に基づき, 合併に関する対応策を講じること)に基づく措置か,「自治体の意思」(合併に関する対応策を自治体自らの意思に基づきフラットに講じること)に基づく措置(自治体は, 地域の公益性を体現する存在であるので,「公益目的」と位置付けることも可能)かの2つの軸, もう1つは, 上意下達の手法か, ボトムアップの手法かの軸で分類すると, 図表7のように整理することができる。

　Aは, 国の意思に沿う措置を自治体に押し付ける上意下達の手法, Cは, 国の意思に沿う措置を自治体が選択可能とする措置で, かつ, ボトムアップの手法, Dは, 自治体自らの意思に基づき選択した措置を国がサポートする手法と言える。なお, Bは, 自治体自らの意思に基づき選択した措置を国が自治体に押し付ける上意下達の手法となるが, ある意味, 自己矛盾でもあり, この類型は, 実際

図表7　合併特例法に基づく措置の分類

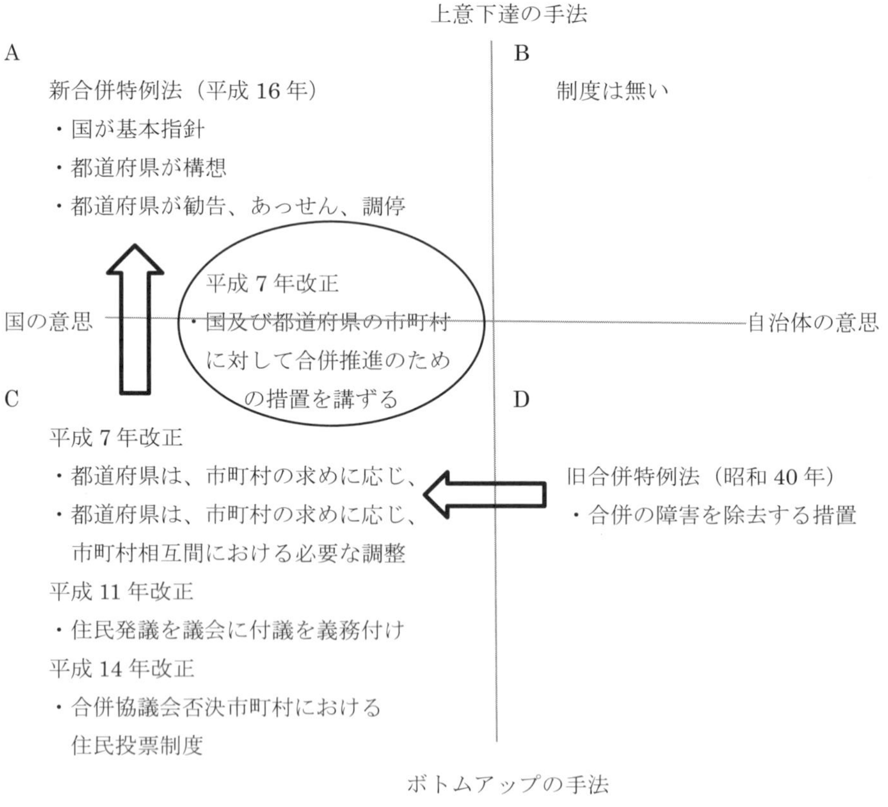

上意下達の手法

A
新合併特例法(平成16年)
・国が基本指針
・都道府県が構想
・都道府県が勧告、あっせん、調停

B
制度は無い

平成7年改正
・国及び都道府県の市町村に対して合併推進のための措置を講ずる

国の意思 ─────────────────── 自治体の意思

C
平成7年改正
・都道府県は、市町村の求めに応じ、
・都道府県は、市町村の求めに応じ、市町村相互間における必要な調整
平成11年改正
・住民発議を議会に付議を義務付け
平成14年改正
・合併協議会否決市町村における住民投票制度

D
旧合併特例法(昭和40年)
・合併の障害を除去する措置

ボトムアップの手法

〈特集〉 **2** 平成の合併による地域の変容と「地方自治の本旨」からの考察〔幸田雅治〕

には存在しないともいえ，合併特例法でも見当たらないものである。仮定のことになるが，唯一ありうるとすれば，国は，都道府県に対して，市町村の意向を踏まえて各種の支援をするよう都道府県に押し付ける手法が該当するかも知れない。

矢印は，時系列での推移を示しているが，順次，国は市町村を合併へと追い込んでいく様々な制度的ツールを強化していったことが分かる。特に，国が都道府県を通じて市町村に圧力をかける手段を定めた新合併特例法は，国，都道府県，市町村の本来の「対等協力の関係性」に真っ向から反するものである。第1次分権改革のスローガンは「自己決定・自己責任」であったが，合併の是非という最も自治体が自ら判断すべき事柄に国が不当に介入したもので，「団体自治」に反すると言える。

4　合併特例法に基づく制度と「住民自治」

図表6を見ると，合併協議会に関連した制度が，1995年の「関係市町村長に意見を求める」レベルから，1999年の「関係市町村の議会への付議の義務付け」，更には，2002年の「住民投票制度の創設」へと合併推進の方向の住民による自治体への圧力が強化されている。最終形である2002年の制度について，「住民自治」の観点から，「国の介入（支配）の程度」について考察する。

2002年改正で盛り込まれた合併協議会設置協議は，合併請求市町村の議会がこれを否決し，かつ，すべての合併対象市町村の議会がこれを可決した場合には，合併請求市町村の長は，選挙管理委員会に対し，合併協議会設置協議について選挙人の投票に付するよう請求することができ（合併特例法4条9項・10項），この請求があつたときは，合併請求市町村の選挙管理委員会は，合併協議会設置協議について選挙人の投票に付さなければならない（同条14項）。そして，この投票において，合併協議会設置協議について有効投票の総数の過半数の賛成があつたときは，合併協議会設置協議について合併請求市町村の議会が可決したものとみなす（同条17項）。また，一定期間内に長が住民投票を求めた旨の公表がなかったときは，有権者の6分の1以上の者の連署をもつて，その代表者から，合併請求市町村の選挙管理委員会に対し，合併協議会設置協議について選挙人の投票に付するよう請求することができる（同条11項）。この投票においても，有効投票の総数の過半数の賛成があつたときは，合併協議会設置協議について合併請求市町村の議会が可決したものとみなされる（同条17項）。

この住民投票制度は，住民の多くが合併を希望しているにもかかわらず，議会の多数派が合併に消極的であるために合併協議会が設置されない事態を克服する

制度である。他方，住民の多くが合併を希望していないにもかかわらず，長や議会が合併協議を進めようとする場合における住民投票制度はない。

地方分権推進委員会最終報告（2001年6月）では，残された課題として住民自治を挙げ，今後は「住民自治の拡充方策が最も中心的な検討課題になるのではないか」と述べている。しかし，合併特例法における合併協議会設置に関する住民投票は合併推進の一方向だけのものであった。これは，合併の是非という最も地域住民が自ら判断すべき事柄について，地域住民の判断の範囲を国が意図的に限定するもので，国の不当な介入であり，「住民自治」に反するものである。

V 平成の合併に関するあるべき制度について

1 合併における「国の関与の必要最小限の原則」の厳格適用

ここまで，平成の合併の問題点について触れてきたが，ここからは，合併に関するあるべき制度はどのようなものかについて述べる。

1999年地方分権一括法によって，国の自治体に対する関与に関しては，第1に，法定主義の原則（国の地方公共団体に対する関与の根拠・態様は，法律又はこれに基づく政令で定めなければならないこと），第2に，一般法主義の原則（地方自治法で自治事務及び法定受託事務に関する国の関与の基本類型が定められるとともに，個別法による国の関与に関する定めは，地方自治法の定める国の地方公共団体に対する関与に関する一般ルールに従わなければならないこと），第3に，必要最小限の原則（国の関与は，目的を達成するために必要な最小限度のものとするとともに，地方公共団体の自主性及び自立性に配慮しなければならないこと）が定められた。国の関与の「必要最小限の原則」は，平成の合併に関する国の目的の合理性が薄いことを踏まえれば，厳格に適用される必要がある。

また，平成の合併における特例法は，数回の改正を経てもなお，「自主的な合併の推進」の文言は最後まで変わることなく維持されていたことも重視すべきである。「自主的合併」と言いながら，様々な圧力をかけて国が推進したことは，そもそも法の目的に反する。法の目的規定に合致する「必要最小限」の国の関与は，1965年の旧合併特例法における「合併の障害を除去する措置」にとどめるべきで，その後の国の関与の強化は不適切な措置と言えるだろう。

2 合併後における恒常的な分離・独立の制度化

一度合併した自治体が分離するためには，合併後の議会の議決を経て，当該自

治体の申請に基づき，都道府県知事があらかじめ総務大臣に協議した上で，都道府県議会の議決を経て，その旨を総務大臣に届け出ることによって，分離・独立は可能である（地方自治法第7条）。しかし，人口が少なく議員数も少ない旧町村の区域の住民の声に基づき，合併後の議会で分離・独立を可決することはかなり難しいのが実態で，現行法での分離・独立のハードルは高い。つまり，人間の結婚と違って，合併後の「離婚」（分離・独立）は，人口の少ない旧町村より人口の多いその他の旧市町村とは対等ではないため，分離したくてもできない。現に，平成の合併後にいくつかの地域で住民から分離に向けた活動が起きたが，いずれも分離・独立は実現していない[41]。

太平洋戦争中に軍事的理由から強制合併させられた市町村を主として念頭に置いて，住民投票制度を用いた分離手続が設けられた（1948年自治附則旧2条。1948年7月新設，2年間で失効）。附則旧2条第1項では，「昭和12年7月7日から同20年9月2日に至るまでの間において，市町村の区域の変更があったときは，その変更に係る区域の住民は，第7条の規定にかかわらず本条の定めるところにより，従前の市町村の区域でその市町村を置き，又は従前の市町村の区域の通りに市町村の境界変更をすることができる。」と合併の原因を問わず，この約8年間の間の市町村合併を対象とし，変更に係る区域の住民の3分の1以上の署名，住民投票の賛否は過半数とし，この結果を市町村議会の議決と同等の地位に置き，都道府県知事への申請とみなした。その後，1950（昭和25）年の改正法では，住民投票制度にほぼ決定権を与える制度[42]に変えている。この制度に基づき，かなりの数の分離・独立が実現している[43]。

平成の合併が，合併特例法の「自主的な合併」という目的に反するとともに，国による「地方自治の本旨」に悖る様々な圧力（アメとムチ）及びメリットのみの合併効果の宣伝などによって，自由意志であれば合併しなかった地域が多く合併へと進んでいった。その結果，合併しなければ良かった，騙されたという怨嗟の声が多数挙がっている現状を踏まえれば，現行の地方自治法にも，恒常的な住民投票制度を用いた分離・独立の手続を導入すべきである。分離・独立が実現すれば，当該地域はアイデンティティを取り戻し，地域の衰退に歯止めをかけるだ

---

(41) 旧泗水町の住民グループが，熊本県菊池市からの「分離・独立」を訴える要望書を提出（2012年），山口県周南市の旧熊毛町の住民グループが「熊毛町を取り戻そう会」が発足させた（2021年）など。
(42) 住民投票において3分の2以上の賛成があった場合は，都道府県知事及び都道府県議会はその結果に基づかなければならないとの規定。
(43) 分離・独立の詳しい内容と分析は，小林博志『現代行政法を問う』（尚学社，2021年）の第1章と第2章を参照。

けでなく，新たな発展を期待できる(44)。

3　合併時における住民投票の義務化

　市町村合併において，「住民自治」の観点からは，住民の意思が第一に反映されなければならない。そのためには，出来るだけ住民の積極的参加が重要となる。合併時において「住民投票」の実施を必須とすべきである。平成の合併においては，合併を推進する方向のみの片務的制度が多く設けられたが，このような制度ではなく，合併するかどうかを議会が議決するに先立ち，しっかりとしたフラットな情報提供を行った上で，住民の検討時間を十分に確保した上で，住民投票を行うべきである。

　「住民自治」においては，議会における熟議，住民の積極的参加が重要であるが，平成の合併では，国の不適切な情報誘導により，住民間の議論の多くは，合併のメリット，デメリットや地域の将来像の議論よりも財政問題に終始した(45)。

　なお，住民投票の義務化に関する制度としては，いわゆる大阪都構想に端を発して，2012年に「大都市地域における特別区の設置に関する法律」が制定されたが，同法では，住民投票が義務化され，しかも，住民投票に法的拘束的が与えられている。大都市地域の都区制度を導入することは自治体の存廃に関わることであることからすると，同様に合併についての拘束的住民投票制度を導入することも同等な位置づけと考えられ，適切な制度と言えるだろう。

4　合併に関する関係住民の出訴権の保障

　平成の合併においては，住民の圧倒的反対の意思に反して，議会が議決して合併した事例が相当数見られた。典型的事例として，滋賀県安土町（近江八幡市に合併）及び青森県浪岡町（青森市に合併）は，ほぼ同様の経過を辿った。合併に反対する住民運動が活発化する中で，合併推進の町長の解職請求が行われ，その最中に議会が合併議決をし，その後，解職請求に基づき町長は失職した。このような状況にも変わらず県議会は合併議案を可決し，知事が総務大事に届出て，合併が成立したというものである。

　市町村合併は，関係市町村の申請に基づき，都道府県知事が当該都道府県の議

---

(44)　「合併を解消し，人口をV字回復させたドイツの村の話」『季刊地域spring2014』。
(45)　（財）日本都市センターの調査（平成11年4月1日～平成18年3月31日を期日として合併した全421市に実施（回答率98.8％））では，合併市町村に対して合併した理由を尋ねたところ，「財政状況」を上げた自治体が一番多く，約75％であった（（財）日本都市センター「平成の大合併　都市要覧」2008年3月）。

会の議決を経てこれを定め，直ちに総務大臣に届け出，総務大臣が直ちにその旨を告示することによってその効力が生ずる（自治法7条1項・7項・8項）。7条1項の知事の「処分」に処分性があることは判例でも認められているが，合併に反対する住民から提起された訴えは，最高裁で，「関係市町村民が地方自治法7条1項に基づく知事の処分の取消しを求める法律上の利益を有しない」と判示され[46]，住民には原告適格がないとされた。なお，同判決の解釈として，小林博志は，それまでの最高裁及び下級審判決も含めていずれの判決でも，知事の処分に対する市町村の原告適格については，認められているとしている[47]。

先に触れた滋賀県安土町及び青森県浪岡町の事例を考えた場合，「住民自治」の発現形態である解職請求に基づく住民投票を無視して，都道府県知事が合併を認めることは，権限行使の濫用と言えるのではないかと思われる。市町村に出訴権があることを明確にするとともに，現行法において，知事の処分に対する関係住民に出訴権が認められないとしたら，新たに法律で創設すべきではないかと考える。

5　平成の合併の検証

平成の合併は，地方分権の「受け皿」としての市町村の行財政体制の強化のためとの掛け声で始まったが，住民サービスの向上につながらなければ意味はない。この2点に限らず，地域にもたらされた変容を検証することは必須である。「合併市町村と非合併市町村を比べてどちらが成功しているかは慎むべき」との意見[48]があるが，政府が立法した法律による地域への影響を検証することなくして，地方自治の制度を論じるとしたら，極めて危険である。また，（検証するよりも）「これからどうするかを考える方が大事」との意見[49]も聞かれるが，検証で明らかになる事実を受け入れたくないだけの議論のすり替えである。政策の検証を避けるとしたら，将来，同じ過ちを繰り返すことになろう。

「市町村合併の本来の効果が発現するためには，……10年程度の期間が必要である」（第29次地方制度調査会答申，2009年6月）とされていたが，総務省は，最も多く合併した時期から10年後（2015年，2016年）及びその後現在に至るまで検証

---

(46)　最判昭和30・12・2民集9巻13号1928頁。
(47)　小林博志『自治体の出訴の歴史的研究』（中川書店，2018年）316-319頁。
(48)　前掲注（7）4頁。
(49)　横道清孝は，「活性化へ圏域で協働を」（2019年11月7日 中日新聞）で，「周辺部が廃れて中心部だけが活気づくとの懸念は当初からあった。」としつつ，「ただ，大事なのはこれからどうするかだ。」と，自ら推進してきた平成の合併に関して検証することに否定的意見を述べている。

は行っていない。合併の検証は，先に取り上げた項目以外にも，広範囲にわたる。地域の伝統歴史が維持できているか，地域自治や自治体内分権の実効性はどうかなどもしっかりと検証する必要がある。また，検証に当たっては，合併推進に携わっていない有識者の委員による第三者委員会による検証が必須である。

Ⅵ　おわりに

　市町村合併は，合併する自治体が将来を一緒に展望できることが何よりも重要である。そのためには，アイデンティティがある程度共通している地域でなければ，それは難しいだろう。畠山によれば，明治，昭和の大合併においては，共通する生活様式にほぼ適合する形で，市町村の区域が設定されていたのであるが，平成の合併においては，合併市町村の約4分の1で地理的分断状況が確認できるという[50]。62kmも海を隔てて離れた宇久島を編入合併した佐世保市における宇久島と兄弟島と言われた小値賀町の状況を比較すれば，一目瞭然である。それぞれの地理的条件や風土，文化を踏まえて初めて，適切な自治体のエリアを考えることができる。平成の合併においては，地域的に一体感のないところまで合併へ進むなど，弊害が増大していった。小熊英二は，「結論を言おう。大きな地方単位は現代の社会には合わない。経済では国境や県境を超えて連携し，政治や行政の単位は小さくする。地域振興や災害対策が，そういう方向を目指していくべきだ。」[51]という。まさに箴言である。

　市町村が「基礎的な地方公共団体」（地方自治法第2条）であるとの意味は，「地方自治制度の基本的構成部分たるべきもの」と解されている[52]。そうであれば，市町村合併においては，「地方自治の本旨」の要素である「団体自治」と「住民自治」が最も具現化できるよう国は対処しなければならない。とりわけ，市町村の存廃に関する合併については，「自治」を尊重する特段の留意が必要である。

　地方自治にとって重要なのは，住民と自治体の関係性，そして，自治体の「自律」，住民の「自律」である。今一度，「地方自治の本旨」について思いを致す必

---

(50) 畠山輝雄は，地理的分断の基準として，「峠」，「河川」，「飛地」，「島嶼」の4種類の基準を設定している。「峠」は，高低差200m以上の峠，「河川」は，1級河川でありかつ橋梁が1km当たり1ヶ所未満，「島嶼」は，本土と接続されていない場合である（「地理的分断条件を伴う市町村合併が及ぼす高齢者福祉サービスへの影響」地理学評論86巻13号（2007年））。

(51) 「地方行政の単位　見直すべき」（朝日新聞　2018年7月26日）。

(52) 小早川光郎「基礎的自治体・広域的自治体」法学教室（1994年）。

要があるだろう。最後に,「地方自治の本旨」の規範的内容の具体化について,今後,憲法的観点から緻密化する必要があることも再度強調しておきたい。

3　広域連携

木村　俊介

はじめに
Ⅰ　広域連携の経緯
Ⅱ　広域連携の現状
Ⅲ　広域行政の必要性の変化
Ⅳ　広域連携のボトルネック
Ⅴ　広域連携の活用
Ⅵ　結　論

はじめに

　現代の地方行政において，地方自治体がその行政能力を発揮し得る行政手法として，自治体が相互に協力し行政能力を補い合い，更には行政能力を高めていく「広域連携」の手法が注目を集めている。
　我が国では，広域連携手法の基礎的な法制度として，明治時代から事務の共同処理方式が採用されてきた。その原型は，明治期以来，場所・資産・人材・運営資金を地方自治体が持ち寄る形態である組合であり，消防，ごみ処理，教育など基礎的な住民サービスを提供する担い手として発展してきた。
　事務の共同処理は，地方自治法（以下「法」という）の第11章3節「普通地方公共団体間の協力」及び第3編特別地方公共団体の第3章「地方公共団体の組合」において規定が整備されている。本稿においては，法人格を付与し特別地方公共団体として設立する協力方式を法人型共同処理方式[1]（以下「法人型」という）と定義するとともに，法第11章第3節に掲げられた類型で職員の派遣を除くものを，法人格を伴わない協力方式として非法人型共同処理方式[2]（以下「非法人型」という）[3]と定義することとする。法人型の共同処理方式である一部事務組合は，明治時代以来の沿革を有する共同処理方式であるが，一方，今日におい

（1）法人格型は，一部事務組合（284条〜291条）及び広域連合（291条の2〜291条の13）から成る。

ては市町村合併等による自治体行政の著しい変化を踏まえ，非法人型を中心に新たな広域連携のあり方を模索する動きも盛んになっている。

　特に近時，広域行政には，次の2つの顕著な変化がみられる。第1に，従来の広域行政は，1969年から約40年間にわたり実施されてきた広域市町村圏施策に代表されるような「継続的・面的な振興を図る広域行政」が中心であった。これに対し，2008年から定住自立圏構想が開始され，さらに2014年から連携中枢都市圏構想が開始されたことにみられるように，近年は人口や産業の集積度合いなど各構成団体の特性・事情に着目した弾力性・可変性を伴う広域連携が求められている。

　第2に，従来は「効率性・合理性を求める広域行政」が重視されてきたが，近時は，人口減少に起因する施設・インフラの整備の限界や，専門人材の不足，さらには情報システムの制約など，地方自治体の経営資源の制約（以下「資源制約」という）に正面から向き合わざるを得ず，資源制約の下で行政機能の維持を図る1つの処方箋として広域連携が求められている。具体的には，総務省が設置した自治体戦略2040構想研究会による報告書（2018年4月及び7月）を契機として，第32次地方制度調査会答申（以下「第32次答申」という）（2020年6月）及び第33次同調査会答申（以下「第33次答申」という）（2023年12月）において，地域社会における資源制約への対応策の一環として広域連携が位置付けられている。このことは，換言すれば，従来の効率性・合理性を目指す広域行政から，地域の行政機能維持というより切迫した状況下で地域の扶助性（地域の支え合い）を実現する広域連携へと，広域連携施策への要請に変化が生じていると捉えることができる。

　このような社会構造を踏まえつつ，本稿は，地方分権改革との関連における広域連携の在り方について考察することとしたい。具体的には「広域連携に係る法制度を，どのように改善又は運用していけば，地方分権の機運を再度高め分権改革を実現することができるか？」という課題を設定することとする。

（2）法第2編第11章第3節において，非法人型の規定が置かれているのは次の類型である。連携協約（252条の2），協議会（252条の2の2～252条の6の2），機関等の共同設置（252条の7～252条の13），事務の委託（252条の14～252条の16），事務の代替執行（252条の16の2～252条の16の4）。なお，職員の派遣（252条の17）は，その性格に鑑み，総務省「地方公共団体間の事務の共同処理の状況調」と同様に，事務の共同処理の対象から除くこととする。

（3）宇賀は，「別法人を設立しない広域連携」と表現し，各類型について解説している（宇賀克也『地方自治法概説〔第10版〕』（有斐閣，2023年）112-129頁）。

〈特集〉 **3** 広域連携〔木村俊介〕

I 広域連携の経緯

　地方自治体の広域連携は，基礎的自治体の在り方の議論と密接に関連し，諸外国に共通する課題である。まず前提として各国の国家形態の関係に触れておくと，多くの現代国家は連邦制国家と単一制国家に分けることができる[4]。地方自治体を巡る議論において，連邦制国家においては，連邦政府，準国家組織（州）及び地方自治体のそれぞれの権能を巡る政府間関係論[5]が中心的な論点となる。
　一方，単一制国家における地方自治体論は，地方自治体の規模と地方分権改革の2つの問題が主要な論点となる。この点についてE. ページ（1987）[6]は次のように述べている[7]。「第2次大戦後，西欧諸国における地方自治の研究は，2つの関心事によって支配されてきた。第1の論点は，公共サービスを提供するために地方自治体をどのように組織化することが「最善」であるかという観点からの地方自治体の再編の問題である。1960年代から1970年代にかけて，各国政府は地方自治体の規模を変更する提案・検討を行った。これらの提案の中には，イギリスやスカンジナビア諸国のように改革が本格的に実施された国家もある一方で，イタリアやフランスのように改革の実施にばらつきがある国も存在した。第2の論点は，近代国家における地方自治体の権限と能力はどうあるべきか，という問題である。1970年代半ばに地方財政が逼迫して以来，イギリスやノルウェーのような国では地方自治体への交付金の削減や地方支出の削減を目的とする中央政府の政策により，中央集権化が進められる国もあった。一方，イタリアやフランスのような国では，国家の意思決定過程を再構築しその中で地方自治体の役割を増大させるという中央政府の関与の一環として，地方分権の措置が導入されてきた。」
　ここでいう第1点目が，地方自治体の規模の問題であり，ドイツやスウェーデンの区域改革等の取組に代表される地方自治体の広域化（合併）の問題であり，第2点目が地方政府の権限と能力に係る改革の問題であり，地方分権改革を指す。このように歴史的事実を概観すると，第2次大戦後の単一国家においては，この2つの改革が行政形態の改革における2つの基軸であったということができる。
　以上をまとめると，グローバルな共通課題として，各国の国及び地方自治体

（4） 我が国は，連邦制国家ではなく単一国家である。
（5） 今日では多層的民主主義（Multiple Democracy）を巡る議論が重要な論点となる。
（6） Edward C. Page & Michael J. Goldsmith, "*Central and Local Government Relations-A Comparative Analysis of West European Unitary States*", SAGE, 1987.
（7） 前掲注（6）1-11頁を筆者が要約。

は，国内の広域行政の需要の増大に対する対応（すなわち広域行政）として，2つの方式により取り組んできたと言うことができ，その方式が合併（consolidation）による自治体規模の増強と，自治体相互の広域連携（inter-governmental cooperation）の手法の活用である（図1-1）。

各国は，それぞれの国内事情を踏まえ，これら2つの対応方式により，広域行政の需要に対し，行政の質の向上や合理的な行政経営に取り組んできたところである。

ウォールマン（2010）[8]は，西欧を主な対象として合併と広域連携手法としての広域組織の比較を行っているが，我が国にも通用する議論として触れておきたい（表1-1）。

基礎的自治体の合併は，基礎的自治体の統合を通じその規模・機能の増強を図るものである。この手法は，各国間でも大きな相違があり，例えば仏国，伊国，スペイン等において合併はあまり進展しなかった。一方，欧州では，ノルウェー，デンマーク，スウェーデン，英国，独国，ベルギーその他の国において積極的に推進され，また，我が国においても市町村合併の進展は顕著であり，19世紀末以降，3回にわたる市町村合併運動が展開された。合併後の地方自治体の権能は，区域が地方自治体の構成要素とされていることから必然的に合併前団体の全区域に及び，執行責任者（長）が住民による直接選挙で選出されることから民主的正当性を備え，地方自治体の一般概括主義を採用する国においては地方自治体は広範な権能を付与される。活動の方向性は，地方自治体は総合的な行政主体として構成団体間の共通の利益を追求するために活動する。意思決定は合併後の自治体議会における投票により行われる。制度を支える理論的根拠は，民主的正当性を満たす広域化である。

図1-1　広域行政の種類

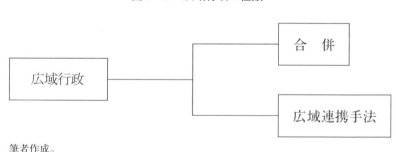

筆者作成。

（8）Hellmut Wollman 'Comparing Two Logics of Interlocal Cooperation' *Urban Affairs Review 46（2）263-292*, SAGE, 2010, pp. 265.

〈特集〉**3 広 域 連 携**〔木村俊介〕

表1-1 広域行政の2つの手法

項　目	地方自治体の合併	広域組織の設立
活動区域	地方自治体の区域内。	合理的な機能の発揮の観点から設定することができる。
執行機関の正統性の根拠	執行責任者（長）を住民が直接選挙で選出。	二元代表型：執行責任者（管理者）を直接選挙で選出。 融合型：執行責任者を構成団体が選出（民主的正当性の課題。）
行政主体の権能	一般概括主義の場合，広範な権能。	特定の権能のみを備える。
活動の方向性	地方自治体間の共通の利益を追求するために合併。	特定の機能・利益を追求。
意思決定	議会における投票（多数決）。	水平的関係の構成団体間での交渉・妥協。相互作用的な意思決定。
制度を支える理論的枠組	民主的正統性を満たす広域化。	構成団体の合理的選択に基づく広域化。
事例	（合併後）市町村	フランス　市町村連携公法人（EPCI） ドイツ　市町村連合（Gemeinde-verband） 日本　事務組合

表は，Wollman, *op. cit.* を基に，筆者作成。

　一方，国内の広域行政の需要の増大に対する対応として，国家は，合併（consolidation）による自治体規模の増強と併せて，広域連携（inter-governmental cooperation）として広域組織を設立し活用してきた。広域組織は，フランスでは市町村連携公法人（EPCI），ドイツでは市町村連合（Gemeinde-verband），我が国では事務組合である。広域組織の場合，その活動区域は必ずしも構成団体の区域全体に限らず，合理的選択により最善の機能発揮の観点から定めてよいこととなる。執行機関の正統性は，二元代表制を採用している場合，広域組織の執行責任者が直接選挙で選出される場合には当該過程が根拠となる。融合型（直接選挙を行わず，構成団体が広域組織の執行責任者を選出する型）である場合，民主的な正統性は脆弱なものとなる[9]。広域組織は構成団体間の協定[10]により，特定の権能

のみを与えられ，特定の機能・利益を追求する。意思決定は，水平的関係である構成団体間の交渉や妥協で事実上決まることが多い。制度を支える理論としては，「行為者が予算制約の下で自らの効用を最大化する」という合理的選択理論により，構成団体の判断に基づく広域組織の運用が行われている。

このように広域的行政手法を合併か広域連携を目的とする法人格を備えた組織（以下「広域組織」という）のいずれかを選択し地方行政の改革を地方自治体が行ってきたという点は，Wollman の分析にもみられるとおり国際的に汎用性が高い経験則である。例えば，独日両国は，基礎的自治体の権能強化と規模の見直しが重要な制度上の課題とされ，時期は異なるものの，上記の2つの広域化手法を本格的に活用してきた点が共通している。特に合併については，独国は，1960年代の構造改革及び1990年代以降の区域改革を推進し，市町村数は，24,282（1968年）から，構造改革等の進行により，10,593（2022年末）となっている[11]。一方，我が国は，1880年代以降3回にわたる合併改革を進め，71,314（1888年）から，平成の市町村合併終了後に1,727（2010年）に減少し，約40分の1となっている。

このように表1-1に掲げるそれぞれの特性に着目し，広域化手法が選択されてきたということができる。

Ⅱ　広域連携の現状

共同処理の方式は，法人格を付与する法人格型と，それ以外の非法人格型に分けることができるが，我が国では地方自治法により複数の類型が整備されている（図2-1）。

法人格型は，法上は事務組合という類型として規定され（284条～291条の13），一部事務組合及び広域連合から成る。法人格型は，行政主体が独自の法人格を有することから，独立した契約行為を行うことは可能であり，大規模な調達契約や財産の保有・管理が可能であるため，一般的には廃棄物処理や消防に代表されるような施設稼働型の行政サービスに適している。非法人型は，一般的には契約・

（9）我が国はこの型に属する。
（10）我が国では事務組合については規約と称する。非法人型においては，連携協約がその類型の1つである。
（11）この点について，J. フランツケ（2018）は，西ドイツでは1960年代後半から，東ドイツでは1990年代初頭から，州は地方自治の両層において，幾つかの波状的な領土改革を実施してきたと表現している。Jochen Franzke, 'Traditions, Problems and Challenges of Inter-municipal Cooperation in the German Federal State of Brandenburg', *Inter-Municipal Cooperation in Europe, Governance and Public Management*", Springer, 2018, pp. 189-190.

figure 2-1 事務の共同処理の種類

法人格型

- 一部事務組合：地方公共団体が、その事務の一部を共同処理するために設ける特別地方公共団体
- 広域連合：地方公共団体が、広域的な処理が適当と認められる事務を処理するため、国・都道府県からの事務移譲の受け入れも含めて設ける特別地方公共団体

非法人格型

- 連携協約：地方公共団体が、連携して事務処理を行うに当たっての基本的な方針及び役割分担を協約において定める制度。
- 協議会：地方公共団体が、事務の一部の共同での計画作成、管理執行又は連絡調整を行う執務組織。
- 機関等の共同設置：地方公共団体の委員会・委員・行政機関又は長の内部組織等を共同で設置する制度。
- 事務の委託：地方公共団体の事務の一部を他の地方公共団体に委託し管理執行させる制度。
- 事務の代替執行：地方公共団体が、その事務の一部の管理執行を当該地方公共団体の名において他の地方公共団体に行わせる制度。

筆者作成。

協定に基づく共同処理方式であり、事務の委託や連携協約に代表されるように、行政需要に即して弾力的にその内容に修正を加えつつ運用していくことが可能な共同処理方式である（252条の2〜252条の16の4）。[12]

　法で定められた共同処理方式は、各地方公共団体の判断により、行政需要の性質に対応し活用されている。共同処理の方式別の活用状況（2023年7月1日現在）

は，図2-2に示すとおりである。

地方公共団体が事務を共同処理している件数は，総件数9,466件に上っている。共同処理方式の中では，法人格型の件数の構成比が16％であるのに対し，事務委託を始めとする非法人格型が84％に上る大きな割合を占めている点が特徴的である。

次に，共同処理方式の設置件数の推移をみてみると，1999年から2010年までの間に実施された平成の市町村により，全国の市町村数は，3,232団体から1,727団体まで減少した。特に2005年は，前年の3,100団体（2004年5月）から2,395団体（2005年4月）に減少し，705団体減少し，変化が顕著な年であった。そして当該年度以降も減少が続いていた。このような市町村数の変化に対し，共同処理の件数は，法人格型は微減程度に留まる一方，非法人格型は増加傾向が続き，共同処理件数全体は，増加基調を示している（図2-3）。

また，近年の人口と共同処理件数との関係を見てみると，我が国では2008年から人口減少が開始し，2010年以降顕著な減少を示し，更に2018年以降，減少幅が大きくなっている。これに対し，共同処理件数は，2016年以降，非法人型を中心に顕著な増加がみられている（図2-4）。

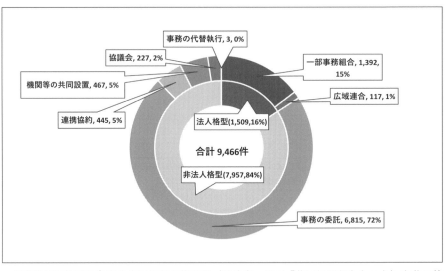

図2-2　事務の共同処理の状況（2023年7月1日現在）

地方公共団体間の事務の共同処理の状況調（総務省。以下「共同処理調」という）を基に筆者作成。

---

(12) 法上の事務の共同処理の詳細については，木村俊介『広域連携の仕組み（改訂版）』（第一法規，2019年）35-81頁において触れられている。

〈特集〉**3** 広域連携〔木村俊介〕

　これらの事実を踏まえると，第1に，我が国においては，広域化の2つの基軸のうち，市町村合併も本格的に実施されたが，平成の大合併が終了した2010年以降，共同処理件数が増加していることから，合併のみでは解決できない課題への対応として，広域連携の手法が地方公共団体により持続的に活用されていること

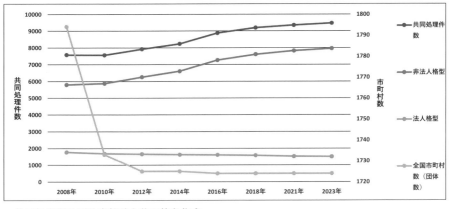

図2-3　共同処理件数及び市町村数の推移

共同処理調及び政府統計を基に筆者作成。

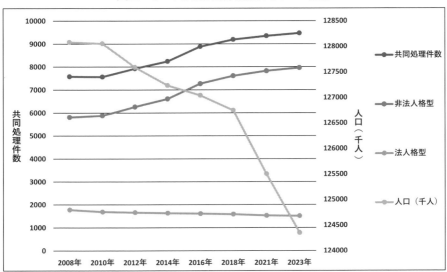

図2-4　共同処理件数及び人口の推移

共同処理調及び総務省統計局人口推計を基に筆者作成。

がわかる。

　第2に，人口減少が顕著な動向となった2010年や減少率が加速した2018年以降において共同処理件数の増加傾向が持続している状況をみると，人口減少に対する1つの対処策として共同処理が活用されていることが推量されるところである。

　次に，法人型である事務組合の設置数に焦点を当て，地域差が存在するかという点を見てみよう。都道府県別の市町村数と事務組合数との関係をみてみると，一定程度の相関関係はみられるが，一部の県は市町村数に対して事務組合の数が多いなど地域による散らばりもみられるところである。すなわち，単純に市町村数に比例して事務組合が設立されてきたという構図は見出されないことがわかる（図2-5）。

　また，都道府県別の市町村当たり人口と事務組合数との関係をみてみると，両者にはほぼ相関関係はみられない。すなわち，単純に，人口規模が小さい市町村が多い地域ほど事務組合を設立するインセンティブが高いといえるわけではないことが示されている（図2-6）。

　このことは，前掲表1-1が示しているとおり，広域組織の設立は，構成団体の合理的選択に基づく広域化が行われてきたと指摘する考え方が我が国にも通用

図2-5　都道府県別市町村数と事務組合数との関係

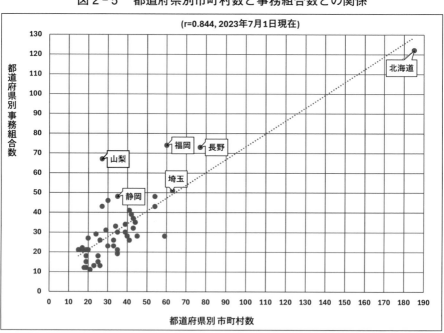

共同処理調及び政府統計を基に筆者作成。

図2-6 都道府県別市町村当たり人口と事務組合数との関係

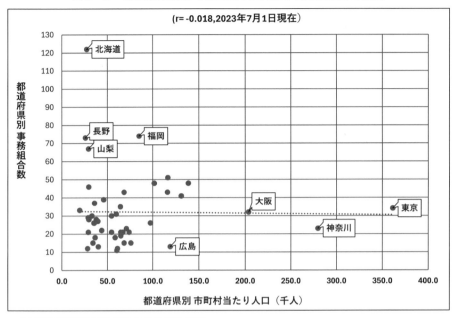

共同処理調及び政府統計を基に筆者作成。

していることを示唆している。何らかの地域事情に基づき，合理的理由がある場合に構成団体は共同利用方式としての広域組織を選択してきたということができるのではないだろうか。そして，このことは，今後の経営資源の資源制約の下での選択肢を考える上でも重要な要素ということができる。

Ⅲ　広域行政の必要性の変化

　なぜ，地方行政において広域行政の手法が必要とされてきたのだろうか。地方自治体の広域連携の必要性は従来から議論されているところであるが，行政実務において従来から位置付けられてきた必要性（以下「継続的な必要性」という）と，近年切迫性が増している必要性（以下「新たな必要性」という。）に分けることができる。

1　継続的な必要性

　地方行政において広域行政が必要とされてきた理由の中で，行政実務において

伝来的に考えられてきた必要性は以下のとおりである。

（1） 広域的企画に基づく展開が必要な事務が存在すること

地方行政の中には，広域市町村圏施策にみられるように，地域開発計画，観光，交通運送など，単一の自治体を超えた広域的な観点から事業の企画を行い実施することに適した行政需要が存在する。

（2） 施設の数を集約することにより社会的ニューサンス（迷惑性）を縮減することができる事務が存在すること

例えば，環境衛生業務（ごみ，し尿，火葬場等）においては，集約処理を通じた施設稼働のスケールメリット及び社会的ニューサンスの縮減化の観点から，共同処理の手法が盛んに用いられてきた。

（3） 需要の量は多くないが，確実に一定程度の需要が発生する事務が存在すること

例えば，職員研修，退職金支給，公務災害，交通災害共済，医療衛生（結核予防等）など，個々の自治体にとっては対応しなければならない事象が発生する確率が高くはないが，一定以上の頻度で発生する性質を持つ事象に係る行政需要が存在する。これらの行政需要に対しては，大数の法則にしたがい，共同処理により対応することが費用対効果の観点からも合理的である。

2 新たな必要性

一方，人口減少社会を背景として，地方自治体の経営資源の制約を意識せざるを得ない状況の下で，特に以下の点において，広域行政に係る新たな必要性が生じている。

（1） 総合自治体に規模の格差があり，狭小の自治体が単独で実施することが困難であり，他の組織による能力補完が必要な事務（行政サービス）が存在すること

ここでいう狭小は，区域の狭小だけではなく行財政能力を意味し，小規模の総合行政主体である地方自治体の体制の限界を超え，何らかの形での能力の補完を要する場合がある。我が国では，病院等の医療，環境衛生（ごみ処理等），消防等がその典型として挙げられる。このような状況は従来からみられていたが，人口減少下における人口の地域間格差の拡大が一層顕著になっている。我が国の都道府県別の人口増減と地域差の問題をみてみると，人口規模が小さい都道府県ほど，2020年と2015年比較で人口減少率が大きくなっており，人口の地域間格差が拡大している（図3-1）。このような状況の下で，人口減少が顕著な地域では，市町村の能力補完を行わなければならない分野において，広域行政はより切迫性

の高い必要性がある手法として考えられている。
(2) 大規模な施設・インフラの稼働を伴う事務が存在すること
　公共サービスの中には，大規模な施設を稼働させつつサービス提供を行う業種が存在する。上下水道，ごみ処理，用排水等の事業が典型的である。これらの事業については，関係自治体の自然条件や施設の規模等にもよるが，単独の自治体が設置・運営を行うよりも，複数の自治体が共同で施設を設置し共同処理を行うことが，スケールメリットを発揮し，能率的・合理的な行政運営を行うことができると考えられ，実践されている。即ち，地方公共団体が各々単独で区域内に処理施設を持つことの不経済を廃し，さらに，複数の団体が施設建設の費用を持ち寄ることにより，処理能力のより高い施設を建設，利用することが可能になり，総合的，長期的観点から見れば，経済的な事務処理が可能になる。このような観点からの広域行政の必要性は従来から唱えられてきたところであるが，近年，人口減少や厳しい財政状況下においてこれらの施設・インフラの老朽化が顕著になっていること及び人口減少を背景とする施設利用者の減少に伴い収益性が低下し厳しい財政運営を強いられていることが課題となっている。このため，例えば，前掲

図3-1　日本各州の人口と面積との関係

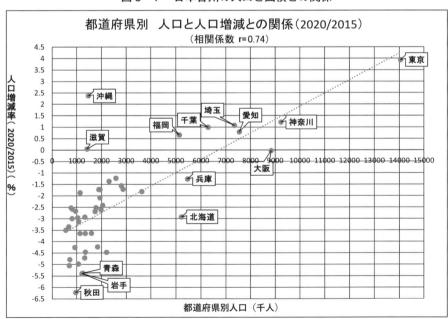

政府統計を基に筆者作成。

の第32次答申は，施設・インフラに係る地方自治体の経営資源が限られる中，他の団体等の多様な主体が連携し，それぞれが有する資源を融通し合い，有効に活用することが重要であるとの基本的なコンセプトを示しており，これらの方針は，資源制約に対応するための広域行政の要請が強くなっていることを表している。

（3）　地域差がなく共通の尺度で共同処理を行うことに適する事務が存在すること

我が国では，情報処理，介護認定審査，障害区分認定審査，生活保護など，複数の自治体が共通の基準で統一的に事務処理を行い，自治体間の取り扱いの格差を克服することが，公平感を増し，当該行政事務に対する住民の信頼感の向上に資することとなる行政需要が存在する。これらの事務の特徴は，共通の行政基準で事務処理を行うという意味での標準性が高く，このため，専門的技術の導入により効率化の可能性が高い点にある。一方，人口減少が進む地方自治体において，地方自治体が均等に専門的人材を確保することは一層困難になっており，専門人材を補えるような情報システムを経営資源として確保することが重要になっている。

（4）　専門的技能を備えた職員を集約することに適した事務が存在すること

我が国では，情報システム，診療，救急医療，税の滞納処分など，事象の発生量は膨大ではないが，専門的技能を備えた職員を集約することにより処理することが合理的な行政サービスが存在する。これらの行政需要は，その需要の量はその時々の社会情勢により異なるが常に存在するものであり，これらの需要に応えるため，総合自治体以外の広域連携の手法が用いられることとなる。このような専門的技能を備えた職員は，人口減少下では，特に地方部において一層確保が困難となる。このため自治体クラウドや地方税滞納処理機構など広域行政を通じ専門人材を複数の地方自治体がシェアしながら行政サービスを提供する広域行政の必要性が増している。

このように，広域行政の手法は，継続している必要に加え，新たな必要性が顕在化していることから，この2種類の必要性を視野に入れて今後の広域連携の活用方策を考えていくことが肝要となる。

Ⅳ　広域連携のボトルネック

1　広域連携手法による行政投資

我が国の法人型（法上の事務組合）の活動実績をみた場合，1つの特徴は，歳

出に占める行政投資の割合は必ずしも大きくないという点である。歳出に占める普通建設投資の割合は，3,000億円弱で推移し（図4-1），構成比は15パーセント前後で推移している（図4-2）。水道事業や廃棄物処理事業等における行政投資は見られるものの，交通事業，住宅事業，教育事業，都市計画事業等の行政投資を伴う行政分野においてはあまり本格的には活用されていない。この点は，フランスやドイツのように一部の広域組織[13]による行政投資が盛んに行われている

図4-1　法人型性質別歳出の推移

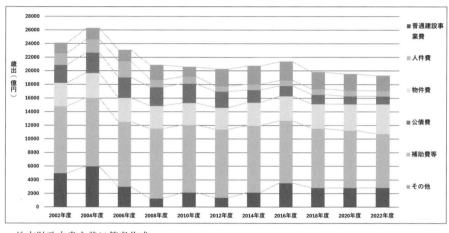

地方財政白書を基に筆者作成。

図4-2　法人型性質別歳出構成比の推移

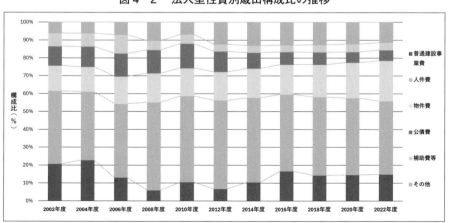

地方財政白書を基に筆者作成。

国と異なる点であり，第32次答申及び第33次答申が指摘する資源制約を克服する手段としての広域連携を考える際に，現行広域行政制度のボトルネックとなる可能性が認められる。

2　課税権と投資に係る政策決定

我が国において法人型が本格的な行政投資を行い得ない要因として2つの点が挙げられる。法人型に課税権が認められていない点と，執行機関の住民による直接選挙が実施されていないことである。

（1）課　税　権

我が国の地方税体系において，法人型には課税権が認められていない。地方税法2条において，「地方団体は，この法律の定めるところによって，地方税を賦課徴収することができる」こととされ，同法1条において，地方団体は「道府県又は市町村をいう」と規定されており，法人型は課税権を認められていないことがその理由である[14]。ここでいう課税権は，地方税の課税主体となって賦課・徴収に係る一連の行為を行い，その税収の帰属主体となる権能全体を有することを示すものであり，課税権自体は認められていない[15]。

このような法人型の課税権を巡っては，第23次地方制度調査会[16]において広域連合の独自の課税権を認める案も検討されたが，①独自の課税権を有する広域連合は独立性を高めて1人歩きするおそれがあること，及び②独自の課税権を認めるためには地方税法を含めて現行の地方税財政制度の大幅な手直しが必要になること等の理由で成案には至らなかった[17]。このように，法人型が，受益と負担の原則の下で自律的な財政運営を制度的に設計するには行政活動の実績が乏しいという認識が現在に至るまで有力である。

（2）直　接　選　挙

法人型については，法11条に規定されている住民（団体の選挙に参与する権利を有する住民）の観念は，市制・町村制の時代から，事務組合については認め難いと考えられていた[18]。この考え方は戦後成立した法にも受け継がれ，市制・町

---

(13) フランスの場合は市町村連携公法人（EPCI），ドイツではレギオン・ハノーファーの例がみられる。
(14) フランスにおいては，国及び地方自治体だけでなく，市町村連携公法人も課税権を行使し得る。
(15) なお，法人型は，滞納者に対する滞納処分など，地方税に係る事務の一部を行うことは可能とされている（行実昭33.10.16）。
(16) 同調査会は，1993年6月に「広域連合及び中核市に関する答申」を行っている。
(17) 成田頼明『都市研究』（1993年5月）。

村制における「公民」は，法11条に規定する「住民」に相当するものと考えられており，法287条により，事務組合の議会の議員の選挙及び執行機関の選任の方法は規約で定めるべきこととされているとともに，11条及び同条に関連する17条（議員及び長の選挙），18条（選挙権），19条（議員及び長の被選挙権）の規定は事務組合に準用されないと解されている。したがって，11条に規定されている住民すなわち団体への参政権を有する住民は，当然には事務組合には存在しないことになる。ただし，事務組合の規約において，議員の選挙又は執行機関の選任の方法について「住民の選挙による」と定めた場合には，当該規約を根拠として「事務組合の選挙に参与する権利を有する住民」が位置付けられる（いわば創出される）ことになる。通説も，「組合の規約いかんによっては公民（法11条の住民）さえも存在し得ることを認めているといえるようである。」と解釈している。また，この場合には，住民の選挙権の要件や被選挙権の要件について規約で定めておく必要がある。そして実務上は，規約で直接選挙の要件等を定め実施している事例はあまりみられないようである。

　直接選挙が行われていない日本の広域組織は，前掲表1-1における執行機関の正統性の根拠において，融合型に該当することとなり，民主的正当性が脆弱な組織に分類されることとなる。このことは，事務組合の管理者が直接選挙で選出されていないことから強い政策のリーダーシップを発揮することが困難な構造であることを意味している。

　しかし，このような構造は他国でも同様なのであろうか。この点をドイツの広域組織であるレギオン・ハノーファー[19]（以下「ハノーファー」という。）と比較してみよう[20]。ハノーファーの財源は，構成団体からの負担金及び州政府からの補助金等であり，課税権は備えていない。しかしながら，ハノーファーの所掌事務は，公共インフラの整備を始め建設計画，経済・運輸，教育，環境，公衆衛生，金融など広範囲に及んでおり，大規模な行政投資を行っている。

　このようなハノーファーの行政運営については，関係者への取材等により下記

---

(18) すなわち，入江・古川は，「組合の構成分子は市町村団体自体であって，従って市町村民は組合に対しては間接の関係に立つものであり，組合公民なる観念を認めることが出来ぬものと解する。」と述べている（入江俊郎・古井喜美『市制町村制提義』（良書普及会，1937年））。また，美濃部は，「凡て市町村公民は同時に府県公民として府県会議員の選挙権，被選挙権を有することを原則とする。（中略）複合的の地方公共団体に至ると，組合に加入して居る地方団体の連合に外ならないのであるから，各団体の公民の外に組合自身に特別の公民の無いことは無論である。」と述べている（美濃部達吉『日本行政法』（有斐閣，1940年））。

(19) 一般的には，ハノーファー広域連合と称される。

の点が明らかになっている。
① 執行責任者[21]が21の構成団体の市長に政治的に依存しているわけではない点が重要である。もし執行責任者が依存していれば，広域組織全体の目標よりも構成団体の個別の利害に左右されてしまうが，そのようなことは生じていない。この点は，執行責任者が直接公選されているという民主的正統性を備えていることが重要な要因となっている。
② 執行責任者は，年に2～3回，定期的に，構成団体の市長との会議を開催し施策の調整を行っている。財政的制約の中で，ハノーファーと構成団体は，多くのテーマを交渉している。交通事業，エネルギー問題など，テーマにより頻繁に意見交換を行うが，最終決定は直接選挙により選ばれている執行責任者が判断を行っている。広域組織としても，執行責任者が直接選挙により独立的に選出され，議会とは異なる正統性を有していることは，チェックアンドバランスの観点から重要であると考えられている。
③ 個々の市町村単位で行えば多数に上る事業を，広域組織が主体となり事業数を集約して実施すること（これをバンドリングと称する。）は，広域組織の区域内でコストと期間を調整・分散し，長期的視点から行政投資を計画的に実施できる点で有意義であると考えられている。このため，州法で規定されているハノーファーの主要な事務は，長期的な投資を要する事業となっている。
④ 構成団体は，個々の緊急な需要（小学校，駐車場，社会福祉施設の整備等）を賄わなければならないため，スケールメリットを生かすことができる大規模事業については広域組織による実施を受容し，かつ，期待しており，構成団体と広域組織の役割分担に係る合意が成立している。

このようにハノーファーは，課税権は有していないが，直接選挙による民主的正統性を背景として執行責任者が行政投資についてリーダーシップを発揮し得る統治構造を確立していると評価することができる。

このような国際比較を踏まえて，今後の我が国の法人型の在り方を考えると，

---

(20) ハノーファーは，ハノーファー市を中心とする21の市町村で構成され，2001年11月に創設された広域組織である。管内の人口は約110万人，面積は約2,300km^{2}であり，ハノーファー市，ハノーファー郡，及び主に広域計画と公共交通を所管するハノーファー大都市圏市町村連合を再編する形で創設された。ハノーファーは，ニーダーザクセン州地方自治法第3条に，郡と並び「地方自治体」として位置付けられている。組織体制は，1人の執行責任者（プレジデント）を含む85人の議員で構成された独自の議会を有し，執行責任者は直接選挙で選出され，任期は7年であり，その他の議員の任期は5年である。
(21) 我が国の法人型における管理者に相当する。

経営資源の資源制約の中で広域連携施策を通じ施設・インフラ整備を担っていくのであれば，法人型による行政投資のボトルネックとなっている課税権及び執行機関の直接選挙の導入は検討すべき課題である。特に直接選挙の導入については，規約等の整備により実施可能な分野であり本格的に検討していくべきであろう。

V　広域連携の活用

次に，今後の広域連携の活用の方向性について触れておく。

1　非法人格型広域連携の活用

前掲図2-3が示すとおり，平成の市町村合併により，全国の市町村数は，3,232団体から1,727団体まで減少した。特に2005年は，前年の3,100団体（2004年5月）から2,395団体（2005年4月）に減少し，変化が顕著な年であったが，引き続き2008年以降も減少が続いていた。

このような市町村数の変化に対し，共同処理に参加する構成団体数の推移をみてみると次の点がわかる（図5-1）。

① 法人型（一部事務組合及び広域連合）の設置件数は微減を示す（前掲図2-3）一方，共同処理の構成団体数については，法人格型は，横ばいであり，合併の後も法人格型への加入を維持する需要は続いていることを示唆し

図5-1　事務の共同処理構成団体数及び市町村数の推移

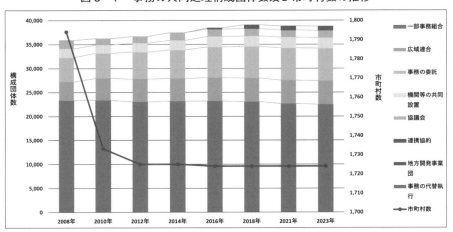

「地方公共団体間の事務の共同処理の状況調」を基に筆者作成。

ている。
② 非法人型については，設置件数の増加（前掲図2-3）と同様に，事務の委託等において構成団体数は増加している。また，2016年以降，連携協約が顕著に増加している。

このように，広域行政の2つの手法（前掲図1-1）の中で，合併が相当程度進捗した後においても，市町村にとっては広域連携を活用する顕著な需要があること，及び広域行政の新たな必要性（前掲Ⅲ2参照）が顕著に生じていることに留意する必要がある。このため，第32次答申は，資源制約という課題に対処する上で，地方自治体間の合意形成のプロセスを重視すべきと指摘しているところであり，そのための具体的手法として，事務の委託や連携協約を始めとする多様性のある非法人型の手法が，地方自治体により今後も有効活用されていくことが期待される。

2 多段階の広域連携の活用

法上の広域連携手法は前掲図2-1に示したところであるが，行政実務上は法に規定されている手法以外の多段階にわたる広域連携手法が併せて活用されている。

例えば水道事業においては，法制度上の段階に分けた場合，①法人型，②非法人型，③事実上の広域連携の3つの手法が用いられている。第1に，法人型としては，事業統合と経営統合の例がある。事業統合は，経営主体（1つの地方自治体が管理）及び水道事業（1つの特別会計で管理する事業主体）の両面において統合する手法を指す。経営統合は水道事業としては複数の特別会計を併存させつつ経営主体としては1つの地方自治体に統合する手法である。

第2に，非法人型では，事務の代替執行や連携協約の例がある。事務の代替執行は，設計，工事管理又は建設改良の一部を他の団体（当該区域の都道府県や隣接する市町村）が管理執行する手法である。また，連携協約を契機として事業統合を行った事例がある。

第3に，事実上の連携協約の例がある。事実上の協議会，施設の共同化及び管理の共同化の事例がある。まず，事実上の協議会では，システムの共用に係る情報共有や技術的検討を行う。

次に，施設の共同化では，例えば，施設群の中で特定の浄水場のみを他団体と共用する事例がみられる。

また，管理の共同化では，第三セクターを設立し，当該第三セクターが複数の地方自治体の施設の管理業務を行う事例，システムのみを切り出して複数の地方

自治体が共同発注する事例，複数の地方自治体が水質検査・施設管理等の複合的事務を民間事業者に共同委託する事例，複数の地方自治体が料金徴収などの単一業務を共同発注する事例がみられる。(表5-1)

このように，地方自治体の事務は施設の建設・維持管理等のハード事業から料金収納等のソフト事業まで，事務の性質が幅広いという特徴があることから，次

表5-1 多段階の広域連携（水道事業の例）

種類	共同処理等の方式	類型		事例（関係団体等）
法人型	一部事務組合（上水道企業団）	事業統合（経営主体及び水道事業を1つに統合。）	水平統合（複数の水道事業による統合）	群馬東部水道企業団（2市5町）
				秩父広域市町村圏組合（1市4町）
				香川県広域水道企業団（県及び8市8町の水道事業を統合）
			垂直統合（用水供給と末端給水との統合）	中空知広域水道企業団（3市1町）
				淡路広域水道企業団（3市）
				岩手中部水道企業団（2市1町）
		経営統合（経営体を統合。水道事業は引き続き併存。）		大阪広域水道企業団（同企業団が周辺市町村の水道事業を経営。）
非法人型	事務の代替執行	都道府県代替執行型		長野県が天龍村の簡易水道事業の設計・工事管理等を代替執行。
		中心都市包摂型		北九州市が隣接事務組合の給水・料金徴収・施設の建設改良等を代替執行
	連携協約	定住自立圏形成協定		協定を活用し，秩父広域市町村圏組合の事務の一部として水道事業を開始。
	事実上の広域連携	事実上の協議会		北奥羽地区水道協議会（事実上の協議会）を通じ，料金・会計・管路情報等のシステムの共用を検討。
		施設の共同化	水道施設の共同設置・共用。緊急時連絡間の接続等。	荒尾市（熊本県）と大牟田市（福岡県）が共同で浄水場を建設。
		管理の共同化	第三セクターの設立	第三セクターが県水道施設の指定管理者の業務及び市町水道施設の管理業務を実施。
			システムの共同化	北奥羽地区水道協議会を通じ，水道企業団の料金・会計・管路情報等のシステムを関係団体が共用することを検討。
			共同委託（水質検査や施設管理等を共同して一元的に委託）	神奈川県内の5水道事業者の水源水質検査等を広域水質管理センターが一元的に実施。
			共同発注	複数市町が上下水道料金収納に係る業務委託の共同発注。

筆者作成。

に掲げるように，多段階にわたる広域連携の手法を活用する余地は広い。
① 事業統合や経営統合のように，法人型の見直しを通じ，建設・維持管理を含む大規模な事務の共同処理の効率化向上を追求する余地があること。
② 2014年法改正により導入された事務の代替執行は，代替する事務に係る法令上の責任は事務を任せた地方自治体に帰属したままであり，事務の管理執行権限の移動も伴わない制度であることから，代替させる市町村の主体的関与を残すことにより，特定の事務を他の団体が機能的に補完することを円滑に行うことが期待される。資源制約の状況の下では，このような新たな類型の活用も見込まれる。
③ 地方自治体の事務の中には，定型的事務，及び調達行政に係る事務も多いことから，共同委託や共同発注など，発注規模の拡充を通じ発注者としての交渉能力を高めることも有効な手法であり，管理の共同化を追求する余地がある。
④ 地方自治体の事務の中には，情報システムを始めとする技術的業務が一定割合を占めていることから，事実上の協議会等を通じ地方自治体間での業務の標準化の検討や情報の共有を行うことが，発注者としての交渉能力を高める上で有効な手法であり，この点においても管理の共同化を追求する余地がある。

このように，資源制約下での広域連携の有効な活用を考えるに際しては，上記のような地方自治体の事務の特徴を踏まえ，いわば「川上（事業統合）」から「川下（共同発注）」に至るまでの多段階にわたる広域連携の活用を検討することが有効であろう。

Ⅵ 結　論

以上の現状を踏まえて，本稿において設定した「広域連携に係る法制度を，どのように改善し又は運用していけば，地方分権の機運を再度高め，分権改革を実現することができるか？」という点を考えてみよう。

我が国における国地方関係の課題は，我が国が集権的分散システムを採用していることに起因する[22]。地方自治体が国の立法において行政主体として組み込まれ，地方自治体の職務は逐次増大する一方で，新たな融合型の法制度の枠組みが成立すれば，国・都道府県・市町村の政府間関係は再び上意下達的な関係として固定化しやすい面がある。地方自治体は，このような構造的関係に加えて，経営資源上の資源制約を抱え，仕事が増える一方で施設・インフラ，人材，及び情

報システム等を十分に保持し得ないことから行政経営上の困難を抱えることとなる。

このような状況の下で，広域連携を分権的手法として活用していくためには，次の取組が必要である。

第1に，新たな立法時に，「分離」か「融合」か，という2分法だけで考えるのではなく，その他の途も選択肢として用意することである。新たな立法上の事務が，地域に関わる施策である場合においても，施策の担い手として，地方自治体のみを想定するのではなく，社会セクターや市民セクターを担い手として位置付けることも重要性を増してくる。

第2に，資源制約下で，従来の集権的分散システムの見直しは避けられない面がある。そのための選択肢の1つが，広域連携手法の見直しと活用であると考えられるところであり，特に次の3点を挙げることができる。

(1) **柔軟化・弾力化された共同処理の仕組みの一層の活用を図ること**

1950年代から始められてきた広域行政圏等の施策は，構成団体の相互の協力を前提とし，広域行政圏等を中心に圏域計画の策定や圏域の事務の調整など，協調的な対応を図ろうとするものであった。これに対し，2008年から開始された定住自立圏構想にみられるように，暮らしに必要な機能を各地域で標準的に確保することが困難なケースが生じ，地域で中心となる都市を核として，集約とネットワークの考えに基づき，多様な連携を図ることが顕著になっている。このような広域連携の多様化に対応し，2012年法改正において，共同処理の枠組みからの予告による脱退（252条の6の2等），特例一部事務組合（287の2）[23]，広域連合における理事会設置（291条の13）など，事務の共同処理の柔軟化・弾力化の規定

---

(22) 中央地方関係に係る分析理論は，天川晃の「集権・分権」と「分離・融合」モデルがあり，それを受容し発展させた理論が，神野直彦の「集権・分権」と「集中・分散」モデルである。①「集権」とは，できるだけ多くの権限を中央政府に集中させ，「分権」とは，できる限り多くの権限を地方政府に分散させることである。②「分離」とは中央政府が担うべき事務を中央政府が自ら処理する仕組みである。「融合」とは，中央政府が担うべき事務であっても地方政府の区域内であれば地方政府が固有の事務として処理する仕組みであり，地方政府の権限について概括授権方式が採られることが多い（我が国もこのタイプに属する）。また，③「集中」とは，国が業務執行を一元的に処理し，「分散」とは地方政府が業務執行を多く担っていることである。神野による政府間関係論においては，我が国の状況は，地方自治体に多くの業務が割当てられ，決定権限は国が握っている集権的分散システムであると指摘されている。外山公美『行政学』（弘文堂，2016年）146-148頁参照。

(23) 例えば，構成団体が少ない場合や議案の数が限られているケース等を想定し，規約で定めるところにより，当該一部事務組合の議会を構成団体の議会をもって組織することとすることができることとする制度。

が整備されている。地方自治体においては，このような法改正の趣旨を踏まえ，より運用し易い広域連携の形態への不断の見直しを行っていくことが望まれる。

(2) 法人型の機能強化を図ること

法人型における管理者選出における直接選挙の活用，事務局長の権限の強化，デジタル化の活用による組合議会の活性化や管理者と構成団体市長との政策議論の場の確保等により，執行機関の統一的な意思形成を強化し，法人型をより本格的な行政投資を担うことができる行政主体に転換していくことが考えられる。さらに将来的には法人型の課税権を検討することも重要な課題である

(3) 非法人型の活用を図るとともに，多段階型広域連携を推進していくこと

前述Ⅴ.2のとおり，事務の委託や連携協約などの非法人型の活用は増加しており，今後も需要に応じた柔軟な活用が有効である。また，資源制約下での広域連携の有効な活用を考えるに際しては，地方自治体の事務の特徴を踏まえ，「川上から川下」までの多段階にわたる広域連携の活用を図ることが有効である。

筆者は，これらの取組を多角的に進めていくことにより，人口減少社会に対応し得る地方分権を進めていくことが求められていると考える次第である。

参考文献

Ⅰ．和　文

イェンス・テスマン，片木淳　「ドイツにおける自治体区域改革――メクレンブルク・フォアポンメルン州を中心として」　自治体国際化協会，1990年。

宇賀克也　『地方自治法概説〔第10版〕』　有斐閣，2023年。

大津浩　『分権改革下の地方自治法制の国際比較』　有信堂，2019年。

木村俊介　『広域連携の仕組み（改訂版）』　第一法規，2019年。

木村俊介　『グローバル化時代の広域連携』　第一法規，2017年。

外山公美　『行政学〔第2版〕』　弘文堂，2016年。

松原直樹　「ドイツにおける市町村間協力組織」『専修総合科学研究』　専修大学緑鳳学会，2017年。

松本英昭　『逐条　地方自治法〔第9次改訂版〕』　学陽書房，2017年。

森川洋　「ドイツ・ハノーファー市とその周辺地域における行政地域改革と都市ネットワーク」『季刊地理学』　東北地理学会，2001年。

森川洋　「主要都市周辺地域における自治体間の協力関係と合併問題」『経済地理学年報』　経済地理学会，2000年。

山下茂　『体系比較地方自治』　ぎょうせい，2010年。

II. 英 文

Franzke, Jochen. 'Traditions, Problems and Challenges of Inter-municipal Cooperation in the German Federal State of Brandenburg', *"Inter-Municipal Cooperation in Europe, Governance and Public Management"*, Springer, 2018.

Hulst, Rudie. & Monfort, André van. *Inter-Municipal Cooperation in Europe,* Springer, 2007.

Page, Edward C. & Goldsmith, Michael J., *"Central and Local Government Relations-A Comparative Analysis of West European Unitary States"*, SAGE, 1987.

Wollman, Hellmut. 'Comparing Two Logics of Interlocal Cooperation' *"Urban Affairs Review 46（2）263-292"*, SAGE, 2010.

4 基礎的自治体への権限移譲

飯島淳子

Ⅰ 序
Ⅱ 地方分権改革の検証
Ⅲ 課題と提言

Ⅰ 序

　地方自治の拡充は，国の関与の縮減による自治体の自主性・自立性の強化という質的側面とともに，他の主体からの事務権限の移譲による自治体の事務権限の範囲の拡大という量的側面を有している。この2つの側面が意味することは同じではない。前者が，第1次地方分権改革において，機関委任事務制度の廃止，国の関与の法的枠付けと国地方間係争処理制度の整備を通じて，国地方間の法治主義の確立という意味において制度化されたのに対し，後者は，主に第2次地方分権改革以降，国から都道府県へ，都道府県から市町村への事務権限移譲という形で進められてきた。確かに，自治体が総合行政主体としての役割を果たすためには相応の事務権限が必要である。ただし，事務権限移譲は自治体の仕事を増やすこと[1]でもあり，つまりは自治体の負担を増やし，有限の資源の配分の可能性を縛ることになりうる。近時は，とりわけ市町村の役割を定める立法について，市町村の負担過重への懸念が示され，国や都道府県による支援の必要性が強調されることが多い。

　以下では，基礎的自治体への事務権限移譲が，どのような考え方に基づいてどのように遂行されてきたのかを跡付けた上で（Ⅱ），その過程において，また，新たな状況に応じて，どのような課題が現われ，その課題にどのように取り組んでいくべきかについて考察する（Ⅲ）。

（1）西尾勝『地方分権改革』（東京大学出版会，2007年）16頁，221-226頁，231-234頁。

Ⅱ　地方分権改革の検証

1　地方分権改革が目指したもの

（1）　改革前の課題

　自治体の質的自主性と量的自主性のいずれにとっても，最大の障壁は機関委任事務制度であった。国の機関委任事務制度は，国の法令に基づき，自治体の機関（特に都道府県知事および市町村長）が，国の機関として，国の包括的な指揮監督の下，国の事務を処理するという仕組みであった。自治体は，自らの事務（固有事務，団体委任事務，行政事務）についても，実際には国の機関委任事務と区別することなく，国の強いコントロールの下で処理していた。日本の自治体の一つの特徴は，国の事務である機関委任事務をも含め広範にわたる事務を処理しながらも，その自主性・自立性が強度に制約されていた点にある。

　具体的には，例えば，従来の地域づくり・まちづくりの問題点として，①国の事務（機関委任事務）として国や都道府県の過度の介入・関与があったこと，②関係省庁や都道府県の部局の組織の縦割りを反映して，総合的な地域づくり・まちづくりができなかったこと，③個性と多様性に欠け，画一化されてきたこと，④まちづくりに自治体や住民の意向が反映せず，官主導・行政主導のまちづくりであったことが指摘されている[2]。

（2）　改革の基本的考え方

　一国の行政の仕事を国・都道府県・市町村という三層の行政組織の間でどのように配分するかに関し，憲法および地方自治法は必ずしも明らかにしていない。事務権限配分の考え方として，事務再配分論と機能分担論[3]が展開されてきた。地方自治のあり方の分類ないし測定・評価の方法として，集権・分権および分離・融合という2つの軸も提示されている[4]。

　第1次地方分権改革によって地方自治法の基本原則として導入された役割分担原則は，自治体が総合行政主体たるべきであるという地域総合行政主体論に基づ

（2）　成田頼明「地域づくり・まちづくりと地方分権」東京市政調査会編『分権改革の新展開に向けて』（日本評論社，2002年）211頁。
（3）　山下淳「事務配分・機能分担」法学教室165号（1994年）44頁は，「ある仕事のいかなる側面について誰が決定するかを「権限」あるいは「機能」と呼ぶとすれば，事務配分に重ねて，「権限」配分論が求められる。それぞれが何らかの介入する権限をもったうえで仕事が進んでいくとすれば，相互の協調関係を維持していくことが重要になってこよう。そこに機能分担論の本来の趣旨があった」と述べる。

〈特集〉 **4** 基礎的自治体への権限移譲〔飯島淳子〕

いている[5]。この原則は，国の役割の限定という明確な方向性の下，事務配分のレベルにおいて，国の事務の限定を要請するのに加え，国地方関係調整のレベルにおいて，配分された自治体の事務に対する国の関与の限定を要請する[6]。自治体行政の総合性は，分野（縦割りではなく分野横断的であること）と過程（企画立案から執行まで一貫して担いうること）の双方に及ぶ。

　役割分担原則は，このように事務権限配分に関する原則としての意味を有するが，国と自治体との間の関係を規律するものであり，都道府県と市町村との間の関係を規律するものではない。また，基礎的自治体と広域的自治体という概念は，前者すなわち市町村中心主義を含意するが，具体的な都道府県・市町村間関係に特定の方向付けを与えるものではない。そこで，事務配分に関して都道府県より市町村を優先するという方針は，補完性の原則ないし近接性の原則によって根拠付けられた。ただし，補完性原則は，その概念に関しても[7]実務上の扱いにおいても[8]議論がありうる。

---

(4) 天川晃「変革の思想 ── 道州制の文脈」大森彌＝佐藤竺編『日本の地方政府』（東京大学出版会，1986年）111頁・118頁，西尾勝『行政学の基礎概念』（東京大学出版会，1990年）403頁，420頁。また，塩野宏『行政法Ⅲ〔第5版〕行政組織法』（有斐閣，2021年）184-185頁は，分離と融合の二つのモデルのいわば事務配分版として，事務をできるだけ1つの団体に専属的に割り振る一元的方式と，1つの事務を国，都道府県，市町村の複数の団体に割り振る多元的方式という分類を提示する。

(5) 塩野宏『行政法概念の諸相』（有斐閣，2011年）351頁。

(6) 塩野・前掲注(5)354-355頁，磯部力「国と自治体の新たな役割分担の原則」西尾勝編著『地方分権と地方自治』（ぎょうせい，1998年）84頁以下参照。小早川光郎「地方分権の現状と課題」ジュリスト1413号（2010年）9頁は，第1次地方分権改革の理念的・原則的な成果である役割分担原則の確立に関し，「与えられた役割を自主的に行うという意味での団体自治ではなく，それ以前の，十分な役割を配分されるという意味での「適正な役割分担」の原則が，付け加わった」ことを指摘する。

(7) 廣田全男「事務配分論の再検討」公法研究62号（2000年）188頁参照。

(8) 地方分権推進委員会最終報告（平成13年6月）が，「第4章　分権改革の更なる飛躍を展望して」の「Ⅳ　事務事業の移譲」において，「わが国の事務事業の分担関係を〔ヨーロッパにおける〕「補完性の原理」に照らして再点検してみれば，国から都道府県へ，都道府県から市区町村へ移譲した方がふさわしい事務事業がまだまだ少なからず存在している一方，これまではともかく今後は，市区町村から都道府県へ，都道府県から国へ移譲した方が状況変化に適合している事務事業も存在しているのではないか」と述べたのに対し，地域主権戦略大綱（平成22年6月22日閣議決定）は，「国と地方の役割分担に係る「補完性の原則」に基づき，住民に身近な行政はできる限り地方公共団体にゆだねることを基本とし」，「住民により身近な基礎自治体を重視し，基礎自治体を地域における行政の中心的な役割を担うものと位置付ける」（2頁）と述べている。

2　地方分権改革の現状

（1）　法律による権限移譲

　第1次地方分権改革は基本的に ── 権限移譲戦略ではなく ── 関与縮減戦略に基づく ── 市町村改革よりむしろ ── 都道府県改革であった。権限移譲，なかでも市町村への権限移譲は次なる課題とされた。ただし，市町村がもっとも強く分権を望んでいたまちづくり分野と福祉・教育分野を対象に，地方分権推進委員会のなかに設置された地域づくり部会とくらしづくり部会が作業を担当した[9]。例えば，都市計画制度については，市町村の地位・権限の強化に向けて，準都市計画区域指定制度[10]，用途地域指定制度，まちづくり三法等に係る作業が行われた[11]。

　基礎的自治体への権限移譲は，第2次地方分権改革以降の主たる課題の1つとして，法律（「地域の自主性及び自立性を高めるための改革の推進を図るための関係法律の整備に関する法律」（地方分権一括法））による権限移譲という方法で順次進められていく。

　地方分権改革推進委員会の第一次勧告（平成20年5月28日）は，行政分野別の方針に沿って横断的な見直しを行い，広域的な連携による補完をも前提としつつ，64法律359の事務権限について，都道府県から市町村への移譲を提言した。第一次勧告は，市町村合併の進展等を踏まえ，市の優先，すなわち，市の町村との差異化を明確に打ち出した[12]。実際，移譲される権限の多くは，市町村全般を対象とするものよりむしろ，市を対象とするものであった（例えば，家庭用品販売業者への立入検査，墓地・納骨堂・火葬場の経営許可，緑地面積率に係る地域準則策定，都市計画施設の区域内における建築許可，騒音・振動・悪臭に係る規制地域の指定等）。このなかには，後述の事務処理特例条例制度による事務移譲の実績のある事項が相当数含まれている。第一次勧告を受けて，地域主権戦略大綱（平成22年6月22日閣議決定）による具体的措置の提示[13]，第二次一括法（平成23年法律第105号）による立法化が行われた。

---

(9) 成田・前掲注（2）209頁。
(10) ただし，市町村による準都市計画区域指定は，「市町村の開発意欲が強いことや準都市計画制度が施設整備を伴わない土地利用規制だけの仕組みであったことから，準都市計画区域指定は市町村にとって重い負担となり指定は全く進ま〔ず〕」，2006年都市計画法改正によって指定権限は都道府県に与えられることになった（大橋洋一『都市法』（有斐閣，2024年）37頁）。
(11) 成田・前掲注（2）218頁以下。
(12) 小早川・前掲注（6）12頁。

〈特集〉 **4** 基礎的自治体への権限移譲〔飯島淳子〕

　法律による権限移譲は，平成26年以降，提案募集方式で行われるようになった[14]。委員会勧告方式，すなわち，法律に根拠を有する国の合議的機関[15]が一定の期間内に調査・検討・調整を通して結論を出すいわば"上からの改革"から，提案募集方式，すなわち，恒常的に国の機関[16]が自治体の発意に基づく提案を募集し，提案の実現に向けて検討を行ういわば"下からの改革"に切り替えられた。ただし，提案件数は，初年度である平成26年の953件（うち規制緩和525件，権限移譲366件）に対し，令和5年は230件（うち規制緩和225件，権限移譲5件）にとどまっている。なかでも，権限移譲に係る提案件数は，366→81→38→53→42→35→15→13→16→5と年を追うごとに減少している。このことは，提案募集方式が成果を上げたがゆえの課題の減少を意味するのか，負担の増加を伴う権限移譲についてその提案を自治体自身に求めることの難しさを意味するのか，解釈が分かれよう。

　なお，法律による権限移譲が進められる一方，特に従前の機関委任事務が自治事務とされたケースのなかには，国の立法権による関与（規律密度の上昇）および国の行政権による関与（地方自治法上の関与の基本類型以外の例外的関与の創設）が強化されるとともに，並行権限に係る国の直接執行として国の事務とされたものもある[17]。

---

(13) なお，地域主権戦略大綱は，円滑な権限移譲の実現に向け，基礎的自治体に対して，効果的な事務処理や自治体間連携などの主体的な取組みを求めるとともに，国と都道府県に対して，権限移譲に伴う必要な財源措置の実施や，権限移譲の前提となる環境・条件整備に関わる種々の支援などを求めている。
(14) 「個性を活かし自立した地方をつくる──地方分権改革の総括と展望」（地方分権改革有識者会議2014年6月2日決定），「義務付け・枠付けの第4次見直しについて」（平成25年3月12日閣議決定）。提案募集方式について，大橋洋一「分権改革としての提案募集制度の発展可能性」『地方自治法施行70周年記念自治論文集』（2018年）161頁，伊藤正次「提案募集型地方分権改革の構造と課題」同421頁等参照。
(15) 地方分権推進法（平成7年法律第96号）に基づく地方分権推進委員会，地方分権改革推進法（平成18年法律第111号）に基づく地方分権改革推進委員会が，これに当たる。
(16) 提案募集方式を遂行する機関は，地方分権改革推進本部（2013年3月8日閣議決定）の下に置かれた地方分権改革有識者会議（2013年4月5日内閣府特命担当大臣（地方分権改革）決定）である。
(17) 例えば，建築基準法上の事務について特定行政庁等に対する措置命令という自治事務に対する例外的関与が創設され，正当な理由なく指示に従わない場合は，国土交通大臣が審議会の確認を得た上で自ら必要な措置をとることができるという規定が創設された（建築基準法17条7項，12項）。これは，各大臣の直接執行権として特殊例外的に各大臣への権限配分として認められたものである（成田頼明「改正地方自治法の争点をめぐって」自治研究75巻9号（1999年）19頁）。

（2）事務処理特例条例による事務移譲

すべての市町村やすべての大都市を一律に対象とした法律による権限移譲のほかに，地域の実情に応じた事務移譲の方法として，条例による事務処理特例制度（自治252条の17の2～4）が創設された。この制度は，各都道府県が，都道府県知事の権限に属する事務（法定受託事務と自治事務の双方を含む）のうち，市町村の事務として処理することが可能かつ適当と考えられる事務について，各市町村との協議の上で，条例制定を介して市町村長に委ねるものである。法律上都道府県に配分された事務を，都道府県の意思により，市町村に再配分する意義をもち，「事務配分を決める権限を，国の立法権から都道府県の条例制定権に一部譲っている」[18]点において，この制度は画期的である。事務処理特例条例制度は，市町村優先の原則と市町村の多様性への配慮に基づく事務移譲の仕組みとして位置付けられる[19]。

地域の実情に応じた事務移譲の方法としては，事務の委託の仕組み（自治252条の14）も存在する。両制度は，事務処理を委ねられた自治体が自己の事務として処理する点において共通しているが，規約締結に基づく事務委託が，本来的に双方向的な仕組みであり，両当事者の合意を要するのに対し，事務処理特例条例制度は，一方で，事前手続としての協議を経ても合意に達しない場合に，市町村が事務移譲を拒みうるかという問題を抱えており，他方で，市町村は，都道府県に対して事務処理特例条例の制定を求めうるにとどまっている[20]。

（3）受け皿論

自治体を総合行政主体とするという理念はいわゆるフルセット主義を指向し，所掌事務の拡大はそれを処理しうるだけの行財政上の規模・能力を必要とする。

---

(18) 大津浩ほか「〔座談会〕地方分権改革の意義と課題」小早川光郎＝小幡純子編『あたらしい地方自治・地方分権』ジュリスト増刊（2000年）50頁（小早川発言）。この点に関し，事務権限移譲の決定という事務権限自体は常に国にあるという想定＝事務権限移譲という決め方自体が，そもそも集権的であり，事務権限移譲という改革は法制原理的には分権的になり得ない（金井利之「自治体への事務権限の移譲と分権改革」都市問題研究62巻1号（2010年）100頁）という分析も想起される。

(19) 制度の活用実態について，山崎幹根「都道府県による市町村との連携・補完・支援」日本都市センター『人口減少時代の都市自治体 ── 都道府県関係』（2022年）62頁は，「都道府県から市町村への権限移譲を促す事務処理特例は，98の法律を対象にしている新潟県から15に止まっている石川県まで，都道府県によって活用状況に相当な差が生じている」こと，また，「総じて県が権限移譲に積極的である一方で，市町村の側は中核市への移行や地方分権の提案募集・手挙げ方式の利用などを積極的に活用するような例外的な市を除き，受動的に対応している」ことを指摘する。千葉実「条例による事務処理の特例の現状とこれから」北村喜宣ほか編『自治体政策法務』（有斐閣，2011年）559-560頁も参照。

〈特集〉 4　基礎的自治体への権限移譲〔飯島淳子〕

こうして，配分された事務権限を行使するのに十分な行財政能力を整備することを目指す受け皿論が改革の俎上に上った。

　市町村に関しては，市町村合併と市の差異化という二つの方向から改革が進められた。財政的優遇措置をはじめとした国の強力な誘導の下に市町村合併が推進され，市町村合併による市の規模・能力の拡大と大都市制度（指定都市制度，中核市制度，特例市制度[21]）の発展を踏まえ，市が事務権限配分の移譲先として選択された。

　市の規模・能力の拡大は，国の機関委任事務制度の廃止とあいまって，都道府県の空洞化に現実味を帯びさせた。そこで，一方で，広域的自治体の存在意義が問われ，道州制の導入が議論された。第28次地方制度調査会「道州制のあり方に関する答申」（平成18年2月28日）は，国と地方を通じた行政の効率化と責任の所在の明確化のために企画立案から管理執行までを一貫して担う地方政府として，都道府県に代わる完全自治体たる道州像を掲げ，その区域例・事務・組織機構をはじめとする制度の骨格を設計した。他方で，国から都道府県への事務権限の移譲に関し，国の出先機関に焦点を当てる戦略が採られた。国の仕事として何が必要か，そのためにどのような出先機関が必要かについて，出先機関の原則廃止・抜本的改革が目指された[22]。国の出先機関の改革は，中央省庁体制のあり方，地方自治行政組織のあり方，公務員制度のあり方等をも射程に入れ，より広い文脈のなかで検討される。

　その後，市町村合併の成果と限界が認識され，合併から連携へという転換が行われた。第29次地方制度調査会「今後の基礎自治体及び監査・議会制度のあり方に関する答申」（平成21年6月16日）は，平成の市町村合併を平成22年3月末までで一区切りとするとし，「市町村合併による行財政基盤の強化のほか，共同処理方式による周辺市町村間での広域連携や都道府県による補完などの多様な選択肢」を探る方向へ舵を切った。連携には，同一レベルの自治体相互間の水平連携

---

(20) 原田大樹「市町村と都道府県の法的調整」日本都市センター・前掲注(19)83頁は，「人口減少時代に入り，市町村の事務を都道府県に条例で移譲する法制度を一般的に用意する必要性が今後議論されるようになるかもしれない。しかし，このような制度は，従来の市町村中心の事務配分と正面から衝突するほか，条例の適用関係や関与のあり方についても大規模な変更を要すると思われる。さらに，市町村の事務の吸い上げを憲法上正当化する根拠も十分議論する必要があると考えられる」と述べている。
(21) 1999年に創設された特例市制度は，特例市への事務移譲が進んで中核市との違いが解消されたとして，2014年地方自治法改正により中核市制度に吸収・一本化された（人見剛「関与の見直しと国地方関係の変化」都市問題2016年5月号46頁参照）。
(22) 小早川・前掲注(6)12頁。

と，都道府県・市町村間の垂直補完がある。第30次地方制度調査会「大都市制度の改革及び基礎自治体の行政サービス提供体制整備に関する答申」（平成25年6月25日）を受けて，連携協約および事務の代替執行の規定が地方自治法に導入された。事務の委託の制度とは異なり，市町村が事務処理権限を保持したまま都道府県が市町村の事務を代替執行する制度は，「事務配分における市町村優先の原則に配慮しつつ，市町村間による広域連携が困難な地方圏における基礎的行政サービス提供のサステナビリティの確保を意図していた」[23]と評されている。

自治体間連携の仕組みは，コンパクトシティ施策をはじめとするコンパクト・プラス・ネットワークの推進という政府全体の方針のなかに位置付けられるものでもある。人口減少社会において自治体の資源・能力の制約が強まるなか，中心市の責任を梃子に，選択と集中による効率化を図ろうというのである。そこでは──一方的手法ではなく，また，新たな法人の設立という方法でもなく──協定手法が採用された。協定という手法は，各事務権限について，その決定・執行を各当事者の意思の合致によらしめるものであり，したがって自治の尊重を意味しうる。ただし，国による行財政的誘導を通じた集権化のおそれに加え，中心市＝強者による周辺部＝弱者のコントロールという自治にとってより困難な課題をもたらしている。

Ⅲ　課題と提言

1　残された課題[24]

（1）行政事象

権限移譲に関しては，権限を行使する行政主体の変化が住民に対する行政サービスの変化を伴わなければ，評価が難しい。権限移譲の効果の"実感"という課題は地域主権戦略大綱においても明示されており[25]，権限移譲の効果の測定・評価と課題への対応が一定程度図られてきた。すなわち，第2次一括法施行後に基礎自治体への権限移譲の施行に係る状況調査（平成25年7月）において，権限

---

[23] 宇賀克也『地方自治法概説〔第10版〕』（有斐閣，2023年）152頁。
[24] 所掌事務拡充路線は税財源の構造や公務員制度の変更をもたらすものであるが，税財源や人員の見直しについては本稿の検討対象から除く。
[25] 地域主権戦略大綱は，「移譲される事務と，従来から処理している事務とを一体的かつ総合的に行うことによって，その相乗効果を発揮できるようにすることなどを通じ，地域住民が地域主権改革の意義や権限移譲の効果について，より強く実感できるようにすることも重要である」と述べていた。

〈特集〉 4　基礎的自治体への権限移譲〔飯島淳子〕

移譲に伴う支障と対応，今後の移譲事務執行上の課題，権限移譲で感じられたメリット，円滑な移譲に向け特に留意した点について調査が行われた。改革の過程でPDCAサイクルを回す試みは，各自治体においても実践された(26)。内閣府による「地方分権改革・提案募集方式により実現された制度改正等の活用状況に係る調査」(平成30年度以降)に加え，調査の結果を踏まえた総務省行政評価局との連携調査も継続的に実施されている(27)。

　一般的には，事務権限の移譲は，地方分権改革に資することもあれば，資さないこともある(28)。「現時点では小規模自治体が所掌事務の執行に困窮を来し，事務を都道府県や国に返上するような事態が全国各地で顕在化しているわけではない」(29)とも言われる。しかし同時に，国・都道府県による市町村の支援の必要性が強く認識されている。都道府県による市区町村の補完について，奈良県，徳島県，高知県等における実践が広く知られ(30)，モデル化と横展開も試みられている。

　より具体的に，都市計画分野における実証研究によると，一方で，「空間的管轄」に関する問題として，行政区域を越えて対応しなければならない問題や近隣の基礎自治体と連携して対応しなければならない問題が存在し，近隣市町村との定住人口・就業人口に関する調整(近隣の市町村の土地利用規制が緩く，宅地開発や大規模小売店の建設などが行われ，他都市に商業，住宅，人口が転出・流出してしまうこと)が課題となっている(31)。他方で，「機能的管轄」に関する問題として，土地利用計画の決定と農業政策との調整，大規模な施設立地や宅地開発と農地保

---

(26) 例えば，広島県は，平成16年度に策定した「分権改革推進計画」に基づいて市町への事務権限の移譲を推進し，平成22年度および平成26年度に検証調査を実施し，それまでの権限移譲の成果や今後の課題とその解決の方向性について報告書を公表している。
(27) 地方分権改革有識者会議「地方分権改革の今後の方向性について —— 提案募集方式の導入以後10年の総括と展望」(令和5年12月15日)43頁。
(28) 金井・前掲注(18)95頁。
(29) 山崎・前掲注(19)62頁。例外的な事例として，大牟田市による保健所業務返上の事例が挙げられている。
(30) 山崎・前掲注(19)70頁は，「都道府県の役割を市町村に還元できるのか，または複数の都道府県を束ねた出先機関に代替可能なのかが課題となろう。今後も，広域自治体としての総合行政主体としての位置づけを維持するのであれば，「県土」，「県民」，「県益」を明確にし，各都道府県の「アイデンティティ」を確立できるかが問われることになる。この点を評価するためには，防災・危機管理，デジタル化の分野において都道府県がどのような役割を果たすのかを具体的に検証することが今後の課題となろう」と述べる。
(31) 内海麻利「人口減少下にある日本の管轄と制御に関する課題 —— 基礎自治体に対するアンケートに見る重点課題」同編著『縮減社会の管轄と制御 —— 空間制度における日本の課題と諸外国の動向・手法』(法律文化社，2024年)15頁。

全，農地活用との調整，土地利用計画の策定と治水等災害対策との調整，居住地域と土砂災害などの災害危険性を表す区域との調整等が指摘されている[32]。ここには，基礎的自治体への事務権限移譲の特権的領域とされた都市計画分野ならではの課題が体系化されている。こうした実態の把握とその評価を踏まえ，それぞれの課題への対応が積み重ねられることを通じて，制度改革につなげていかなければならない。

（2）理論枠組み

理論上の課題としては，自治体の総合性の概念が挙げられる[33]。地方分権改革の両義性は，いくつかの局面ないし層の複合として認識されうる。一方で，国による改革は，国の法律による自治体に対する押し付けであり，地方自治の本旨，すなわち，自分のことは自分で律し，他の団体たる国の法律の介入を排する[34]という理念に反する。他方で，地方自治は一国の根幹的制度であるから，その設計の責務は国（法律）の役割に属するものでもある（自治1条の2第2項）。かかる対立軸に加え，自治体を国家と社会の間の中間団体として捉える立場によると，地方分権改革は，自治体の「社会性」と「国家性」とのバランスを変化させることとなる。自治体の質的・量的独立主体性の強化は，国とは異なる独自の公法人の志向につながり，ひいては，自治体の国家統治構造への組み込みとその社会性の喪失に至りうる[35]。

こうしたアンビヴァレンスへの一つの対応として，自治権の手続的保障が制度化され実施されてきた。国の立法過程への自治体の参加・関与が，様々な形態をとって試みられている。地方六団体の意見具申権・意見書提出権（自治263条の3），国と地方の協議の場（国と地方の協議の場に関する法律）に加え，権限移譲の方法である提案募集方式もその一つに数えられよう。

その後，行政の資源・能力の制約に鑑みたフルセット主義からの脱却を受け，「「総合性」概念が持つ拡大傾向と人口減少時代の自治体行政はどのように折り合いをつけていくのか」[36]という課題設定がなされるに至った。そこでは，「住民本位の総合性」，すなわち，住民ニーズに照らしてどのような「総合性」が必要

---

(32) 内海・前掲注(31)17頁。
(33) 塩野・前掲注(4)358-359頁。斎藤誠『現代地方自治の法的基層』（有斐閣，2012年）26頁は，「歴史を遡ってみると，行政の総合性の要請が，タテ方向の調整や介入，さらには，上からの事務の割り当てを伴うシステムを招来しないかどうか，そして自治システムの自己決定という側面と調和するものなのか，（道州制論の文脈でも）留意する必要はあることがわかる」と述べる。
(34) 塩野・前掲注(5)146頁。
(35) 拙稿「地方自治論」法学教室357号（2010年）14-15頁。

〈特集〉**4** 基礎的自治体への権限移譲〔飯島淳子〕

なのかを，それぞれの自治体が自己選択していくべきであり，したがって，集積を伴わずに地域自治や住民自治をおろそかにしない連携もありえ，行政サービスの提供者としての能力と自治の枠組みは異なってもよいと主張された[37]。

また，法律所管官庁である自治制度官庁による他律的総合性と対置される自律的総合性[38]に関し，多義的な中身でありうる総合性について，一元的に統一すべきか，多元的なままに共生・持続させるべきか，というメタレベルの原理が存在することを指摘され，自律的総合性を掲げる主体同士で衝突が継続的に起きる[39]という矛盾が明らかにされた。そこで，個人を「享受者的総合性の主体」として基礎に据えた上で，自治体（「享受者的総合性の客体」，「自律的総合性の主体」），自治体部課・国・事業者・団体など関係多機関（「自律的総合性の客体」）を位置付けるという視点の抜本的転換が試みられている[40]。

2 新たな動きと問題状況

（1） 危機時における集権化

以上に加え，事務権限配分のあり方は，社会の急激かつ根本的な変化への対応の必要に迫られている。

第1に，激甚災害の頻発や人口減少社会化など，いわば危機が日常化するなかで[41]，危機管理における集権化の傾向がみられる[42]。例えば，衛生危機管理においては，感染症対策の一般法である「感染症の予防及び感染症の患者に対する医療に関する法律」（感染症法）に加え，危機管理のための特別措置法として「新型インフルエンザ等対策特別措置法」（特措法）が制定されたが，新型コロナウイルス感染症対応においては，地方自治上の課題として，国・自治体間，自治

---

(36) 入江容子「人口減少時代の自治体における「総合性」と「多様性」」金井利之＝自治体学会編著『自治体と総合性 —— その多面的・原理的考察』（公人の友社，2024年）7頁。
(37) 入江・前掲注(36)28-29頁。
(38) 金井利之「縮減社会における自治体の総合性とは」金井ほか編著・前掲注(36)142頁。
(39) 金井・前掲注(38)145頁。
(40) 金井・前掲注(38)156頁。
(41) なお，地方分権推進委員会中間報告（1996年3月）は，「Ｉ何故にいまこの時点で地方分権か —— 地方分権推進の背景・理由」において，「高齢社会・少子化社会への対応」を挙げ，「福祉・医療・保育・教育サービスの再編成による総合行政化と，NPO，民間企業などとの公私協働の仕組みづくりが必要であるが，国の縦割では対応できず，住民に身近な地方公共団体の創意工夫が必要である」と述べていた。
(42) なお，デジタル時代の地方自治のあり方に関する研究会報告書（令和4年3月）9頁以下は，「社会経済情勢の変化に対応した制度整備」として，「国の総合調整権・指示権等が整備された事例」と同時に，「地方公共団体の事務処理に関する全国的なルール整備等がなされた事例」を挙げている。

体相互間の役割分担と責任分担の不明確さ・不透明さ，調整・連携の機能不全が指摘され，感染症法および特措法の改正に加え[43]，地方自治法の改正まで行われた。

地方自治法の一部を改正する法律（令和6年法律第65号）により，第12章「国と普通地方公共団体との関係及び普通地方公共団体相互間の関係」の特例として，第14章「国民の安全に重大な影響を及ぼす事態における国と普通地方公共団体との関係等の特例」が導入され，生命等の保護の措置に関する指示権（252条の26の5）が創設された[44]。

この特例指示制度の構造は，原則的な関与制度とは異なる。地方自治法の原則は，地方公共団体の機関の判断による法定事務の執行→それが違法であるとの判断に基づく国の行政機関による関与→地方公共団体と国の判断の違いについての裁判所による係争処理という「いわば正・反・合のシステム全体で，国の法律と自治体の機関との関係を整序しようとし〔た〕」[45]ものである。

これに対し，特例指示制度はまず，「地方公共団体が，自らの事務処理に原因のない危険に対し，住民の安全のために措置をとることが求められる場合」，国家賠償法でいえば「危険管理責任が問題となる状況」[46]を念頭に置いている。そして，「自治法上の特例指示の制度は，国と地方公共団体との個別の関係において，国が特例指示の要件が満たされるかを検討し，地方公共団体に対し，特例指示を行うこと，または，特例指示の要件の充足を示すことにより，自らの責任で判断する事項を明確にする意味をもつ」[47]。そうすると，「危険管理責任」の有無について国が自らの責任において判断し，地方公共団体に対して特例指示を行うことになる。地方公共団体の側からすると，自らが判断する責任を有していない事柄について指示され，指示に従って措置を講ずることを義務付けられる。

こうした特例指示権の実質的根拠に関しては，法令所管大臣は，所管する法令が立法不作為の状態にある場合にその是正に向けた責任を負っており，この責任

---

(43) 差し当たり参照，拙稿「日本における国地方関係 —— 曖昧な"強制"から自治の深化へ」磯部哲＝河嶋春菜＝ギヨーム・ルセ＝フィリップ・ペドロ編『公衆衛生と人権 —— フランスと日本の経験を踏まえた法的検討』（尚文社，2024年）131頁。

(44) 金井利之「補充的指示権に見る集権型国家指向の体質」自治実務セミナー741号（2024年）2頁，今井照「「国の補充的指示」権の法制化について」自治総研545号（2024年）53頁等参照。

(45) 小早川光郎「地方分権改革」公法研究62号（2000年）174頁。

(46) 山本隆司「国の指示に係る地方自治法上の特例 —— 第33次地方制度調査会の審議を踏まえて」地方自治923号（2024年）21頁。

(47) 山本・前掲注(46)25頁。

に基づいて「個別法律の整備を法的に促す趣旨を含む」[48]特例指示を行うと解することもできる。仮にそうだとすると，特例指示制度の大本の関心は，法令所管大臣と国会との関係に向けられていることになろう。原則的関与制度が，法律の執行に関し，地方公共団体・法令所管大臣・裁判所という三者の関係を通して法治主義を実現しようとするのに対し，特例指示制度は，法律の定立に関し，その不作為に係る責任を第一次的ないし暫定的に法令所管大臣に負わせ，特例指示に基づく地方公共団体の措置を介在させつつ，国会の判断に委ねるものであるといえる。

（２） デジタル化

第２に，デジタル化の推進という施策に集権化が結び付けられるようになった。デジタル化は，人口減少をはじめとする資源制約のなかで，サービス提供の持続可能性を確保するためのいわば切り札とされている。喫緊かつ最優先のこの課題を規律する基本的法律であるデジタル社会形成基本法は，「民間」に主導的役割を与え，国・自治体の役割を環境整備にとどめている。この環境整備の役割に関し，「社会全体のデジタル変革等を契機として，それまで自治体に任されていた個々の事務の業務システムの整備・運用や情報の管理のあり方についても，国の積極的な役割が求められるようになってきている」[49]とされる。

自治体の概念は，デジタル化と一定の緊張関係に立つ。物理的な土地を区切った区域を基礎とし，そこに居住する生身の人間たる住民を構成要素とするからである。そこで，デジタル時代の地方自治[50]の存在意義そのものが問われはじめている。広域的自治体の役割に関しては，「地方行政のデジタル化が進展する中，都道府県の果たすべき役割そのものについて変質が生じる可能性があることから，改めて議論することが必要となる」とされ[51]，また，基礎的自治体に関しては， ── デジタル時代の地方自治の存在意義ともされる ── 狭域自治のあり方が課題となりうる[52]。

もとより，集権化一辺倒では立ち行かないことも認識されている。行政サービ

---

(48) 山本・前掲注(46)13頁。
(49) デジタル時代の地方自治のあり方に関する研究会報告書・前掲注(42)38頁。
(50) 原田大樹「デジタル時代の地方自治の法的課題」地方自治884号（2021年）22頁は，デジタル時代の地方自治の方向性として，「地方自治制度を複線的な統治機構と考え，公共部門のみならず社会全体のイノベーションを誘導するための制度として再定位する方向性」と，「物理的空間を共有する住民相互の協議・討論による意思形成過程として地方自治を位置づけることにより，個人の自己決定の延長として自治の問題を再定位する可能性」を提示する。
(51) デジタル時代の地方自治のあり方に関する研究会報告書・前掲注(42)36頁。

スのなかに生身の人間との物理的接触を必須とする業務が残り続けるからというだけではない。デジタル化は行政の組織・手続・基準すべてに関わるから、その担い手である自治体の参加やフィードバックなしには実効的たりえないからである。現に、デジタル社会形成基本法は、国・地方の情報システムの共同化・集約の推進（29条）を掲げ、その具体化の手法として計画手法を採用するなかで、政府への重点計画策定の義務付け（39条1項）、計画策定事項および具体的な目標・達成期間の枠付け（同2項・3項）において、サイバーセキュリティ戦略本部・個人情報保護委員会のほかに地方六団体への意見聴取手続を賦課している（同4項・5項）。また、既に、地方公共団体情報システムの標準化に関する法律の立法過程をはじめ、自治体の意見聴取等を通した参加手続が実践されている。自治体の国政参加論の蓄積等をも活かしながら、"コード"の協働的策定の仕組みを作り上げていかなければならない。

（3）「事業」の市町村への配分

こうした集権化とは異なる動向として、「事業」[53]の増加という行政事象と、その市町村への配分という法事象が挙げられる。

かかる事象の背景には、自治体の区域を基礎とした事務権限システムの限界がある。特定の区域を基礎とした法人たる自治体を単位とするのではなく、一の自治体の区域よりも広域の圏域を基礎として複数の自治体が共同して行政活動を行うこと、あるいは逆に、自治体の区域よりも狭域のエリアを基礎として市町村と私人（個人、事業者、地域社会等）が協働することが、強く要請されている。こうした事象は、行政の能力・資源の制約に鑑みた必要性に基づくのみならず、特定の区域を基礎として特定の相手方の権利義務関係を対象にするだけでは十分でないという「事業」の性質そのものに由来している。

これらの「事業」のうち一定のものは市町村に配分される。基礎的自治体の役割として、私人（とくに地域住民つまりはすべての人）による公共的活動を組み込んだ「事業」を企画立案し実施することが求められるからである。他方、都道府県と国は「支援」の役割を担う。「支援」として、例えば、市町村の策定する計画のもととなる基本方針の策定や、情報に関わる諸々の支援（先進事例の横展開

---

(52) デジタル時代の地方自治のあり方に関する研究会報告書・前掲注(42)36頁は、「公共私間の関係等」について、「地方行政のデジタル化は、公共私の連携・協働の基盤となるプラットフォーム構築等を促す方向での機能を有すると考えられる」としている。

(53) 「事業」とは、特定の相手方との関係を超えた「地域社会ないし国民社会全体」に視点を置き、特定の相手方の権利義務ではなく「事業全体の適正な実施・運営」を問題とするというものの見方（小早川光郎「規制行政と給付行政」芝池義一＝小早川光郎＝宇賀克也編『行政法の争点〔第3版〕』（有斐閣、2004年）8‐9頁）を指す。

やデジタル化環境整備を含む）が行われている。

「事業」は，特定の相手方の権利義務関係の規律を主眼とするわけではなく，法律の規律密度の低さを一つの特徴とし，法定の制度と法定外の制度を組み合わせる仕組みとして機能する点にメリットを有する。例えば，空間管理の分野において，コンパクトシティ施策は，立地適正化計画（都市再生特別措置法）と地域公共交通計画（地域公共交通の活性化及び再生に関する法律）の連携[54]に加え，国土整備に係る地域管理構想[55]をも組み合わせながら推進されている。また，福祉の分野においては，市町村の重層的支援体制整備事業（社会福祉法106条の４）として，相談支援，参加支援および地域づくりに向けた支援を一体的に実施し，諸々のソーシャルワーク事業が組み合わされている。こうした仕組みは，提案募集方式における他の類似分野への面的な見直しの展開[56]にも適合的であるといえよう。

以上のように，分権化とは逆向きの集権化の傾向や事務権限とは異なる「事業」という事象もみられるなかで，分権の理念を再構成しなければならないことは明らかである。夙に，「総合行政主体への参加・参画「主体」のあり方，それに対応した，自治体のネットワークの「接続点」としての権限・機能の再構成について，「住民自治」の憲法保障という場でも，具体的に論ずる必要性は増している」とも指摘されてきた[57]。危機が日常化する今日においては尚更，そもそも危機を日常化せずに，日常を守っていけるよう，分権と自治を追求し続ける必要がある。自治の原初的形態は外敵からの生命の保護[58]にあり，デジタル社会のなかで逆説的ながらも現在の危機は生命を脅かすおそれを孕んでいるからである。そうしたおそれを含む個別具体的な事象への対応を編み出し，一つひとつ蓄積していく学問的営為は確かに実践されている。この実践をさらなる地方分権改革に結び付けるべきであるならば，単なる羅列にとどめることなく，これらの基底に通ずる理論と戦略を改めて構想するという難題に取り組まなければならないであろう[59]。

---

(54) 大橋・前掲注(10)167-169頁。
(55) 国土の管理構想は，広域―都道府県―市町村―狭域を通じたツールとして，ヒエラルヒーの計画体系の下で，国土利用のあり方を１つの地図に落とし込んで見える化を図る機能を有する。
(56) 地方分権改革有識者会議・前掲注(37)44頁以下。
(57) 斎藤・前掲注(33)120-121頁。
(58) 拙稿「地方分権・地方自治の法構造」法學73巻１号（2009年）４頁参照。
(59) 第１次地方分権改革の理論的支柱の１つとなった磯部力「「分権の中味」と「自治の総量」」ジュリスト1031号（1993年）32頁による立論も想起されるべきである。

5　自主財政権の拡大
── 地方税財政制度改正の展望と政策課題

小西砂千夫

Ⅰ　地方税財政における地方分権に適う改革の進展
Ⅱ　改革課題1 ── 地方債の自由化
Ⅲ　改革課題2 ── 法定外目的税の解禁
Ⅳ　地方税財政改革の位相

Ⅰ　地方税財政における地方分権に適う改革の進展

　平成6年12月25日に村山富市内閣において閣議決定された「地方分権の推進に関する大綱方針」では，「3　地方公共団体の財政基盤の整備」の箇所で，地方税財政改革の課題が挙げられている。具体的には，(1)地方税財源の充実等として，課税自主権を尊重しつつ地方税の充実確保，地方交付税については総額の安定的確保と算定方法の見直し，地方債許可制度については制度の弾力化・簡素化，地方債市場の整備・育成，(2)補助金等の整理合理化等として，原則的に，地方公共団体の事務として同化・定着・定型化しているものや人件費補助，交付金等の一般財源化を図るとしたうえで，奨励的補助金等の縮減や零細補助金の整理，経常的な国庫負担金等について国が義務的に負担すべき分野に限定，公共事業等への国庫負担金等は根幹的な事業などに限定するなど重点化，補助金の一般財源化にあたり所要の一般財源の確保を挙げている。

　そこでは，地方税や地方交付税，地方債，国庫支出金のあり方が俎上に載せられている。閣議決定の翌年には地方分権推進委員会が発足し，数次の勧告を行っている。それを受けて，政府は，平成10年5月に地方分権推進計画，平成11年3月に第2次地方分権推進計画を取りまとめ，7月には地方分権一括法の成立に漕ぎつけている。そこに盛り込まれた，地方税財政に関する主なものは，

① 　法定外普通税の許可制度を同意を要する協議制度とし，法定外目的税を創設
② 　地方債の許可制度を協議制度へ移行
③ 　地方交付税の額の算定方法に関する意見の申出制度の整備

の3つである。

ついで，地方分権推進委員会は，平成13年6月の最終報告において，今後，取り組むべき課題の1つとして，地方税財源の充実確保の重要性を指摘している。そこでは，その言葉こそ用いていないが，国税から地方税への税源移譲を果たすことが重要であると考えられている。その後，税源移譲は，国庫支出金と地方交付税の改革を併せて実施する三位一体改革として，経済財政諮問会議を中心に実施されることとなった。平成15年度に芽出し的な見直しをした後，平成16年度から平成18年度にかけて，国庫補助負担金改革として4兆6,661億円（うち，税源移譲に結びつく改革3兆1,176億円，交付金化7,943億円，スリム化9,886億円），税源移譲は3兆94億円，地方交付税（及び臨時財政対策債）の総額の圧縮が約△5.1兆円というものであった。

　税源移譲という画期的な成果はあったものの，国庫支出金の改革は補助率の引き下げが中心であって廃止となったのは公立保育所の運営補助金などごく一部にと止まり，補助金の弊害をなくすという面での成果は限定的であった。加えて，平成16年度地方財政ショックといわれるように，初年度に地方交付税及び臨時財政対策債が，前年度比で実に△12％という大幅な減となったことで，自治体の財政逼迫を引き起こした。その結果，三位一体改革への地方からの評価は，総じて高くない。

　その後，小泉純一郎政権の最後の年である平成18年に，竹中平蔵総務大臣の下で，新地方公会計と呼ばれる公会計改革や，破綻法制の検討（後に菅義偉総務大臣の下で自治体財政健全化法として成立）などが進められたほか，地方分権推進計画に盛り込まれたことで，段階的に進められてきた地方交付税の算定の簡素化を一層進めるものとして，新型交付税（包括算定経費として制度化）の導入が図られた。安倍晋三政権（第1次）における菅総務大臣の下では，ふるさと納税の導入が果たされ，第三セクター等の改革についても着手されている。

　安倍政権で発足した地方分権改革推進委員会では，4次にわたる勧告を取りまとめているが，検討段階で民主党政権に移行している。税財政に係る見直しが盛りこまれた第4次勧告のうち，直轄事業負担金の改革は民主党政権下で成立している。また，民主党政権では，補助金改革としていわゆる一括交付金が導入されている。

　地方公営企業の会計基準の見直しは，民主党政権で実施されており，その後も地方公営企業の経営の健全化等に向けた改革推進や，地方公営企業法の適用拡大（地方公営企業に発生主義会計に基づく財務規定を適用する）が，自公政権への移行後も引き継がれて進められている。

　また，地方税の偏在是正は，平成20年度に地方法人特別税と地方法人特別譲与

税が導入され，その後も，消費税率が5％から10％に，2段階で引き上げられる際に，それぞれ是正のための措置が採られている。また，外形標準課税については，平成16年度に導入された後に，令和6年度改正でその見直しが進められた。

災害財政制度は，平成7年の阪神大震災で拡充され，平成23年の東日本大震災のときに飛躍的に充実されて，その後の大災害でも段階的に制度の拡充が図られている。

以上，思いつくままに，近年の地方税財政に関する制度改正のうち，広い意味で地方分権改革に結びつくものを列挙してみた。平成6年から令和6年までの30年間の間に，ここに取り上げなかったものも含めて，大小さまざま，実に多くの制度改正が進められている。

地方税財政制度は，昭和20年の敗戦後，文字通り戦後の大改革が進められ，その改革が完成し，制度が安定するのが，20年を経て，昭和41年度頃である（象徴的には，その年度に地方交付税の法定率が32％に引き上げられている）。その後の昭和40年代は地方税財政にとってのつかの間の安定期であり，昭和50年代になって赤字国債の発行と平仄を合わせるように地方財政における財源不足問題が顕著になるが，制度改正としては，バブル期とバブル崩壊を経る30年弱の間は，大きな改革は行われていない。その後の30年は，一転して激動期となった。敗戦後の80年間は，そのように大きく時代区分ができる。

地方分権改革は，その激動期の幕開けとなったものであって，地方分権のかけ声は薄くなっても，制度改正は続けられてきた。しかし，さしもの激動期も，人口減少社会への突入がカギになって，転換点を迎えている印象がないわけではない。

以上のような展望の下で，次節からは，近年の改革課題のなかから，筆者が特に制度改正論として重要な意味を持つと思われる2つを取り上げて，それぞれ論点を深めていくこととする。その際に，近年の制度改正に加えて，敗戦後，改正前の姿に制度が形成された過程に特に注目している。

II 改革課題1 ── 地方債の自由化

1 地方分権一括法以前の地方債に関する規制

昭和22年の地方自治法制定時の地方債に関する規定は，戦前からの制度を条文に落とし込むことを方針としたことで，「第9章　財産」「第2節　収入」における第226条において，第1項で「普通地方公共団体は，その負債を償還するた

め，普通地方公共団体の永久の利益となるべき支出をするため，又は天災等のため必要がある場合に限り，議会の議決を経て，地方債を起すことができる。」と定め，「第10章　監督」の第250条で，起債等については許可制度であると規定した。その細則として，地方自治法施行令第174条（いわゆる内蔵令）が設けられ，第1条には，地方債の起債等について内務大臣等による許可を要することが定められている。その際，許可制度は恒久的な措置であったが，地方自治法の第1次改正（昭和23年1月1日施行）によって，「当分の間」として暫定措置に改められた。そこにはGHQの意向が強く働いたと考えられている。

　そのような地方自治法の地方債に関する規定に対し，昭和23年創設の地方財政法が修正を加えている。同法の創設に関わった柴田護は，同法の起草の時期に発表した論考「地方債を繞る諸問題」（『自治研究』昭和22年10月号〜23年5月号）のなかで，地方自治法第226条第1項の規定は，府県制・市制・町村制の考え方を引き継いで，①負債の償還，②永久の利益となるべき支出，③天災等への対応，の3つについて行うことを地方債発行が可能な場合としているとしたうえで，「その規定の仕方ははなはだ明瞭を缺く」と批判している。すなわち，①③は経常収入の不足を補う赤字債であり，②は「社債的のものも赤字起債のものも，且つ又，両者の中間の場合もすべて包含し得る」と断じている。その結果，全体的に起債を抑制しつつも，赤字債的なものの発行を許容していることが問題であり，それが財政悪化の原因となりうると考えている。

　そのうえで，「地方債の本質は，社債的なもの卽ち地方公共團體がその營む事業に對して投下する資本であると觀念すべく，經常収入の不足を補塡すると云うことは，その例外的附随的な性格であるにすぎない。こうした理論の當然の歸結として，社債的性格を有つ以外の地方債については，萬般の手段を盡くしてその濫發を抑制すべき」としている。

　柴田は，また，現在でいうマクロ経済政策上の効果を意識したものと思われるが，経済と財政の関係のなかで，赤字債であるから直ちに禁止することが常に正しいとはいえないと理解を示している。また，災害時に地方債で復旧等の財源を調達することを禁止することは現実的ではないとしつつも，本来は基金等で対応すべきとして，制限的に考えるべきとしている。同様に，投資的経費についての起債についても現実的に必要という意味で認めてはいるが，あるべき姿としては基金等で対応することが望ましいとみなしている。その結果，地方債としてもっとも適当な分野は，地方公営企業の施設等の建設改良等であって，災害債や一般会計の投資的経費への起債は劣後的に位置づけられる。

　このように，柴田が示しているのは，ドイツ正統派財政学による建設公債主義

〈特集〉 **5**　自主財政権の拡大〔小西砂千夫〕

を下敷きにしているといえるが，それよりも厳格な考え方である。昭和22年の財政法も，同じく建設公債主義を打ち出しているが，柴田の論考にはそれへの言及はなく，発想としては異なっている。

昭和23年に地方財政法は，創設時，地方債の発行について，次のように定めている。

（地方債の制限）
第五条　地方公共団体の歳出は，地方債以外の歳入をもつて，その財源としなければならない。但し，左に掲げる場合においては，地方債をもつてその財源とすることができる。
一　交通事業，ガス事業，水道事業その他地方公共団体の行う企業（以下公営企業という。）に要する経費の財源とする場合
二　出資金及び貸付金の財源とする場合（出資又は貸付を目的として土地又は物件を買収するために要する経費の財源とする場合を含む。）
三　地方債の借換のために要する経費の財源とする場合
四　災害応急事業費，災害復旧事業費及び災害救助事業費の財源とする場合
五　地租，家屋税，事業税及び都道府県民税（東京都にあつては，地方税法（昭和二十三年法律第百十号）第百三十条の規定により特別区の課する地租，家屋税，事業税及び特別区民税を含む。）又は地租附加税，家屋税附加税，事業税附加税及び市町村民税の賦課率又は賦課総額がいずれも標準賦課率又は標準賦課総額の一・二倍以上である地方公共団体において，戦災復旧事業費及び学校，河川，道路，港湾等の公共施設の建設事業費の財源とする場合
２　特別区が地方債をもつて前項第五号に掲げる事業費の財源とすることができる場合は，東京都が地方債をもつてその財源とすることができる場合でなければならない。

第１項における第１号から第５号の順序は，柴田論考の沿ったものである。また，第５号では，公共施設の建設事業費に充てる地方債は，超過課税を実施した団体にしか認めないとされている。この規定は，附則によって，暫定的に次のように緩和されている。

（地方債の特例）
第三十三条　地方公共団体は，当分の間，左に掲げる経費については，第五条の規定にかかわらず，地方債をもつてその財源とすることができる。
一　義務教育年限の延長に伴う施設の建設費
二　自治体警察の創設に伴う施設の建設費
三　消防の強化に伴う施設の建設費

2　地方公共団体は，当分の間，第五条第五号の規定にかかわらず，地方債をもって戦災復旧事業費及び公共施設の建設事業費の財源に充てることができる。

　第5条において，いわゆる一般会計の建設事業に対する起債を抑制的に規定した理由について，当時，柴田の上司として地方財政法制定の担当課長であった奥野誠亮は，往時を振り返った座談会のなかで，第5条の規定ぶりは，貴重な投資資金は民間の設備投資に振り向けるべきであって，課税権のある自治体は地方債で資金の吸収をすべきでないという，当時のGHQの姿勢の反映であると述べている（「座談会　シャウプ勧告50周年」『地方税』平成11年9月）。

　その後の法改正によって，第5条第1項第5号における一般会計債の超過課税の要件は昭和25年の改正で削除され，昭和28年の改正で附則第33条も削除され，第5号が公用施設にも及ぶことが明記されている。その結果，一般会計の建設事業に対する起債を，特段に抑制的に考えるニュアンスは消えている。

　地方債の許可制度について，柴田は先の論考において，「地方債について，地方團體がそれを発行する一々の場合において，主務官廳の許可をうけるという，従来の制度は，地方債に對する國家の後見的監督というべきであり，こうした所謂行政監督は，地方財政自主權の確立という意味に於て，速やかに廢止されなければならない」と原則論を述べるものの，地方債発行の目的の制限（いわゆる適債性の規定）や減債基金制度の設定などについての運用に関する法規監督は必要と述べている。併せて，地方債を許可制にせざるを得ない理由について，「今日の經濟情勢が資金計畫の配分を不可避としている以上は，こうした手續は，國家全體の經濟の統一という見地において避けることができないものである」とあるように，限られた資金を，国の経済政策と整合性を持って，地方債の発行計画に沿って配分することは避けがたいと判断している。当時は，統制経済下にあったことからなおさらであるが，高度経済成長時代が終わり，昭和50年代の前半まで続いた資金不足経済においては，地方債資金の割り当てが必要となり，その観点からも許可制度は妥当であったといえる。

2　地方債の自由化

　このように，地方債発行等の許可制度は，「当分の間」として始められたものの，その改正は，平成11年の地方分権一括法の成立まで待たなければならなかった（運用開始は平成18年度）。その間の昭和52年に起きた事件が，東京都起債訴訟である。美濃部亮吉東京都知事が，折りからの東京都の財政難の原因の1つに，東京都の起債を国が許可制度を盾に邪魔をしていることがあると認識し，自治体

の起債権を裁判で争うと宣言したことで端を発した。都議会が訴訟議案を否決したことで不発に終わったが，大いに話題を呼ぶものであった。

東京都が美濃部知事の主張を取りまとめた冊子には，「地方債の許可制度を設けたのは，資金の流通を統制する必要とされるなお暫くの間とされてきたが，それ自体が政府官僚の昔ながらの思い上りであり，めざましい経済成長を続けながらも，資金統制の必要性，弱小団体の庇護，自治体財政の健全性確保を理由として，許可制度を廃止せずに自治体に起債権を戻そうとしない。それらの3つの理由は根拠として弱く，特に自治体財政の健全性は，自治体への不信感と蔑視の表れであり，自治体は下請機関にすぎないという昔ながらの思想と感覚から出ている」などの主張が盛り込まれていた。

もっとも，東京都の財政逼迫は起債の抑制のためではなく，第1次石油危機に伴う構造的なものであり，当時，運用としては，むしろ逆に適債性のある事業については最大限起債を認めていた。その意味で，問題提起としては空振りであった。

惜しむらくは，日本経済が資金不足経済の局面の最終盤であったことであり，時期が遅ければ先験的な意味を持った可能性がある。また，東京都起債訴訟による好影響として，昭和53年度から段階的に許可制度の手続きの改善が進められたことは特筆される。

平成11年の地方分権一括法によって，地方債は許可制度から協議制度に転換されることとなった。許可制度は，原則禁止としつつ特定の条件を満たしたものだけを認めるものであるのに対して，協議制度は，適債性等の条件を満たしたものは原則発行可能であって，それを前提に協議を行うものであるから，文字通り大きな転換である。そこで，地方債の自由化は，基本的に達成された。

平成元年の第2次臨時行政改革推進審議会による「国と地方の関係等に関する答申」で地方債許可制度の運用の改善が盛り込まれるなど，その時期から段階的に，許可制度の見直しの議論が進められてきた。平成9年の地方分権推進委員会第2次勧告は許可制度から協議制度への転換を勧告し，それに沿ったかたちで法改正が進められることとなった。それを受けて，平成10年の地方分権推進計画には，次のように盛り込まれている。

(3)地方債
　ア　地方債許可制度については，地方公共団体の自主性をより高める観点に立って廃止し，地方債の円滑な発行の確保，地方財源の保障，地方財政の健全性の確保等を図る観点から，地方公共団体は国又は都道府県との協議を行うこととし，協議制度

に基づく地方債制度の主な内容については次のとおりとする。
　また，地方債制度及びその運用の公正・透明性の確保を図る観点から，これらについてできる限り法令化することとする。
(ア)地方公共団体は，地方債を起こし並びに起債の方法，利率及び償還の方法を変更しようとするときは，あらかじめ自治大臣と協議することとする。
　市町村との協議については，都道府県の法定受託事務として行う。
(イ)地方財政法第5条で定める地方債をもって財源とすることができる事業の範囲について法令で一層の明確化を図るとともに，自治大臣は，協議において同意をする基準を定め，あらかじめ公表する。
(ウ)自治大臣の協議は，地方公共団体に関して，全国的な観点からの「資金の配分・調整」及び「地方交付税措置との調整」等を主たる目的の一つとして行うものであることから，同意した地方債についてのみ，政府資金等公的資金を充当するとともに，元利償還金について地方財政計画や地方交付税制度を通じた財源措置を行う。
(エ)協議を行う国としての責任及びその内容を明確にするため，翌年度における各事業種別毎の起債総額の見込額及びそれらに充てられる資金等に関する計画である地方債計画について法的に位置付ける。
(オ)国が協議に対し同意するに当たり，地方財政を担当する部局が政府資金の配分を担当する部局と協議を行うという従来の仕組みについては，これを維持しつつ，その事務手続の一層の簡素化を図る。
(カ)個別地方公共団体の財政運営の健全性を確保する見地から，同意されない地方債を発行する場合には，当該地方公共団体の議会に報告する。
(キ)元利償還金の払込について延滞のある地方公共団体，元利償還費又は決算収支の赤字が一定水準以上となった地方公共団体等については，当該地方公共団体の住民に対する基礎的行政サービスを確保するためのみでなく，地方債全体の信用を維持し，民間引受けの地方債のリスク・ウェイトがゼロとされてきた現行の位置付けを維持していくためにも，地方債の発行自体を禁止することとし，特定の場合にはそれを例外的に解除する手法として許可制度を設ける。
(ク)普通税の税率が標準税率未満の地方公共団体については，従来，公共施設・公用施設の建設等の財源に充てるための地方債の発行が禁止されてきたが，(キ)と同様の仕組みを導入する。
イ　少なくとも財政構造改革期間中においては，国及び地方の財政赤字の縮小のため財政健全化目標が設定され，地方公共団体の歳出の抑制が求められていることに鑑み，許可制度を維持することとする。
ウ　地方債の発行に係る手続については，関係地方出先機関との協議を含め，一層の弾力化・簡素化を推進するとともに手続の透明化を図る。
エ　地方債の発行条件の改善を図るとともに，地方債の円滑な発行を確保していくた

め，引き続き，地方債市場の整備育成，地方債証券の流通性の向上，外債の発行額の確保等資金調達方法の多様化，優良な資金の確保，共同発行の促進等に努めることとする。

　日本経済が，昭和50年代後半には資金余剰経済に転じ，金融自由化が進む状況下で，地方債資金の市場調達ができる条件が整備され，資金を割り当てる必要がなくなり，個別自治体の財政悪化を防止する観点での許可制度の効用を除けば，大局的な意味で許可制度の大義名分は薄れていた。平成11年度に法律が成立し，18年度からの実施は，いかにも遅滞している印象がある。それでも，第2次勧告に，地方債の許可制度の見直しを盛り込むことについては，相当な葛藤があったとされる。

　地方分権推進委員会での協議を振り返って，大森彌東京大学名誉教授は，「国庫補助負担金・税財源に関する中間取りまとめ」の段階では，地方債の許可制度の廃止に踏み込んでいなかったことに対し，「私は，どうしてもこの機会に地方債の許可制度を廃止すべきだと考えて，自治省と交渉を重ねていました。私の方から疑問点を提出して，回答が返ってきて，それに対してまた反論のペーパーを書くことを繰り返し，最終段階で石井隆一事務局次長が「清水の舞台から飛び降りる思いで地方債の許可制度の廃止に踏み切る」とおっしゃって，それで決着したということがありました。」（『地方分権20年のあゆみ』ぎょうせい，平成27年，116～117頁）と述べている。

　平成18年度から始まった協議制度の開始では，さほど大きな混乱はなく，新制度が導入された。その背景には，許可制度であっても，度重なる制度の見直しを経て，運用上は適債性を満たせば充当率の範囲と建築単価等の制約はあるものの自由に発行できる状況にあり，協議制度の運用を先取りしていたことがある。結果的に改革の成果が実感できないという皮肉もあった。

　その後，地方債制度の運用においては，市場化の推進として，公募債の拡充が課題となった。平成18年度には公募地方債の統一条件交渉の廃止などの見直しがされている。

　平成24年度には，協議制度からのさらなる自由化として，事前届出制度に移行している。その趣旨は，「地方財政の健全性，地方債全体の信用維持を前提としつつも，地方公共団体の自主性，自立性を高める観点から，可能な限り，従前の『個別事業ごとの関与』から『包括的な関与』へと移行するとの考え方に立って，財政状況が良好な団体が，民間資金債を発行しようとする場合は，原則として協議を不要とし，事前届出に移行するものである。（末宗徹郎・横山忠弘「地域

主権改革に関する第2次一括法（地方財政関係）について」『地方財政』，平成23年11月号）」と説明されている。

　事前届出制度への移行を定めた際に3年後に見直しを法規定に盛り込んでいたことから，平成28年度から協議不要基準の緩和を定めている一方で，地方債発行の許可基準については変更を見送った。許可制度が償還確実性を担保するという見方が，地方債の市場関係者にあり，その声を受けてのことである。

　以上のような，地方債の自由化の動きに対して，協議制度であれ，事前届出制度であれ，総務大臣の関与がある以上，自由化ではないという見方がある。地方債発行の同意等は，同意等基準に基づいて行われるものであるが，そこでは，一般会計債であれば，当該地方債の発行対象経費に適債性があるかどうかの確認が柱の1つとなっている。地方債は，対象経費ごとに償還ルール（耐用年数以内での償還を求める地方財政法第5条の2の規定も関連する）が定められ，それに応じて，財政融資資金や地方公共団体金融機構資金などの公的資金が充当されるなどの運用がされている。それらは，地方財政法における建設公債主義の考え方が根底にある。建設公債主義は，自治体の財政の健全を確保するうえでもきわめて重要な原則である。そこを崩して，地方債のさらなる自由化を進めることのメリットは想定しがたい。また，公的資金で充当資金を政府が用意することが，適債性の確認を政府自らが行う根拠となり得る。

　地方債の市場化が進み，都道府県と政令市で公募団体が増えているが，一般市町村には及ばない。その理由は，地方債の市場発行のコストは，一般に発行ロットが小さいと過大になり，発行ロットが小さいほど流通がしにくいことで公募債の金利が高くなることである。地方公共団体金融機構が，機構債を発行して市場から資金を調達して，一般市町村の地方債を引き受けることは，間接的には共同発行の仕組みであって，それをもって，一般市町村についても市場化は一定程度進んだともいえる。

Ⅲ　改革課題2 ── 法定外目的税の解禁

1　地方分権一括法以前の法定外税をめぐる経緯

　戦前期には，道府県も市町村も法定外独立税の課税は可能であったが，地方分与税の導入を決めた昭和15年度の税制改正で，道府県についてはそれを禁じている。昭和15年度の改正では，地方税を物税中心に整理し，国税の所得課税に対する附加税を禁止する一方で，還付税と配付税からなる地方分与税を間接課徴形態

の地方税として充実させ，物税では達成しがたい税収の伸張性を主に配付税に期待して，全体の整合性を図っている。その際，道府県税に限り法定外独立税を禁じたのは，財源の充実と引き換えに雑多な税をできるだけ廃止する意図があった。

道府県の法定外独立税が復活するのは，戦後の昭和21年度の税制改正においてである。敗戦後の経済の混乱による税収の低迷と，戦後改革に伴う財政需要の拡大に対応してであるが，いかにも混乱期における窮余の一策の印象がある。柴田護による『自治の流れのなかで』（昭和50年，ぎょうせい）では，昭和22年度の当時，許可制度であった法定外独立税を，実質的な内容の吟味もないままに，多数の許可申請を流れ作業のように決済した様子が描かれている。しかし建前としては，許可制度の下では，特段に必要性が認められた税目のみを許可するのが本来の趣旨である。あくまで地方税の基幹税目を整備し，併せて財政調整制度を整えることが建前であって，そのなかでの法定外独立税は，その必要性や影響等を見極めたうえで制限的に認める方針であった。

そうした流れが大きく変更されるのが，昭和23年度の税制改正であった。昭和22年末の内務省解体を受けて，昭和23年1月に，旧内務省地方局の一部が，暫定機関としての地方財政委員会に組織再編される。地方財政委員会は，地方財政法の制定，地方税法の抜本改正，地方配付税法の制定（地方分与税の改革）などを行い，地方税財政の基盤を制度的に整えることを役割とした。

昭和23年の地方税法は，昭和15年法に代わる新法として制定されている。そこでは，法定外独立税をむしろ推奨する方向に転換した。昭和23年の「地方税法を改正する法律案要綱」では，法定外独立税について次のように記載されている（自治大学校編『戦後自治史Ⅺ』322頁）。

四　監督庁の許可の権限を全廃すること。
(1)住民税，事業税，地租及び家屋税については，標準賦課率を法定するに止めること。
(2)法定外独立税については，地方団体において自由に課税し得るものとすること。
(3)地方団体において標準率超過課税，法定外独立税の新設変更又は事業税における外形標準の採用をしようとするときは，その条例の議決後直ちにこれを内閣総理大臣に報告しなければならないものとすること。内閣総理大臣において異議があるときは，報告受理の後一月以内に地方税審議会に審査の請求ができるものとすること。
(4)地方税審議会は，国会の同意を経て内閣総理大臣の任命する五人の委員を以て組織するものとすること。地方税審議会が，標準率超過課税，法定外独立税の新設変更及び外形標準による事業税の賦課に関する条例について，その取消又は変更を可とする

ときは，内閣総理大臣は，これに基いて取消又は変更の処分をしなければならないものとすること。

すなわち，法定外独立税は，自治体が原則自由に課税できるとしたうえで，内閣総理大臣に異議があるときには，有識者からなる地方税審議会に取り消しまたは変更の処分に向けた審査を請求できるとある。昭和23年の地方税法では，要綱に沿って自治体の法定外独立税の創設等を原則として認める改正を実現した。そこでは，監督官庁による許可の権限自体が，自治権の侵害に当たるので，それを原則的に除くことが望ましいとしたうえで，超過課税や法定外独立税が，国民の租税負担や国の経済施策等に照らして適当でないなどの理由で，弊害を生じることを避ける措置を設けると説明されている。これは，基本的に，現在の地方税における考え方に共通している。

地方税審議会の審査の基準となる法定外税の要件について，昭和23年『新地方税財政詳解』（135～136頁）は，次の5つを挙げている。ロは当時の統制経済を反映するものであることから除外すると，残る4条件は，現在の法定外税の同意に関する3条件及び法定外税の非課税の範囲に実質的に共通している。

　　イ　国税又は他の地方税と同一の課税標準を用いるため，これらの税に著しい減収を生ぜしめ，又は納税義務者の負担を著しく過重ならしめるもの
　　ロ　重要物資の生産，価格の統制等を著しく阻害するもの
　　ハ　内国関税的なもので地方団体間の物の円滑な流通を阻害するもの
　　ニ　専ら他の地方団体の住民にのみ負担を求めようとするもの
　　ホ　その他国の重要な施策に反するもの

それに対して，昭和24年のシャウプ勧告を経て，シャウプ税制といわれる昭和25年度税制改正の実現に向けて，再度新法として制定された地方税法では，一転して，法定外普通税（名称が変わっている）は，再び許可制度とされて制限的にしか認められないこととなった。わずか2年間の方針転換となった。

周知のように，シャウプ税制では，国税，府県税，市町村税にそれぞれ基幹税を配置し，地方税の国税附加税を廃止し税源分離を図って独立税主義を採用して，税源の強化を図るとともに，財政調整制度として，財源保障機能を持った世界で類のない地方財政平衡交付金制度を導入するという画期的なものであった。府県税の基幹税とされた附加価値税も，また，世界に類のない斬新な税制であった（ただし，法律こそ設けられたものの実施されないまま，事業税に代替された）。昭和25年度の改正で実現した地方税制は，地方税体系の確立という意味で意義は大きく，地方税制の理念としても高く評価され，今日まで大きな影響力を持ってい

る。

　法定外普通税の設置には，地方財政委員会の許可を要するとされたが，その趣旨は，地方税体系を充実させて，財政調整制度を設けている以上，法定外税によって調達すべき財源の余地は当然に縮小されているはずであり，法定外税のような小さな税目があることの弊害が懸念されたことであろう。

　昭和25年度地方税制における法定外税のうち道府県税に関する条文として，以下の3つが特に重要である（市町村税についても同種の条文が別途設けられている）。

（道府県法定外普通税の新設変更）
第二百五十九条　道府県は，第四条第三項の規定による普通税（以下「道府県法定外普通税」という。）を新設し，又は変更しようとする場合においては，あらかじめ，地方財政委員会の許可を受けなければならない。
（地方財政委員会の許可）
第二百六十一条　地方財政委員会は，第二百五十九条の規定による申請を受理した場合において，当該申請に係る道府県法定外普通税について当該道府県にその税収入を確保できる税源があること及びその税収入を必要とする当該道府県の財政需要があることが明らかであるときは，これを許可しなければならない。但し，左に掲げる事由があると認める場合においては，その許可をすることができない。
　一　国税又は他の地方税と課税標準を同じくし，且つ，住民の負担が著しく過重となること。
　二　地方団体間における物の流通に重大な障害を与えること。
　三　前二号に掲げるものを除く外，国の経済施策に照して適当でないこと。
　2　地方財政委員会は，前条の許可の申請について，その申請の趣旨に適合する範囲で条件を附け，又は変更を加えて許可をすることができる。
（道府県法定外普通税の非課税の範囲）
第二百六十二条　道府県は，左に掲げるものに対しては，道府県法定外普通税を課することができない。
　一　道府県外に所在する土地，家屋，物件及びこれらから生ずる収入
　二　道府県外に所在する事務所及び事業所において行われる事業並びにこれらから生ずる収入

（以下，第3号で健康保険法・国民健康保険法・船員保険法・厚生年金保険法・労働者災害補償保険法・失業保険法の保険給付，第4号で生活保護法や身体障害者福祉法による給付，第5号で労働基準法・船員法による給付や災害補償，第6号で未復員者給与法・特別未帰還者給与法による療養や遺骨埋葬経費や障害一時金，第7号で放送法による放送受信設備を挙げている）

このように，法定外普通税の設置等には許可が必要であり，「その税収入を確保できる税源があること及びその税収入を必要とする財政需要があることが明らかである場合」には許可を与えなければならないとする一方で，許可をしない3要件（課税標準が他の税と同じであり負担が著しく加重，物の流通に障害を与える，国の経済施策に照らして不適当）を挙げている。また，非課税の範囲については，もっぱら自団体の地域外にある課税客体のほか，社会保険の給付等を列挙している。

それによって，昭和25年税制を施行するにあたり，地方財政委員会は一部の法定外税を廃止しており，法定外税の縮小が進むように見えたが，昭和20年代後半の自治体の財源難によって，一時的に法定外税は増えている。昭和29年度から地方財政平衡交付金が地方交付税に転換され，その法定率が漸進的に引き上げられて，地方財源が徐々に回復してきたことを受けて，法定外税の整理が進められることとなった。昭和33年には自転車荷車税が廃止されたことを契機に，既存の法定外税の整理を進めるとして，自治庁は「法定外普通税に係る当面の問題点について」という通達を発している。そこでは，国民大衆に対する零細課税を整理するという方針が打ち出されている。それ以降，法定外普通税は急激に件数と税収が縮小された。その結果，法定外普通税は認められているが抑制的に運用する方針は，地方分権一括法が施行されるまで継続されている。

2　地方分権一括法に依る課税自主権の尊重

地方分権一括法に先立つ地方分権推進計画では，法定外税について次のように記されている。課税自主権の拡大を図る画期的な内容である。

イ　課税自主権の尊重
  (ア)法定外普通税の許可制度については，より課税自主権を尊重する観点から廃止し，都道府県又は市町村が法定外普通税を新設又は変更するに当たっては，国と事前協議を行うこととする。この場合，国との同意を要することとする。
     ただし，税源の所在及び財政需要の有無については，事前協議の際の協議事項から除外し，国の関与を縮減することとする。
  (イ)法定外目的税については，住民の受益と負担の関係が明確になり，また，課税の選択の幅を広げることにもつながることから，その創設を図る。その場合，国と事前協議を行うこととし，法定外普通税と同様，国との同意を要することとする。
  (ウ)標準税率を採用しない場合における国への事前の届出等については，課税自主権の尊重の観点から廃止する。【措置済み（地方税法改正平成10年4月1日施行）】

㈣制限税率は，総合的な税負担の適正化を図るためにも，その全面的な廃止は適当ではないが，個人市町村民税については，住民自らが負担を決定する性格が強いこと，個人道府県民税には制限税率がないこととの均衡等を考慮し，その制限税率を廃止する。【措置済み（地方税法改正平成10年4月1日施行）】

そこでは，法定外目的税を新たに設け，法定外税の許可制度を改めて課税自主権の尊重の観点から事前協議とするとともに，従来，許可の要件とされた税源の所在と財政需要の有無については，事前協議における協議事項から除外するとして，国の関与を減らしている。また，標準税率を採用しない場合の国への事前届出と，個人市町村民税の制限税率については撤廃済みである。

現行の地方税法の道府県法定外普通税に関する主な規定は以下である。なお，市町村法定外普通税についても同様の条文があり，法定外目的税についても，基本的に同様の手続きが適用される。

（道府県法定外普通税の新設変更）
第二百五十九条　道府県は，道府県法定外普通税の新設又は変更（道府県法定外普通税の税率の引下げ，廃止その他の政令で定める変更を除く。次項及び次条第二項において同じ。）をしようとする場合においては，あらかじめ，総務大臣に協議し，その同意を得なければならない。
2　道府県は，当該道府県の道府県法定外普通税の一の納税義務者（納税義務者となるべき者を含む。以下本項において同じ。）であつて当該納税義務者に対して課すべき当該道府県法定外普通税の課税標準の合計が当該道府県法定外普通税の課税標準の合計の十分の一を継続的に超えると見込まれる者として総務省令で定めるもの（以下本項において「特定納税義務者」という。）であるものがある場合において，当該道府県法定外普通税の新設又は変更をする旨の条例を制定しようとするときは，当該道府県の議会において，当該特定納税義務者の意見を聴くものとする。
第二百六十条の二　総務大臣は，第二百五十九条第一項の同意については，地方財政審議会の意見を聴かなければならない。
（総務大臣の同意）
第二百六十一条　総務大臣は，第二百五十九条第一項の規定による協議の申出を受けた場合には，当該協議の申出に係る道府県法定外普通税について次に掲げる事由のいずれかがあると認める場合を除き，これに同意しなければならない。
一　国税又は他の地方税と課税標準を同じくし，かつ，住民の負担が著しく過重となること。
二　地方団体間における物の流通に重大な障害を与えること。
三　前二号に掲げるものを除くほか，国の経済施策に照らして適当でないこと。
（道府県法定外普通税の非課税の範囲）

第二百六十二条　道府県は，次に掲げるものに対しては，道府県法定外普通税を課することができない。
一　道府県外に所在する土地，家屋，物件及びこれらから生ずる収入
二　道府県外に所在する事務所及び事業所において行われる事業並びにこれらから生ずる収入
三　公務上又は業務上の事由による負傷又は疾病に基因して受ける給付で政令で定めるもの

　すなわち，第259条では，第1項で道府県法定外普通税の新設又は変更については総務大臣に事前協議を行うとし，第2項で特定納税義務者に対し当該道府県の議会で意見を聴くとしている。法定外税の新設または変更のうち税率引き下げや廃止については事前協議を不要としたことや，第2項の特定納税義務者に関する規定は，平成16年度税制改正で導入されている。第262条の2では，総務大臣の同意にあたっては地方財政審議会の意見を聴くとある。地方財政審議会は，地方税審議会はその機能がシャウプ勧告で創設された地方財政委員会に吸収され，昭和27年の自治庁設置に際して，その性格は変わったものの地方財政委員会の後継機関として設置されたものである。そこで，法定外税の許可に際して意見を聴くとしているのは，昭和23年の地方税審議会の設置の経緯を反映したものである。同条文は，省庁再編に伴う平成12年の改正で盛り込まれたが，地方財政審議会の機能を法文上に明確にする趣旨であり，地方財政審議会の関与についての実質的な変更を伴うものではない。
　第261条は，同意の3要件が示されているが，既述のように，昭和25年の地方税法制定時を引き継いでいる。ただし，当時の第261条にあった税源の所在及び財政需要の有無については同意の要件から除外している。一方，第262条の非課税の範囲については基本的に変わっていない。
　もっとも，税の一般原則として，税源の所在していない場合や，禁止税的なものでない限りは，財政需要が想定されない場合に，法定外税を設けることは避けるべきである。総務大臣の同意の要件からは除外されたが，その要件は，法定外税の創設を議決する当該自治体の議会において確認されることが期待されている。
　また，地方財政審議会なり総務大臣なりが，法定外税の新設，変更の同意についての判断をするにあたって，法律が求める要件だけを審査して，それ以外にはまったく考慮しないわけではない。自治体の課税権を擁護し，法定外税として，納税者の理解を得てそれが定着することを支援するという観点で，技術的助言を行うことは当然あってもよい。その場合の1つのやり方は，同意自体は法的な要

件に沿って行うが，法律要件以外で特段に留意すべきことがある場合に，法定外税の施行に当たって，当該団体への注意を喚起するために，同意にあたって意見を付すというものである。実際に，個別の法定外税の創設にあたり，そのような対応がされてきた例は少なくない。

近年では，宿泊税の提案が相次いでおり，法定外税は花盛りの感がある。インバウンドに拡大に伴う財政需要を賄う税として期待されている。法定外税は令和4年度決算で731億円の税収入である。その一方で，同じ課税自主権の発揮である超過課税の収入は8,232億円と10倍を超えている。本稿では触れてこなかったが，超過課税の拡大は，平成15年度改正で法人税率の制限税率の緩和，平成16年度改正では超過課税の制約緩和や固定資産税の制限税率の廃止，平成18年度改正では自動車税・軽自動車税の制限税率の緩和などの改正が行われ，超過課税の導入実績は，道府県民税の均等割の超過課税による「森林税」の例が相次いだこともあって，近年では大きく増えている。

一般的には課税自主権の拡大が必要とされているが，それは地方財源の総額に占める地方税収入の割合をさらに高めるべきという意見と解することができる，その一方で，法定外税や超過課税などの手段そのものが十分でないとはいえない。地方分権一括法を契機にその点は大きく前進した。

Ⅳ 地方税財政改革の位相

本稿では，地方債の自由化と法定外税の解禁等について，その歴史的経緯と地方分権一括法に依る改革を具体例として取り上げてきたが，第Ⅰ節で挙げたように，ほかにも自主財政権の拡大につながる制度の改正はいくつもある。

そのなかで具体例として取り上げた地方債発行の自由化や法定外税の解禁は，近年の自主財政権に適う地方分権改革としては大きな成果であった反面で，地方債発行については許可制度の時代から許可の運用を弾力化したことで，協議制度への移行が大きな混乱なく進んだ。いいかえれば，協議制の導入による自主財政権の拡大の実感はそれほどなかった。同様に，法定外税の解禁について，それまでの法定外税の制限的な運用を改めたことは大きな意味があったが，それまでの同意の要件であった税源の所在や財政需要の有無を除外したものの，税の一般原則として重要な要件であるとして，必要に応じて技術的助言を行っているという点では，実質的には連続的な運用がされている。その結果，改革の成果が実感されないという受け止めがあってもおかしくない。

既述のように，地方債の場合には，建設公債主義の原則に沿う以上，許可制度

によるか協議制度ないしは届出制によるかは別として，適債性の確認が必要である。法定外税については，総務大臣が同意条件に含めるか，自治体議会が税条例の議決によって判断するかの手続きの違いはあっても，税としての一般的な要件を満たす必要がある。それらの点を重視すれば，制度の原則や国による関与の度合いや方法について見直す余地はあっても，実質的な変更は一定の幅のなかにとどまる。地方財政にいたずらに混乱を与えるべきでないという観点に立つからである。自主財政権の拡大の「実感」が薄いとしても，自治体財政に無用な混乱を与えることは誰の得にもならない。

　最後に，自主財政権の拡大につながるものとして，制度改革の裾野が広く，論理の整理が難しく，なお未完の改革といえるものとして再建法制の見直しに伴う制度改正を挙げておきたい。自治体の再建法制は，住民への過大な負担を避けるという意味で廃止できない。

　昭和30年の地方財政再建特別措置法は，当時，多くの自治体が陥った財政悪化に対して，再建を促すという意味で大きな効力を発揮した。その一方で，同法は，当時の赤字団体に対する再建措置の適用を促すものであり，再建のための財政再建債の発行はその時点に限って認められた。その後の財政悪化団体については，恒久的な制度的な手当をせずに，準用再建団体として同法の規定の一部を適用することで対応してきた。

　一方，バブル崩壊後，わが国では不良債権問題で金融危機が発生したが，それが一段落した後に，土地開発公社や住宅供給公社を中心に，第三セクター等の経営悪化が原因の1つとなって，自治体財政の悪化が進むようになった。そこで，一般会計だけでなく，特別会計，とりわけ地方公営企業会計のほか，債務保証や損失補償契約を結んでいる第三セクター等を含めて，赤字や債務を捕捉し，加えて資産等も勘案した財政状況の診断を行ったうえで財政再建を導く，新しい財政再建制度が求められる状況となっていた。もっとも，財政再建過程の適用は自治体に痛みを伴うものであり，それを促す仕組みを適用することへの理解を得ることは難しい。また，その制度設計は，地方財政再建特別措置法よりもはるかに技術的に困難であり，それゆえに制度への理解が難しいという課題があった。

　小泉政権の竹中平蔵総務大臣が，自治体に破綻法制を持ち込むという問題提起をしたことで，安倍政権の菅総務大臣の下で，自治体財政健全化法が創設された。そこでは，自治体本体について債務調整する仕組みの導入を見送り，地方債については債務調整せずにあくまで返済することとされた。その一方で，第三セクター等が持つ含み損を認識する財政指標を導入することによって，再建の見込みの薄い第三セクター等の破綻処理を促すこととした。

自治体財政健全化法の制度設計において，技術的に困難となったのはそうした外郭団体の含み損のほか，下水道事業などの地方公営企業の健全性の判断である。地方公営企業のうち，地方公営企業の当然適用によって発生主義会計で決算処理をされているものは，上水道や公立病院などの8事業であり，下水道事業などは任意適用であった。法適用企業と非適用企業を経営状況の診断で中立的に扱ううえで，実務的に考案されたのは資金不足から解消可能資金不足を控除した額とするというものであった。解消可能資金不足額は，元本償還の累積額から減価償却費の累積額を除いた額として，基本的に算定される。解消可能資金不足額適用後の資金不足額は，発生主義会計における当期利益に近似させている。すなわち，地方公営企業の健全性は発生主義会計によって診断するという考え方が，事実上導入されたことを意味する。一方で，一般会計の健全性は資金不足で診断するという従来の基準は変わっていない。それは，建設公債主義の適用からのコロラリーとしてである。

　もっとも，一般会計と地方公営企業会計において，財政診断において非対称的に扱うという認識は一般的ではなく，地方公営企業の地方債発行の協議制度と許可制度の線引きは，従来通り，資金不足を基準に行われている。すなわち，自治体財政健全化法が持ち込んだ問題提起を技術的に整理し，制度として整理することは課題として残されている。そこでも改革課題は技術論として難しい点が多く，それゆえに理解が進まないというジレンマに直面する。

　本稿で振り返ってきたように，自主財政権の拡大は全体としては進んできたが，個別の具体的な課題については技術的に難しい問題があり，それへの理解が進まないことが制度の見直しを困難にしているところがある。そのような意味で，自主財政権の拡大はなお途上にある。

6　自主立法権の拡大 ── 計画改革から考える

勢　一　智　子

  I　はじめに：地方分権改革の現在地から
  II　自主立法権の拡大とその裾野
  III　計画策定をめぐる地方分権論
  IV　計画策定に関する一般準則 ── ナビゲーション・ガイドが示す
    一般通則的要素
  V　地方分権改革における課題

I　はじめに：地方分権改革の現在地から

　「平成5年6月の衆参両院における憲政史上初めてとなる地方分権の推進に関する決議以降，機関委任事務制度の廃止による裁量の拡大，国から地方への税源移譲，農地転用や地方版ハローワーク等の権限移譲や義務付け・枠付けの見直しなど，地方分権改革は着実に進展してきた。
　しかし，法令の規律密度の高さや『従うべき基準』をはじめとした国の関与などにより，地方が自ら意思決定するための自治立法権を十分に行使できない現状が続いている。」[1]（全国知事会「地方分権改革の推進について」2024年8月1日決議）

　上記で始まる直近の決議において，全国知事会は，地方分権改革における自主立法権の拡大について，評価と課題を示す。地方行政現場の実感として，「着実に進展してきた」が，「自治立法権を十分に行使できない現状が続いている」との指摘であり，本稿はここから始めたい。
　同決議では，「地方分権を実感できる改革の深化」に向けて，「自治立法権の拡充・強化」等いくつかの項目を掲げて要請する[2]。例えば，「『従うべき基準』

（1）　全国知事会「地方分権改革の推進について」2024年8月1日決議（https://www.nga.gr.jp/conference/item/ab6389a937912ba64d6f1ca7767dde4b_1.pdf）。以下，本稿におけるWeb上の出典最終確認は，2024年9月30日である。
（2）　全国知事会・前掲注（1）決議2。

の見直し」,「事務・権限の円滑な移譲等」が並ぶが,注視すべきは,これらの要請は,積年の課題とされてきた点である。

　四半世紀を超える地方分権改革が続いてきたにも関わらず,全国知事会が問題視する「地方が自ら意思決定するための自治立法権を十分に行使できない現状」は,何を意味するのか。直近の社会状況に着目すれば,人口減少が進行する中で,地域が資源制約におかれるもとで,住民が求める行政ニーズの充足,地域が望む将来像に向けた政策投資など,有限の資源を地域に必要な部分に投入する,いわゆる地域マネジメントを実施する地域の法規範が整えられないことを指すとも言える。

　この課題提起は,2014年度から実施されている地方分権改革の地方提案募集方式からも見て取ることができる。つまり,事務権限の移譲が行われて,条例による地域マネジメント規範を構想することができても,政策実現には制約があることがうかがえる。

　地方分権改革による自主立法権の拡大が不十分であるとの問題提起は,地方行政現場からのみならず,地方自治のあるべき制度論等を通じて研究者からも続けられてきた。とりわけ,条例による法律に対する,いわゆる「上書き権」は,その象徴的議論であり[3],全国知事会も繰り返し主張している[4]。本稿のテーマにおいて重要な議論であるが,近年,検証を含む充実した論文集等が公刊されているため[5],多くの重厚な論考に委ねることとして,本稿では,異なる角度から検討を試みたい。

　本稿では,全国知事会の前掲の決議から,もう1つ注目したい。同決議では,「『従うべき基準』の見直し」として,その「見直しを進めるに当たっては,ナビゲーション・ガイドのように,国が自ら制度の検討・見直しを行っていくルールを作成する」ことを提言する。この「ナビゲーション・ガイド」とは,2023年3月31日に閣議決定された「計画策定等における地方分権改革の推進について〜効率的・効果的な計画行政に向けたナビゲーション・ガイド」(以下,「ナビゲーション・ガイド」とする)を指す。これは,地方分権として進められた計画改革

---

(3) 地方分権改革推進委員会「第1次勧告」(2008年5月)は,「義務付け・枠付けを廃止・縮減するか,仮に存置するとした場合でも,その全部・一部についての条例への委任又は条例による補正を許容(地方自治体による法令の「上書き」の確保)するなどの方法を求めていくこととなる。」(37頁)と言及している。
(4) 直近として,全国知事会・前掲注(1)決議5。
(5) 例えば,北村喜宣先生還暦記念論文集(原島良成編著)『自治立法権の再発見』(第一法規,2020年),北村喜宣ほか編『法令解釈権と条例制定権の可能性と限界』(第一法規,2023年),礒崎初仁『地方分権と条例』(第一法規,2024年)を参照。

の成果であり，自主立法権のあり方に本質的に通じる現在の到達点を示す。そのため，本稿では，ナビゲーション・ガイドに着目するが，以下ではまず，その問題関心から始めたい。

II　自主立法権の拡大とその裾野

1　地方分権改革における「自主立法権の拡大」経緯

　1993年の衆参両院の決議に始まり，有識者委員会で検討が進められて，その勧告を受けて実現した1999年の「地方分権の推進を図るための関係法律の整備等に関する法律」（地方分権一括法）は，地方自治法など475件の法律を一括改正した。

　地方分権一括法以降，累次の一括法（地域の自主性及び自立性を高めるための改革の推進を図るための関係法律の整備に関する法律）が地方分権を進めてきた[6]。第4次一括法までに委員会勧告事項の法令整備が完了し，委員会方式のもとで，あるべき姿を目指す地方分権改革により，地方公共団体の活動の自由度が拡大した。

　自主立法権の拡大に関しては，3つの基調がある。1つは，一般法である地方自治法の改正を通じた，一般原則の明示に起因する。改正地方自治法は，地方公共団体への広い権限の推定を大前提とした国と地方との「適切な役割分担」原則を採用しており[7]，2条11項および13項による立法原則，12項に基づく解釈原則を置く。これにより，「地域における行政を自主的かつ総合的に実施する役割を広く担う」（1条の2第1項）地方公共団体の自主立法権の基礎が確立された。

　2つとして，それに基づく事務権限の移譲がある。機関委任事務は廃止され，例外となる法定受託事務を除き，原則として自治事務となった。

　3つとして，義務付け・枠付けの見直しが実施された。「地方分権改革推進計画」（平成21年12月15日閣議決定。第1次見直し）および「地域主権戦略大綱」（平成22年6月22日閣議決定。第2次見直し）に基づく見直しにより，「施設・公物設置管理の基準」，「協議，同意，許可・認可・承認」，「計画等の策定及びその手続」の分野に係る条項等を対象として，法的対応も取られた[8]。

---

(6) 地方分権改革の一連の経緯をとりまとめたものとして，地方自治制度研究会編『地方分権の20年のあゆみ』（ぎょうせい，2015年），携わった研究者による最新の論文集として，高橋滋『分権・公務改革と行政法学』（弘文堂，2024年）第1編を参照。
(7) 小早川光郎編『地方分権と自治体法務』（ぎょうせい，2000年）88頁（亘理格執筆）。同頁では，「自治促進的な法令解釈権」が導かれるとする。

以上の基調は，委員会勧告に基づく法令整備後においても，2014年度から導入された地方分権改革提案募集方式のもとで継続している。提案募集方式による地方分権改革では，地方行政現場の具体的な支障を受けて寄せられた提案により，事務権限の移譲や義務付け・枠付けの緩和が実現し，毎年の改正事項の整備として第５次以降の一括法が続いている。例えば，地方からの提案により，放課後児童健全育成事業（放課後児童クラブ）に従事する者およびその人員基準について，従うべき基準から参酌基準へと制度改正につながった（第９次一括法）[9]。直近では，第14次一括法（令和６年法律第53号）が，2024（令和６）年６月19日に公布，施行されており，自主立法権の拡大を求める地方分権改革は，継続中である。

2　自主立法権の「核心」と「裾野」

　自主立法権の議論は，その象徴として条例制定権との関係で論じられてきた[10]。地方議会という住民の代表によって構成される機関による規範定立は，地方自治の本旨を体現しており，法との関係性が顕著となる。自主立法権の「核心」として条例制定権があり，こうした問題意識は，上書き権の議論も同様である。

　それを支える法的基盤整備は，地方分権改革を通じて進み，一般法である地方自治法の改正はその要である[11]。自主立法権の観点からは，地方自治法において，国が地方自治の本旨，国と地方公共団体との適切な役割分担に反する法令の制定を抑止する規定が置かれたことが本質的意義を有する（２条11項および13項）[12]。また，これらの規定を通じて，地方公共団体に関する法令の規定の解釈と運用についても，同様の要請が明示されており，自主立法権の解釈において重

（８）第１次・第２次一括法等により所要の法整備が実施されている。
（９）本提案は，地方三団体を始め35団体による提案であり，賛同する追加提案団体が110団体に上る地方側の総意に基づく要請であった（平成29年提案・管理番号161）。これを受けて，放課後児童クラブを実施している自治体1,623か所のうち575か所（約35％）において基準改正が行われている（2020年９月末現在）〔https://www.cao.go.jp/bunken-suishin/jirei/2022/kaiketsu06.html〕。
（10）地方分権改革初期の条例論として，阿部泰隆『政策法学と自治条例』（信山社，1999年），それに続く，北村喜宣『分権改革と条例』（弘文堂，2004年）も参照。条例論の沿革につき，川端侑司『条例の法的性質と地方自治の保障』（弘文堂，2024年）42頁以下を参照。
（11）斎藤誠「条例制定権の限界」同『現代地方自治の法的基層』（有斐閣，2012年）286頁以下〔初出：2004年〕を参照。
（12）これらの規定の効果として条例制定権の範囲拡大が期待される指摘として，宇賀克也『地方自治法〔第10版〕』（有斐閣，2023年）250頁。

要である（地方自治法1条の2第2項，2条12項）。

地方分権推進委員会「第1次勧告」において，「地方自治体を『地方政府』と呼ぶにふさわしい存在にまで高めていくためには，これを，自治立法権，自治行政権，自治財政権を十分に具備した完全自治体に近づけていくとともに，地域住民の住民意思を的確かつ鋭敏に反映する地方政治の舞台に変えていかなければならないからである。」[13]と述べられ，自治立法権は，自治行政権，自治財政権と並び，地方自治体が「十分に具備」すべき要素の1つとして挙げられている。

また，同勧告は，「地方分権改革の推進にあたって，分権型社会において基礎自治体が中心的な役割を担うことも踏まえつつ，法制的な観点から，地方自治体の自主性を強化し，政策や制度の問題も含めて自由度を拡大するとともに，自らの責任において行政を実施する仕組みを構築することが必要である。」[14]として，義務付け・枠付けの法制度横断的な見直しを求めた。

このように，自主立法権の要請は，条例制定権をめぐる議論のみならず，自由度の拡大と自己の責任において行政を実施する仕組みまで至る。そして，行政の実施の先には，地域住民が存在する。

そうした観点からは，地方行政実務の課題が見て取れる。地方分権改革を通じて，法令の義務付けはないが，国による基本方針や計画の策定，さらにガイドライン，マニュアルなど，規範の具体化レベルにおいて詳細な「規律」が，依然として存在しており，実態上は実質的な国基準への準拠構造が見受けられる。規律密度の問題として指摘されてきたところであり，法令未満の規律化解消が求められる。地方分権一括法当時，小早川光郎教授による「地方分権とは，さしあたり単純に言って，地方自治の大きさを大きくすることである」[15]との認識は，現在もなお続く。

他方で，近年の政策の高度化・複合化とそれに対応する知見の不備，人口減少に伴う地域人材の不足等を背景として，地方側が，参照・援用が可能なマニュアル等の提供を国に求めざるを得ない事例も少なくない。

条例制定権に関する議論は，権限をめぐる議論が中心であるが，事務の実施に係る上記の問題は，いわば，自主立法権の「裾野」における課題とみることができる。

---

[13] 地方分権改革推進委員会・前掲注（3）37頁。
[14] 地方分権改革推進委員会・前掲注（3）35頁。
[15] 小早川光郎「地方分権改革 —— 行政法の観点から」公法研究62号（2000年）163頁は，「地方自治の大きさを大きくすること」として，「行政権能の広狭」と「事務処理の自主性の強弱」という「二つの量の積」と述べる。

3 自主立法権の「裾野」における課題

　自主立法権のもとで条例により定立された地域の規範が，どのように具体化されて運用につながるのか。そうした自主立法権の「裾野」の有り様が，地域の実情を踏まえた行政サービスの内容に直結し，分権の成果が，住民に届くために重要である。地方分権改革を通じて，一定の事務権限の移譲が実現しているにも関わらず，地域が望む施策を展開できない原因は，どこにあるのか。

　内閣府が2013年に地方公共団体に対して実施した調査[16]によれば，都道府県・市町村とも，当時までの地方分権改革の成果に一定の評価を与えつつも，課題として，権限移譲が挙げられ，規制緩和を大きく上回った（都道府県：権限移譲17，規制緩和6，市町村：権限移譲177，規制緩和75／団体）。市町村では，地方分権に伴う事務の増加に対応する体制整備も最重要の課題とされた（454団体，いずれも複数回答あり）。また，地方税財源の充実，課税自主権の拡大等も多数の団体が指摘しており，分野としては，医療・福祉，環境・衛生，農地および土地利用が今後の課題とされた。

　その後，2014年から実施された提案募集では，まさに指摘された分野において多数の提案がなされ，これまでの地方分権改革の及んでいない点が示された一方で，提案の内容としては，新たな権限移譲より規制緩和を求めるものが圧倒的に多い状況が見られる（開始から10年間の3,521件で権限移譲：23.8％，規制緩和：79.4％）[17]。要因は，多様であろうが，従前に実現した事務権限の移譲が，その実施に当たり，なお実質的な制約が残されている現状を反映していると推察することができる。

　地方分権の意義は，事務権限による規律レベルの成果にとどまらず，分権による地域特性を踏まえた規律ものとで，行政も事業者も活動でき，住民に恩恵が届くことにある。これまでの地方分権改革により一定の制度改正は実現したが，自主立法権の「裾野」に着目すると，なお課題があることが示されている。

　こうした「裾野」の課題として，地方から提起されて議論が進展したのが，計画分野である。以下では，計画策定をめぐる議論と動向を概観しつつ，地方分権の最近の潮流を確認したい。

---

[16] 内閣府地方分権改革推進室「地方公共団体における地方分権改革の実態調査」（2013年）〈https://www.cao.go.jp/bunken-suishin/soukatsutotenbou/soukatsutotenbou-index.html〉．
[17] 地方分権改革有識者会議「地方分権改革の今後の方向性について —— 提案募集方式の導入以後10年の総括と展望」（2023年12月）．

Ⅲ　計画策定をめぐる地方分権論

1　経緯と背景 ── 地方からの問題提起

　計画策定は，前述のように，地方分権改革推進委員会による第3次勧告において，国から地方への義務付け・枠付けの中でも特に問題のある分野として，「計画等の策定及びその手続」が挙げられたことを受けて，第1次および第2次地方分権一括法により，401条項の義務規定の廃止や努力義務化等の措置が講じられた[18]。

　しかし，それにも関わらず，計画策定等に関する事務が地方公共団体の大きな負担となっていることが，国と地方の協議の場などで指摘されてきた[19]。また，全国知事会からは，第一次分権改革後に地方に計画策定を求める条項が増加している問題が指摘され，計画等の策定という手法に限らず，具体的な実行手法は地方に委ねることなど見直しを求める提言が2020年に示された[20]。

　こうした問題状況は，国側でも重大な関心をもって受け止められた。国会でも議論となったほか，地方分権改革有識者会議でも取り上げられた。計画の条項数の推移など法制度等の現状が把握されたほか[21]，提案募集において，2年にわたり重点募集テーマに計画策定が設定されて，地方現場から具体的な改善方策が提案された（合計93件：府省との調整実施分）。これらを通じて，計画策定に係る問題状況を解消するため，同会議では，計画等の策定に係る一般通則的ルールを明確化することなどを求める「計画策定等における地方の自主性・自立性の確保について」（2021年11月12日）がとりまとめられた。

　その後，地方分権有識者会議のもとに計画策定等に関するワーキンググループが設置されて議論が進められ，報告書がとりまとめられるのと並行して，「経済財政運営と改革の基本方針2022」（2022年6月27日閣議決定）および「令和4年の地方からの提案等に関する対応方針」（同年12月20日閣議決定）により，計画策定

---

(18)　経緯につき，報告書・後掲注(22) 2頁以下。地方分権改革有識者会議・前掲注(17)においても，計画策定をめぐる分権の取り組みが総括されている。
(19)　国と地方の協議の場，2021年6月2日，地方六団体提出資料「骨太方針の策定等について」。
(20)　全国知事会地方分権推進特別委員会「地方分権改革の推進に向けた研究会」報告書（2020年10月）。
(21)　2021年2月24日（第44回）および同年7月2日（第45回）の地方分権改革有識者会議資料を参照。

に係る基本原則が示されて，その具体化としてナビゲーション・ガイドが提示されることとなる。

　こうした背景として，計画策定等については，第2次勧告・第3次勧告において整理・見直しが進められたが，その対象は，法律の規定であり，政省令や通知等を根拠とする計画等に関しては，対象外となっており，また，その講ずべき措置として，規定の努力義務化やできる規定化が許容されていたことがある。提案募集方式を通じた支障事例は，まさにこうした計画策定が問題となった。以下，計画策定等をめぐり指摘されてきた課題について，地方分権改革有識者会議の報告書，地方分権改革有識者会議「計画策定等における地方分権改革の推進に向けて」（2022年2月28日）（以下，「報告書」という。）[22]をもとに整理する。

2　計画策定等をめぐる課題

（1）　計画規定の増加による地域の負担増

　こうした計画策定等について，全国知事会は「国の過剰な関与が存在し，その対応に多大な労力を要するといった課題がある」[23]としており，予算や人員等の経営資源が制約される中，地方公共団体にとって過重な負担になっていると指摘している。

　ナビゲーション・ガイドにつながった地方分権改革有識者会議で2021年に公表された内閣府のデータによると，計画等の策定に関する規定の条項数（2020年12月末時点）は，合計で505条項（義務：202条項，努力：87条項，できる：217条項）となっており，10年間で約1.5倍に増加している。策定を義務付ける規定については，地方分権改革推進委員会による第3次勧告を受けて，2012年まで減少したものの[24]，その後は新たな規定の創設により，微増傾向にある。その一方，計画等の策定を努力義務とする規定（努力義務規定），策定ができるとする規定（「できる」規定）については増加傾向が続いている。計画等の策定の努力義務規定については，勧告時点と比較して現時点までに都道府県で約4.7倍，市町村で約3.8倍に増加している。計画等の策定の「できる」規定は，勧告時点と比較して都道府県で約2.6倍，市町村で約3.2倍に増加している。

---

[22] 第48回地方分権改革有識者会議・第133回提案募集検討専門部会合同会議・資料。議論の基礎となった提案募集の事例につき，同報告書10頁以下，44頁以下。

[23] 全国知事会「地方分権改革の推進について」（2021年6月10日）。

[24] 計画等の策定を義務付ける規定については，地方分権改革推進委員会による第3次勧告（2009年10月7日）を受けた第1次一括法（2011年5月公布）及び第2次一括法（2011年8月公布）の成立等により，特に2010年から2011年にかけて大きく減少している。

計画の総数の増加は，全国知事会等が指摘してきた過剰負担を現場にもたらしているのみならず，計画が形式的役割に終わっていたり，内容や機能が重複する計画が少なからず存在するなど計画策定における問題が，多数の地方提案を通じて提起された[25]。財政措置の要件となる計画策定は，計画自体が目的化していたり，地方公共団体の事務負担がひっ迫した中で，計画策定を外部委託した結果，計画検討の知見・経験が蓄積できず，進捗管理や政策評価につながらなかったり，委託費が過大な負担になったりする課題も示された。さらに国側では府省内で所管する計画が体系的に管理されていない現状が明らかとなった。

（2）　計画策定等に関する構造的問題：逆三角形の構造

　あわせて，計画策定等に要する事務負担は，人員や体制が限られた小規模な市町村ほど重くなっている実態が指摘されている。この点について報告書では，「逆三角形の構造」と表現されている。

　「国においてそれぞれの所管府省で所管している計画等が，都道府県では一つの『部』に，市町村では一つの『課』に相当する組織において担われており，結果として現場に一番近い市町村では一つの課において，複数の計画等に係る事務を行わなければならない状況にある。さらに小規模な町村では，一つの係で複数の計画等を担当する実態もみられる。

　一つの計画等を担当するだけでも，その策定に当たっては，関係する制度や背景を理解し，所管府省からの膨大な通知やマニュアルを読みこなした上で，所管区域における様々な基礎数値やデータを収集・整理し，策定のため必要な合議組織を設置・運営し，住民や関係団体にも説明や意見聴取の機会を設けなければならない。さらに，国等への協議や必要な調整を経て計画等を策定した後も，住民にわかりやすくそれを公表し，進捗管理し，必要な修正や改定を継続しなければならない。また，計画期間も異なることから，類似する分野の計画等であっても更新時期が異なり，毎年のように更新，改定を繰り返すといったケースもある。」[26]

　このように，本来，地方公共団体における計画の策定は，各地域の課題や現状を踏まえて，地域が主体的な取り組みを進めるために活用すべきものであるにも

---

(25) 計画の問題性を示す具体的事例につき，報告書・前掲注(22)19頁以下。事例分析を含めて，参照，勢一智子「地方分権時代における計画行政の諸相」公益財団法人　後藤・安田記念東京都市研究所　創立100周年記念論文集『都市の変容と自治の展望』（後藤・安田記念東京都市研究所，2022年）141頁以下。

(26) 報告書・前掲注(22)21頁。この問題認識は，提案募集検討専門部会（第125回，2021年9月1日）における全国知事会の発言を契機とする。

関わらず，それが可能な制度状況，運用実態になっていない問題が顕在化することとなった。

（3）　計画策定の総数増とその要因

地方の自主性・自律性を確保するために，計画策定に関しても分権改革が進められた。それにも関わらず，前述のように，計画等の策定に関する法律の条項数は，直近10年間で約1.5倍に増加しているが，このように計画策定等に関して，地方公共団体に対する国の働きかけが増加する背景として，報告書では，下記の5点が指摘される[27]。

① 　第1次地方分権改革により機関委任事務の廃止や地方公共団体に対する国の関与の見直しが行われたことによって，国から地方公共団体への関与がより限定的となったこと。
② 　第2次勧告及び第3次勧告での見直しにおいては，計画等の策定及びその手続に関して見直しを図ったものであるが，見直し対象範囲は義務付け規定としており，その講ずべき措置として，規定の努力義務化や「できる」規定化を許容していたこと。
③ 　国が抱える種々の政策課題の解決に地方公共団体の実行力を活用するため，国が示す基本方針等に基づき，地方公共団体自ら計画等を策定させる手法は，直接的な義務付けに比べ，地方の自主性・自立性に配慮したように見えること。
④ 　行政マネジメントとして施策におけるKPIの設定やPDCAサイクルによる改善を目的として，計画等の策定という手法が望ましい形態と考えられるようになってきたこと。
⑤ 　計画等の策定や公表，協議等の義務付けが，新規立法において必須となる法律事項の重要な項目となるケースがあること。

注目すべきは，累次の地方分権改革の結果として，国から地方公共団体への関与が限定されたことが，計画策定等をめぐる「関与」につながっている点である。現代的な政策課題は，国と地方が協調して取り組む必要があり，特に地方レベルでの施策実施が重要となる。そのために，国が地方に働きかける手法として，計画策定が「活用」される傾向が見られる。この背景には，行政計画が，施策の進捗管理など行政マネジメントの機能を備え，専門的知見や住民意見の反映

---

[27] 参照，報告書・前掲注[22]17頁。

が可能な多機能な政策手法として発展され，あらゆる分野で多用されるようになった事情もある[28]。また，計画等の策定や公表などが新規立法を組み立てるツールとして利用されている立法に関わる実務実態は，議員立法を始めとする新規の義務付けにつながっている要因と考えられる。

3 ナビゲーション・ガイドの提示

前述の報告書では，「計画等の策定及びその手続に係る一般通則的ルール」（を政府で示して，各府省で対応すること）が必要であると述べられている。そうした方針が承認されて[29]，2023年3月にナビゲーション・ガイドが閣議決定されている。

ナビゲーション・ガイドは，府省が所管する法制度において，地方に対して計画策定等を求めようとする際に留意して検討すべきポイントを提示して，効率的かつ効果的な計画体制の構築を目指す。

ナビゲーション・ガイドは，3部で構成される。まず，「Ⅰ制度の検討に当たっての進め方」では，地方公共団体の事務に係る意思決定の形式は，各団体の判断に委ねる原則を示した上で，計画等を選択肢として検討する場合の留意点を示す。関連計画の概観を把握できるよう，当該行政分野の計画体系図の作成，計画等以外の代替案との比較，計画に関する負担と成果の考慮などが挙げられる。

次に「Ⅱ計画行政のあり方」では，他の形式を検討した上，それでもなお計画等によらざるを得ない場合における制度化の留意事項を示す。既存計画等への統廃合や内容の追加，関連計画との一体的策定，総合計画への統合，団体間の共同策定など，地方公共団体において計画体系の最適化が図れるようにすることを原則とする。また，計画策定等に係る事務負担については，団体の権能，規模に照らし，計画等の内容・手続・期間について各団体の判断に委ねるなど，国・地方を通じて負担の適正化を図るための検討が求められる。

最後に「Ⅲ計画行政の推進にあたっての重要事項」として，通知・要綱等を根拠とする計画等の留意点，既存計画等に対する定期的な見直しの要請を示し，内閣府において進捗状況の把握と公表を求めている。

以上のように，ナビゲーション・ガイドは，府省に宛てられたものであり，計

---

(28) 参照，勢一・前掲注(25)133頁以下。
(29) 2023年2月20日の地方分権改革有識者会議で「効率的・効果的な計画行政に向けたナビゲーション・ガイド」が了承された。この仕組みは，斎藤・前掲書注(11)が必要性を指摘する「（義務付け・枠付けに対する）抑制装置」への試みに位置づけられる（322頁以下）。

画策定の制度設計に当たり，その必要性や妥当性を事前に検討・評価を求める。また，その内容は，前述の通り，地方側から提示された具体的な制度課題とその議論から作成されたものであり[30]，現場の実情を反映して，地方分権の方向性を示す一定の到達点とみることができる。そのため，ナビゲーション・ガイドは，計画策定に関して示されたものであるが，そこに掲げられている内容は，計画策定にとどまらず，地方分権標準となる一般通則的要素が含まれている。以下では，ナビゲーション・ガイドが示す一般通則的要素を抽出したい。

Ⅳ　計画策定に関する一般準則
── ナビゲーション・ガイドが示す一般通則的要素

1　地方分権標準の考慮

まず，地方自治に関する基本原理を踏まえること，いわば，地方分権標準への考慮が求められる。ナビゲーション・ガイドでは，事務の検討に当たり，「その事務の処理主体として，国とすべきか，地方公共団体とすべきかについて，国と地方の適切な役割分担，関連する権限の所在，デジタル技術の活用等の観点から十分に検討を行うものとする。」（Ⅰ（1））。

ここでは，地方自治法の趣旨に則り，国は，「地方公共団体に関する制度の策定及び施策の実施に当たつて，地方公共団体の自主性及び自立性が十分に発揮されるようにしなければならない」。

この基本原理は，手法選択と制度化においても求められる。ナビゲーション・ガイドは「地方公共団体が処理する事務に係る将来に向けた意思決定の仕方及びその意思決定の表現の形式は，地方公共団体に委ねることを原則とする。」とし，事務の遂行において，最も適切な形式を選択可能とする方式を求めている（Ⅱ1（1））。具体的には，「『計画的な行政』，『施策の策定』，『目標を定める』等の規定を置くことで，国が形式を規定するのではなく，形式は地方公共団体に委ねること」を示す[31]。

また，計画策定を求める際にも，できる規定を優先するなど，制度設計に当た

---

[30] ナビゲーション・ガイドにつながる基本的な考え方として，有識者会議報告書に基本原則と留意点が示されている。「地方の自主性及び自立性を確保する観点から……計画等の策定及びその手続に係る一般通則的ルールを明確化した上で，一定の方式による計画の策定等を求める手法を用いた国の働きかけについて，真に必要なものに限るとともに，新たなものについてもできる限り抑制するべきと考える。」参照，報告書・前掲注（22）26頁以下。

り地方分権標準の検討を求める（Ⅱ1(2)）。

個別法の目的を実現する上で，最も適切な方式は，各地域によって異なるはずであり，ナビゲーション・ガイドでは，計画策定以外の形式を選択することを含めて地域が判断することを求めており，地方自治法の改正趣旨に適う。

2 地方に計画策定を求める説明責任：理由と政策体系の提示・情報提供

前記の地方分権標準の考慮を踏まえて，計画を選択肢の1つとする場合，その説明責任が要請される。計画策定を求める検討に当たり，府省が自ら必要な事項を確認して明示する手続は，規制の事前評価と類似のスキームである[32]。地方に計画策定を求めることについて，そのコストや便益を事前に評価して明示することによって，制度設計の説明責任を果たし，透明性を確保する仕組みとなる。

ナビゲーション・ガイドは，当該行政分野に関連する計画等の「概観を把握できるようその計画等に係る体系について明らかにするよう努める」ことを求める。その理由として，「計画等に係る体系について明らかにすることは，諸計画等の重複回避・調整及び統廃合の検討に資するのみならず，地方公共団体における効率的・効果的な計画行政の推進に資する」ことが示される（1(2)）。すなわち，政策体系の提示および情報提供が要請される。この背景には，制度所管省庁が自らの計画体系を把握できていない現状があり，それが「逆三角形の構造」をもたらしたことによる。

現代的政策課題には，複合的な政策展開も求められることから，関連する法律も，そのもとで策定される計画も複数になることが多い。その相互関係や重複状況を適切に把握した上で対応することになるため，政策体系など計画に関わる政策・制度の概観が示されて，国と地方で共有されることが必要となる。その概観性が地方側の体系性・総合性の判断の前提となる。

---

(31)「適切な形式とは，提案募集における知見を踏まえれば，
　・国が数量等を把握することを目的とするものは，地方から国へのデータ共有の仕組み
　・私人等に対する認定等の判断基準を示すものは，基準，行政手続法上の基準
　・国の事業検討のための資料として求めるものは，需要調査
　・私人等の権利義務への影響が強いものは，条例，行政処分
　とすることが考えられる。」（ナビゲーション・ガイドⅡ1(1)）
(32) 規制の事前評価導入の考え方につき，参照，「規制の政策評価に関する研究会最終報告」（2007年9月26日），梅田靖人「規制の事前評価 ―― より良い規制の策定に向けて」立法と調査289号（2009年）205頁以下。

3　計画策定における選択性の留保

　前述の説明責任を通じて，計画を策定する場合においても，ナビゲーション・ガイドでは，どのような計画形式を採用するか，地方側に委ねることを求める。具体的には，「① 関連する既存の計画等の統廃合，② 既存の計画等における内容の追加による対応，③ 関連する計画等との一体的な策定，上位計画への統合が可能である旨の規定化」が挙げられている。また，「原則として，地方公共団体間で共同策定できること」も求められる（Ⅱ1（3））。

　地域において効率的かつ効果的な政策を進めるためには，地域特性に応じて関連計画を柔軟に策定・活用できる環境整備が求められる。地方自治法が規定する責務に応えるためにも重要となる。

　ナビゲーション・ガイドで示されたこの準則は，すでに地方が取り組む環境が整いつつある[33]。例えば，2024年に公表された内閣府から府省への調査[34]によると，地方公共団体に策定が求められる計画のうち，他の計画等との一体的策定が可能とされたのは，都道府県計画の80％，市町村計画の73％，総合計画との一体的策定が可能とされたのが，都道府県計画の77％，市町村計画の71％となり，例外的な計画を除く多くの計画は，各団体の判断で一体的策定が可能であることが明確化された[35]。

　とりわけ，総合計画については，柔軟性が高い。総合計画は，各地域の将来像を描くビジョンを示し，ほぼすべての分野を包括する内容であり，地方創生総合戦略との統合等の工夫を進めながら，地域マネジメントに活用されていることが見て取れる[36]。そうした動向を踏まえれば，各地域の実情に応じて個別計画を

---

[33] 近時の立法において明文化される例もある。例えば，障害者による情報の取得及び利用並びに意思疎通に係る施策の増進に関する法律9条，こども基本法10条4項，5項を参照。

[34] 「法律に基づく地方計画等の一体的策定の可否に関する調査」（第58回地方分権改革有識者会議・第163回提案募集検討専門部会 合同会議（2024年6月24日）資料）。同調査では，2023年3月の調査で一体的策定が不可とされた計画について，ナビゲーション・ガイドを踏まえて，改めて一体的策定の可否が確認された。その結果，前回調査から15〜17ポイント上昇した。

[35] 一体的策定が不可と回答された計画の理由として，「大規模災害発生後の復興に関するものであるため」や「民間も含めた会議体が策定主体であるため」などが示されており，計画特性から一部の例外的な計画は残ると考えられる。

[36] 公益団法人・日本生産性本部のアンケート調査によると，総合計画の策定義務が撤廃された2011年以降も回答団体の9割以上で総合計画の策定が続いている（同「令和6年度自治体総合計画に関するアンケート調査」，自治体総合計画調査：https://www.jpc-net.jp/research/detail/007008.html）。

総合計画に取り込む計画体系は，地域マネジメントの実施に資するものであり，地方自治の本旨を具体化する地方自治法の趣旨からも，各地域に委ねられることが必要である。

さらに，地方公共団体は，住民との関係でも効率的かつ効果的な事務遂行を担うために，計画策定について地域主体のマネジメントは重要となる（地方自治法2条14項）。

4　地方の知見・経営資源に対する配慮

地域の多様性を踏まえれば，計画策定に関しては，あらゆる地方公共団体に対して一律の策定を求めることはせず，事務権限，組織規模など団体の特性に応じた制度設計が求められる。

ナビゲーション・ガイドでは，計画策定に係る規定を置く場合には，できる規定を優先した上で，一律に定めるのではなく，「地方公共団体の種別（都道府県，指定都市，中核市，市，町村等）ごとの法定の権能，地方公共団体の規模（人口，面積，職員体制）の多様性を踏まえ」て検討することとする（Ⅱ1(2)）。

ナビゲーション・ガイドが「地方公共団体の実務に根差した知見，経営資源（行財政規模，職員体制）を十分考慮した制度となるよう」情報提供を求めるのは，各団体に相応しい制度設計になっているかという配慮を国に課す一環である。計画策定に関しては，前述の通り，「逆三角形の構造」を作りだしている現行法体系があり，この点の解消も必要である。

人口減少社会を迎えて，地方公共団体の多様化は一層進んだ。従前の行政改革とは異なる位相で[37]，行政運営の「効率性」が求められるようになっている。その背景には，専門人材の不足等とともに，法政策の高度化も見受けられる。事務権限を有していても，適正な執行が容易ではない場合もあり得る。地方分権標準を考慮しつつ，拡大した多様性の尊重を求める準則といえる。

従前の地方分権改革における義務規定の努力義務化が，その後，安易な標準化につながった実態についても，この要請からは問い直されなければならない。これにより，計画の総数が大幅に増加していること，また，法的要請レベルは緩和されたものの，策定状況の公表等により実質的な策定が求められたり，財政措置の要件とされるなど，計画策定を避けがたい運用状況にあることが指摘されている現状が，こうした準則につながった点は重要である。

---

[37] 地方分権改革は，国の行政改革から始まったとされ，当初は，人口減少の視点はなかったと思われる。西尾勝『自治・分権再考』（ぎょうせい，2013年）63頁。

V　地方分権改革における課題

1　実　質　化

　以上を踏まえて，最後に，自主立法権の拡大に関する地方分権の課題に立ち返って，まとめとしたい。一つめが，地方分権改革を通じて構築された制度の実質化である。換言すれば，地方分権改革の成果を発現させることである。

　地方分権改革に長らく携わってきた西尾勝教授による「地方分権一括法の公布から20年が経過しても，いまだに第一次分権改革の成果が，全国の自治の現場で十分に活かされているという実感を持ち得ない」[38]との指摘がある。この「実感」は，地方分権改革を通じた権限移譲等により，法制度が変わったにも関わらず，その成果が住民に届いていないことを表している[39]。

　計画策定に関して見ると，ナビゲーション・ガイドによる一般準則のもとで，一体的策定や総合計画への統合など，各地域による自主的な政策設計と運用が実践される必要がある。それに加えて，国と地方の双方において，努力義務規定やできる規定の捉え直しが不可欠である。

　計画策定が地方公共団体において負担になっている要因の1つは，策定の努力義務が法定されていることが挙げられる。努力義務は，従前の地方分権改革では存置が許容されたが，すでに見たように，策定状況が公表されたり，財政措置の要件となっているなど，実質的な義務化が指摘されてきた。ここでも，実質化が重要となる。

　法的義務でなければ，法定の計画策定という手法を「利用しない」選択肢はあり，真に必要な計画のみを策定することが，地方公共団体において対外的にも対内的にも通常になるべきである。こうした実質化は，例えば，広域的な施策展開が望ましい分野においては，都道府県計画に沿って市町村が施策を展開する方法を可能とし，政策実施の手法としても有効である。ただし，その場合には，都道府県計画の策定過程において，市町村の参画が必要となるなど，計画策定体制全体の修正も欠かせない。

---

(38)　第50回『都市問題』公開講座『「分権」から「自治」へ —— 地方分権改革から20年』（公益財団法人　後藤・安田記念東京都市研究所，2021年）18頁（西尾発言）。

(39)　地方分権改革有識者会議は，「地方分権改革の推進に当たっても，「住民自治」の視点を取り入れていくこと」の必要性を指摘する。地方分権改革有識者会議・前掲注(17)38頁。

なお，実質化という視点からは，条例への委任にも同様の分権趣旨に見合う実質が問われる。従前から，標識にかかる条例委任は，こうした代表例として問題が指摘されていた。法改正後の運用状況と社会変化も踏まえて，政策的意義と費用対効果から再度整理をすることも必要であろう。例えば，鳥獣保護管理法15条14項は，都道府県知事が設置する標識の寸法について，省令を参酌して条例で定めることとしており，地方分権としてどれほどの効果が現場にもたらされるかは問われる必要がある[40]。同様の趣旨から，特定都市河川に係る標識の設置についても，2024年度の提案募集を通じて問題提起されており（特定都市河川浸水被害対策法38条3項，45条1項，54条1項），なお課題である[41]。

2　総合化・統合化

2つめは，地域目線からの法政策の総合化・統合化である。地域が各地の特性を踏まえて，地域をマネジメントしていくためのツールの1つが法制度であり，地方分権は，その多様な背中を押す役割もある。地域特性に応じた地域マネジメントは，計画策定の動向から見ると，国レベルの所管が異なる法制度に対して，例えば，こどもや障害福祉など，政策の対象となる「人」に着目して関連計画を統合した事例や，環境や住生活，土地利用など「空間」として統合した事例など，各地で総合化・統合化に向けた工夫が見受けられる。いずれも希少な地域資源を如何に活用するかという視点として，人口減少社会に不可欠である。それを担えるのは，地方公共団体であり，法政策の総合化・統合化を可能とする制度体制への変更を求めているのが，ナビゲーション・ガイドによる計画改革である。

他方で，現状では，法定計画の増加が地方公共団体における総合性確保を困難にしている課題があり[42]，地方公共団体から寄せられた意見として，「国の計画等の改正時期が異なることから一体的策定が困難」，「担当が異なる部署間の計画を一体的に策定する場合においては，横の連携が不可欠となるが，却って負担が

---

(40) 北村喜宣ほか編『法令解釈権と条例制定権の可能性と限界』（第一法規，2023年）43頁（北村執筆）が有名な事例として指摘する。
(41) 第57回地方分権改革有識者会議・第162回提案募集検討専門部会合同会議（2024年1月24日開催）において，全国知事会が実施した調査結果が報告され，「法律・省令の基準に従い条例を定めることとされており都道府県が独自性を発揮する余地がないものについては条例を定める意味がない」という趣旨の意見が取りまとめられている。
(42) 参照，嶋田暁文「条例による『総合性』確保」北村喜宣先生還暦記念『自治立法権の再発見』（第一法規，2020年）109頁。計画策定に関する業務負担増から，外部委託が常態化している点も総合化には課題となる。参照，坂本誠「計画策定業務の外部委託をめぐる諸課題」ほか「特集／企画立案の現代的課題」都市問題110巻9号（2019年）各論考も参照。

増える」などの実態がみられる(43)。総合計画の活用も実務実態として必ずしも総合性を発揮していない問題も指摘されている(44)。

たしかに，政策課題の複合化，対応策の高度化に伴い，地域での対応に課題は多いものの，地域での試行錯誤にこそ知見があることから，地域の取り組み成果から政策統合・総合化のボトムアップが期待できる。前述の「地方自治の大きさを大きくする」(45)ことは，地域の実情に応じて，政策形成から施策実施までの総合化・統合化を実現するために必須である。

法による制度やその枠組みが各地域で十分に機能しない場合には，不十分な部分に対応する形で，条例による制度と組み合わせた設計も珍しいことではない。環境法分野では，その起点となった公害規制にくわえて，環境アセスメント制度も法と条例がリンクすることで機能するスキームとなっている(46)。地域目線から地方レベルで条例等による対応が続けられてきた成果である。近時の例では，地域脱炭素政策を推進する目的により，地球温暖化対策推進法のもとで導入された再生可能エネルギー導入促進区域制度について，その機能不足に対応するため，宮城県が導入した再生可能エネルギー地域共生促進税の取り組みは，地域ニーズに適合する制度設計として注目される(47)。

こうした構造は，地方分権との関係では，「融合型行政構造」とも呼ばれて(48)，否定的に評価される面がある。他方で，広域に及び法律横断的な政策統合が要請される現代型の法政策においては，国と地方との法政策の適切な接続は不可欠であり(49)，分権標準型の総合的な行政体制のあり方が模索されることに

---

(43) 内閣府地方分権改革推進室「地方公共団体における計画等の一体的策定等の状況調査」（2024年6月公表）。

(44) 参照，嶋田・前掲注(42)98頁，西尾勝「計画と行政」同『行政学の基礎概念』（東京大学出版会，1990年）242頁以下。他方で，現場目線から現代的な活用を目指す動きもあり，期待される。参照，竹内直人・松井望編『自治体戦略としての総合計画』（第一法規，2024年）。

(45) 小早川・前掲注(15)163頁。

(46) 地方分権のもとで積極的な解釈として，北村喜宣『自治体環境行政法（第10版）』（第一法規，2024年）31頁以下，176頁以下，条例による環境アセスメントの制度設計につき，勢一智子「地域環境管理における自治体環境アセスメントの意義と機能」西南学院大学法学論集43巻3・4合併号（2011年）158頁以下。

(47) 宮城県再生可能エネルギー地域共生促進税条例（令和5年宮城県条例第34号）。参照，勢一智子「経済的インセンティブによる地域空間マネジメント ── 宮城県再生可能エネルギー地域共生促進税から」地方財政63巻5号（2024年）4頁以下。同条例の背景となった問題状況につき，参照，同「環境アセスメント制度の空間管理の課題 ── 風力発電に対する立地問題を契機として」環境法研究18号（2024年）57頁以下。

(48) 小早川・前掲注(15)177頁。地方分権改革の結果が「相互の一定の距離を保つための分析構造」と表現されている。

なると思われる。

3 標準化へ

これまでの地方分権改革による成果の実質化，地方目線による法政策の総合化・統合化を実現した上で，政策立案，法制度設計，執行・運用まで，総体としての地方分権標準型体制の確立が課題である。地方自治の本旨に照らし，各段階で国の関与のあり方が相応であるか問われ，最終的には，事後的な関与についてもそれは及ぶ。

計画策定に関して削り出されてきた要素から見る分権型制度設計は，計画策定以外についても共通する一般準則を含む。ナビゲーション・ガイドは，閣議決定によるものであり，議員立法へは及ばないものの，しかしながら，地域社会に与える影響は，立法形式に関わらない。その点では，立法準則のあり方も問われる。

他方で，計画策定の議論で見て取れたように，法による規律密度が高い要因の1つに，地方分権改革の進展がある点には留意を要する。国民・住民との関係では，法制度全体として，政策の実施状況の見える化への要請は存在する。そのため，現行の政策フォローアップの方法を変えることが求められる。国全体における総合的な政策展開には，各地の取り組み実績を踏まえた実質的なボトムアップ構成が必要となる。ここでは，努力義務にとどまる地方計画の策定率を国政策のKPIに掲げる例などは，実質も伴わず改善すべき典型例である。

くわえて，近年の政策課題の高度化と広域化には，地方公共団体単位の部分最適では対応できないものも多い。今後は，国と地方が最上位の政策判断の場において，全体最適を目指す方向性を議論することが必要となる。既に国と地方の協議の場が設定されているが，より専門性の高い議論を経て協調して方針を決定するような体制が求められよう。

自主立法権のあり方は，本特集の他章のテーマと密接に関連している。例えば，国政や立法レベルに適切な参画・関与が適わなければ，法の規律密度を下げることはできず，地方議会の主体的な活動が継続されなければ，自主立法権は活きない[50]。自主立法による地域規範を定めても，国による関与が過剰な制度になっていたり，相応の自主財政権の拡充が伴わなければ，その実現は滞る。地方

---

(49) 例えば，第6次環境基本計画では，環境主要3分野の政策統合が掲げられており，各分野は，環境政策にとどまらない幅広い政策分野に関わる。また，SDGsの実施なども同様の視点が求められる。

分権標準型の制度体制とするには，そうした総体的な進展が必要であり，全体最適の視点が求められる。自主立法権の拡大は，その一部であり，部分最適の視点では議論は及ばない点を踏まえた上で，地方分権標準を整えていくことが肝要であると考える。

〔附記〕本稿で取り上げた計画策定をめぐる政策動向は，提案募集方式の事務局である内閣府地方分権改革室（地方公共団体から派遣中の調査員を含む）の精力的な調査・検討作業が基礎となっている。計画改革への貢献に感謝を申し上げます。なお，筆者は，地方分権改革有識者会議・計画策定等に関するワーキンググループ座長を務めているが，本稿は，研究者個人としての見解である。

　また，本稿は，JSPS科研費（JP24K04531, JP21H00676）の研究成果の一部である。

---

(50) 地方議会は住民の意思であり，国会は国民の意思である。いずれも主権者の意思であるが，立法に関して双方は連動しない。その中で，人口減少の進行，地方議会議員のなり手不足，議会構成の高齢者層への偏りと多様性の欠如などの課題があり，住民自治が地域規範に十分に反映できる体制が求められる。こうした現状に対して，2023年の地方自治法改正による地方議会の役割等の法的明確化が，いかに寄与しうるのか問われる。法改正に至る議論につき，第33次地方制度調査会答申「多様な人材が参画し住民に開かれた地方議会の実現に向けた対応方策に関する答申」（2022年12月28日）を参照。

7　自治体の「国政参加」論再考
── 二つの理論的出自

中嶋　直木

Ⅰ　本稿の目的
Ⅱ　時代背景 ── 視点
Ⅲ　二つの理論的出自
Ⅳ　国政参加論の再考

Ⅰ　本稿の目的

　これまで一般的に「自治体の国政参加」（以下，単に「国政参加」[1]という）と呼ばれる制度は，日本の地方分権の転換点と不即不離であったように思われる。すなわち，地方制度調査会（以下，「地制調」という）の答申が，国政参加の制度を初めて提言したのは，オイルショック以降，行財政改革と「地方の時代」が同時に進行した，1970年代後半の戦後社会経済の転換点であった。また，地方自治法に基づく地方六団体の意見具申制度は，「地方分権推進のエポックメーキング」[2]となった1993年の衆参両院の「地方分権の推進に関する決議」とほぼ同時期に，議員提案による地方自治法改正で導入された。そして，「国と地方の協議の場」は，小泉政権下のいわゆる「三位一体の改革」の過程の中で，国庫補助負担金改革の取りまとめを地方六団体が要請されたことをきっかけとして，事実上の制度として設けられ[3]，2011年に，民主党政権下で処理された地方分権改

---

[1]「国政参加」という用語法には，1960年代におけるアメリカ施政下の沖縄住民（ないし沖縄県）の「国政参加」というものもあるが（人見剛「地方自治体の国政参加論再論」日本地方自治学会編『合意形成と地方自治』（敬文堂，2008年）3頁），本稿は，1970年代後半に行政法学や行政学の議論の対象となった自治体の国政参加の議論を対象とする。
[2] 総務庁行政管理局企画調整課＝自治省自治行政局行政課編『逐条解説 地方分権推進法』（ぎょうせい，1995年）3頁。
[3] 森川世紀「地域主権改革関連三法②国と地方の協議の場の制定」時の法令1891号（2011年）20-21頁。その後も，地方からの法制化の要請が強く，それらの経緯については，松本英昭『自治制度の証言』（ぎょうせい，2011年）100-102頁参照。なお，国と地方の協議の場については，国政参加というよりも，中央政府と地方政府の調整の場と位置付けるほうが妥当であるという指摘もある（塩野宏『行政法Ⅲ〔第5版〕行政組織法』（有斐閣，2021年）213頁）。

革法案の第一号として⁽⁴⁾，法制化される。さらに，2014年に地方分権改革有識者会議（以下，「有識者会議」という）が導入した提案募集方式は，それを国政参加の制度と呼ぶならば⁽⁵⁾，国主導による「トップダウン型」の地方分権改革の方式を地方がイニシアティブを有する「ボトムアップ型」の方式へ「パラダイム・シフト」させたと評される⁽⁶⁾。

しかしながら，国政参加の用語は「多分にキャンペーン的意味も含んだ誇張したいいかた」⁽⁷⁾であったため，論者の様々な理念・理論を仮託させることができる，非常に射程の広い議論となってしまった⁽⁸⁾。そのためか，現在では，その議論は低調であるように思われる（「時代錯誤のキーワード」⁽⁹⁾ですらあるかもしれない）。

本稿は，そのような国政参加の議論を振り返るにあたり，用語法や国政参加の制度そのものに着目するのではなく，国政参加が提唱された1970年代後半から1980年代前半の国政参加論に含まれる，時代背景やそこに託された理念ないし理論を明らかにしたい。具体的には，成田頼明と西尾勝の国政参加論を取り上げる。

この二人を取り上げる理由は，第1に，成田は国政参加の理論的提唱者であり，西尾も行政学の立場から積極的に国政参加の制度を提言していたからである（二人の提唱した国政参加の議論は，1980年代半ばにおいてすでに「地方自治法論の主要な課題」⁽¹⁰⁾としての地位を獲得していた）。第2に，二人が国政参加に仮託した理念・理論は，（結果的に）まったくベクトルを異にし，しかも対照的であるよう

---

(4) 西尾勝「地方分権改革とは何であったのか」『「分権」から「自治」へ』（後藤・安田記念東京都市研究所，2021年）17頁。

(5) 有識者会議の提案募集方式は，2002年の構造改革特別区域法や2011年の総合特別区法などの特例措置の策定，提案等の制度をその先例とするものとの指摘があり（岩﨑忠「分権改革『提案募集方式』への移行」地方自治職員研修47巻10号（2014年）21-22頁，岩﨑忠「地方分権改革と提案募集方式」自治総研439号（2015年）35-37頁），宇賀克也『地方自治法概説〔第10版〕』（有斐閣，2023年）271-273頁は，特例措置の提案，策定等を国政参加の制度に位置づけている。

(6) 勢一智子「地方創生を加速させる『提案募集方式』による地方分権改革」公明140号（2017年）8-10頁。

(7) 成田頼明「地方公共団体の国政参加」（初出，1983年）同『地方自治の法理と改革』（第一法規，1988年）234頁。

(8) 磯部力「自治体の国政参加」松下圭一ほか編『岩波講座　自治体の構想2　制度』（岩波書店，2002年）37頁。

(9) 飛田博史「自治体の国政参加を考える」熊本学園大学経済論集28巻1＝2＝3＝4号（2022年）137頁は，そのような印象を指摘する。

(10) 白藤博行「地方自治保障法論の現代的展開」法政論集111号（1986年）140頁。

に思われる。そのため，両者の差異を適切に認識すると同時に，相互参照することで両者の理論をより精確に理解することができるからである。第3に，議論の出発点となる時代背景や理論を明らかにしなければ，その後の国政参加の議論の変化と現代的な意義を精確に問うことができないからである。第4に，当時の国政参加論の中には，二人の理論の混合物もあるからである。

以上より，本稿は，まず国政参加の生まれた時代背景と検討の視点を示したうえで（Ⅱ），成田と西尾の二人の国政参加論の対照性を明らかにし（Ⅲ），当時の二人の視点から，これまでの分権改革における国政参加論の位置づけを再考しつつ，国政参加論の新たな可能性を探る（Ⅳ）。

なお，本稿における成田と西尾の見解は，あくまでも国政参加論とそれに関連するものに限られ，かつ，基本的に1980年代までの見解であることに留意されたい。

Ⅱ　時代背景 ── 視点

1　第17次地制調の答申

国政参加の制度は，第17次地制調の「新しい社会情勢に即応した今後の地方行財政制度のあり方についての答申（1979年9月）」（以下，「第17次地制調答申」という）において提言されている。この答申は，戦後新しい地方自治制度が制定されてから30年を経過した一区切りとなる段階で，社会経済情勢の変化に対応するために，第1次地制調以来の，地方行財政制度全般にわたる答申を行うものであった[11]。そして，この答申に成田と西尾は委員として関わっており，両者の理論の時代背景を理解するには好素材といえよう。

この答申は，①「地方行財政を取り巻く環境の変化」（「高度経済成長から安定成長へと転換し」，「高齢化社会への移行」）と②「国民の価値観の変化」（「他律に対する自律，画一に対する多様，集中に対する分散への傾向が著しく強まり」，「地域の自主的な創造力を発揮する新しい地域づくり，いわゆる新しい地域主義」の台頭）を背景とした「時代の要請」に応えるために，①については，国，地方を通ずる行財政の簡素効率化と，②については，地方分権の推進を改革の基本方向として掲げている[12]。そして，この「時代の要請」とは，①は「行政改革の推進」と，②

---

(11) 岩﨑忠夫「新しい社会経済情勢に即応した今後の地方行財政制度のあり方についての答申」地方自治384号（1979年）31頁。
(12) 総務省自治行政局自治政策課編『地方制度調査会答申（第1次〜第27次）』535-536頁。

は「地方の時代」とパラフレイズされる(13)。

(1)「新中央集権主義」

①の「行政改革の推進」の要請も②の「地方の時代」の要請も，1970年代の変動相場制度移行による円高とオイルショックをきっかけとして(14)，それまでの高度経済成長や福祉国家を背景とした，「他律」，「画一」，「集中」の中央集権型のシステムの限界を示すものといえる。

この中央集権型のシステムとは，行政の均質化，画一化，計画化，技術化等の要請に対応して，いわゆるナショナル・ミニマムの行政水準を確保するためには，狭い区域の壁に妨げられている自治体よりも国が多くの権限をもつほうが効率的であるという考えに基づくものとされる(15)。これによって，重要な地域的事務の多くを国が独占し，自治体にこれを委ねる場合には，機関委任事務の方式や細分化された国庫補助金で，自治行政の運営を金縛りにしていると指摘される(16)。このような中央集権型のシステムを，特にこの時代では，「新中央集権主義」(17)と呼ぶ。

(2)「相互依存関係」

このような新中央集権主義の傾向が進む一方で，第17次地制調答申は「国と地方の双方に関係する行政分野が拡大して」(18)いることを指摘する。この現象は，国政参加論との関係では，特に以下の点において重要である。

1つは，福祉・教育等において一定水準の施策が全国的規模で遂行されることによって，一方では国に財源と知識を依存しながら，他方では地方に執行を依存するようになる結果，「国と地方の双方に関係する行政分野が拡大」するとともに，中央と地方の「相互依存関係」が強まっていくことである(19)。

もう1つは，高度経済成長を前提とした新全国総合開発計画，大規模工業基

---

(13) 岩﨑・前掲注(11)31頁。
(14) 吉見俊哉『ポスト戦後社会 シリーズ日本近現代史②』（岩波書店，2023年）62-75頁。
(15) 成田頼明「『地方の時代』における地方自治の法理と改革」（初出，1981年）同『地方自治の法理と改革』（第一法規，1988年）38-39頁。
(16) 成田頼明「地方公共団体の国政参加」（初出，1979年，1980年）同『地方自治の保障《著作集》』（第一法規，2011年）217-218頁。
(17) より具体的には，「中央省庁による地方農政局や地方建設局等の出先機関の拡張とそれによる直轄事業の実施，住宅公団，水資源開発公団，鉄建公団など特殊法人の濫設，財政投融資資金による巨大プロジェクトの実施，補助金行政の膨張，そして，地方自治体の長を国の機関とする機関委任事務の増大等を指す」（今村都南雄「『新々中央集権』下の政策提言」都市問題113巻9号（2022年）6頁。この用語法については，市川喜崇「『新中央集権主義』の再検討」行政社会論集9巻3＝4号（1997年）36頁参照）。
(18) 総務省自治行政局自治政策課編・前掲注(12)541頁。

地,新幹線,高速道路網の整備,空港建設,エネルギー開発などの大規模開発プロジェクト主義である。国のレベルで実施される大規模プロジェクトであっても,事実上,自治体の都市計画や地域開発,環境対策等の地方行政とも密接な関連を有する(現実には,こうした地域計画や環境問題との調整が十分に行われていないうえに,地域住民との調整等に関して自治体に協力が求められる[20])。つまり,ここでも「国と地方の双方に関係する行政分野が拡大」するとともに,両者の「相互依存関係」が強まっていく。

(3) 「地方の時代」

このような高度経済成長と福祉国家型の中央集権的システムに対抗して,都市では1960年代から70年代にかけてのいわゆる「革新自治体」の経験が,地方では国の大規模プロジェクトに対する住民運動の経験が,住民自治や住民参加の力を蓄積させていった。1970年代後半になると安定成長期を迎え,福祉や環境問題の一応の水準を達成した後に,国民の価値観が多様化し,多様性,地域性,個別性に基づく「成熟社会」が求められた。これらを反映して,「住民参加は……全国の自治体に普遍的にみられる」ようになり[21],「地方の時代」がスローガンとされるようになる[22]。

(4) 行政改革の推進(「新々中央集権主義」)

第17次地制調答申は,「行政改革の推進」として,高度経済成長に伴い膨張,拡大してきた行政のあり方を根本的に見直すべきとする[23]。そして,国においては,1981年に第二次臨時行政調査会(以下,「第二次臨調」という)が『増税なき財政再建』を掲げた。他方で,このような第二次臨調をはじめとする国による「行(財)政改革の推進」を,新たな「新中央集権主義」として「新々中央集権主義」と呼ぶことがある[24]。

---

(19) 西尾勝=大森彌編『自治行政要論』(第一法規,1986年)10-11頁(西尾),千草孝雄「地方自治」森田朗編『行政学の基礎』(岩波書店,1998年)61-62頁,西尾勝『行政学〔新版〕』(有斐閣,2003年)69,86頁。
(20) 全国知事会臨時地方行財政基本問題研究会『新しい時代に対応する地方行財政に関する措置についての報告』(1978年11月)29頁,7大都市首長懇親会「大都市行財政制度に関する要望書」(1976年6月)全国革新市長会・地方自治センター編『資料・革新自治体』(日本評論社,1990年)181頁。
(21) 成田・前掲注(16)214頁。
(22) 人見剛「住民参政・参加制度の歴史的展開」人見剛=辻山幸宣編『協働型の制度づくりと政策形成』(ぎょうせい,2000年)31頁。
(23) 総務省自治行政局自治政策課編・前掲注(12)535頁。
(24) 「政府間関係」研究集団(代表:西尾勝)「新々中央集権と自治体の選択」世界451号(1983年)104-105頁。

地方は、新々中央集権主義に基づく「一方的な」負担、切り捨てを警戒した[25]。そこで、地方の側からは、国の一方的な仕組みを改革するために、国と地方の機能と責任の分担領域を明確にし、相互間の秩序の回復と協調が目指されるとともに[26]、自治体の行財政制度の充実強化のために、地方税の充実強化、地方税交付制度の改革、地方債制度の改善などが提言されている[27]。

2 小括 ── 「過去向き」の「地方の時代」と「将来向き」の「地方の時代」

以上のように、国政参加が生まれた時代とは、戦後社会を支えてきた政治行政システムのひずみとして蓄積した、自治体と住民の自治的力や中央への改革の欲求が、オイルショックによる安定成長期と成熟社会への移行のなかで、「行政改革の推進」を伴った「地方の時代」というかたちで顕在化・具現化した時代といえる。まさに、戦後社会経済の転換点であった。

結論からいえば、このような「地方の時代」では、一方では、どちらかといえば福祉国家や「新中央集権主義」といった国家の拡大局面への対抗としての、いわば「過去向き」ないし「現状変革」の視点（成田頼明の視点）と、他方では、どちらかといえば、「行政改革の推進」（新々中央主権主義）といった国家の縮小局面への対抗としての、いわば「将来向き」の視点（西尾勝の視点）が併存し、それらが国政参加論で交わることになる（ただし、新中央集権主義も新々中央集権主義も重層的な問題構造であるため、どちらか一方ではなく、問題意識の程度が相対的に異なるに過ぎない）。

Ⅲ 二つの理論的出自

1 成田頼明の国政参加論

（1） 基本構造

成田の国政参加論とは、《「対等な地位にある行政主体の併立的協力モデル」に基づき、肥大する国家における新中央主権主義と「共管領域」的分野の拡大に対抗して、「地方の時代」を実現するために必要な国と地方の「有機的な結合」な

---

[25] 全国革新市長会「地方自治確立のための地方行財政改革への提言」（1978年8月）全国革新市長会・地方自治センター編『資料・革新自治体』（日本評論社、1990年）181頁。
[26] 7大都市首長懇親会・前掲注(20)180頁。
[27] 全国知事会臨時地方行財政基本問題研究会・前掲注(20)10-27頁。

いし「サイバネティックな対流」的機能分担関係を構築する手段の一つ》といえる。そして，成田は，主として立法過程への地方六団体による国政参加を構想しており，これは，《（結果として）団体自治レベルでの国の側による上から下への画一的な戦後の地方制度改革の手段となる》。

（2）「併立的協力モデル」

成田は，現代国家の自治体は「広い意味における民主的国家構成（中央政府という意味ではない）の一分肢として，国民主権に発する自治権を地域において行使する行政主体であり，中央政府という意味での国とともに国民と住民に対する責任を相互に分担しあうものでなければならない」[28]とする。したがって，国と自治体の基本関係を「古典的な行政官庁内部的ヒエラルヒー・モデル」でも，自己完結的・排他的・孤立的に自治を実施する「完全独立モデル」でもなく，「対等な地位にある行政主体の併立的協力モデル」によりとらえるべきとする[29]。

そして，国と自治体は有機的なつながりを常に保たなければならないから[30]，国政参加は，この「併立的協力モデル」から「必然的に導きだされる」とする。具体的には，自治体が「地域住民の部分的公共利益を統合し，代表する政治的地位が与えられ」た「統治機構の一翼をになう」団体であって，「全体意思は部分意思よりなり，部分意思は全体意思の中に整序されるべきである」とすれば，国民の全体意思・全体利益を統合する国と，住民の部分意思・部分利益を代表する自治体の間には，「サイバネティックな意思や利益の対流関係が常時活発に行われなければならない」とする。そして，「部分意思を全体意思に適正に整序する方法」の一つとして，国政参加は必要であるとする[31]。ここでの自治体の参加は，国の統治機構の一翼を担い全体意思に不可欠の部分意思を体現する自治体（＝「統治主体」）の参加として位置づけられている[32]。以上のような抽象

---

(28) 成田頼明「国と地方の機能分担」（初出，1977年）同『地方自治の保障《著作集》』（第一法規，2011年）250頁。
(29) 成田・前掲注(16)215-216頁。
(30) 成田・前掲注(28)250頁。
(31) 成田・前掲注(16)215-216頁。成田がしばしば用いる「サイバネティック」という用語は，N. ウィーナーの（池原止戈夫ほか訳）『サイバネティクス』（岩波書店，2011年）に由来するものと思われる。というのも，成田が国政参加論の理論的根拠の一つとして参照する W. ロータースの「機能的自治行政論」では，地方自治の機能が十分に発揮されるためには，地方と国家間で有効なコミュニケーション網を有し，組織間協働を可能とする組織モデルが必要となるが，それは，「参加モデル」や「代償モデル」ではなく，情報伝達システムの理論としての「サイバネティック（Kybernetik）」のモデルであると述べて，ウィーナーの上記文献を参照しているからである（W. Roters, Kommunale Mitwirkung an höherstufigen Entscheidungsprozessen, 1975, S. 64.）。

的な「併立的協力」モデルに基づく国政参加論は，以下の議論によって具体的な支えを持つ。

（3）新中央集権主義

成田は，「地方の時代」が到来する一方で[32]，新中央集権主義の傾向により，「地方自治の空洞化」が進んでいるとする[33]（成田は，このような国による法令の規律対象事項化や直轄事務化による事務の吸い上げに対する「代償」として国政参加を正当化する場合がある[35]）。そして，これは先進国諸国で見いだされる現象であるとする。

このような空洞化の諸要因が除去されない限り，「地方の時代」は本格化しないが，これらの諸要因は，主として国側の制度や運営によるものであるから，地方の自主的努力には限界があるとして，国側の制度改革を志向する[36]。

（4）「共管領域」・「共同事務」の拡大

新中央集権主義の傾向とともに，公共事務の「共管領域化」，「混合行政化」，「共同事務化」が進んでいるとする。すなわち，都市公害の防止，消費者保護，自然環境・住環境の保全・保護等といった新たな行政需要に対する公共事務は，全国的・広域的性格とともにすぐれて地域的性格を有するから，いずれかの行政主体が単独で自己完結的に処理しうる性質のものではなく，各段階の行政主体の有機的な協力関係なしには到底処理することができない性質のものであるとする。そのため，自治体が完全に自主的に決定する地域的公共事務の範囲は次第に狭まり，自己責任の原則も空洞化しつつあるとする。そして，このような現象は，一般的な傾向として先進国家に共通に見いだされるとする[37]。

成田は，このような共同事務化しつつある総体としての公行政において，民主的正統性に裏付けられた自治体が機能分担していくことが現代国家における地方自治の意義とする。このような複雑かつ多段階的な一連の行政過程においては，行政主体間の併立的協力モデルを前提とすれば，「各行政主体間の機能分担関係はサイバネティックな対流関係として組織・運営されなければならない」とす

---

(32) 兼子仁『自治体法学』（学陽書房，1988年）36頁。
(33) 成田・前掲注(15)41-42頁，成田頼明「国と地方の機能分担」（初出，1979年）同『地方自治の法理と改革』（第一法規，1988年）249-250頁。
(34) 成田・前掲注(16)217頁。
(35) 成田・前掲注(7)237頁。
(36) 成田頼明・前掲注(15)41-42頁，42頁。
(37) 成田・前掲注(16)217-219頁，成田・前掲注(33)255-256頁，成田頼明「国と地方，県と市町村の新しい関係」（初出，1980年）同『地方自治の法理と改革』（第一法規，1988年）273-274頁。

る。そして「活発な対流関係によってはじめて部分意思が全体意思の中に適正に整序され、地域の特殊性にかなった行政の多様性が実現される」から、「地方公共団体の国政参加は地方自治を活性化させるための重要な方法の一つとして位置づけられる」[38]。

　以上のような見解は、ドイツのいわゆる「機能的地方自治行政」の理論の影響を受けたものといえる[39]。この理論は様々であるが、共通するのは、行政が広域化・計画化し、複雑に絡み合う現代において、ドイツの基本法28条2項の「地域共同体の事項」、自己責任の原則、そして核心領域保護といった地方自治行政保障に関する静態的で硬直的な伝統的ドグマはもはや機能せず、非現実的で有害でさえあるから、これらのドグマを解体して、地方自治行政を、自治体の機能にその都度適った形態へ、とりわけ参加という形態へ転換するという動態的で弾力的な思考である[40]。

（5）　行政の「計画」化と大規模国家プロジェクト

　成田は、国と地方の双方の関係する「共管領域」のいわば各論的領域として、計画法分野や国の大規模プロジェクトに着目する。そこでは、ドイツにおける自治体の計画高権の議論を参照して、日本においても、国と自治体はそれぞれ各段階において計画権をもち、かつ、それぞれの計画は、自己完結的・排他的なものではなく、計画相互は「本来、有機的なつながりをもつべきもの」[41]であるから、個別の行政事務におけるような明確な権限（計画権）の配分基準を見出すことは困難であって、計画は各行政主体の共同事務的性格を持つとする[42]。したがって、計画の策定は、上から下か下から上かという二者択一の議論ではなく、「『対流原則』によって計画主体間相互でフィードバックされるべきもの」であり、そのためには、計画過程自体を「有機的・システム的」に構築することが中心的な課題であるとする[43]。

　以上のような課題を解決する一つの重要な方策は、国の上位計画への自治体による計画高権に基づく参加であり、個別自治体の計画への国政参加が正当化され

---

(38) 成田・前掲注(16)219-220頁。
(39) 成田・前掲注(15)29-30頁。
(40) これらの理論については、市川須美子「西ドイツ地方自治論の新構想（一）・（二）」自治研究63巻10号（1987年）101頁以下、63巻11号（1987年）76頁以下、白藤・前掲注(10)139頁以下。
(41) 成田頼明「地域開発制度のあり方」（初出、1982年）同『土地政策と法』（弘文堂、1989年）50-51頁。
(42) 成田・前掲注(33)261頁、成田・前掲注(37)279、280頁。
(43) 成田・前掲注(41)51-52頁、成田・前掲注(28)253頁。

ることになる。そして，このことは，特に，事実上，国家と地方の相互関係が密接になる，新幹線，高速道路，空港建設などの国家的大規模プロジェクト[44]にも当てはまり[45]，そのための具体的な計画過程への提案がドイツの「計画確定手続」を参照しつつ示される[46]。

（6）「地方の時代」における「（住民）参加」論の拡大

成田は，1960年代末から70年代にかけて欧米諸国でも日本でも市民の行政への参加が強く叫ばれるようになり，「対話行政から始まった住民参加は，いまや革新自治体のみの専売ではなく，全国の自治体に普遍的にみられ……，中央官庁も……住民参加の必要性を痛感するようになっている」[47]と指摘する。さらには，「純粋の経済的・職能的利益」に基づく経済団体や労働組合のみならず，市民レベルで組織された「市民の共通の利益を擁護する」消費者団体，環境保全団体，史跡・文化財の保全団体等々の各種団体も，国や自治体の行政に参加することを求めるようになってきており，これらの団体の参加は，政党による代表民主制の機能不全を補い，民主主義の活性化という点で市民参加と並んで重要であるとする[48]。同様に，自治体も，自己のもとで「最大公約数化された共同の社会的・公共的利益」や「利害関係人としての立場における個別利益」を参加という形で国政に反映させることが望ましいとする[49]。ここで自治体は，自己において最大公約数化された住民の公共的利益を代表する主体，そして，それ自体が個別特殊利益を追求する主体として描かれており[50]，大規模プロジェクトへの自治体の参加は「地元の利害を代表する団体」としての参加として正当化される[51]。もっとも，後述の西尾の国政参加論とは異なり，「地方の時代」における

---

(44) 「この種の事業は，国家的規模の事業であり，国又は国の公社・公団が計画し，これらの手で実施されるものであるから，地方公共団体の自治行政とは直接の関係はないが，現実には，地方公共団体は，この種の事業について用地の買収，住民の説得等々の各種の協力を余儀なくされ，また，その事業が地域社会に及ぼす影響を緩和し，関連施設を整備する等行政的にも，財政的にも政治的にもきわめて大きな負担を負っているのが現状である。このような事情の下で，この種の国家的大規模プロジェクトが最終的に成功するか否かはいまや一にかかって地元地方公共団体の同意や協力が得られるか否かによるといっても過言ではない」（成田・前掲注(28)255頁）。
(45) 成田・前掲注(33)256-257，262頁，成田・前掲注(37)275，280-282頁。
(46) 成田頼明「西ドイツの計画確定手続について」（初出，1979年）同『土地政策と法』（弘文堂，1989年）51-52頁，成田頼明「国土計画と地方自治」（初出，1969年）同『土地政策と法』（弘文堂，1989年）33-38頁。
(47) 成田・前掲注(16)214頁。
(48) 成田・前掲注(16)214-215頁。
(49) 成田・前掲注(16)215頁。
(50) 兼子・前掲注(32)36頁。

住民参加や住民自治の意義は，団体の参加論ないし団体自治論に吸収されている。

（7） 分権改革の画一性の可能性

成田は，分権改革において，立法の適正な機能分担関係分の必要性を説くため[52]，成田の国政参加論の多くは，立法過程への国政参加論が中心となる[53]。そして，立法過程への参加は，「制度的には地方公共団体の連合組織によってなされるべき」とされる。その理由は，個々の自治体が個別バラバラに参加することは不可能であり，有効ではないからである[54]。そのため，ドイツにおける自治体連合組織の立法参加の制度が精力的に紹介される[55]。このような自治体の連合組織による国政参加は，不可避的に個々の自治体の最大公約数的要求を実現しようとするものになるから，（特に，国の側の制度改革による上から下への改革を前提とした場合），結果として，そこで実現される改革は画一的になる（ただし，連合組織による参加は多様な選択を可能とする制度改革も可能であり，必ずしも画一的分権改革を意味しない。実際に成田は，法令の基準や規格を自治体が自由に選択できる方法や条例に委任する方法など，個々の自治体が多様な選択を可能にすることを志向している[56]）。

2　西尾勝の国政参加論

（1）　基 本 構 造

西尾は，「政府間関係」研究集団という研究グループを組織し，提言を公にしている。西尾はその提言を起草したとされ[57]，そこに国政参加論がみられる。西尾における国政参加論とは，《相互依存関係を前提とした政府間関係論に基づき，縮小しつつある国家において新中央集権主義のみならず新々中央集権主義に対抗して，「地方の時代」を実現するために必要な「市区町村から国へ上昇する調整型の中央地方関係の構造」を創造することを目的とした，「国民の意思をコミュニティ・レベルから統合し，基礎自治体を経て順次上昇していく調整型ない

---

(51)　成田・前掲注(16) 214-215頁。
(52)　成田・前掲注(28) 251頁。
(53)　成田・前掲注(28) 247頁以下，成田・前掲注(16) 220頁以下，成田・前掲注(7) 231頁以下。
(54)　成田・前掲注(7) 238頁，成田頼明「地方公共団体の国政参加」自治体法学研究4号（1980年）26頁。
(55)　成田・前掲注(16) 225-245頁，成田・前掲注(7) 238-244頁。
(56)　成田・前掲注(7) 252頁。
(57)　大森彌「『地方分権推進委員会』始動」都市問題113巻9号（2022年）19頁脚注8。

し自治型のルート」の一つと》といえる。そして，これは，《住民自治と住民参加に基づく自治体の自己改革を媒介とした，実践的な下から上への非画一的分権論であるとともに，それにとどまらない未来志向的，国民社会・政治構造改革の手段》となる。

（2）「政府間関係（Intergovernmental Relations）」

ここでいう「政府間関係」とは，「国民社会全体（ザ・ネイション）の存立と発展に責任をもつ中央政府（ザ・セントラル・ガヴァメント）とその国民社会の一定地域に責任を持つ多くの地方政府（ローカル・ガヴァメンツ）が並列」し，「垂直的……水平的……に一定の相互作用が，すなわち，複数の政府の間に関係構造が形成されている」[58]ことを表現する。この概念は，福祉国家化にともない，地方の中央への財源や知識の依存と中央の地方への政策の執行の局面での依存といった，両者の緊密化した関係，相互依存関係を捉えようとするものである[59]。したがって，政府間関係論とは，本来的には事実認識のレベルに属するものである[60]。しかし，西尾の国政参加論で用いられている政府間関係は以下のような規範論的主張[61]を含んでいる。すなわち，「自治体を国と対等な自律的な政治主体として，いいかえればそれぞれに個性を追求する独立の政府」，「地方政府」へと変革し，そのために中央政府との関係を立法・司法・行政の三権の全面において改善していくべきで，政府である地方政府と中央政府との間の『協力的関係』を確立することが望ましい[62]，というものである。ここからは，本稿との関連では，以下の2点が導かれることになる。

第1に，これまで「国と地方の関係」はすべて国の各省と自治体の関係でしかなかったが，国会と自治体のあるべき関係を正面から論じていくべきであり，国政参加においても，自治体が各省の計画・立法・予算過程に参加する方策とともに，国会の立法過程に直接に参加する方策がとられるべきである，ということである[63]。

第2に，政府間の仕事の分担は「事務」配分ではなく，「権限」配分の問題であると考えるべきで，ますます濃密になる政府間関係においては，あらゆる仕事

---

(58)「政府間関係」研究集団・前掲注(24)100-106，109-110頁。
(59) 曽我謙吾「政府間関係」森田朗編『行政学の基礎』（岩波書店，1998年）93頁。
(60) 政府間関係論は「規範概念」として用いるべきとするものとして，新藤宗幸「自治体の政府間関係」同編『自治体の政府間関係』（学陽書房，1989年）195-197頁。
(61) 曽我・前掲注(59)90-91頁。
(62)「政府間関係」研究集団・前掲注(24)106頁。
(63) 西尾勝「政府間関係の概念」（初出，1983年）同『行政学の基礎概念』（東京大学出版会，1990年）396頁。

について各レベルの政府がそれなりのかかわりを持つ形態になるから、問題はどの仕事のいかなる側面に誰が決定するかを論じるべきである、ということである(64)。

（３）　新々中央集権主義（「第二次臨調」）と「地方の時代」

西尾が、政府間関係論に実践論的側面を加える動機の一つは、第二次臨調の下での「行政改革の推進」への問題意識であろう(65)。すなわち、「地方の時代」を実現し、「新々中央集権」と呼ぶべき第二次臨調行革に抗していくためには、「国から都道府県を経由して市区町村へ下降する統制型の中央地方関係の構造に対して、先端で身近な政府として市区町村から国へ上昇する調整型の中央地方関係の構造を創造していくという」「政府間関係」の確立が必要不可欠とする。そのような政府間関係の前提は「対等な政府間の協力的な相互依存関係」であって、そのためには「政府間のコミュニケーションが双方向」でなければならないから、「国民の意思がコミュニティ・レベルから統合され、基礎自治体を経て順次上昇していく調整型ないし自治型のルートを設定しなければならない」とする。

このルートは、相互に自律性を認める以上、「統制」ではなく、「協議」ないし「交渉」による「調整」を基本とすることになる。そして、そのような手続やルールの一つとして「国政参加」の仕組みを創造しなければならず、それを促進するために地方六団体の改組が必要とされている(66)。他方で、このような上昇型の統治構造における国政参加に自治体が参加していくために、「自治体の側でその意思を調整し、統合していくメカニズムを確立しなければならない」(67)とする。

（４）　自治体の自己改革に対する失望と自信

西尾が、政府間関係論に実践的側面を加えるもう一つの動機は、第二次臨調による行財政改革よりも、「自治体の側にこのような行財政改革を要求していく気力と行動がみられなかったこと」であり、自治体は地方財源の圧縮だけを危惧しているだけであったという問題意識であろう(68)。西尾は、地方財源が圧縮されても、外から自律、内なる自己統治という地方自治の質が保たれているかぎり、地方自治は健在なのであるから、地方財源の好転は当分の間見込めないならば、

---

(64)　西尾・前掲注(63)399頁。
(65)　「政府間関係」研究集団・前掲注(24)102頁。
(66)　「政府間関係」研究集団・前掲注(24)100-106, 109-110頁, 西尾・前掲注(63)398-399, 401頁。
(67)　西尾・前掲注(63)399頁, 西尾＝大森編・前掲注(19)54-53頁（西尾）。
(68)　西尾・前掲注(63)400頁。

「自治体は厳しい自己変革」をすべきである，とする(69)。そのような変革の方策は「自治体みずからが創出した従来の成果を一段と発展させる性質のものであって，自治体はこれを自主的に遂行する能力をすでに備えているものと確信する」(70)と述べる。これは，縮小する国家の時代を背景として自治体の自己改革を希求するとともに，後述する自身の「自治」の経験と実践から自治体の自己改革能力への信頼と自信を示すものといえよう。

（5） 自治体改革から上昇する国民社会の政治構造全体の再編構想

西尾は，このような自治体の自己改革の必要性を強調するとともに，地方自治の擁護を国の機関の努力に期待する時代は終わったとして，「上昇する調整型の中央地方関係の構造」の構築は，「地方自治を擁護し，発展させるためだけの枠組みではな」く，「自治体が自らを革新するとともに」，「国を含めた国民社会の政治構造の全体」を再編する構想(71)であるとする。要するに，「自治体が自らの努力によって国政を変革する」(72)ことを求めた。

このように西尾の国政参加論は，「分権」改革を実現する手段にとどまらない。むしろ，「地方の時代」が持つ住民自治ないし住民参加の力によって，自治体における自己改革を実現し，それを国政参加を媒介として上昇的に「国を含めた国民社会の政治構造の全体について」再編する力へと転換せしめるものである(73)。つまり，西尾の国政参加論は，団体自治の次元における事前手続保障や参加の議論にとどまらない，住民参加ないし住民自治と自治体の自己改革も含んだ非常に射程の広い議論であり，後のいわゆる「新しい公共」の議論さえも包含可能な理論であるようにみえる。西尾は，「単なる政府間関係における『分権』のみでなく，より広く社会・経済関係を含んだ『分権型社会』を理想としていた」(74)と評されるが，国政参加はその理想を実現する手段として必要不可欠であった。

---

(69) 「政府間関係」研究集団・前掲注(24)107-108頁，西尾・前掲注(63)400-401頁。
(70) 「政府間関係」研究集団・前掲注(24)108頁。
(71) 西尾・前掲注(63)401頁。西尾は，「住民自治の実現，言い換えれば自治体の自己革新」という表現を用いることがある（西尾＝大森編・前掲注(19)53頁（西尾））。
(72) 西尾・前掲注(63)401頁。
(73) この前提として，「我が国では国政と自治制は不可分に結合しており，国政改革と地方制度改革は相互に連動」するから，「行政改革はつねに国，地方を通じて行われなければならない」とする（西尾勝「地方制度改革と国政改革」ジュリスト増刊総合特集19号（1980年）147頁）。
(74) 川手摂「西尾勝の『自治』・『分権』思想（一）」都市問題115巻6号（2024年）120-121頁。

（6）国政参加の個別性またはそれが実現する自治の多様性

そして，西尾の国政参加論は，どちらかといえば，自治体連合組織の参加による画一的な分権改革というよりも，個別自治体の参加による自治体（組織）の多様化を目指した分権改革を志向しているように思われる。というのも，第1に，地方六団体の改組はあくまでも国政参加の促進という目的に仕える手段となっていること(75)，第2に，「政府間関係」論に基づいた多角的な改革の一つとして，国政参加とともに「自治体の組織形態の多様化の余地を拓くこと」を挙げ，非画一的な分権を志向していること(76)（「画一的な分権には画一的な再集権の揺り戻しが効く」ため，「非画一的な分権は国による行政統制を著しく困難に」し，「自治体の非画一化は明治以来の『政府間関係』の基本枠組みを変える」とする(77)），第3に，第一次地方分権改革後において，「広い意味での一国多制度の拡大こそが今後の目標となれば，自治体参加の究極の姿は，個々の自治体がそれぞれに自らにもっとも適合した地方自治の形態を構想し，これを国に承認させることかもしれない」と述べていることである(78)。

3 小 括

（1） 二人の共通基盤

以上，成田と西尾の国政参加論についてみてきたが，両者に共通するのは，第1に，新中央集権主義と福祉国家化に伴う相互依存関係（共管領域化）に着目している点である。そのような現象を踏まえて，成田は併立的協力モデルに依拠し，西尾は政府間関係論に依拠している。第2に，両者の国政参加論は「地方の時代」のなかで生じたという点である。第3に，成田は分権改革における立法統制の必要性を説き，立法過程への国政参加に傾注するが，西尾も国会への立法過程に直接参加する必要性を説いた点である。

（2） 二人の差異

他方で，両者は以下の点で異なるといえる。第1に，新中央集権主義と福祉国家化における国地方関係の構造について，成田はドイツ流かつ行政法学流の併立的協力モデルに基づく機能分担論に依拠したが，西尾はアメリカ流かつ行政学流の相互依存関係に基づく（規範論的）政府間関係論に依拠している。

---

(75)「政府間関係」研究集団・前掲注(24)109-110頁。
(76) 西尾・前掲注(63)401頁。
(77) 西尾・前掲注(73)152頁，この点について，川手・前掲注(74)120-122頁。
(78) 西尾勝「『地方自治の本旨』の具体化方策」財団法人東京市政調査会編『分権改革の新展開に向けて』（日本評論社，2002年）52頁。

第2に,「地方の時代」を阻害するものとして,成田は新中央集権主義や福祉国家化の問題構造に着目したのに対して,西尾は相互依存関係を前提としつつも,新々中央集権主義により着目したということである。つまり,「地方の時代」の阻害要因として,国家の拡大局面を重くみる立場か国家の縮小局面を重くみる立場かという点で異なる。成田の理論では,新々中央集権主義としての第二次臨調の議論との関係で直接的には国政参加論はでてこない[79]。成田の国政参加の制度構想の直接的な動機はあくまでも,戦後の新中央集権主義や福祉国家化といった現代国家に共通する現象であり,その限りにおいて,ドイツの理論を輸入することができたといえる。

　第3に,成田の国政参加論は理論的ないし非政治的であるのに対して,西尾の国政参加論は実践的である。成田は日本における新中央集権主義や公共事務の共管領域化,そして「地方の時代」における住民参加は「現代国家」ないし先進諸国に普遍的にみられる現象と捉えた結果,ドイツの理論が日本にも妥当することを示そうとしたと思われる。事実として共通する社会経済政治情勢をてこにして,一方（ドイツ）に妥当する理論を他方（日本）に適用させたのである。ここには成田の理論的ないし非政治的な姿勢がみられる。他方で,西尾は,相互依存関係論から,後述の自己の経験としての「地方の時代」と,第二次臨調の行革という特定政策への対抗としての「地方の時代」から規範論を導く。ここには,西尾の実践的な姿勢がみられる。

　第4に,成田は,「地方の時代」の問題構造を新中央集権主義ないし福祉国家における中央の問題として,その改革を目指す,いわば上から下への（トップダウン的）改革を志向したのに対して,西尾は,「地方の時代」を実現するために,もはや国にではなく,住民自治ないし住民参加の力によって,自律的な自治体改革を実行し,その力をさらに国政変革の力へと転換させる,下から上への（ボトムアップ的）改革を志向した。

　第5に,成田は地方六団体の参加によるトップダウン型の改革を志向したのに対して,西尾は,個別自治体の参加によるボトムアップ型の改革を志向した。そのため,成田の国政参加論は結果的に画一的改革の可能性を内包し,西尾は非画一的改革を志向したといえる。

　第6に,成田は「地方の時代」における住民自治ないし住民自治の意義を団体論ないし団体参加論に還元したのに対して,西尾はそれらの意義を,自治体の自

---

(79) 成田頼明『地方自治の法理と改革』前掲注(37)に所収の第二次臨調の批評において,西尾とは異なり,直接的に国政参加の必要性は言及されない。

己改革を媒介として，国政の変革という上昇的な力へ転換しようとした。成田は，自治体と国との団体自治のレベルで，その相互対流関係を目指したのに対して，西尾は，住民自治と団体自治の双方を含んだ住民 ── 自治体 ── 国という三者間関係を目指したといえる。つまり，西尾の国政参加論は団体自治の次元における参加権といった問題にとどまらず，住民自治も含む広い射程をもっていた。

第7に，成田は，あくまでも新中央集権主義や福祉国家の問題構造に着目した戦後の「地方」制度改革論の延長線上にあるのに対して，西尾は，同じ問題構造を踏まえつつも，どちらかといえば，新々中央集権主義に実践的な問題意識をもったのであり，脱戦後の将来展望的改革論であった。つまり，西尾の国政参加論は，狭い意味での法制度として理解されるよりも，それ以前に，「国と地方の関係」をめぐる「新しいものの考え方」として提案されていることに基本的な意義があり[80]，「地方分権の次に控えている大課題」であって，「21世紀的国家の統治機構の根幹に関わる基本問題」に値する「遥かなる課題」であったといえる[81]。

（3） 二人の時代

以上のような二人の理論の対照性は，両者が生きた時代と経験の対照性とも重なるように思われる。

成田は1928年に生まれ，戦後の混乱期を学生として過ごす[82]。そして，成田は，行政の実務への高い関心をもって，20代半ばから40代初め（1954年から1969年）までの10年以上にわたって，横浜国立大学に勤務すると同時に内閣法制局にも勤務した[83]。まだ戦後の混乱さめやらぬ赤坂離宮内[84]にある内閣法制局時代を経験し[85]，内閣法制局流の精密な法制執務について鍛えられるともに，国家中枢のなかで高度経済成長に敏感な，建設・運輸関係の法令を担当し，都市計画

---

(80) 国政参加論のこのような側面を強調するものとして，磯部力「フランスにおける地方自治体の国政参加」神奈川県自治総合研究センター国政参加研究会『「国政参加」制度の構想 ── 新たな国・自治体関係を求めて（地方自治体の「国政参加」に関する調査研究報告書）』(1983年) 82頁。
(81) 磯部・前掲注(8)37, 41-42頁。
(82) 成田頼明「地方自治の過去・現在・未来（上）」自治研究80巻2号（2004年）5頁。
(83) 成田頼明「学者の目からみた法制局」内閣法制局百年史編集委員会編『内閣法制局の回想：創設百年記念』(ぎょうせい，1985年) 267頁，成田・前掲注(82) 8頁。
(84) このころの内閣法制局について，例えば，吉国一郎「赤坂離宮にいた頃」内閣法制局百年史編集委員会編『内閣法制局の回想：創設百年記念』(ぎょうせい，1985年) 44頁以下。
(85) 成田・前掲注(83)268頁。

法，土地区画整理法，土地収用法，道路法，道路運送法，公有水面埋立法などの知識を蓄えた[86]。その後，成田は，国土審議会委員など関係省庁の審議会の参加などを通じて土地政策に関心を持つようになる[87]。そして，成田は，1971年から72年までドイツの大学を中心に欧州に１年半留学し，ドイツにおける，都市政策や計画規制に関する新たな諸立法とそれに対して巻き起こった学界の論争，地方制度再編成の渦中のなかで研究をすすめた[88]。帰国後，横浜国立大学の先輩教授で，1975年に神奈川県知事に当選した長洲一二の要請で神奈川県の複数の研究会に参加し，「地方の時代」の実践を経験することになる[89]。

これに対して，西尾は1938年に生まれ，「もはや戦後ではない」時代を学生として過ごす。20代後半の1967年から1969年の間にアメリカに留学し，都市型自治を学んだ[90]。帰国後の30代前半の1971年から約20年にわたり，自らが生まれ育ち，東京の郊外という日本社会や都市構造の変化に敏感に反応し，行政学・行政法学における問題先進地である[91]，東京の武蔵野市の行政に参画した。最初に参加した武蔵野市緑化市民委員会は，松下圭一の推薦によるものであり，市民参加について松下から多くを学びながら[92]，いわゆる「市民参加の武蔵野方式」を実践していく。自治体の現実や日本の行政の実態を経験することで，後の分権改革を担うための力[93]を「武蔵野市という土俵の上で，武蔵野市に胸を借りて鍛え」[94]られた。

このような二人の人生や経験は，二人の国政参加論の対照性，すなわち，成田の戦後改革的，理論的，団体自治的なトップダウン型の国政参加論に対する，西尾の未来志向的，実践的，住民自治内包的なボトムアップ型の国政参加論を裏付けているように思われる。二人の人生が，理論とともに「地方の時代」の国政参加の議論で交わったといえるのではないだろうか。

---

(86) 成田・前掲注(82)11頁。
(87) 成田頼明「序文」同『土地政策と法』（弘文堂，1989年）ⅱ頁。
(88) 成田・前掲注(82)12頁。
(89) 成田・前掲注(82)12-14頁。
(90) 西尾勝『権力と参加』（東京大学出版会，1975年）はしがきⅰ頁。
(91) 新村とわ「自治の革新・今昔」憲法研究8号（2021年）137-143頁。
(92) 西尾勝「時代の証言者(3)」読売新聞全国版（東京）朝刊2014年９月15日８頁，西尾勝「時代の証言者(4)」読売新聞全国版（東京）朝刊2014年９月17日10頁。
(93) 地方分権推進委員会で各省の官僚と議論をする際に，「『自治体現場で何が起きているか』を知っていたことが大変威力を発揮し」たとする（西尾勝「時代の証言者(5)」読売新聞全国版（東京）朝刊2014年９月18日12頁）。
(94) 西尾・前掲注(93)12頁。

Ⅳ　国政参加論の再考

1　二つ理論の結合としての国政参加論

　成田流の国政参加論と西尾流の国政参加論を踏えると，一部の国政参加論には両者が混合したものとみられるものがある。例えば，国政参加に関する「最も包括的な理論的・実態的研究」[95]である神奈川県自治総合研究センターの国政参加研究会の報告書（同研究会『「国政参加」制度の構想：新たな国・自治体関係を求めて』（1983年）。以下，「神奈川県の報告書」という）である。同研究会の座長は成田であり，国と地方自治体の「有機的な関連性」や「相互対流」という成田流の国政参加論の用語が使用されている。他方で，基礎となる国と自治体の関係を「政府間関係」とし，統治構造を「住民→自治体→国といった上昇・参加型」へと転換させることなどが述べられており，これは西尾流の国政参加論といえる。西尾は同研究会の構成員ではないものの，大森彌が同研究会に入っており，大森は西尾が代表である「『政府間関係』研究集団」の事務局を務めている[96]。また，「『政府間関係』研究集団」の前記提言は，国政参加に言及した部分において，神奈川県の報告書と「軌を一にしている」[97]と述べている。これらのことから，同報告書の理論は，事実上，成田流の国政参加論と西尾流の国政参加論の結合したものとみたほうがよいであろう。

2　地方分権改革と国政参加

　さらに，成田流の国政参加論と西尾流の国政参加論という視点で，第一次分権改革から現在にいたるまで一連の改革をみると，近時の提案募集方式を境として，改革の視点が，成田流の国政参加論から西尾流の国政参加論へ移行しつつあるとみることができるのではないだろうか。

　まず，地方六団体の意見具申制度は，第一次分権改革とともに生まれ，最初の地方六団体の（統一）意見書は第一次分権改革の推進方策の基盤を形成した[98]。そして，「国と地方の協議の場」は，第一次分権改革を引き継ぐ三位一体の改革と民主党政権下において一定の役割を果たした。これらの国政参加は，自治体の団体自治的力を画一的に底上げする上から下への分権改革を実現しようと

---

(95) 白藤・前掲注(10)142頁脚注2。
(96) 「政府間関係」研究集団・前掲注(24)111頁。
(97) 「政府間関係」研究集団・前掲注(24)110頁。

するもので，成田流の国政参加の構想といえよう。また成田によれば，第一次分権改革とは遅れてやってきた戦後改革であった[99]。

しかし，地方六団体の意見具申制度や「国と地方の協議の場」が分権改革において果たす役割は次第に小さくなり[100]，分権改革の方式は提案募集方式へとシフトしていく[101]。この提案募集方式は「分権改革のエンジン機能」[102]を備えた，（団体自治から）住民自治を基礎として[103]自治体の意識改革[104]を含むボトムアップ型[105]の一国多制度も視野に入れた[106]分権改革の手法と評され，「市民－地方公共団体－国といった多層的な関係を通じた対話を基礎」[107]とする。このような方式はまさに，西尾流の国政参加論に近い。

もっとも，西尾流の国政参加論においては，住民自治や住民参加の力こそが原動力となり，国政参加を媒介にして分権改革の力となるものであるから，それを欠く場合には，国政参加の制度それ自体が機能しない。実際に，提案募集方式は早々に，テーマが小型化しているなど機能低下が指摘されるようになる[108]。西尾も，このことについて「それぞれの自治体における市民参加が不活発であるた

---

(98) 西尾勝「地方分権推進の政治過程と地方分権推進委員会の調査審議方針」同編『地方分権と地方自治 新地方自治法講座12』（ぎょうせい，1998年）8頁，西尾勝『未完の分権改革』（岩波書店，1999年）12頁，西尾勝『行政学叢書5 地方分権改革』（東京大学出版会，2007年）20頁，地方自治制度研究会編『地方分権 20年のあゆみ』（ぎょうせい，2015年）27-34頁（特に，西尾勝発言）。
(99) 成田・前掲注(82)20頁。
(100) 地方六団体の意見具申は国政上に大きな役割を果たす展望はみえてこないと評され（人見・前掲注（1）8頁），国と地方の協議の場の機能は形骸化しているとの指摘がある（飛田・前掲注（9）137，148-149頁）。
(101) このような変化を積極的に評価することもできるが（高橋滋「地方分権の現状と課題」アカデミア127号（2018年）10頁），他方で，三位一体の改革以降，自治体間に格差が生じ「一律に分権して権限を渡すことができなくな」った結果であると消極的に評価されることもある（清原慶子ほか「パネルディスカッション」『「分権」から「自治」へ』（後藤・安田記念東京都市研究所，2021年）42-43頁（山田啓二発言））。
(102) 上林陽治「地域の自主性及び自立性を高めるための改革の推進を図るための関係法律の整備に関する法律」自治総研444号（2015年）60頁。
(103) 大村慎一「提案募集方式の成果と今後の課題」地方財務765号（2018年）7-8頁。
(104) 大村・前掲注(103)14頁。
(105) 勢一・前掲注（6）9-10頁，高橋滋『分権・公務員改革と行政法学』（弘文堂，2024年）80頁。
(106) 岩﨑「分権改革『提案募集方式』への移行」・前掲注（5）21頁，岩﨑「地方分権改革と提案募集方式」・前掲注（5）32，34頁。
(107) 大橋洋一「提案募集制度と住民自治」（初出，2018年）同『対話型行政法の開拓線』（有斐閣，2019年）121頁。
(108) 上林陽治「地域の自主性及び自立性を高めるための改革の推進を図るための関係法律の整備に関する法律」自治総研457号（2016年）85-86頁。

めではないか，少なくとも私自身が地元で経験した『市民参加の武蔵野方式』のような活気を伴っていないのではないか」[109]と指摘している。

そのため，有識者会議は，近時，提案募集方式の活性化につながる住民自治の活性化方策を試みている[110]。他方，西尾は「もう一度，いつの日か地方分権改革を継承する気運を醸成するためには，自治の現場での市民参加の実践が必要不可欠なのではないかという意味で，『分権』を議論するよりも『自治』を実践することに注力することが，これからの我々の課題なのではないか」[111]と述べる。

3 地方自治のダイナミズム

自治体の国政参加によって実現される分権化や広範な自治の可能性は，究極的には住民の福祉を目的とするものである。その結果，住民は地方分権や自治を実感することで，住民の参政が活発化し，さらなる分権化と自治化が目指されるという好循環を生むものといえよう。つまり，今後の地方分権や自治を考えるうえで，国⇄自治体⇄住民という循環＝サイクルを不断に動かしていかなければならない。このどれか一つの流れが滞ると最終的には全体の循環が滞る。これまでの分権改革は，どちらかといえば，国⇄自治体間のサイクルに傾注してきたといってよい。しかし，特に自治体→国という流れは自治体⇄住民のサイクルがなくては停滞してしまうことは，これまでの国政参加の制度が最終的に機能不全に陥ったことからも明らかであろう。そこで，近時の地制調答申や有識者会議の議論は，国⇄自治体のサイクルから「トップダウン」的に自治体⇄住民間のサイクルを動かそうとしている。しかし，やはり，自治体⇄住民間のサイクルから「ボトムアップ」的に国⇄自治体間のサイクルを動かすことも不可欠である。したがって，国政参加による自治体→国の流れを促進し，維持していくためには，住民→自治体の流れを促進し維持する住民参政（住民参加と住民自治）の活発化が不可欠である。

このような，分権ないし地方制度改革を不断に進めるためには，団体自治や住民自治といったこれまでの議論を超えた，分権ないし地方制度改革を不断に調整しマネジメントする，より上位概念的（「メタな」）地方自治の法理論が必要とい

---

(109) 西尾・前掲注（4）18-19頁。
(110) 有識者会議「地方分権改革の今後の方向性について：提案募集方式の導入以後10年の総括と展望」（2023年12月15日）38頁-43頁，47頁。しかし，自治体側からの拒否反応が示される（第56回有識者会議・第161回提案募集検討専門部会　合同会議議事録「地方分権改革の今後の方向性について」23頁，35頁〔湯﨑英彦議員（広島県知事）発言〕）。
(111) 西尾・前掲注（4）19頁。

えるかもしれない。あるいは，団体自治や住民自治の関係性を再考し，それらを静的な概念としてよりも，より動態的で相互連関ないし循環をもった概念へと転換する必要があるといえるかもしれない。そうであるならば，国政参加論は，単なる団体自治に属する事前防御型の手続的権利としてではなく，このようなメタな地方自治の法理論，あるいは，動態的で相互連関的な地方自治の法理論のダイナミズムを支える一つのシステムとして必要不可欠になるのではないだろうか。

8 地方議会の活性化

駒林良則

Ⅰ　はじめに
Ⅱ　地方分権改革における地方議会の改革の議論
Ⅲ　議会関係の地方自治法改正の状況
Ⅳ　議会の自主的改革の動向
Ⅴ　議会活性化についての評価と課題
Ⅵ　おわりに

Ⅰ　はじめに

　地方分権改革においては，団体自治に関わる取組が先行し一定の成果が得られたが，住民自治の拡充については，総じて取組不足が指摘され[1]，今後の課題として先送りされてきた感がある。そのなかには地方議会の問題も当然含まれる。そして，住民自治の拡充に取組もうとするときには，当然のことであるが地方議会のあり方をどうするかが大きな課題とされてきたのである。ところで，地方分権改革によって首長の権限は一般的に拡大したとされる。即ち，国から自治体へ，都道府県から市町村への権限移譲が進んだことによって，市町村長とりわけ政令市・中核市の市長の権限はかなり拡大した。加えて，いわゆる自治体行政の総合化も首長の権限強化につながった。要するに，首長の自治体における役割が地方分権改革以前にも増して強まったことは疑いないだろう[2]。しかし，それに見合う議会の監視機能は充実しなかったどころか弱まっているといえるのではないか。それは，地方分権改革が進むなかで中小規模の自治体議会を中心に議員数が大きく減少したことにも表れている。加えて，町村議会では議員のなり手不足の問題が露呈することとなった。

　このように，地方議会の置かれた現状は以前にも増して厳しいものがある。特

---

(1) こうした指摘は，例えば，2014年6月に示された地方分権改革有識者会議の『個性を活かし自立した地方をつくる～地方分権改革の総括と展望～』でもすでになされている。
(2) 礒崎初仁「首長のリーダーシップと分権改革 —— 強首長制の機能と逆機能」都市問題2024年1月号42頁以下。

に，議員のなり手不足は深刻であるが，それによって生じている議員構成の偏りが議会の多様性を阻害していることも問題視されている。2022年12月に第33次地方制度調査会が提出した『多様な人材が参画し住民に開かれた地方議会の実現に向けた対応方策に関する答申』（以下，33次地制調答申という）も，女性議員の少ない議会や議員の平均年齢の高い議会においては無投票当選の割合が高く「議会が性別や年齢構成の面で多様性を欠いていることは，……（略）……住民の議会に対する関心を低下させ，住民から見た議会の魅力を失わせていると考えられる。」とまで指摘している。また，現実の地方議会に対する住民の関心は総じて低く，議会が何をやっているのかがわからないという声もよく聞かれるようである。他方，議員の不祥事も頻発しており，議会に対する住民の厳しい目は変わらない。

　このような現状は議会という存在自体の危機であり，議会の持続可能性が問われているのである。こうした状況に対処するするためには，これまでの議会活性化の取組だけでは限界があるように思われ，後に述べるように何らかの制度改革が必要であろう。また，確かに，上記の住民の批判は当然のことであろうが，住民も議会に関心を持たなくてはならないはずである。33次地制調答申は，その結びの箇所で，議会は，「……住民自身の責任において団体の運営を行うという住民自治の根幹をなす存在であり，多様な人材が参画し住民に開かれた議会の実現は住民の役割である。」と指摘しているが，議会の問題は結局住民自身の問題であるという指摘は，自明のこととはいえ，住民自治の現在地を考えるうえで強調しておかねばならない。

　本章で扱う議会の活性化について，私見では，議会の形骸化・空洞化といった状況を改善し克服するための方策あるいはそれを探る動きの総称と理解している。そして，その対象も議事運営や議会事務局など多岐に亘り，また活性化方策の実現手法についても法制度の改革だけでなく各議会の自主的取組に係るものなどがある[3]。本章では，地方分権改革での議会活性化の議論を中心に扱いつつ，今後の議会のあり方にも触れておきたい。

（3）議会の活性化の定義としては以前に拙著『地方議会の法構造』（成文堂，2006年）217頁でこのように示したが，一応これを踏襲しておくことにする。

II　地方分権改革における地方議会の改革の議論

1　地方分権推進委員会における議会活性化論[4]

　地方議会の活性化あるいはそれを促すための改革の議論は，第 1 次地方分権改革を牽引した地方分権推進委員会の数次の勧告が出る以前からもみられていたところである[5]。そうした議論を踏まえながらも，同委員会の第 1 次及び第 2 次勧告で地方議会の活性化が取り上げられたことは，議会に関係するその後の地方自治法の改正に繋がったこともあり，現時点でも大きな意義を持つといえる。

　まず，同委員会の第 1 次勧告（1996年12月。以下，単に第 1 次勧告という）での地方議会への言及は，自治事務と法定受託事務という機関委任事務廃止後の新たな事務区分が提起されたことを受けて，条例制定権が拡大することと，議会の諸権限が法定受託事務についても原則及ぶことに触れた点である。さらに同勧告では，地方公共団体の自主性を拡充する方向の一環として，地方公共団体の組織運営に関する地方自治法の規定を見直すことが提起されたのである。そのなかで，議会については，議員定数に関する地方自治法の規定の見直しを例に挙げて，地方議会のあり方も検討課題とすることが要請された。さらに，地方分権の推進によって地方公共団体はその自己決定権が拡大することになるが，そのためには地方公共団体の行政体制の整備確立に務めるべきである，と提起した。これ以降，地方議会の活性化の問題は，この「地方行政体制の整備確立」のなかで扱われることになった。

　同委員会の第 2 次勧告（1997年 7 月。以下，単に第 2 次勧告という）において，「地方行政体制の整備確立」はその第六章で扱われた。地方行政体制は住民のニーズが迅速的確に反映されるように整備されねばならないとし，そのためには簡潔で効率的な体制でなければならないとした。また，地方公共団体に対しては「行政への住民参加・男女共同参画の推進及び議会の活性化を図ることにより，住民自治の充実に努める……」としている。地方分権改革を行う方策の具体的項目のなかに「地方議会の活性化」が明確に挙げられたのである。即ち，地方分権の推進においては議会の果す役割が大きくなるとし，それは地方公共団体の意思決定と執行機関のチェックの両側面に関してである，とする。その具体的項目は

（ 4 ）以下の論述は，前掲注（ 3 ）243-266頁を要約したものとなっている。
（ 5 ）特にいわゆる臨調行革といわれた時期における地方議会の改革論議については前掲注（ 3 ）225頁以下を参照されたい。

①議会の機能の強化等，②議会の組織構成，③議会運営 —— である。それぞれの項目について詳しくみてみると，①については，条例による議決事件の追加規定（地方自治法96条2項）の活用とともに，議員及び議会事務局職員の政策立案能力や法制能力の向上を求めている。また，議会審議の強化面から地方自治法における臨時議会の招集要件，議員の議案提出要件及び議員の修正動議要件についてそれぞれの緩和を求めている。②については，小規模自治体の議会を念頭に，必要に応じて本会議中心の運営を検討すること，さらに地方自治法における議員定数について地域の実情に応じた見直しができるよう法定基準の弾力化を求めている。③については，議会の公開性を高めるための審議記録の公開のほか，特に議会活動への住民理解を深めるため，休日夜間議会の開催や住民と議会が直接意見を交換できる場の設定に努めることを求めている。これらはいわゆる「開かれた議会」の取組を要請したものといえる。

以上をまとめると，第1次勧告及び第2次勧告では地方分権改革において議会の重要性とその責任が増すとの認識が示されたのであるが，これらの勧告での議会活性化は，首長に比して低いとされている議会の地位を強化すること，即ち，首長に対するカウンターバランスのために議会の機能を強化することが目指されていたといえよう。これは，地方分権によって首長の権限が増大することに対する首長への牽制が議会の役割として最重要であると考えられたためであろう。これは言い換えると，「……要するに，首長制のほんらいの姿である議会と長のチェックアンドバランスを回復するために議会の機能を強化することであり，具体的には，議会の立法活動の活発化を促し議会運営を改善する方策をとることである。[6]」とまとめることができよう。Ⅲで述べるように，こうした方策の主なものは，その後，数次の地方制度調査会の答申を踏まえた地方自治法の改正によって相当程度実現されたといえようし，各議会もその実現に向けて自主的な取組を行うことになったのである。

2　議会活性化論から自治体組織変革論へ

2001年6月に提出された『地方分権推進委員会最終報告書』は，その第四章のⅤ「制度規制の緩和と住民自治の拡充方策」において，地方公共団体の組織の形態に対する地方自治法等による画一的な制度規制をどの程度緩和することが妥当なのかを議論すべし，と訴え，具体的には，議員の選挙制度及び定数，議会と首長の権限関係，執行機関のあり方といった地方公共団体の組織の形態や住民自治

（6）　前掲注（3）262頁。

の仕組を自由に選択できる権能を地方公共団体に与えるべき，とした。つまり，自治体組織の対する自由度の拡大が提起されたのであるが，これを受けて，住民自治の拡充の視点から自治体組織の改革の議論が活発になされることになった。即ち，現行首長制を前提に議会の機能強化のための活性化を図るという議論から，現行首長制そのものの見直しをも議論の対象にする方向にシフトしていくことになる。

　自治体組織改革の議論は，その後，旧民主党政権の下で地域主権改革が唱えられ，2011年に総務省が提示した『地方自治法の抜本改正についての考え方』によって，世間の大きな注目を集めることとなった。これは，現憲法下での二元代表制を前提としつつ，地方公共団体の組織については，その基本的事項は法律で定めるものの可能なかぎり選択肢を用意して，住民の選択に委ねることを目指すべきである，としたうえで，組織形態について現行制度とは異なる基本構造について二つの方向性を示したのである。即ち，①議会が執行権限の行使に事前段階から責任をもつようなあり方（融合型）②議会と執行機関はそれぞれの責任を明確化するあり方（分離型）という，2つの方向性を提示するとともに，①と②のそれぞれについて複数のモデルを提示したのである。

　こうしたモデルは議論を呼んだものの，結局，現行の自治体基本構造を根本的に変革するという動きは現時点では終息したといってよいであろう。これには，政権交代という政治的要因も大きいが，自治体側が抜本的な改革の議論には消極的であったことも大きいといえよう。これに対して，議会に限った制度改革の議論は，議員のなり手不足問題という喫緊の課題もあって，議論が継続され，地方議会の選挙制度の改革案などが活発に示されてきたのである。こうした改革案のなかで，2018年に示された『町村議会のあり方に関する研究会報告書』は，「集中専門型議会」と「多数参画型議会」という議会モデルを新たに提示したうえで，現行制度を加えて，その選択を各地方公共団体に委ねるべき，と提案して議論を呼んだのであった。この提案は反対論もあって実現の方向にはならなかったが，議会制度改革の議論を抜きにしては小規模自治体の議会の厳しい状況は抜本的に改善できないことが明らかになってきたように思われる。

III　議会関係の地方自治法改正の状況

1　第1次地方分権改革以降における地方自治法改正

以下では，議会の活性化に関する主な地方自治法の改正を挙げておく[7]。

（1） 地方分権一括法による1999年改正

議員定数について，それまでの法定定数制から人口区分に応じて法定する上限数の範囲内で条例により定数を定めることとなった（地方自治法90条，91条）。また，議員の議案提案要件が議員定数の8分の1から12分の1以上に緩和された（同法112条2項）。同時に，修正動議の要件も緩和された（同法115条の2）。

（2） 2000年改正

この年の改正で重要なのは，議員の調査研究に資するために必要な経費の一部として，議員又は会派に政務調査費を交付することが認められたことである（その後，政務活動費となった。同法100条14項，15項）。また，常任委員会数の上限が撤廃された（同法109条）。

（3） 2002年及び2004年改正

議案審査や事務調査などのために議員を派遣する制度が法定された（同法100条13項）。定例会の回数制限が撤廃されて開催回数が条例に委ねられることとなった（同法102条）。

（4） 2006年改正

専門的事項の調査等について，議会は学識経験者等の専門的知見を活用できるようになった（同法100条の2）。長に対する臨時会招集の請求権が議長に付与された（同法101条2項以下）。議員が複数の常任委員会に所属することは制限されていたが，これが廃止された（同法109条2項）。議案提案権が委員会にも付与された（同法109条7項，109条の2第5項，110条5項）。同法179条の専決処分につきその要件が明確化された（同法179条1項）。

（5） 2008年改正

議会は，会議規則に定めることで議案審査や議会運営に関する協議又は調整の場を設けることができることになった（同法100条12項）。これにより，それまで非公式の位置づけであった議会内部の会議体が正式に位置づけることができるようになり，その意味で議会の活動範囲が拡大することとなった。また，議員の報酬について，他の非常勤職から区別して新たに「議員報酬」となった（同法203条）。

（6） 2011年改正

議員定数について，人口区分に応じて法定されていた上限数が撤廃され，条例により定数を自由に決定できるようになった（同法90条，91条）。条例による議決

（7） 地方自治法改正の経緯の一部については，拙著『地方自治組織法制の変容と地方議会』（法律文化社，2021年）198頁以下で論じている。

事件の追加が原則として法定受託事務についても可能となった（但し，議決すべきことが適当でないと政令で定められたものを除く。同法96条2項）。機関等の共同設置の対象に議会事務局が含まれることになった（同法252条の7）。

以上の数次の改正からいえることは，現在からみれば，1999年改正前の議会に関する地方自治法の定めが，いかに画一的であったか，また，その必要性を見出しえないものが多かったかと言わざるをえない。さらに言えば，このなかには議会側が改正を従前より要請してきたものもあるが大きな声にならなかったということであろう。このことは，国が地方政治における地方議会に大きな関心を寄せてこなかったことの表れともいえるだろう。

2　2012年改正の内容

この改正内容の多くは，前述の『地方自治法の抜本改正についての考え方』で提起されたものであった。重要なものを以下に示しておく。

① 通年会期制の選択的導入（同法102条の2）

条例によって，定例会及び臨時会を設けずに通年の会期を採用することができることとなった。また，これを契機として，長等の議会への出席義務につき，出席できない正当な理由があるときは議長に届け出て出席義務が解除されることも定められた（同法121条1項）。

② 同法100条の改正

同法100条1項の調査権の行使において，関係者の出頭，証言，記録提出を議会が請求する場合は特にその必要が認められる場合に限られる，とした。また政務調査費を政務活動費に改めるとともに，政務活動費の交付目的を「議員の調査研究その他の活動に資するため」とした（同条14項）。

③ 委員会の運営に関する規定の集約・簡素化

議会運営委員会に関する同法109条の2及び特別委員会に関する同法110条を廃止して，これらを109条に集約して定め，加えて，委員の選任時期やその方法などを条例に委ねることとした。また，公聴会及び参考人招致を本会議においても可能とした（同法115条の2）。

④ 長との関係に関する規定の改正

長が議長や議員の臨時会の招集請求に対して招集しないとき，議長が臨時会を招集することができることにした（同法101条5項6項）[8]。いわゆる一般拒否権（同法176条1項）の対象を条例及び予算以外の議決にも可能としつつ，その再議決要件は過半数とした。また，議会が議決した条例について，長はその送付を受

けた日から20日以下に，再議に付す場合を除いて，その公布が義務づけられた（同法16条2項）。さらに，同法179条の専決処分について，その対象から副知事及び副市町村長の選任を除外し，また，条例及び予算の専決処分について議会が不承認としたときは，長は，必要と認める措置を講じ，議会にそれを報告しなければならないとした。

3　近時の改正

　2012年改正以後は，重要な改正はなされなかったが，2022年の改正において，なり手不足問題の解消のために議員個人の請負禁止規制が緩和された。また，2023年の改正では，議会及び議員の位置づけが明文化されたことは特筆すべきである[9]。これは，33次地制調答申の内容が盛り込まれたものである[10]。地方自治法に明文化されたことで新たに何らかの法的効果が生じるものではない ── 従って，訓示的規定といえる ── のではあるが，明文化を要望した三議長会さらには各議会が改正の趣旨を積極的にうけとめて，その取組[11]のなかでどう具体化するかが重要であろう。即ち，新設された同法89条3項は「前項に規定する議会の権限の適切な行使に資するため，普通地方公共団体の議会の議員は，住民の負託を受け，誠実にその職務を行なわなければならない。」と規定された。この規定のなかの「誠実な職務遂行」の趣旨は，法を遵守するとともに，議員としての品位や名誉を損なうことなく住民全体の利益の実現のために行動することを求めていると解される。そうすると，各議会は議員の活動のためのルール（行動規範）を定めることを要請されていると受け止めるべきではないか[12]。

　なお，2023年の改正では，オンラインによる請願書の提出が認められるなどの議会に係る手続につきオンライン化を可能とする規定が設けられた（同法138条の

（8）議長による臨時会招集は議会側から要請されてきたところであるが，さらに，議会の招集権を議長に付与することも議会側が要望しているものの未だ実現できていない。
（9）明文化の意義についての私見は，拙稿「議会・議員の位置づけの明文化」自治日報4181号（2022年11月7日）3頁で簡単に触れたことがある。
（10）第33次の地方制度調査会では三議長会から明文化の要請がなされたことが答申に盛り込まれたといえるが，明文化については既に第32次の同調査会でも議論されたところであった。
（11）明文化をうけて，いわゆる三議長会は共同して，議会への住民の関心を高め，議会への住民参加を促すために，いわゆる主権者教育の推進を各議会に求める「地方議会に関する地方自治法改正を踏まえた主権者教育の推進に関する決議」（2023年12月）を出しているが，これもこの取組の一環である。
（12）要するに，各議会は議員に自らの活動の重要性を改めて自覚させる方策をとることが要請されるのであり，頻発する議員不祥事への批判を踏まえれば，政治倫理の確立もその一環であると捉えるべきであろう。

2)(13)。

4 小　括

　地方自治法の改正によって，議会活動の自由度は高まったといえる。それは，例えば，定例会回数の自由化，議員定数の自由化さらには議決事件の対象の追加が法定受託事務にも及ぶようになったことに象徴的に表れている。こうした自由度の拡大をうけて，各議会はそれを積極的に自らの活性化につなげることが望まれたのである。しかし，議員定数においては削減の方向性がみられるものの，それは主体的な判断というよりも近隣同規模の自治体議会に合せるという傾向が顕著のように思われる(14)。他方で，次節で触れるように，議会基本条例の制定が進んだことは，その制定を足がかりにして，拡大した自由度に対応した取組に繋げることが期待されるのである。また，地方自治法89条の改正によって議会の位置づけが明文化されたこともこうした取組を促すように作用することが期待される。

Ⅳ　議会の自主的改革の動向

　前節でみた地方自治法の改正の主たる目的が議会の自由度を高めるために同法の規定の規律密度を縮減することに置かれていたので，各議会は，縮減された部分について，その組織や運営のあり方を自らの判断によって取り組まねばならなかった。これに加えて，議会が本来有する機能を十分に発揮できておらずそのための改革も行うことが求められてきたのである。この状況について，辻陽教授は，かかる自主的改革の取組が目指しているものは首長に対抗できるだけの専門知識や能力を持った議会の構築にあるとし，①情報公開の促進及び住民との接点の強化，②政策立案等，対首長権限の強化による機関間「対立」の強化③議会審議の充実化 —— の３つにこの取組を整理している(15)。なお，こうした改革は多くの議会で何らかの形で取組まれてきたといえる(16)。このような議会の取組

---

(13)　この改正も33次地制調答申に盛り込まれた内容の法制化である。
(14)　筆者は，以前，多様な住民意思を議会に反映させることを十分に配慮した定数の設定が必要である旨を示したことがあるが，現在その必要性は当時よりも増しているといえる。村上順・白藤博行・人見剛編『新基本法コンメンタール地方自治法』（日本評論社，2011年）115-116頁（駒林良則執筆）。
(15)　辻陽『日本の地方議会』（中央公論新社，2019年）228-229頁。
(16)　もちろん改革の取組には温度差があり，ほとんど「動いてない」議会もあることは否めない。

は，法制度の改革と併せて議会改革といわれるようになる。

1　議会基本条例の制定

　自主的な改革の達成度を示す一つの指標として，議会基本条例の制定がある。議会基本条例は，地方自治法に定めがないが，当該議会の改革内容の具体化であり，当該議会の改革に必要な法的根拠として位置づけられるものといえよう[17]。2006年5月の北海道栗山町議会の制定を嚆矢とする議会基本条例は，総則的な部分では議会の当該地方公共団体における役割や果すべき責務が示されるのが一般的であり，また，各論部分では，議会審議に関わる規定，議員活動に関わる規定，議会機能の充実強化に関わる規定，議会と長の関係に関わる規定，議会と住民との関係に関わる規定，議会基本条例の位置づけに関わる規定などが定められている。総論的部分で規定される議会の役割や責務は，前節の2023年の地方自治法改正で触れた同法89条に盛り込まれた議会の位置づけの明文化をいわば先取りしたものといえるのであって，地方自治法に当該規定が制定されたからといって議会基本条例の意義が失われることはない。地方自治法を中心とする地方議会法制にとらわれず，各議会が自らの判断で議会基本条例を策定して議会改革のバックボーンあるいは起点として位置づけようとしたことは，議会活性化の視点から注目すべき動向であろう。なお，議会基本条例のなかには，議会の内部組織についての定めを設けているものがある。それは，例えば，議会としての政策形成を議論する場としての政策検討会のような組織であるが，こうした会議体も地方自治法に定めがなくとも議会の組織自律権に基づくものとして設置できるのである。換言すれば，議会が有する自律権を行使するということが議会基本条例の制定を通じて明確に意識されてきたといえよう。

2　その他の改革内容について

　各議会がこれまで取組んできた自主的な改革の主な内容をメニュー化すると次のようなものである。これらの多くを取組んでいる議会もあれば，ほとんど実施していない議会も多いとみられる。
　　○討議の充実（議員間の自由討議，質問権，反問権），参考人・公聴会の充実
　　○議会報告会・（住民との）意見交換会，議会モニター・サポーター制度，

---

(17)　公共政策研究所が調査した『全国自治基本条例・議会基本条例の施行状況（2023.10.1現在）』によると，2023年10月1日現在で議会基本条例は1012の自治体議会で制定されている。

傍聴人の発言機会の導入，議会のネット中継，SNSによる議会関係情報の共有
○子ども・女性議会の開催，大学との連携やインターシップの受け入れ

　これらのメニュー以外で議会の活性化の視点から重要なのは，政策形成機能の充実ないしは政策への関与であろう。その典型は議員提案による政策条例の策定であるが，これには議会資源の制約など課題があるのも事実である。
　また，上記のメニューの多くは，議会と住民との関係の構築に関するものということができる。議会の活性化に議会への住民の参加が不可欠であるが，これについても課題がある。例えば，議会説明会は多くの議会で実施されてきたが参加住民数が逓減する傾向にあるといわれ，そのため議会報告会を取りやめる議会も出てきている。そもそも議会が住民との関係をどう構築するかは正解があるわけではなく，常に模索していく必要がある。もっとも，様々なツールによる議会情報の提供もなされるようになり，また議会のデジタル化の取組も進みつつあるので，関係構築のための自覚は高まりつつあるといえる。

3　小　　括

　議会基本条例はいうまでもなく地方自治法に根拠規定がない。また，政策形成のための議会内部組織の設置も同様である。つまり，自主的改革では，地方自治法や標準会議規則が規律していない領域について，改革すべき課題があれば，議会が自らの判断で対応することがみられるようになったのである。もちろん，そうした自覚を持つ議会はいまだ少数にすぎない。

V　議会活性化についての評価と課題

1　第2次勧告の内容は実現できたか

　Ⅱで述べたように，第2次勧告で提起された議会の活性化は，議会の立法機能の強化とともに，議員定数などの組織面さらには議会運営面での改善がその内容であった。前者の立法機能の強化については，地方自治法96条2項の議決事件の追加条項の活用が促されたために各議会では当該地方公共団体の基本計画をその対象とするなど，一定の取組がなされたといえる。また，後者の議会の組織及び運営については，累次の地方自治法改正によってかなり実現したように思われる。象徴的なのは，議員定数が条例により自由に決定できるようになったことである。というのは，現在の議員定数の増減という問題にとどまらず当該議会の活

動において何名の議員数が妥当なのかという問題を議論することにつながり、妥当な議員数を決めるのであれば、今の議会活動の内容を検討するだけでなく、当該議会の将来のあり方まで視野に入れて議論しなければならないことになるからである(18)。こうして副次的ではあるが、自らの議会活動を見直す契機となっていることも留意されるべきであろう。また、後者については、「開かれた議会」の実現も求められたのであるが、議会への住民の参加及び関与の様々な取組が実践されているし、コロナ禍の経験を踏まえてデジタル化対応も進んできているといえる。議会のネット中継はかなり広まってきており、議会からの住民へのアプローチも試みられている。但し、第2次勧告で提起された夜間休日の議会開催は少ないといえよう。

2　真の機能強化に向けた課題

第1次勧告及び第2次勧告が提起した議会の活性化の内容は、地方自治法改正と議会の自主的取組によって、かなりの程度実現したといえる。しかし、議会の活性化が議会機能を高めるものだとすれば、それがこれまでの取組及びその延長線上によって達成できるとは思えない。そういう意味では、これまでの取組は役割を終えたといえるかもしれない。なぜなら議会のあり方そのものを大きく変えるものではないからである。議会機能をさらに高めていくためには、議会に関わる本質的な制度改革が不可欠である。既に述べたように、自治体基本構造に関わる抜本的な改革が見通せないとはいえ、筆者は、議会の根本的な制度改革に着手するならばその核心となるのは議会の本来的な立法機関性を確立することにあると考えている。議会の本来的な立法機関性という位置づけは、現憲法下での二元代表制において、自治体における議会を中心とする民主主義的統治構造の要請から導き出されるものである。確立が必要であることは別稿(19)に詳細に論じたので、ここでは確立のために課題となる事柄を示すことにしたい。

第1に、議会の本来的立法機関性と整合しない、あるいはそれを阻害している法的仕組を整理することが必要である。かかる仕組としては、地方自治法179条の専決処分と同法176条4項以下の長の特別拒否権がある。同法179条の専決処分は、旧地方制度に由来するもので、本来議会に認められた議決権限を長が議会に

---

(18) 改正に携わった総務省関係者が当時を回顧した発言のなかにもかかる趣旨のものがある。山﨑重孝ほか「平成の地方制度改正をひもとく（第16回）」地方自治917号（2024年）90頁。
(19) 拙稿「現在の地方議会に関する論議について」立命館法学414号（2024年）13頁以下で詳細に論じている。

代わって行使するものであるが，特に問題といえるのは，条例という議会立法を長が専決処分によってその議決を代替することが，果たして二元代表制と整合するといえるのか，ということである。仮に同法179条の専決処分制度自体を存続させるにしても，条例制定のほか議会が本来行使すべき権能を専決処分の対象から除外すべきであろう[20]。

　地方自治法176条4項以下の特別拒否権は，議会の議決又は選挙が権限踰越又は法令等に違反したと長が判断したときは，長に議会の再議又は再選挙に付することを義務づけるものである。再議又は再選挙において議会が再度同じ議決をしたときに，長がなお権限踰越又は法令違反であると認めるときは，長が知事の場合は総務大臣に対して，市町村長の場合は知事に対して，それぞれ審査を申立てることできるというものである。なお，申立てをうけた総務大臣や知事は，当該議決等が権限踰越又は法令違反であると認めたときは取消の裁定を下すことができる。この制度も旧地方制度に由来するものであるが，かかる総務大臣及び知事の裁定的関与が二元代表制の下における自治体内部での議会と長の間の，しかも議会の議決の合法性をめぐる争いの解決の仕組として妥当であるのか，極めて疑問である。

　これら2つの仕組のほか，地方自治法96条1項の議会の議決事件についても，旧地方制度の市制町村制が1943年に改正され議決事件がそれまでの一般概括主義から制限的列挙主義となった（市制42条，町村制40条）が，それが概ね地方自治法に引き継がれているのである。このため，地方公共団体の団体意思の決定権限について，同法147条及び148条を1つの根拠にして長に団体意思決定の包括的権限があるとし，議会には重要な限定的な権限が分配されていると通説的には捉えられている。これは，旧地方制度の仕組をそのまま現憲法下でも通用するものとみているように思えるため問題である。

　さらに，議会の招集権が長にあること（地方自治法101条1項）は，以前から二元代表制との関係で問題視されてきた。旧地方制度の下では議会の招集権限が長に専属していたので，それを引き継いでいるのである。この仕組は，議会の自立的活動の面から批判され，議長に ── 少なくとも長とともに議長にも ── 付与されるべきとの主張がなされてきたが，立法機関性を確立する点からも問題となろう。長の招集権を議会に対する牽制手段と捉えるのが大勢であろうが，議会が適法に活動するための前提として招集（行為）が必要であることを踏まえると，適

---

(20) 都道府県議会制度研究会『都道府県議会制度研究会報告書』（2020年）30頁では，予算及び条例については，専決処分の対象から外すことが妥当である，とする。

法な議会活動の起点を議会自身ではなく長に委ねることが果たして二元代表制の下での「牽制」手段として妥当といえるのであろうか。

　以上に挙げた様々な仕組は，議会と長の関係に関わる地方自治法の定めであり，いわば所与のものとされてきたが，憲法92条の「地方自治の本旨」に合致しているのかの吟味がなされないまま現在に至っていることには大いに問題があるといえる。

　第2に，議会活動の恒常化が必要と思われる。既に述べたように，長の権限が地方分権以降拡大したことに対して，議会の監視機能もそれに見合うように本来は強化されねばならないはずである。もっとも，Ⅰで述べたように，小規模自治体の議会を中心に危機的状況の進行は否定できず，このままでは議会の監視機能が弱体化していくことになり，監視機能の強化は望めない。以前筆者は，こうした状況を踏まえて，議会の「監視」の意義は自治体政策全般の見地から執行機関の活動を監視することにあり，監視すべき対象の全体量を集約すべきとの考えを示したことがある[21]。現在は中小規模の自治体議会においてその必要性が現実味を帯びてきたように思われる。とはいえ，議会の監視機能のなかには条例案や予算案など議会審議におけるチェックがあり，それは監視機能としても大きいウエートを占めるものといえるため，その議決責任も重いものである[22]。従って，こうした審議を疎かにしないための方策として，会期の通年制による議会活動恒常化が不可欠であろう。

　議会の活動を会期制によっていわば「分断」しないように，1年会期制を含む会期の通年制が必要となるが，導入した議会はまだ少数であり，今後増加するものと期待される。恒常化には様々な制約があり，通年制を導入したからといって直ちに立法機関性の確立に繋がるものではなく，恒常化はその環境整備と位置づけられるのである。しかし，同法179条の専決処分制度を形骸化させることになり，また会期制では日程的に困難とされてきた公聴会や参考人招致が実現しやすくなるというメリットがあることも考慮されるべきである。

　第3に，議会の本来的立法機関性における実践面の課題についてである。これ

---

(21) これは，いわゆる行政事項への議会の事前関与を集約整理することを含んでいる。拙稿「二元代表制の再検討と地方議会の活性化」大津浩編著『地方自治の憲法理論の新展開』（敬文堂，2011年）269頁。
(22) この点についても，前掲注(21)267頁では，議決による議会の関与の重要性について，下関市の第三セクターへの補助金交付をめぐる下関市日韓高速船住民訴訟最高裁判決平成17年11月10日判時1921号36頁で，判決が補助金交付の公益上の必要性の判断のなかで，同市議会で審議され可決されたことを重視した点を指摘したが，現在においても議会の議決の重要性は変わらないといえよう。

は，特に当該地方公共団体の政策形成に議会が何らかの形で関与すること，つまり議会の政策形成機能を充実させることが求められるのである。この点は既に自主的改革のところで触れたが，政策条例の制定を積極的に目指す議会はまだ少数である。これには制約要因も多いので，政策条例制定以外の政策形成手法も考慮しつつ政策形成への関与を強めることが望まれる。

Ⅵ　おわりに

　地方議会の活性化に関わる地方自治法改正がなされ，それを受けた各議会の自主的な改革が跛行的ながらも実践された[23]ことによって，議会改革の議論は，次のステップに移っているといえる。これは「議会改革の第2ステージ」とも呼ばれているもので，この段階ではこれまでの改革内容を検証したうえで，議会が自身の改革課題を見出してそれに取組むことになろうが，特に指摘されているのは，議会としての政策形成の取組のみならず，議会が当該自治体の政策過程全般に関わることである[24]。本章を閉じるにあたり，現時点での議会改革に関して，扱ってきた議会活性化との関係でいくつか触れておくべきことがある。

　まず，活性化の目的をどう捉えるべきかということである。これまでの議会活性化の議論は議会機能を充実させることを目指してきたといえる。しかし，活性化の究極の目標は，議会の憲法上の位置づけが現実のものとなるように，議会のあり方を改革していくことであろう。議会の機能強化は，本来実現されるべきはずの議会の憲法上の位置づけのためであるといえるからである。かかる位置づけとは，令和2年の出席停止懲罰をめぐる最高裁判決[25]が述べているように，議会が憲法に設置の根拠を有する議事機関であって，住民代表の議員で構成され当該地方公共団体の意思決定などの権限を有するものであることを踏まえるならば，議会を住民自治の根幹に据えるということである。

　既に触れたように，2023年の地方自治法改正では同法89条で議会の位置づけが明文化されたが，これは，住民自治の原則を確立していくという地方分権改革の「未完」の部分について本腰を入れて取組む時期に来ていることと無縁ではない

---

(23) この記述は，地方自治法改正で要請されていない議会基本条例の制定がかなり進捗しているのに対して，同法の改正で導入された通年会期制やこれまでの議会に関する各種答申で提起された夜間休日の議会開催などは，実施している議会はまだ少ないという状況を指している。

(24) こうした立場から，江藤俊昭は，議会からの政策サイクルを提唱している。江藤俊昭「『住民自治の根幹としての議会』の改革の新展開――改革を進めるための議会評価の試み」自治総研517号（2021年）1頁以下。

と思われる。つまり，同法89条1項及び2項は，地方議会を，住民自治を担う核心的な制度として再認識させるという意味も込められているのではないか。もっとも，住民自治の充実については，議会の現状に対する消極的評価が背景にあるためか議会への期待感は概して薄かったといえるが，小規模自治体の議会の危機的状況が共有されるとともに，最近では住民自治における議会の重要性が再認識されてきたように思われる。これは，自治体の置かれている厳しい状況の下，諸々の改革や自治体間連携の取組がなされたなかで，議会の役割が示されず議会への関心が低下することにしか働かなかったことへの「反省」ということであろう。いわば地方議会への回帰というべき状況かもしれないが，もちろん，議会の将来に対する危機感が背景にあるという見方もできるであろう。ともあれ，地方議会を強化して持続可能なものとすることが求められること自体は異論のないものであろう[26]。そのためには議会の根本的な制度改革は必要であろうが，それが難しい場合には，当面議会のあり方を変革せずともなしうる方策を考えておかねばならない。例えば，議会機能を大規模自治体の議会と小規模自治体の議会と同様にすることは無理があるように思われ，小規模自治体の議会は議会機能を純化していかざるをえないと思われる[27]。

　次に，法制度を改革しても，現実の議会が自覚的にその活動を活発化することがなければ意味がない。活性化は，議会が有する機能が十分に発揮できなかった部分を発揮させることであるので，積極的な議会活動を阻害している要因 ── これはかなり減少したといえようが ── があればそれを除去することになるだろうし，さらに，これまでの議会改革を点検して議会機能が発揮できたかどうかを客観的に評価する視点も必要になってくるであろう。後者の議会活動の評価は，議会改革の第2ステージとして議論され，実践する議会も現われてい

---

(25) 出席停止懲罰に関する最高裁大法廷判決令和2年11月25日民集74巻8号2229頁を改めてみてみると，判決は，憲法は住民自治の原則を採用しており，「普通地方公共団体の議会は，憲法にその設置の根拠を有する議事機関として，住民の代表である議員により構成され，所定の重要事項について当該地方公共団体の意思を決定するなどの権限を有する。そして，議会の運営に関する事項については，議事機関としての自主的かつ円滑な運営を確保すべく，その性質上，議会の自律的な権能が尊重されるべき……」としている。なお，同判決以降，議会内部の紛争への司法審査が拡大した印象があり，これに呼応する行政法学の理論的進展も顕著であるが，こうした議会への法的関心の高まりも間接的には地方議会の活性化につながるものといえる。
(26) 例えば「地方自治はどこを目指していくのか ── 地方分権改革の意義と地方自治のいま（二・完）」自治研究100巻7号（2024年）11頁における大橋真由美教授の発言はこのような趣旨とみてよいであろう。
(27) この点の詳細については，前掲注(19)38頁以下で論じている。

る(28)。例えば，大津市議会は，議員任期の最終年に当該期4年間の議会活動の評価を行っており，4年間の活動の成果について複数の評価項目毎に評価をするのであるが，評価主体としては，議会自身の内部評価とともに外部有識者による外部評価を行っている(29)。この評価から得られた課題を次任期の4年間で検討することとしている。このような議会改革の第2ステージに積極的に関わる議会は未だ少数であるが，こうした取組が徐々に拡がることを期待したい。

---

(28) 江藤・前掲注(24)19頁以下では，これを議会成熟度評価とし，その共通的なモデルとして日本生産性本部が作成したものが紹介されている。
(29) 大津市議会の評価は前注(28)のモデルとは異なる。筆者も2022年度にこの外部評価に携わった1人である。評価項目は，大項目としては，議案審査・調査，議会の機能強化，政策立案・提言，広報広聴の4つであるが，それぞれについて小項目（シート）があり，それを外部評価者として評価する。また，外部評価者は総合評価をするとともに，課題を指摘することにしている。なお，大津市議会の評価方法についても江藤・前掲注(24)17頁（注7）で紹介されている。

9 監査機能の強化と内部統制の充実

石川恵子

Ⅰ　はじめに
Ⅱ　監査機能の強化の論点
Ⅲ　内部統制の充実の論点
Ⅳ　地方自治法改正における監査制度改革
Ⅴ　監査制度改革後の現状
Ⅵ　考察結果

Ⅰ　はじめに

　本稿の目的は，監査機能の強化と内部統制の充実の論点から，地方分権改革を検証し，現在の課題について考察することである。

　これまでの地方分権改革の議論に着目すると，監査機能の強化と内部統制の充実は，地域住民に対する信頼性の確保と透明性の向上，すなわち行政側の地域住民に対する説明責任の履行の裏付けとしての役割が期待されてきた[1]。もとより，地方公共団体の自立性を高めるには，地方公共団体が自主的にチェック機能を高めていくことが重要になる。すなわち，国から地方に権限委譲をするにあたっては，その見返りとして地方公共団体の監査機能及び内部統制の充実が不可分であり，地方分権化と監査機能の強化・内部統制の充実は表裏一体の関係にある。

　本稿では，このような認識に基づいて，これまでの監査制度改革に注目して，いかなる論点に基づいて，制度改正が行われてきたかを整理することで，地方分権改革を検証し，監査制度改革の課題を述べたい。

　本稿では，はじめに監査論の視点に基づいて地方自治法における監査機能の強化の論点を整理する。同様に監査論の視点に基づいて，地方自治法における内部統制の充実の論点を整理する。続いて，地方自治法の改正における監査制度改革

（1）山本によれば，行政学のアウンタビリティは統制する側に立った議論が多いこと，それは統制主体が立法あるいは行政機関という民主的統制に基づいて，制度設計がなされ，運用されていることを説明している。山本清『アカウンタビリティを考える —— どうして「説明責任」になったのか』（NTT出版，2013年）92頁。

の背景・議論の焦点を整理する。本稿が整理の対象とする監査制度改革とは，1997年，2006年，2011年，そして2017年の地方自治法改正である。そして，地方公共団体における，制度改革後の制度の活用及び浸透状況について，総務省が公表している地方自治月報第61号に基づいて，明らかにする[2]。最後に，考察結果では，地方分権改革に係る監査制度改革の現在の課題についてまとめている。

Ⅱ　監査機能の強化の論点

はじめに，監査論の視点に基づいて，地方自治法の改正における監査機能の強化の論点を整理する。監査論の視点から，これまでの監査機能の強化の主たる論点を整理すると，（1）監査人の独立性の確保，（2）監査人の専門性の確保，そして（3）監査の実施体制の整備のいずれかに分類することができる。いずれの論点も，地方公共団体の執行機関，とりわけ首長が地域住民に対して負う説明責任の履行に関わるものであり，地方分権化を推進し，地方公共団体の自主的なチェック機能を高める上で，極めて重要な論点である。図表1では，地方自治法の改正における監査機能の強化に関わる論点を整理している。

図表1　地方自治法の改正における監査機能の強化の論点

改正年	（1）監査人の独立性	（2）監査人の専門性	（3）監査の実施体制の強化
1997年	元職員を1名に限定（義務）	―	町村の監査委員の定数の増加（義務） 条例による監査事務局の設置（任意）
	外部監査制度の導入（都道府県・政令市・中核市は義務）	外部監査制度の導入（都道府県・政令市・中核市は義務）	
2006年	―	―	条例による識見委員の定数の増加（任意）
2011年	―	―	監査委員事務局の共同設置（任意）
2017年	―	監査専門委員の創設（任意）	監査委員の監査基準の策定と監査基準に準拠した監査の実施（義務）

（出典：筆者作成）

（2）当該調査は，総務省が令和3年4月1日から令和5年3月31日の期間に全国の地方公共団体に対して実施した調査である。総務省『地方自治月報第61号』調査結果は以下のURLから入手することができる。https://www.soumu.go.jp/main_sosiki/jichi_gyousei/bunken/geppou61_00001.html（取得日：2025年4月10日）

1　監査人の独立性の確保

　地方自治法は，地方公共団体の監査委員の独立性に関連して，監査委員に公正普遍の態度の保持を求めている（地方自治法第198条の3①）。また，現行の監査基準（案）第一章第4条①では，「監査委員は，独立的かつ客観的な立場で公正不偏の態度を保持し，その職務を遂行するものとする。」ことを明示している。

　もとより，監査論において，監査人に独立性が求められる主たる理由は，監査結果の信頼性を確保することにあることが説明されている。これに関連して，監査の基礎的概念を示したASOBAC（A Statement of Basic Audit Concepts）では，情報作成者と情報利用者との間に利害の対立があること，監査人が情報作成者から独立性を欠いている場合には，情報利用者は，当該情報の監査結果を信頼することができないことを示している[3]。ここでいう情報利用者とは執行機関，そして情報利用者とは議決機関・地域住民と置き換えて説明することができる。

　また監査論では，監査人の独立性は精神的独立性と外観的独立性の2つの側面が議論される。精神的独立性とは，監査人の判断を歪める恐れのある諸要因から影響を受けない精神状態であり，外観的独立性とは第三者から誠実性や客観的独立性が阻害されていると推測される事実がない状況である。

　これまでの監査制度改革における独立性の議論は，監査委員の外観的独立性の確保に主眼がおかれてきた。例えば，1997年の第25次地方制度調査会答申（監査制度の改革に関する答申）では，「OBの監査委員は，「身内に甘い」のではないかとの批判もある」ことを指摘している。すなわち，元職員を識見委員に選任することは，馴れ合いからお手盛りの監査を実施することへの懸念が示されている。それゆえ，元職員を選任する場合には，一人に限ることを提言した。また，議会選出の議選委員については，「地方公共団体の内部にある者であり，形式的になりがちであること」も指摘された。

　これらの指摘は，執行機関の元職員である識見委員と議決機関の議選委員による監査は，監査結果の信頼性を損なう者であり，外観的独立性を損なう者であることを意味している。

2　監査人の専門性の確保

　地方自治法は，識見委員の専門性に関連して，「財務管理，事業の経営管理そ

---

[3] AAA, The Committee on Basic Auditing Concepts, *A Statement of Auditing Concepts*, 1973, pp. 15-18.

の他行政運営に関し優れた識見を有する者」を求めている（地方自治法第196条①）。

また，現行の監査基準（案）第5条では，「監査委員は，地方公共団体の財務管理，事業の経営管理その他行政運営に関し優れた識見を有することが求められ，その職務を遂行するため，自らの専門能力の向上と知識の蓄積を図り，その専門性を維持及び確保するため研鑽に努める」ことを明示している。

監査論において，監査を実施する監査人に専門性を求める理由は，監査の検証対象についての専門知識が必要であり，その監査プロセスが知識と実務経験に基づいて検証する必要があることによる。前述の監査の基礎的概念を示したASOBACでは，検証対象と監査プロセスの複雑性が，監査人に専門知識と実務経験の研鑽を求めることを説明している[4]。

地方公共団体の監査委員に求められる専門知識としては，地方自治法，財政法，会計法，財政学，行政学などがあろう。また，これらの知識を有しているだけでなく，実務経験による研鑽も求められる。このことが，多くの地方公共団体において，元職員を識見委員として任命する主たる理由であると考える。すなわち，元職員は，地方公共団体の財務管理，事業の経営管理その他行政運営に関しての知識を有した者である。さらに当該組織の組織風土も把握していることから，組織の内部統制の脆弱性を把握しやすい人材ともいえる。この点は，前述した第25次地方制度調査会答申（監査制度の改革に関する答申）においても「当該団体の事務に精通している長所がある」として，元職員を識見委員として選任することの効果を認めている。

とはいえ，上述した通り，元職員を識見委員に選任することの問題は，外観的独立性を損なうことである。これに関連して，鳥羽（2024）は，地方自治法には監査人の外観的独立性を高める視点が欠けていることを指摘している[5]。もっとも，これまでも地方制度調査会における監査制度改革の議論では，元職員を選任することは識見委員の外観的独立性を欠くことにつながることが繰り返し議論されてきた。地方自治法において外観的独立性が強調されない理由は，むしろ監査人の専門性の確保との兼ね合いがあることによる。

もとより，地方自治法で元職員を選任することなく，監査委員の外観的独立性を高めるためには，専門性の確保を高める別の新たな方策を検討する必要がある。

（4） *Ibid.*, p17.
（5） 鳥羽至英『世界の監査史 —— 監査学を模索して』（国元書房，2024年）553頁。

その方策の1つが，1997年の地方自治法の改正で導入された外部監査制度であった。外部監査制度は，独立性（外観的独立性）及び専門性の確保の観点か導入された制度である。ただし，当該制度は都道府県・政令市・中核市に義務づけられている制度であり，それ以外の市区町村では，条例により導入することができる制度である。また，2017年の地方自治法が改正され，監査専門委員の制度も新たに創設された。これらの制度の中小規模の団体での活用状況については後述するが，必ずしも活用されていない状況がある。

3　監査の実施体制の強化

上述した監査人の独立性と専門性の確保の議論は，監査人に求められる要件に関わる議論である。地方公共団体の監査機能の強化については，実施体制の強化についても議論されている。監査実施体制の強化の意義は，監査の品質の向上にある[6]。監査の品質を維持するために，企業会計審議会は「監査に関する品質管理基準」を設けている。また，日本公認会計士協会は品質管理レビューを監査法人に対して行っている。

これまで地方公共団体の監査制度改革では，実施体制の強化に関連して，（1）小規模な団体の実施体制の強化，（2）識見委員の定数の増加，そして（3）監査基準の策定について議論されてきた。なかでも，地方分権化の推進の視点から監査実施体制の強化を見た場合には，小規模団体における監査事務局の設置と識見委員の定数の増加は，地方公共団体の自主的なチェック機能の強化に該当していると考えられる。

（1）　小規模な団体における実施体制の強化

小規模な団体の実施体制の強化については，1997年の地方自治法の改正と2011年の地方自治法の改正において議論された。

1997年の改正では，町村の監査委員の定数を2名とした。また，条例により監査事務局の設置を認めた。この制度改正の裏づけとなる第25次地方制度調査会答申（監査制度の改革に関する答申）の議論では，「町村における監査体制の充実強化を図る観点から，監査委員の定数を2名とするとともに，補助する職員の専任化を促進し監査委員を補助する体制強化をするために，町村にも監査委員事務局を設置することができることとすべき」ことを提言した。

その後，2011年の改正では，監査委員事務局の共同設置を可能とした。この制

（6）監査の品質管理を扱っている研究書として，次のような書籍がある。町田祥弘『監査の品質に関する研究』（同文舘出版，2019年）。

度改正について，第29次地方制度調査会答申（今後の基礎自治体及び監査・議会制度のあり方に関する答申について）では，「今後，監査委員事務局の共同設置の促進を図るためには，事務局の共同設置を可能とする制度改正が検討されるべき」ことを提言した。

（２）　識見委員の定数の増加による実施体制の強化

監査委員の定数は，都道府県・25万人以上の市では，監査委員の定数は4名である。2006年の地方自治法の改正では，条例により監査委員の定数を増加することができることを認めた。

この改正にあたり，第28次地方制度調査会（地方の自主性・自立性の拡大及び議会のあり方に関する答申）では，「地方公共団体の実情に応じて監査機能の充実強化を図る観点から，識見委員を有する者から選任する監査委員については地方公共団体の条例でその数を増加することができることとすべき」ことを提言した。

（３）　監査基準の策定と監査基準に準拠した監査の実施による実施体制の強化

2017年の地方自治法では，監査委員が監査基準を策定し，監査基準に準拠した監査を実施することを義務づけている。

監査基準とは，監査人が監査を実施する際に遵守しなければならない行為規範である。監査基準に準拠した監査を実施することの意義は，誰が監査を実施しても品質が維持された監査結果となることである。すなわち，監査基準には情報利用者の信頼の拠り所となる機能もある。

2017年に地方自治法が改正されるまで，監査基準を設けている地方公共団体も存在していたが，その法的な根拠は存在していなかった。また，必ずしも監査の実施手続については標準化されてこなかった。監査基準を策定し，これに準拠することで，どのような監査手続により監査を実施したのかが明確になり，地域住民に対する説明責任の向上の効果も期待される。

監査基準について，第31次地方制度調査会答申（人口減少社会に的確に対応する地方行政体制及びガバナンスのあり方に関する答申）では次のように提言している。「地方公共団体は，統一的監査基準に従って監査を実施することとするが，当該監査基準の内容については，地方分権の観点から，国が定めるのではなく，地方公共団体が，地域の実情にも留意して，専門家や実務家等の知見も得ながら共同して定めることが適当である。」すなわち，地方分権化の視点から，統一的な監査基準の策定は，地方公共団体に委ねられていた。

その後，総務省は2017年に「地方公共団体における内部統制・監査に関する研究会」を立ちあげて，そこでの議論に基づいて，2019年3月に「監査基準（案）」と「実施要領」を公表した。現在，地方公共団体では当該「監査基準（案）」と

「実施要領」を参考に監査基準を策定している。

Ⅲ　内部統制の充実の論点

　内部統制の制度は，2017年の改正において，都道府県と政令市の首長に対して導入が課せられた制度である（地方自治法第150条①）。なお，政令市以外の市区町村では努力義務とされている（地方自治法第150条②）。

　当該制度が導入された直接的な契機は，2008年から2010年にかけて地方公共団体において不適正な経理処理が顕在化したことによる。不適正な経理処理の問題の所在は，地方自治法を誤った解釈で，財務事務の執行を行なっていたこと，そして，その行為が組織風土と化していたことであった。それゆえ，内部統制の制度は，首長部局の財務事務の執行に関わる内部統制の不備を未然に防ぐ，あるいは低減するために導入された。なお，不適正な経理処理はその後の監査制度改革の議論にも影響していることから，その内容等の詳細は改めて後述する。

　内部統制の制度の導入にあたり参考にしたのは，金融商品取引法と会社法の内部統制の制度であった。地方自治法は，財務事務手続についての内部統制の規定を設けてはいるものの，組織横断的な整備・運用方法についての規定を設けていない。また，整備・運用に関わる内部統制の定義を設けていなかった。それゆえ，総務省の「地方公共団体における内部統制・監査に関する研究会」は，民間企業における制度[7]を参考に，具体的な運用方法を審議・検討した。

　その後，総務省は，2019年3月に「地方公共団体における内部統制制度の導入・実施ガイドライン」を公表した。ガイドラインの法的な位置づけは総務大臣の技術的助言に相当している。その後，2024年3月に当該ガイドラインは改定された。改定の背景は，内部統制の制度導入後の2年を経過した頃を目処に，内部統制制度を取り巻く状況の変化を踏まえ，ガイドラインの見直しを開始することを予定していたことなどがあった。

（7）民間企業の内部統制の基本的枠組みは，米国のCOSOのフレームワークをモデルとしている。COSOとは，1985年に設立されたトレッドウェイ委員会組織委員会（Committee of Sponsoring Organizations of the Treadway Commission）の通称であり，1992年に内部統制のフレームワークを公表した。その後，2013年に改訂版のフレームワークを公表した。現在，COSOフレームワークは内部統制のグローバル・スタンダードと目されている。COSO (2013), *Internal Control-Integrated Framework*.

Ⅳ　地方自治法改正における監査制度改革

ここで1997年，2006年，2011年，そして2017年の地方自治法の改正に関わる監査制度の改正内容，制度改正の背景，議論の内容を整理する(8)。

1　1997年の改正

1997年の地方自治法では，監査制度について以下の内容が改正された。
(1)　地方公共団体の元職員の監査委員を一人に限定　（地方自治法第196条②）
(2)　町村の監査委員の定数を２名とする　（地方自治法第195条②）
(3)　条例により事務局の設置を可とする　（地方自治法第200条②）
(4)　外部監査制度の導入
　　　包括外部監査契約（地方自治法第252条の36）
　　　個別外部監査契約（地方自治法252条の39～第252条の44）

1997年に地方自治法が改正され，監査制度改革がなされた背景には２つの経緯がある。

第１に，1995年前後に都道府県において官官接待などの不正支出・カラ出張などが頻発したことにより，地方公共団体の監査委員に対する不信感を招いたことである。

第２に，1995年に地方分権推進法が施行されたことにより，地方公共団体に対するチェック機能の強化が求められるようになったことである。

当時，地方分権推進法が施行されたことで，各地方公共団体には更なる自主規制が期待され，公正の確保，透明性の向上が求められていた。ところが，その実態として，監査委員制度があまり機能していないことが発覚した。

第25次地方制度調査会（監査制度の改革に関する答申）では，「地方分権に伴い，国が行なってきた地方公共団体の行政に対する関与等は縮減することとなるが，地方公共団体自らのチェック機能をさらに充実することが必要となる」ことを指摘した。また，監査委員制度における監査委員の専門性及び独立性には限界があることを指摘し，外部監査制度の導入を提言した(9)。

---

(8)　監査制度の改正内容，制度改正の背景，議論の内容を整理にあたっては，地方自治法の改正の議論に係る各地方制度調査会の答申，及び以下の文献を参考にしている。宇賀克也『地方自治法概説〔第10版〕』（有斐閣，2023年）354-373頁。

2　2006年の改正

2006年の地方自治法の改正では，条例により識見委員を増加することを認める制度改正が行われた（地方自治法第195条②）。

2006年の地方自治法の改正に先立ち，第28次地方制度調査会（地方の自主性・自立性の拡大及び地方議会のあり方に関する答申）では，監査委員のあり方が議論された。

議論された背景には，2000年4月に地方分権一括法が施行され，中央集権型から地方分権型への転換に向けた改革が行われたこと，その下では地方分権の視点からの課題が指摘されていたことであった。

更なる地方分権を進めるためには，制度及びその運用の充実が期待されていた。その1つが監査委員の識見委員の増加による実施体制の充実であった。これに関連して，「地方公共団体の実情に応じて監査機能の充実を図る観点から，識見を有する者から選任する監査委員については地方公共団体の条例でその数を増加することができることとすべき」という提言がなされていた。

3　2011年の改正

2011年の地方自治法の改正では，監査委員事務局の共同設置を認める制度改正が行われた[10]（地方自治法第252条の7～13）。

もっとも，この改正の直前には地方公共団体の不適正な経理処理が発覚したことで，監査制度を抜本的に見直すことについても議論されていたことには注意する必要がある。すなわち，不適正な経理処理の発覚は，地方分権化の見返りとして期待されていた自主的なチェック，すなわち監査機能の強化は望めないことを想起させた。以下では，不適正な経理処理の発覚から，2017年の改正までの議論の経緯を整理している。

（1）　不適正な経理処理の発覚

不適正な経理処理とは，2008年から2010年にかけて地方公共団体で発覚した財務事務の執行に係る不祥事であった。この事象に関連して，会計検査院は，2008

---

(9) 外部監査制度の導入については，1994年に公表された第24次地方制度調査会（地方分権の推進に関する答申）において，地方行政の公平の確保と透明性の向上に関連して，地方公共団体の監査機能の充実を図るために外部監査制度を検討する必要があることがすでに提言されていた。

(10) 監査委員事務局の共同設置については，すでに第25次地方制度調査会においても提言されていた。

年度から2010年度にかけて，都道府県及び政令市を対象に不適正な経理処理についての実態を調査し，2010年12月に調査報告書を公表した[11]。当該調査報告書では，都道府県・政令市において「預け」等の不適正な経理処理が行われていたことを明らかにした。

これらの不適正な経理処理が行われた原因は，事務手続の省力化になるのであれば，多少の手続きの瑕疵は許されるなどの誤った認識，交付を受けた補助金等は返還が生じないように，使い切らなければならないなどの誤った認識に基づく財務事務手続が行われていたことであった。

そして調査報告書は，不適正な経理処理が，組織風土の中に誤った認識として根付いていたこと，内部牽制機能が有効に機能せず，内部統制に不備があったことも指摘した。また，不適正な計処理について，監査委員の監査では，2015年度から2020年度までに12都道府県市で実施していたこと，外部監査では，2020年度に1県の包括外部監査人が意見を述べていた事例があったことを明らかにした。

（2） 第29次地方財政調査会の議論

不適正な経理処理の発覚の後，2008年の第29次地方財政調査会（今後の基礎自治体及び監査・議会制度のあり方に関する答申）では，監査委員制度及び外部監査制度についての見直しの必要性を提言した。

監査委員制度については，監査委員の独立性・専門性の確保についての問題，監査実施体制の問題，そして監査結果の実効性と透明性の確保についてである。

また，外部監査制度については，包括外部監査の監査方法と外部監査の導入の促進である。当時，監査方法については，包括外部監査人が決算の財務書類の監査を担うことも提言された。

もっとも，費用の増加・資格が公認会計士に限定されるなどを理由に引き続きの検討が必要であるという見解から，外部監査制度の改正には到らなかった。また，導入の促進については，年に1度行わなければならないことから，条例により，複数年度に1回包括外部監査を受ける方式の導入が適当であることも提言された。さらに，小規模団体での導入の促進についても引き続きの検討を要請した。

（3） 地方行財政検討会議における議論

不適正な経理処理への対応は，2010年1月に設置された地方財政検討会議にお

---

(11) 会計検査院『都道府県及び政令指定都市における国庫補助事業に係る事務費等の不適正な経理処理等の事態，発生の背景及び再発防止策について（会計検査院法第30条の2の規定に基づく報告書）』2010年。

いても議論された。2010年7月には「監査制度の見直しの方向性について（たたき台）」が公表された。ここでの議論は，監査委員制度と外部監査制度を廃止し，新たな監査制度の構築が提示された。その後，2011年1月に「地方自治法抜本改正に向けての基本的な考え方」が公表された。当該報告書では，監査委員制度及び外部監査制度の課題を示した上で，廃止を含め，抜本的な見直しを進め，制度化に向けて検討することを求めた。

また，当該報告書でも，2017年の地方自治法の改正につながる内部統制のあり方についての具体的な検討，そして監査基準の検討も提言されていた。

4　2017年の改正

2017年の地方自治法の改正では，監査制度と内部統制の制度に関連して，以下の内容が改正された。

(1) 監査委員による監査基準の策定（地方自治法第198条の4）・監査基準に準拠した監査の実施（地方自治法第198条の3）
(2) 議選委員の選任の緩和（地方自治法第196条①）
(3) 監査専門委員の創設（地方自治法第200条の2）
(4) 条例により包括外部監査を実施する地方公共団体の実施頻度の緩和（地方自治法252条の36②）
(5) 内部統制の制度導入（地方自治法第150条）

2017年の地方自治法改正における監査制度の機能の強化及び内部統制の充実については，不適正な経理処理が大きく影響した。

もっとも，上述した地方財政検討会議では，監査制度の抜本的な見直しを求めていたが，2012年9月に開催された総務省の「地方公共団体の監査制度に関する研究会」では，むしろ，現行の監査制度の改善策が検討された。地方財政検討会議での議論から一転した議論に向かわざるを得なかった1つの要因は，2011年3月11日に東日本大震災が発生したことが影響していると予想される。

2013年3月に公表された報告書では，監査基準の必要性，監査委員の専門性・独立性の確保，監査委員事務局の独立性と専門性の確保，内部統制の整備，外部監査のあり方についての検討，そして監査サポート組織の創設が提示された。

その後，第31次地方制度調査会では，適切な役割分担によるガバナンスについて議論している。2017年3月に公表された（人口減少社会に的確に対応する地方行政体制及びガバナンスのあり方に関する答申）によれば，ガバナンスについて，長，監査委員，議会，そして住民の役割分担が示された。その中で，長の役割と

して，内部統制の体制を整備すること，そして監査の役割として，統一的な監査基準を定めることが適当であることが提言された。

V 監査制度改革後の現状

　地方分権化の推進にあたっては，地方公共団体の自主的なチェック機能の強化が不可欠である。もっとも，監査機能の強化については地方公共団体の自主性に委ねてきた側面がある。ここで，直近の『地方月報第61号』に依拠して，監査制度改革後に，地方公共団体は，制度の趣旨を踏まえて，自主的に監査機能の強化を行ってきたかを検証したい。具体的には，導入が任意である制度に着目して，当該制度の活用及び浸透状況について明らかにする。

（１）　識見委員の状況 ── 監査委員の独立性の確保・実施体制の強化

　現行の監査委員の制度では，原則として，都道府県及び人口25万人以上の市では，監査委員の定数が4名のうち，議会選出の委員が1名の場合，識見委員を3名（うち常勤を1名）または2名の場合には，2名（うち常勤を1名）をおく必要がある。また，2006年の地方自治法の改正により，識見委員の定数増加は条例により認められている。

　そして，制度改正の趣旨には，2つの論点があった。第1に，地方公共団体の元職員については，専門性が高いとはいえ，外観的独立性の観点からすると，馴れ合いの監査に陥りやすくなるので，元職員ではない第三者が識見委員として選任されることが望まれることである。第2に，監査の実施体制の観点からすると，識見委員の定数を増加することが望まれることである。

　この制度改正の趣旨に関連して，図表2は都道府県の常勤の元職員の識見委員の状況と条例を制定して定数を増加した団体を示している。また，図表3は政令市の常勤の元職員の識見委員の状況と条例を制定して定数を増加した団体を示している。そして，図表4は市区町村で条例を制定して定数を増加した団体を示している。

　図表2・図表3が示しているとおり，都道府県・政令市の一部ではあるが，元職員ではない者を常勤の識見委員に選任している傾向も見られる。一方で，条例を制定して識見委員の定数を増やしている団体は少ない。もとより，図表4が示しているとおり，小規模団体で期待される監査実施体制の強化について，市区町村では，定数の増加が見られない傾向がある。

（２）　監査委員事務局の設置状況 ── 小規模団体における実施体制の強化

　監査委員事務局とは，監査委員の業務を補助するために設置する組織体であ

図表2　都道府県の常勤の元職員の識見委員の状況と条例を制定して定数を増加した団体

（2023年3月31日現在）

都道府県	常勤の実務経験者	定数増加
北海道	1	
青森	0	
岩手	0	
宮城	1	
秋田	0	
山形	1	
福島	1	
茨城	1	
栃木	1	
群馬	0	
埼玉	0	
千葉	1	
東京	1	1
神奈川	0	1
新潟	1	
富山	1	
石川	1	
福井	1	
山梨	1	
長野	0	
岐阜	0	1
静岡	0	
愛知	1	1
三重	1	
滋賀	1	
京都	1	
大阪	0	1
兵庫	1	
奈良	1	
和歌山	1	
鳥取	1	
島根	1	
岡山	0	
広島	1	
山口	1	
徳島	0	2
香川	0	
愛媛	1	
高知	0	
福岡	1	
佐賀	1	
長崎	1	
熊本	1	
大分	1	
宮崎	1	
鹿児島	1	
沖縄	1	
合計	33	7

（出典：『地方月報第61号』に基づいて，筆者作成）

図表3　政令市の常勤の元職員の識見委員の状況と条例を制定して定数を増加した団体

（2023年3月31日現在）

政令市	常勤の実務経験者	定数増加
札幌市	0	0
仙台市	1	0
さいたま市	1	0
千葉市	1	0
横浜市	0	1
川崎市	1	0
相模原市	1	0
新潟市	1	0
静岡市	1	0
浜松市	1	0
名古屋市	1	0
京都市	1	0
大阪市	0	0
堺市	1	0
神戸市	0	0
岡山市	1	0
広島市	1	0
北九州市	1	0
福岡市	1	0
熊本市	1	0
合計	16	1

（出典：『地方月報第61号』に基づいて，筆者作成）

図表4　市区町村の条例を制定して定数増加をした団体の件数

（2023年3月31日現在）

市	109
特別区	2
町	3
村	2
合計	123

（出典：『地方月報第61号』に基づいて，筆者作成）

る。現行の監査委員制度では，都道府県では必置とされている。（地方自治法200条①）1997年の地方自治法の改正により，市町村でも，設置することが認められるようになった（地方自治法200条②）。制度改正の趣旨は小規模団体の監査の実施体制の強化である。図表5は指定都市と中核市を除く市町村の監査委員事務局の設置状況を示している。

　図表5で示した通り，監査委員事務局の単独の設置状況は，市ではおおよそ設置されているものの，町村では，ほとんどの町村が設置していない状況がある。また，監査委員事務局の設置の方法には，2011年の地方自治法の改正によりに共同監査組織が認められた。もっとも，現状では共同設置の状況は，岡山県の瀬戸内市と備前市の1事例に限られている。

（3）外部監査制度の導入状況 —— 独立性・専門性の強化

　現行の外部監査制度は，1997年の地方自治法の改正にあたり，原則として都道府県・政令市・中核市において，包括外部監査契約が義務づけられた（地方自治法252条の36①，施行令第174条の49の26）。その他の市町村では，条例により導入することができる。

　さらに2017年の地方自治法の改正では，頻度の緩和をすることで，一般市での導入が期待されていた。図表6は，一般市・特別区の包括外部監査契約の導入状況を示している。

　図表6で示したとおり，一般市・特別区で包括外部監査を導入している団体は限られている。これには，監査報酬の問題と専門家が都市圏に集中していることに課題があると考える。『地方月報第61号』によれば，監査報酬は，都道府県・政令市では，1千万円前後から2千万円の幅が見られた。また，自主的に包括外部監査契約を導入している市区町村は東京および関西近県の都市に集中している。

（4）監査専門委員の創設 —— 専門性の確保

　現行の監査委員制度には，監査委員の専門性を補完するために設けられた監査専門員の制度がある（地方自治法第200条の2）。これは，2017年の地方自治法の改正により，創設された制度で，監査専門委員は，監査委員の委託を受けて，その権限に属する事務に必要な事項を調査する[12]（地方自治法第200条の2③）。

　図表7は都道府県の監査専門委員の導入状況を，図表8では一般市・特別区に

---

[12] 監査基準（案）第13条は，監査委員が選任し，必要な事項を調査させることができることを示している。また，実施要領7では，専門員委員の設置の具体例として，ICT・建築・環境等の分野を提示している。

図表5　全国の市町村の監査委員事務局の設置状況

（2023年3月31日現在）

	市	町	村	設置していない合計	単独設置済み合計
北海道		66	11	77	99
青森		16	3	19	19
岩手		5	3	8	24
宮城		15	1	16	18
秋田		7	2	9	15
山形		7	1	8	26
福島		30	14	44	12
茨城	2	7	1	10	33
栃木		6		6	18
群馬		11	6	17	16
埼玉	1	17	1	19	40
千葉		13	1	14	37
東京		4	8	12	49
神奈川		8	1	9	20
新潟		4	2	6	23
富山		2	1	3	11
石川		4		4	14
福井		4		4	12
山梨	1	1		2	24
長野		13	29	42	33
岐阜		12	1	13	28
静岡		10		10	23
愛知		6	2	8	41
三重		8		8	21
滋賀		4		4	14
京都		7		7	18
大阪		6		6	28
兵庫		11		11	25
奈良		9	10	19	19
和歌山	1	18	1	20	9
鳥取		6	1	7	11
島根		2	1	3	15
岡山		7	1	8	15
広島		6		6	14
山口		1		1	17
徳島		3		3	21
香川		5		5	11
愛媛		5		5	14
高知		4	4	8	25
福岡		15		15	42
佐賀		8		8	12
長崎		6		6	13
熊本		13	5	18	26
大分				0	17
宮崎		10	3	13	12
鹿児島		12	3	15	27
沖縄		3	6	9	21
合計	5	437	123	565	1092

（出典：『地方月報第61号』に基づいて，筆者作成）

図表6　一般市・特別区の包括外部監査契約の導入状況　　（2023年3月31日現在）

都道府県	条例を設けている市・特別区	条例で頻度を定めている	条例施行
埼玉県	所沢	－	平成23年4月1日
東京都	港区	2年度に一度	平成3年4月1日
	江東区	毎会計年度	平成20年4月1日
	大田区	2年度に一度	平成17年4月1日
	世田谷区	－	平成16年4月1日
	荒川区	毎会計年度	平成13年4月1日
	町田市	毎会計年度	平成19年4月1日
滋賀県	甲賀市	－	平成28年4月1日
大阪府	泉南市	－	令和4年4月1日

（出典：『地方月報第61号』に基づいて，筆者作成）

図表7　都道府県の監査専門委員の導入状況　　（2023年3月31日現在）

都道府県	令和3年	令和4年	住民監査請求	公営企業	建築・土木	財政援助団体	IT・情報システム	定期	職員研修
北海道	○	×	○						
茨城	○	○		○	○	○			
栃木	○	×			○				
東京	○	○			○				
新潟	○	○		○		○			
山梨	○	○		○		○		○	
長野						○			○
岐阜	○	○				○			

（出典：『地方月報第61号』に基づいて，筆者作成）

図表8　一般市における監査専門委員の導入状況　　　　　（2023年3月31日現在）

一般市	令和3年	令和4年	住民監査請求	公営企業	建築・土木	財政援助団体	IT・情報システム	定期	職員研修	その他
八戸	○	○			○					
盛岡	○	○		○		○				
花巻	○	○		○						
あきる市	○	○			○					
豊島区	○	○			○	○				
藤沢	×	○	○							
瑞浪	○	○			○					
山県	○	○				○				
稲沢	○	○								
四日市	○						○			
		○								
栗東	○	×			○					
京田辺	○	×			○					
八尾	○		○		○					
		○		○						
西宮	○							○		
備前・瀬戸内（共同）	○	○								確定申告
備前・瀬戸内（共同）	○	○								固定資産税の公益減免
太宰府					○		○			
別府	○	○			○					
串間	×	○			○					

（出典：『地方月報第61号』に基づいて，筆者作成）

おける監査専門委員の導入状況を示している。図表7，図表8が示しているとおり，監査専門委員の活用はあまり進んでいないことがわかる。

Ⅶ　考察結果

　本稿では，監査機能の強化と内部統制の充実の論点から地方分権改革を検証した。最後に，考察結果をまとめることで，地方分権化に係る監査制度改革の課題について述べたい。
　地方公共団体の監査制度改革には2つの側面が影響していた。
　第1に，地方分権化を進めるにあたっては，地域住民に対する説明責任の向上

が必要であり，自主的な監査機能の強化が必要である，という側面が影響していたことである。

　第2に，地方公共団体で不祥事が顕在化したことで，監査機能の強化・内部統制の充実を図らなければならない，という側面も影響したことである。

　すなわち，監査制度改革には，地方分権化の推進のみならず，地方公共団体の不祥事の顕在化が影響していた。

　その意味で，不祥事後の監査制度改革では，強制的に地方公共団体に義務を課すことで，地域住民に対する説明責任の向上を目指してきた。例えば，外部監査制度の導入及び内部統制の制度の導入がこれに該当している。これは，都道府県・政令市などの大規模な団体の地方分権化にとって必要な制度改正であったと考える。

　一方で，中小規模の地方公共団体に対する監査制度改革は，監査実施体制の強化について地方公共団体の自主性を促すアプローチが取られてきた。もっとも，V章で明らかにした通り，自主的に制度を活用している団体は少ない状況が見られた。その主たる理由として，地方分権一括法が施行された2000年当時には，想定されていなかった急速な人口減少が阻害要因となったと考える。現在，地方公共団体は，2040年問題，すなわち人材不足の課題を解消するためにDXの推進を行なっている。2000年当時，急激な人口減少とそれに伴う東京一極集中は想定されていなかった現象である。これらの現象は，とりわけ地方の小規模団体の自主的な監査機能の強化の阻害要因となっている。こうした現象こそが，現在の地方分権化に係る監査制度改革の現在の課題と考える。

　今後，中小規模の監査機能の強化については，地方公共団体の自主性に委ねるだけではなく，何らかの支援策が必要になると考える。とりわけ，地方の小規模の地方公共団体では，国または都道府県からの何らかの支援がなければ，独立性と専門性を兼ね備えた人材等の監査資源の確保はますます厳しくなることが予想される。こうした現象に対する方策として，2012年9月に開催された「地方公共団体の監査制度に関する研究会」で議論されたサポート組織の考え方は参考になるものと考える。

※本稿はJSPS科研費（22K01817）の助成を受けたものです。

10　住民訴訟制度の見直し
—— 地方分権改革以降の展開

曽 和 俊 文

Ⅰ　はじめに
Ⅱ　住民訴訟の運用実態，その積極的意義と問題点
Ⅲ　平成14（2002）年改正
Ⅳ　平成29（2017）年改正
Ⅴ　おわりに

Ⅰ　はじめに

　住民訴訟制度は，昭和23（1948）年の第2次地方自治法（以下「自治法」という）改正でわが国に導入された訴訟である。アメリカの納税者訴訟に倣って制度化が図られたが，アメリカにはない「住民監査請求」がおかれ，タイトルは「納税者訴訟」と言いつつ住民なら誰でも原告となれる制度として発足した。

　昭和38（1963）年に自治法が改正され，規定の明確化と手続規定の整備が諮られ，タイトルも「住民訴訟」として，ほぼ現在の住民訴訟の形に整備された。すなわち，請求内容が1号請求〜4号請求と細分化され，被告も明確に規定され，代位請求訴訟で勝訴した場合の弁護士費用請求制度などの改正がなされた。

　その後，平成6（1994）年自治法改正で，4号請求訴訟で被告（長や職員）が勝訴した場合の弁護士費用補助制度がおかれたが，同規定は平成14（2002）年自治法改正により削除された。

　平成14（2002）年の自治法改正では，4号請求訴訟の訴訟形式の変更，1号請求訴訟の訴訟要件の緩和，原告勝訴の時の弁護士費用の公費負担の拡大などの改正がなされた。

　さらに，平成29（2017）年の自治法改正では，長や職員に対する損害賠償責任の一部免責制度，債権放棄議決における監査委員の意見聴取などの改正がなされた。

　以上のように，住民訴訟制度は発足から既に75年以上経過しており，その間に数度の改正を経てきている。以上の改正の内，地方分権改革以後になされた住民訴訟制度改正としては，平成14（2002）年改正と平成29（2017）年改正がある。

本稿では，地方分権改革後になされたこれらの2つの改正の背景事情と改正内容を紹介し，あわせてそれぞれの改正後に残された課題について検討してみたい。

Ⅱ 住民訴訟の運用実態，その積極的意義と問題点

具体的に改正内容の検討に入る前に，これまでの住民訴訟の運用実態や住民訴訟が果たしてきた積極的意義や問題点について簡単にまとめておきたい。

1 住民訴訟の活用の量的拡大

（1） 地方分権改革前の住民訴訟の運用実態

地方分権改革前の住民訴訟の活用の実態について，私は，統計に基づき，次のような指摘をしたことがある[1]。

「1）住民監査請求数は，昭和41年から51年までは毎年平均で120〜130件，昭和51年から55年までは年平均で約170件，昭和55年から平成4年までは年平均で230件〜270件，平成4年から7年は年平均で360件，平成7年から11年は年平均で720件と，一貫して増えてきている。2）住民訴訟も，昭和45年から51年までは毎年平均で25件，昭和51年から平成元年までは年平均で38件〜58件，平成元年から4年は年平均で80件，平成4年から7年平均で112件，平成7年から11年は年平均で207件と，しだいに増えてきている。3）住民監査請求も住民訴訟も平成元年以降しだいに増加しているが，とくに最近の4，5年間で急増している」[2]。

住民訴訟が制度化されてから40年ほどは1年間の住民訴訟提起数は100件以下であり，この頃の全国の地方公共団体数が3000以上あったことを前提とすれば，余り活用されていなかったといえる。おそらく，住民訴訟制度がわが国になじみのない制度であり，条文構造も複雑であるので，住民も弁護士も活用方法を模索していたのであろう。

ところが，平成元（1989）年頃から住民訴訟は次第に活用されるようになり，平成7（1995）年には1年間に200件を超えるようになってきた。丁度その頃，カラ出張問題や官官接待問題が社会問題化しており，市民オンブズマンなどの住

---
(1) 曽和俊文『住民訴訟の法理と改革』（第一法規，2023年。以下では曽和『法理と改革』という）270頁の［表1］参照。
(2) 曽和『法理と改革』269頁［初出2000年］。

民団体が行政を監視する手段として情報公開制度と住民訴訟制度に注目するようになった。そして，住民訴訟は活用次第では実に切れ味の鋭い武器となることが理解され初めてきたのである。

(2) 地方分権改革後の住民訴訟の運用実態

地方分権改革後の住民訴訟の活用実態について，まずは，次の表を参照されたい。

以上の表1から，地方分権改革後の住民訴訟制度の運用について読み取れるこ

表1　地方分権改革（1999年）以降の住民監査請求及び住民訴訟の件数

	住民監査請求			住民訴訟		
	都道府県	市町村	小計	都道府県	市町村	小計
平成11.4.1 〜平成15.3.31 （年平均）	899 (224.7)	2633 (658.3)	3532 (883)	226 (56.5)	640 (160)	866 (216.5)
平成15.4.1 〜平成19.3.31	791 (197.7)	3991 (997.7)	4782 (1195.5)	278 (69.5)	857 (214.3)	1135 (283.7)
平成19.4.1 〜平成21.3.31	338 (169)	1460 (730)	1798 (899)	161 (80.5)	468 (234)	629 (314.5)
平成21.4.1 〜平成24.3.31	472 (157.3)	1914 (638)	2386 (795.3)	190 (63.3)	568 (189.3)	758 (252.6)
平成24.4.1 〜平成26.3.31	277 (138.5)	1231 (615.5)	1508 (754)	124 (62)	359 (179.5)	483 (241.5)
平成26.4.1 〜平成28.3.31	341 (170.5)	1120 (560)	1461 (730.5)	117 (58.5)	332 (166)	449 (224.5)
平成28.4.1 〜平成30.3.31	294 (147)	1221 (610.5)	1515 (757.5)	173 (86.5)	331 (165.5)	504 (252)
平成30.4.1 〜令和3.3.31	350 (116.6)	2340 (780)	2690 (896.6)	154 (51.3)	430 (143.3)	584 (194.6)
令和3.4.1 〜令和5.3.31	249 (124.5)	1093 (546.5)	1342 (671)	112 (51.3)	375 (187.5)	487 (243.5)
平成11.4.1 〜令和5.3.31 〈24年間：合計〉 （年平均）	4011 (167.1)	17003 (708.5)	21014 (875.6)	1535 (64.0)	4360 (181.7)	5895 (245.6)

出典：地方自治月報53-61号

とをまとめると次のようになる。

1）平成11年4月1日～令和5年3月31日までの24年間で，住民監査請求は2万1014件，住民訴訟は5895件が提起されている。2）1年間に提起される住民監査請求数は671件～1195件と年度によって増減はあるが，年平均875.6件という数字は，住民訴訟が活発に利用されてきた平成7年以降の傾向とほぼ変化はない。3）住民訴訟数は1年間に194件～314件と年度によって増減はあるが，年平均245.6件という数字は，平成7年以降の傾向とほぼ変わっていない。

（3）小　括

法務省の統計によれば，平成11年～令和5年の24年間で第一審裁判所が受け付けた行政訴訟事件数は合計5万7127件，1年間の平均が2380件である（法曹時報71巻9号57頁，76巻9号106頁）。これと比較すれば，近年の住民訴訟の提起数は行政訴訟全体の1割以上を占めていることになり，住民訴訟は量的にも行政訴訟の重要な一分野となっていると言える。

2　住民訴訟の積極的意義

住民訴訟は，住民なら誰でも原告となって，地方公共団体の財務行政の違法の是正や損害の回復を求めることができる訴訟である。住民自治の一手段であり，情報公開制度と相まって住民による自治体財務行政の監視手段として活用され，多くの成果をあげてきた。

例えば，これまでの住民訴訟によって是正されてきた成果を思いつくまま挙げてみると，①カラ出張や官官接待の是正，②補助金支出の公益性の確保，③議員の海外視察・県外出張の適正化，④第3セクターへの職員派遣・給与負担の制度改革，⑤土地購入価額の適正化，⑥議員の政務調査費（政務活動費）支出の適正化，⑦談合企業への責任追及，⑧求償権を怠る違法の是正などを即座に挙げることができる[3]。

また，住民訴訟は政教分離原則違反を争う訴訟の舞台ともなっており，これまでに3件の違憲判決（最大判平成9・4・2民集51巻4号1673頁，最大判平成22・1・20民集64巻1号1頁，最大判令和3・2・24民集75巻2号29頁）を生み出してきた。

3　住民訴訟の問題点

住民訴訟は住民による自治体財政の統制手段（さらには行政一般の違法是正手

（3）これらの具体的内容については，さしあたり，曽和『法理と改革』71-118頁「行為類型別にみた財務会計行為の違法性」を参照。

段）として積極的な役割を果たしてきたが，他方で，問題点も幾つか指摘することができる。ここでは２点指摘しておきたい。

（１）　長や職員に重い損害賠償責任

第１に，これまでの住民訴訟では，長や職員に対して損害賠償請求をなすことを求める４号請求訴訟が専ら活用されてきたが，時に，長や職員にかなり重い損害賠償責任が課せられることがある。

例えば，総務省の「住民訴訟制度関連資料」では，平成17年４月１日～平成27年４月１日の間に４号請求訴訟で地方公共団体の長や職員に１億円以上の損害賠償（請求）を命じた判決が10件紹介されている[4]。重い損害賠償責任を課せられるのは，それなりに理由があるので，一概に問題視できないが，高額の賠償責任の認容が公務を萎縮させる一因となっているのではないかが問題とされている。

また，地方公共団体の財政に関する決定は，最終的には長が決裁することが多いとは言え，多くの場合には組織的に積み上げてきた判断の結果の決定であり，このような組織的決定の責任を，長個人にのみ負わせることが，果たして妥当か，疑問もある。

４号請求訴訟は，地方公共団体が長や職員に対して実体法上有する損害賠償請求権の行使を求める形式の訴訟である。この場合，会計職員の賠償責任については，原則として「故意又は重過失」がある場合に限定され（自治法243条の２の８第１項），損害発生への関与度に応じた分割責任の規定（同条第２項）も定められている。しかし，長の賠償責任の実体法上の根拠は民法709条であると解されているので，「故意又は過失」により責任が発生し，分割責任の規定も適用されない。

国の場合には，予算執行職員等に関する責任に関する法律が「故意又は重過失」である場合に限定して損害賠償責任を認めている。また，国家賠償法１条２項の求償権も「故意又は重過失」がある場合に限られる。これらの規定に倣って，長の損害賠償責任を「故意又は重過失」に限定すべきであるとの見解[5]があり，総務省でもその方向での自治法改正が試みられたことがある（後述）が，現在のところ改正は実現していない。

４号請求訴訟において，長や職員に対して時に過酷な損害賠償責任を課すことがあるという現実が，後にみる議会による債権放棄議決の１つの背景となってお

（４）　https://www.soumu.go.jp/main_content/000370619.pdf を参照。
（５）　曽和『法理と改革』325-356頁参照。

り，また自治法改正による住民訴訟制度の見直しにつながっている。

  (2) 濫訴，濫用の可能性

　住民なら誰でも（1人でも）出訴が可能なので，政敵を追い落とすための出訴など，濫訴，濫用の可能性がある。もっとも，本案において原告の主張が妥当ならば，誰の訴えであっても制限すべきではないとも言えるが，これまでの住民訴訟判決例の中には，住民自治の原則に照らしても疑問が生じるものがある。

　例えば，国立市マンション建設規制事件では，国立市大学通りの景観を保護するために高層マンション建設を規制しようとした国立市の行為が違法であるとする業者による国家賠償訴訟が認容されたことを受けて，元市長個人に求償を求める住民訴訟が提起され，最終的に元市長に対して3123万円余りの損害賠償請求（求償権の行使）をなすことを国立市に命ずる判決が確定している（東京地判平成22・12・22判時2104号19頁，東京高判平成27・12・22判例自治405号18頁）。また，杉並区住基ネット住民訴訟（東京地判平成17・1・26裁判所WEB）では，住民のプライバシーを守ろうとして住基ネットへの接続を拒否した区長らに損害賠償請求をなすことを求める住民訴訟が提起されている（但し本案で請求棄却）。

　これらの訴訟では，住民の意向を受けた市長や区長の政策的判断に反対する住民からの住民訴訟が提起されているが，このような非財務的な決定の是非について，どこまで住民訴訟で争えると解すべきなのか，怠る事実の相手方に対する住民訴訟のあり方も含めて，今後の検討課題であるように思われる。

  (3) 小　　括

　住民訴訟の根拠となる地方自治法の条文は，住民監査請求に関する条文を入れても3箇条に過ぎず，多種多様な住民訴訟の類型を適切に処理するには十分なものとは言えない。また，4号請求訴訟における損害賠償責任や不当利得返還請求権の実体法上の根拠についてもさらに検討する余地があろう。住民訴訟制度については，理論的にも立法的にも検討すべき課題が残されている。

　もっとも，これまでの住民訴訟制度改正は，そのような根本的検討とは別に，住民訴訟の運用から浮かび上がってきたその都度の問題点の解決のために行われてきたといえる。以下では，平成14年改正，及び，平成29年改正について，改正の背景事情，改正内容，改正後に残された課題について検討してみたい。

Ⅲ 平成14（2002）年改正

1 平成14（2002）年改正の経過と内容の概略

（1） 改正の背景，経過

　地方分権一括法制定に始まる地方分権改革（1999年地方分権一括法制定，2000年改正地方自治法施行）は，①機関委任事務の廃止，②対等・平等な法律関係の確立など大きな意義を持つ改革であった。しかし，これらの改革はもっぱら＜団体自治＞の側面での改革であって，＜住民自治＞の側面での改革・充実の課題はその後に残された。

　この残された課題を検討する舞台となったのが平成10（1998）年10月27日に発足した第26次地方制度調査会であった。同調査会は，平成12（2000）年の10月25日に，その成果を「地方分権時代の住民自治制度のあり方及び地方税財源の充実確保に関する答申」（以下では「住民自治答申」として引用する）としてまとめて，内閣総理大臣に提出した。住民監査請求制度及び住民訴訟制度の改正については，地方制度調査会の下に設置された「行政監視のあり方に関する研究会」（座長，成田頼明）が具体的な内容をまとめ，法改正ではその内容がほぼそのまま取り入れられた。

（2） 改 正 内 容

　住民監査請求制度及び住民訴訟制度については，次のような①〜⑧の改正がなされた[6]。

　第1に，住民監査請求制度の充実として，①暫定的停止勧告制度の創設（監査請求があった場合に「当該行為が違法であると思料するに足りる相当な理由」がある等の要件を満たす場合に監査委員が当該行為の暫定的停止を勧告できる），②監査手続の充実（監査委員が必要と認めた場合に学識経験者等から意見を聞き，あるいは陳述の場に地方公共団体の長・職員・請求人を立ち会わせることができる）が制度化された。

　第2に，職員に対する賠償命令の充実として，③除斥期間の規定の削除（賠償命令の除斥期間3年の規定を削除し，賠償責任が存続する期間は賠償命令を発することができるようにした）がなされた。

　第3に，住民訴訟制度の充実として，④1号請求の充実（従来1号請求を提起

---

[6] 詳しくは，地方自治制度研究会編『Q&A 地方自治法平成14年改正のポイント』（ぎょうせい，2002年）6-16頁，曽和『法理と改革』357-371頁等を参照。

する要件として定められていた「回復の困難な損害が生ずるおそれがある場合に限る」との文言を削除し，かわりに公共の福祉との調和を求める文言を付加した），⑤職員の実体責任の見直し（職員に対する不当利得返還請求において「当該職員に利益の存する限度に限る」との規定を削除した），⑥訴訟類型の再構成（地方公共団体の長・職員等を個人として被告とする従来の4号請求訴訟を廃止して，地方公共団体の執行機関を被告とする新4号請求訴訟を新設した。また，新4号請求訴訟の判決が確定後の手続について整備した），⑦民事保全法の適用関係の明確化（住民訴訟において民事保全法に規定する仮処分をすることができない旨明確化された），⑧弁護士費用の公費負担の拡充（原告勝訴時の弁護士費用の公費負担を4号請求訴訟だけでなくすべての訴訟類型に拡大した）の改正がなされた。

　以上の改正のうちで，一番重要な改正は訴訟類型の再構成である。項目を改めて詳しく検討してみたい。

2　「訴訟類型の再構成」の意義と問題点

（1）　改正内容の詳細

　まず改正内容を改めて条文（現行法）で確認しておくと次のようである。

　1）従来の職員個人を被告とする旧4号請求は，「当該職員又は当該行為若しくは怠る事実に係る相手方に損害賠償又は不当利得返還の請求をすることを当該普通地方公共団体の執行機関又は職員に対して求める請求」（自治法242の2第1項4号。以下「新4号請求」という）になった。

　2）新4号請求に係る訴訟が提起された場合には，「当該職員又は当該行為若しくは怠る事実の相手方に対して，当該普通地方公共団体の執行機関又は職員は，遅滞なく，その訴訟の告知をしなければなら」ず（自治法242の2第7項），「訴訟告知があつたときは，第1項第4号の規定による訴訟が終了した日から6月を経過するまでの間は，当該訴訟に係る損害賠償又は不当利得返還の請求権の時効は，完成しない」（同条第8項）。

　3）新4号請求に係る訴訟について「損害賠償又は不当利得返還の請求を命ずる判決が確定した場合においては，当該判決が確定した日から60日以内の日を期限として，当該請求に係る損害賠償金又は不当利得の返還金の支払を請求しなければならない」（自治法242条の3第1項）。

　4）損害賠償金又は不当利得の返還金が期限までに支払われないときには，「当該普通地方公共団体は，当該損害賠償又は不当利得返還の請求を目的とする訴訟を提起しなければならない」（自治法242条の3第2項。なお，この訴訟提起には議決は不要である）。当該訴訟の被告が当該地方公共団体の長である場合には，

「当該訴訟については，代表監査委員が当該普通地方公共団体を代表するものとする」（同条第5項）。

5）新4号請求訴訟の裁判が「同条［自治法242条の2］第7項の訴訟告知を受けた者に対してもその効力を有するときは，当該訴訟の裁判は，当該普通地方公共団体と当該訴訟告知を受けた者との間においてもその効力を有する」（自治法242条の3第4項）。

以上，ややこしい規定であるが，要するに，最初の住民訴訟で原告住民が勝訴した場合に（かつ損害賠償金等が支払われない場合に）地方公共団体が長や職員を被告として改めて損害賠償請求訴訟（第2段階の訴訟）を提起することになるが，その際に，第2段階の訴訟で被告となった長や職員が当初の住民訴訟判決で確定した内容を争う事ができないように条文上の手当がなされたというわけである。

(2) 改正理由と改正の意義

以上の改正の眼目は，これまで個人として4号請求訴訟の被告となってきた地方公共団体の長及び職員を住民訴訟の重圧から救い出し，訴訟負担から解放することにあった。

旧4号請求訴訟では，長や職員はある日突然個人として被告となり，自費で弁護士に依頼し，有給休暇を取って訴訟に対応しなければならなかった。最終的に長や職員の行為が適法とされても，訴訟に対応する時間的・金銭的・心理的負担はかなり大きく，長や職員は住民訴訟保険や互助会での積み立てで住民訴訟に対応してきていたのである。新4号請求訴訟になれば，長や職員はそうした訴訟負担から解放されることになる。

また，旧4号請求訴訟では，被告職員への応訴費用の公費負担の是非や，被告職員側への地方公共団体の訴訟参加の可否がさまざまに議論されてきた[7]。しかし新4号請求訴訟では，地方公共団体（の執行機関）が被告となるために，これらの問題は一挙に解決されることになる。

(3) 改正の問題点

以上の改正により長や職員らの訴訟負担は軽減されることとなり，職員からは歓迎される改正であったといえる。しかし問題がないわけではなかった。

第1に，今回の改正では，長や職員個人の実体法上の損害賠償責任要件については従来通りとされたので，長（及び「怠る事実の相手方」としての職員）の地方公共団体に対する損害賠償責任は「故意又は過失」によって発生する。それゆ

---

(7) さしあたり，曽和『法理と改革』329-336頁［初出2000年］を参照。

え，長や職員に重い損害賠償責任が発生することがあるという問題は残されたままであり，この点は平成29（2017）年自治法改正につながる問題であった．

第2に，住民からみた場合に今回の改正には大きな問題点があった。今回の改正は，従来の4号請求訴訟が1度の訴訟で実現しようとしたことを2度の訴訟ないし法的手続に分けて実現しようとするものである。住民はまず執行機関等を被告として違法行為による損害の回復措置の履行を請求する新4号請求訴訟を提起する（第一の訴訟）。当該訴訟で執行機関等が敗訴したならば，次に地方公共団体が損害の回復のための法的手続をとることになるが，改正案によれば，違法行為者が長の場合には，代表監査委員が長を被告として損害賠償請求訴訟等を提起し（第2段階の訴訟），違法行為者が長以外の職員あるいは相手方であれば，長が賠償命令手続又は損害賠償請求訴訟等を発動して損害賠償等を命ずる（第2段階の法的手続）ことになる。原告住民の立場からすれば，なぜこのようなめんどうな手順を踏まなければ損害の回復ができないかの疑問が生じるであろう。

さらに，第2段階の訴訟ないし法的手続では，最初の住民訴訟で被告側にいた者（地方公共団体と長や職員）が一転して原告と被告に分かれて争うことになるので，「なれ合い訴訟」になるおそれがあるとの批判が多数寄せられていた。この批判に対して総務省は，旧4号請求訴訟と新4号請求訴訟で争われる内容は同じであり，最初の住民訴訟判決で確定した内容は第2段階の訴訟で変更できないと説明していた（Ⅲ-2-(1)の条文参照）。

しかし，この説明を揺るがすような事件（奈良市葬祭場用地購入事件）が最近生じている。第2段階の訴訟で，当初の住民訴訟判決で確定した損害賠償請求額の約半分を放棄するという内容の和解がなされたのである。まさに住民訴訟制度の根幹を否定するような事件であるので，項目を改めて検討してみたい。

3　第2段階の訴訟における和解

（1）　事件の概要

（ⅰ）最初の住民訴訟判決確定まで

本件は，奈良市が代金1億6772万2252円で地権者Q，Rから葬祭場建設用地を購入したことに対して，奈良市の住民が，a）代金額が高額に過ぎる，b）葬祭場の建設に不必要な土地まで購入している，c）本件買収地に投棄されている産業廃棄物の撤去費用等を含めて奈良市が負担している，などの点で違法であると主張して，奈良市の執行機関を被告に，①主位的に，本件売買契約を締結した奈良市長であるP及び相手方Q，Rに対して損害賠償請求をなすこと，②予備的に，本件売買契約が無効であるとしてQ，Rに不当利得返還請求をなすことを求

めた住民訴訟4号請求訴訟である。

第一審裁判所（奈良地判令和2・7・21判時2488=2489号145頁）は，「本件買収地は，……追加買収地を含めて計算しても5339万6000円にしかならないところ，これに産業廃棄物の処理費用（1億4265万5543円）を考慮すると，実質的には無価値であるといえる。そうすると，本件売買契約を締結する必要性や交渉の経緯を踏まえても，産業廃棄物の存在を価格形成要因から除外した鑑定額の3倍以上である本件売買契約の代金額は余りにも高額に過ぎるものといわざるを得ない」と判断して，奈良市長Pに対して1億6772万2252円の支払いを請求すべきとする判決を下した（Q, Rに対する請求は棄却した）

控訴審（大阪高判令和3・2・26裁判所WEB）も，第一審と同様にPの損害賠償責任を認めた。さらに，地権者Q, Rについても「本件売買契約締結当時，本件買収地が市場では売却自体が困難な物件であることを認識していたといえる。それにもかかわらず，相手方Q, Rは，……奈良市において本件買収地を取得する必要性が高く，この時期に本件買収地を取得できなければ困る状態にあることに乗じて，奈良市が新斎苑の用地取得費用（本件撤去費用を含む）に関する枠として予定していた3億円に達するまで売買代金を引上げるよう要求し，要求に応じられなければ本件売買契約はしないなどと言って，結果的に，本件鑑定に基づく評価額に照らしても，著しく不均衡な価格で本件売買契約の締結に応じさせたものとが認められる」として不法行為責任を認めた。ただ損害額については購入価額から適正価額（5129万1547円）を控除した1億1643万0705円であるとして，〈奈良市がP, Q, Rに対し（連帯して）1億1643万0705円の支払いを請求せよ〉との判決を下した。これに対して奈良市が上告したが，令和3年10月7日，最高裁は上告棄却決定をなし，控訴審判決が確定した。

大阪高裁判決が確定した事を受け，同年10月28日に，奈良市長は，奈良市市議会に，市長職にある個人Pに対する損害賠償請求権を放棄する旨の議案を提出した。しかし同議案は，市議会において，32対6の大差で否決された。住民訴訟に係る債権放棄議案が否決されるのは極めて珍しいことであった。

（ⅱ）第2段階の訴訟における和解

更に驚くべきはその後の展開である。確定判決に従って奈良市は，市長職にある個人Pと地権者であるQ, Rを被告として，1億1600万円余を奈良市に支払うことを求める訴訟（いわゆる第2段階の訴訟）を提起した。しかし訴訟中に，奈良地裁が和解案を示し，原告である奈良市と被告であるP, Q, Rとの間で和解が成立したのである。

和解案の内容は，PとQ, Rがそれぞれ3000万円を奈良市に支払い，奈良市は

P及びQ、Rに対するその余の請求を放棄する、というものであった。この和解により、奈良市は、前訴住民訴訟判決（以下「前訴判決」という）で確定していた債権の半分以上、利子分をいれるとおよそ8600万円の債権を放棄することになる。

地方公共団体が和解をなすには議会の議決が必要（自治法96条1項12号）なので、臨時議会が召集された。奈良市議会では、第2段階での訴訟はそもそも許されないはずとの意見や、市民の貴重な財産を放棄することに対する批判などが、和解に反対する議員たちから出されたが、採決の結果、18対18で賛否が別れ、最後は議長の採決で和解案が可決され、和解が成立した。

本件での和解に対して、当初の住民訴訟の原告であった住民らが、本件和解は違法であるとして、和解をなした奈良市長と奈良市代表監査委員に対する損害賠償請求を奈良市に求める住民訴訟4号請求訴訟を提起した。この訴訟は目下奈良地裁で審理が進んでいる。

（2）第2段階の訴訟での和解の問題性

本件での第2段階の訴訟での和解は、前訴判決の効力を否定するものであり、自治法が定める債権管理の法規範にも違反するものである。以下、順次簡単に説明しておきたい。

（ⅰ）前訴判決との矛盾

Ⅲ-2-(1)で条文を挙げて説明したように、第2段階の訴訟では、前訴判決で確定した内容を否定することができないように制度設計されていた。しかしながら本件和解は、前訴判決で確定した債権の約半分を放棄する内容であり、前訴判決の効力を否定する内容を含んでいる。

奈良地裁は和解案を提示した理由を次のように説明していた。まず、(a)原告が本件買収地を早期に取得した事による便益として、①合併特例債を活用することで奈良市の財政負担が軽減したこと、②葬祭場が早期に使用開始されたことによって相応の経済的利益があることなどを挙げ、「本件売買契約の締結により、原告は、不動産鑑定士の鑑定より1億円以上高額な金額を支出することになっていますが、これによって、これを上回る金額の財政負担を免れた可能性が相当程度あったと認められます。このような事情は、被告が原告に賠償すべき金額を算定するに当たって、和解限りで考慮することとしました」と述べていた。(b)また、被告らが原告に賠償すべき損害額についても、上記の便益を考慮すれば「前件訴訟で認定された原告の損害額（1億1643万0705円）を、直ちに被告らに全額賠償させることが妥当な紛争解決の手段であるとも限らず、被告らの支払能力や回収可能性等をも踏まえると、和解限りにおいて、その5割程度に相当する6000

万円を被告らに賠償させるのが相当である」としていた。(c)さらに，被告Q，Rについて「本来，誰にいくらで売却するのかについての自由な意思決定が可能でありますし，もともと本件買収地は被告Q，Rの父が約2億円で競売して取得しており，……最終的に1億6772万2252円での売却に合意したことは，一面において合理的な経済活動の範囲内とみる余地もあります」と述べていた。

しかしながら，以上のような理由での和解提案は，前訴大阪高裁の判決内容を否定するものであり，和解という形で大阪高裁判決を書き直すものと言うほかない。

まず，(a)で指摘する合併特例債の活用可能性の問題は，前訴住民訴訟でも議論されており，大阪高裁は「合併特例債の起債期限が迫っていたことは，相手方Pが，上記ア及びイのような価格で本件買収地を取得したことを正当化する事情とはならない」と判断していた（既に決着済みの論点である）。また葬祭場がその後に運営利益を上げていることは買収価額の適切性の判断とは無関係である（なお一般に葬祭場の公益性については大阪高裁判決もそれを肯定した上で判決を下していた）。次に，(b)で奈良地裁は「和解限りにおいて，その5割程度に相当する6000万円を被告らに賠償させるのが相当である」と述べるが，「被告らの支払能力や回収可能性」についての具体的な分析は示されておらず，なぜ半額なのかの説明もない。さらに(c)についても，既に紹介したように大阪高裁判決は地権者の不法行為責任を明確に認めていたのに，奈良地裁はあたかも責任がないかのような説明をしている。

以上のように，今回の和解内容は明らかに前訴判決の効力と矛盾する内容を含んでいる。第2段階の原告である奈良市，及び，前訴判決で訴訟告知を受けた市長Pと地権者Q，Rには，前訴判決の効力が及ぶ（自治法242条の3第4項）ので，前訴判決と矛盾する主張はできないはずである。にもかかわらず，前訴判決の内容を否定する本件和解を受け入れることは，自治法242条の3第4項に違反しているといえよう。

(ⅱ) 債権回収義務に違反

自治法によれば，債権の回収は自治体の義務であり（自治法240条2項），債権の免除ができるのは「債務者が無資力又はこれに近い状態にあり，かつ，弁済することができる見込みがないと認められるとき」等に限定されている（自治法240条3項，同法施行令171条の7）。

第2段階の訴訟の原告である市長や代表監査委員は，奈良市を代表して前訴判決で確定した債権を回収するために訴訟をしており，債権管理に関する自治法の規定にしたがわねばならないはずである。にもかかわらず，本件では債務者の返

済能力についての検討をすることなく債権の放棄を行うものであって，この点でも違法であると言えよう。

（3）小　括

　平成14（2002）年改正で住民訴訟4号請求の訴訟類型が再構成されてから20年余り経つが，第2段階の訴訟で和解がなされるのは（私の知る限り）初めてである。第2段階の訴訟は債権回収のための訴訟であるので，自治法施行令171条の7が定めるような債務者の返済能力を考慮して債権を放棄する和解をなすことはあり得るかもしれないが，前訴判決の内容を否定するような和解は許されてはいない。

　にもかかわらず，奈良地裁がなぜ和解の提案をしたのだろうか，おそらく奈良地裁の裁判官は，2002年自治法改正の趣旨を正確に理解せず，第2段階の訴訟を通常の損害賠償請求訴訟と同じように捉えてしまったのではなかろうか。一般の民事訴訟（例えば損害賠償請求訴訟）では，原告である被害者と被告である加害者の合意による紛争の解決は，むしろ望ましい。そして和解では，紛争の性質や見通し，原告と被告の事情など「一切の事情」の考慮に基づき，両当事者の合意の下で「和解」して紛争を解決する。しかし住民訴訟4号請求訴訟の第2段階の訴訟を，一般の民事訴訟と同様に考えることはできない。

　奈良地裁は今回の和解案を提示するに当たって「本件では，この確定判決［前訴大阪高裁判決］の効力が本件訴訟に及ぶかが主な争点となっておりますが，以下に述べる事情を含む本件事案に関する一切の事情を考慮すると，前記1記載の内容での和解による解決が相当と考えます」と述べていた。しかし前訴判決の「効力が本件訴訟に及ぶかが主な争点となっておりますが」と述べながら，この争点についての判断は全く示されておらず，奈良地裁が挙げる諸事情（前記（a）（b）（c））が前訴判決の効力と矛盾することは既に指摘してきたことである。

　本件和解の違法性を争う住民訴訟4号請求訴訟は現在奈良地裁に係属中であるが，もし万一本件和解が認められるようなことがあれば，住民訴訟制度の根幹が揺らぐことになる。その意味で本稿ではやや詳しく本件和解の経過と問題点について述べてきた。平成14（2002）年改正の意義を確認する上でも，本件4号請求訴訟の行方が注目される。

Ⅳ　平成29（2017）年改正

1　議会による債権放棄議決と住民訴訟4号請求訴訟

　平成29（2017）年改正の背景として，議会による債権放棄議決と住民訴訟4号請求訴訟の矛盾という問題があるので，まずはこの点について簡単に触れておきたい。

　自治法96条1項10号は，議会の議決が必要な事項として「権利を放棄すること」を挙げている。権利の放棄とは，当該地方公共団体の有する権利（例えば財産権）をその意思によって対価なく消滅させることをいう。本規定は財産の減少につながる権利の放棄について，長の決定に加えて議会の議決を必要とすることで，より慎重な対応を期待したものと解される[8]。

　ところが，平成に入って住民訴訟が活発に利用されるようになってから，住民訴訟4号請求訴訟で争われている対象である損害賠償請求権等を議会が放棄する旨の議決を行う例が散見されてきた。議会による債権放棄議決があると，仮に住民訴訟4号請求訴訟で原告住民が勝訴したとしても，勝訴判決の果実は議会によって放棄されることになり，また，住民訴訟係属中に損害賠償請求権等の放棄がなされると，当該住民訴訟は判決を待たずに却下となってしまう。このように議会による債権放棄議決を無批判に認めることは住民訴訟制度の意義を根本から否定することになる。

　学説では，住民訴訟の対象となっている損害賠償請求権等を放棄する議会の議決は原則として違法・無効であるとする説が有力である。しかし裁判例では適法・有効とする下級審判決も多く，平成24年に最高裁（最判平成24・4・20民集66巻6号2583頁。以下では「平成24年判決」という）は，神戸市外郭団体補助金事件で債権放棄議決の有効性を判断する判断基準を定立し，債権放棄を定めた神戸市の条例改正を有効と判断した[9]。

　住民訴訟の対象となっている損害賠償請求権等の債権を放棄する旨の議会議決は，債権の放棄に厳格な自治法の仕組みと著しくかけ離れている[10]。議会によ

---

(8) 村上・白藤・人見編『新基本法コンメンタール　地方自治法』（日本評論社，2011年）123頁［駒林良則執筆］。
(9) 平成24年判決以後の下級審の展開も含めて，この問題に関する学説，判例の展開については，曽和『法理と改革』375-448頁を参照。
(10) 曽和『法理と改革』435-438頁参照。

る債権放棄議決は，自治法の基本的仕組みを逸脱した，異常な現象と言うほかない。もっとも，そのような「異常な」債権放棄議決が幾つかの地方公共団体においてなされてきたのには，それなりの理由がある。すなわち，住民訴訟が活発に活用されるようになり，長や職員に多額の損害賠償責任が認められる事例が散見されるようになるにしたがって，そのような事例を好ましく思わない長や議会が，自治法96条1項10号に目をつけて編み出したのが，債権放棄議決という「奇策」であった。

問題の構造がそのようなものであるとすれば，住民訴訟と債権放棄議決の関係の調整は，本来，立法によって解決が図られるべき問題であろう。この課題に取り組んだのが，平成29（2017）年自治法改正であった。

2　平成29（2017）年改正の経過と内容の概略

（1）　改正の経過

住民訴訟係属中に住民訴訟に係る損害賠償請求権又は不当利得返還請求権を議会が放棄することの問題性については，総務省の方で，かなり以前から議論されていたが，平成24年判決での千葉勝美裁判官の補足意見での示唆[11]を受けて，平成24年判決後も立法論的検討を進めることになった。

まず平成24年7月に「住民訴訟に関する検討会」（座長，碓井光明）が設置され，住民訴訟と債権放棄議決の関係についての理論的検討が進められた。検討会は，議会の債権放棄議決の動きの背景に過大かつ過酷な長の責任軽減の意図があるとみて，議会の裁量統制のあり方と長の責任追及のあり方とを合わせて検討し，検討会のまとめにおいて，問題解決の方向として，①注意義務の明確化，②軽過失免責，③違法確認訴訟の創設，④損害賠償額の限度額の設定，⑤損害賠償債務免除手続の設定，⑥監査委員の意見聴取手続という6つの対応案を提案した。

検討会の研究成果を踏まえてこの問題の解決策を提示することとなったのは，第31次地方制度調査会であった。住民訴訟制度の見直しについての具体的な審議は，調査会の下に置かれた専門小委員会（座長，長谷部恭男）で進められた。事務局が用意した原案は，先の検討会のまとめが示した対応策のうち，違法確認訴訟の創設，軽過失免責の導入，放棄議決手続における監査委員の意見表明，係争中の放棄議決の制限などであったが，最終的に専門小委員会での議論を経て[12]，平成28年3月16日にまとめられた答申では，以下のようなまとめがなさ

---

(11)　曽和『法理と改革』450-451頁参照。

れた（①～③の数字は引用者が付加）。

①「長や職員の損害賠償責任については，長や職員への萎縮効果を低減させるため，軽過失の場合における損害賠償責任の長や職員個人への追及のあり方を見直すことが必要である」。②「不適正な事務処理の抑止効果を維持するため，裁判所により財務会計行為の違法性や注意義務違反の有無が確認されるための工夫や，4号請求訴訟の対象となる損害賠償請求権の訴訟係属中の放棄を禁止することが必要である」。③「損害賠償請求権を放棄する場合に監査委員等の意見の聴取を行うことが必要である」。

通常ならば，地方制度調査会答申を受けて，総務省の方で地方自治法改正案が準備されることになる。しかし今回は，総務省が法案を準備する過程で，さらに「住民訴訟の見直しに関する懇談会」（座長，碓井光明。以下「懇談会」という）が持たれ，日弁連の行政訴訟センター所属の弁護士4人からの参考人としての意見聴取がなされている。参考人の意見では軽過失免責への批判が強く述べられた。

(2) 改正内容の概略

「第31次地方制度調査会答申」と「懇談会取りまとめ」を受けて，総務省は地方自治法改正案作成に取り組み，同法案は，平成29年6月17日に国会で可決・成立した。以下，改正内容の概略について説明したい。

第1に，条例による長等の損害賠償責任の一部免責の制度が導入された。すなわち，長や職員が地方公共団体に対して損害賠償責任を負う場合に，「普通地方公共団体の長等が職務を行うにつき善意でかつ重大な過失がないときは，普通地方公共団体の長等が賠償の責任を負う額から，普通地方公共団体の長等の職責その他の事情を考慮して政令で定める基準を参酌して，政令で定める額以上で当該条例で定める額を控除して得た額について免れさせる旨を定めることができる」（自治法243条の2の7第1項）とされた。

条例で定める最低責任限度額は「政令で定める基準を参酌して，政令で定める額以上で」定めることになる。平成元年11月8日に制定された「地方自治法施行令等の一部を改正する政令」（令和元年政令第156号）によれば，その最低責任限度額は，①普通地方公共団体の長は年収の6倍，②副知事若しくは副市町村長等は年収の4倍，一般職員は年収の1倍などとなっていた。

さらに，議会が一部免責条例を制定・改廃する場合には，予め監査委員の意見を聴かなければならず，この意見は監査委員の合議によるとされた（同条第2

---

(12) なお，検討会での議論の経過について，曽和『法理と改革』455-462頁で検討しているので参照されたい。

項，第3項）。
　第2に，議会による債権放棄議決の前に，予め監査委員の意見（合議による）を聴取しなければならないとされた（自治法242条第10項，第11項）。
　第3に，住民監査請求があったとき「監査委員は，直ちに当該請求の要旨を当該普通地方公共団体の議会及び長に通知しなければならない」（自治法242条第3項）とされた。

　（3）　改正へのコメント
　平成29（2017）年自治法改正による住民訴訟制度の見直しは，令和2（2020）年4月1日から施行されている。条例による損害賠償責任の一部免責が可能になったことが今回の改正の眼目であるが，そのような条例の制定も市町村ではそれほど進んではいない[13]。以下では，とりあえず今回の改正に対する感想と今後の課題について述べておきたい。
　第1に，今回の改正は，住民訴訟と債権放棄議決の関係を整理するという角度からみた場合に，中途半端な改正にとどまったと言うほかない。住民訴訟検討会や地方制度調査会専門小委員会での議論では，住民訴訟係属中の債権放棄議決の制限や，重過失の場合の債権放棄議決の制限などが提案されていたが，放棄議決を制限する規定は見送られている。また，全国知事会や全国市町村会から強く要望されていた軽過失免責も見送られている。長や職員の負担軽減として損害賠償責任の一部免責だけが制度化されたわけであるが，果たしてこれで，議会による債権放棄議決が投げかけた問題が解決するのかどうかは不明である。
　第2に，条例による職員の損害賠償責任の一部免責という新たな制度は，とりあえず長や職員の負担を軽減したいという要請に応えようとしただけで，その理論的根拠が不明確である。国家公務員の損害賠償責任はそのままにして地方公務員の損害賠償責任だけを軽減するのは，地方公務員については住民訴訟による責任追及があるからというのであろうが，ここで問われているのは実体法上の責任であるので，なぜ地方公務員だけ損害賠償責任を軽減するのかについての理論的説明はない。また，条例により責任限度額を定めると言うことなので，地方公共団体毎に職員の損害賠償責任の限度額が異なることもあり得るが，それが地方自治の本旨にかなうといえるのか。むしろ政策的判断で地方公共団体の職員の損害賠償責任を減免するというのであれば，法律で，全国一律にすべきであったので

---

[13] 『地方自治月報』61号によれば，令和5（2023）年4月1日段階で，45都道府県，381市町村で一部免責条例が制定されており，市町村では制定数は全国の約4分の1以下にとどまっている。

はないかと思われる。

　第3に，理論的批判を脇に置くと，今回の改正は，住民訴訟と債権放棄議決の関係について新たな要素を加えたことになるので，実際には，債権放棄議決はかなり制限されることになるのではないかとも予想できる。また，今回の改正によって，債権放棄議決を生み出してきた事情が変化したと考えられるので，平成24年判決が定立した基準も見直しがなされるべきである。あるいは，平成24年判決の基準自体はそのままであってもその適用の在り方が変わることになろう。

V　おわりに

　住民訴訟制度は住民による地方行財政の監視・統制手段としてこれまで重要な役割を果たしてきたが，他方で長や職員に対する過度の負担などの問題も顕在化させてきた。住民自治の一手段として住民訴訟が有している積極的意義を維持しつつ住民訴訟制度がより適切に活用されるための条件（例えば1号請求活性化のための財政情報の事前公開の拡大など）を整備することが求められている。

　本稿では，地方分権改革以降の住民訴訟制度の見直し，すなわち平成14（2002）年自治法改正と平成29（2017）年自治法改正の内容について検討してきた。本稿が示すように，二つの自治法改正は，住民自治の充実という視点から取り組まれたというよりは，住民訴訟の運用において顕在化してきた問題点に対するプラグマチックな対応という性質が強かったといえる。

　本稿が指摘した「第2段階の訴訟における和解」という問題は，平成14（2002）年自治法改正がもつ潜在的な問題点を浮かび上がらせたものとも言える。現在係争中の訴訟（和解の違法を追及する住民訴訟4号請求訴訟）においてその問題点が是正されることを願うばかりである。

11 国地方公共団体間の法関係
—— 関与関連訴訟に関する判例からの示唆

村 上 裕 章

Ⅰ　はじめに
Ⅱ　辺野古埋立承認取消事件
Ⅲ　辺野古埋立承認撤回事件
Ⅳ　泉佐野市ふるさと納税事件
Ⅴ　辺野古サンゴ採捕許可事件
Ⅵ　辺野古埋立承認裁決事件
Ⅶ　辺野古設計概要変更事件
Ⅷ　おわりに

Ⅰ　はじめに

　国と地方公共団体の間の法関係については，私人間と同様とする見方から，内部関係とする見方まで，様々な見解が考えられる。この問題については，いずれかに割り切るのは適切ではなく[1]，また，論点ごとに個別に検討する必要があると考えられる[2]。
　これまでこの分野においては判例が乏しかったため，議論が抽象論に終始していた嫌いがないでもない。しかし，地方分権改革，とくに関与訴訟制度の導入を

---

(1) 田中二郎は，国地方公共団体間の関係について，「行政機関相互間の関係とも異なり，地方公共団体の自主性と独立性とをはっきりと認めている現行法の下では，大体においては，行政主体と人民との間の関係に準じて考えてよい」（同『行政法総論』（有斐閣，1957年）198頁注2）），「私法上の権利義務の関係ではなく，公法上の特殊な権利義務の関係とみることができると思う」（同『行政法講義（上）』（良書普及会，1965年）104頁），「いずれにせよ行政主体相互の関係で起こる問題は，権利義務の関係，当事者間の法律関係としての性質をもっているもので，いわゆる機関相互の関係とは区別して考えなければならない問題である」（同105頁）などと述べていた。以上については，村上裕章『行政訴訟の解釈理論』（弘文堂，2019年）5頁以下参照。
(2) 川端倖司『条例の法的性質と地方自治の保障』（弘文堂，2024年）63頁以下は，罪刑法定主義，財産権規制，租税法律主義について，条例の位置づけが異なっていることを指摘する。この指摘は，「条例が法律に含まれるか」という問題について，概括的にではなく，憲法の条文ごとに個別に判断することが必要であることを示すものと思われる。

契機として，訴訟が増えており，判例も蓄積されつつある。

そこで，本稿では，地方公共団体に対する国等の（広い意味での）関与[3]に関する訴訟（関与関連訴訟）に関する近年の判例を素材として，国地方公共団体間の法関係に関する示唆を得ることを試みたい。

本稿は上記の視角から判例を検討するものであり，国地方公共団体間の法関係に特有と思われる論点のみ取り上げる。なお，本編の引用文中，下線及び〔 〕は引用者によるものである。

II 辺野古埋立承認取消事件[4]

1 事　案

沖縄県宜野湾市にある米軍普天間飛行場の代替施設を，同県名護市辺野古沿岸域に建設するため，沖縄防衛局は埋立事業[5]（以下，本稿において「辺野古埋立事業」という）を行うこととし，当時の沖縄県知事から，公有水面埋立法42条1項に基づく承認（本件埋立承認）を受けていた。知事の交代後，Y（沖縄県知事）は，本件埋立承認は違法であるとして，これを取り消す処分（本件埋立承認取消し）をした。X（国土交通大臣）は，本件埋立承認取消しは違法であるとして，地方自治法245条の8第3項に基づき，その取消しを命じる裁判を求める訴え（前件訴訟）を提起したが，和解によって訴えを取り下げた。その後，Xは，本件埋立承認取消しは違法であるとして，同法245条の7第1項に基づき，その取消しを求める是正の指示（本件指示）をした。Yが，同法250条の13第1項に基づき，本件指示について審査の申出をしたところ，国地方係争処理委員会は，「国と沖縄県は，普天間飛行場の返還という共通の目標の実現に向けて真摯に協議し，双方がそれぞれ納得できる結果を導き出す努力をすることが，問題の解決に向けての最善の道であるとの見解」をもって審査の結論とする旨の決定（本件委員会決定）をし，これをY及びXに通知した。Yが本件委員会決定の通知があった日から30日以内に同法251条の5第1項所定の訴えを提起せず，本件埋立承認取消しも取り消さなかったので，Xは，同法251条の7第1項に基づき，本

---

(3) 本稿では，地方自治法上の「関与」（245条）に限らず，いわゆる裁定的関与も含めて，広く検討の対象とする。
(4) 最二小判平成28・12・20民集70巻9号2281頁。
(5) 辺野古埋立事業に関する一連の訴訟を整理した最近の文献として，中嶋直木「辺野古基地訴訟の基本構造」ジュリ1593号（2024年）65頁がある。

件指示に従って本件埋立承認取消しを取り消さないことが違法であることの確認を求めて出訴した。原審はXの請求を認容し，本判決はYの上告を棄却した。

2 判　旨[6]

（1）是正の指示の要件

「1　地方自治法245条の7第1項は，各大臣〔中略〕は，所管する法律又はこれに基づく政令に係る都道府県の法定受託事務の処理が法令の規定に違反していると認める場合に是正の指示をすることができる旨を定めるところ，その趣旨は<u>当該法定受託事務の適正な処理を確保することにあると解される。このことに加えて，当該法定受託事務の処理が法令の規定に違反しているにもかかわらず各大臣において是正の指示をすることが制限される場合がある旨の法令の定めはないことを考慮すると</u>，各大臣は，その所管する法律又はこれに基づく政令に係る都道府県の法定受託事務の処理が法令の規定に違反していると認める場合には，当然に地方自治法245条の7第1項に基づいて是正の指示をすることができる。

2　これを本件についてみるに，被上告人は公有水面埋立法を所管する大臣であり〔中略〕，公有水面埋立法に基づく都道府県知事による埋立ての承認は法定受託事務であるところ〔中略〕，本件埋立承認取消しが法令の規定に違反しているのであるから，被上告人は，沖縄県に対し，これを是正するために講ずべき措置に関し必要な指示をすることができる。

したがって，本件指示は適法であり，上告人は本件指示に係る措置として本件埋立承認取消しを取り消す義務を負う。」

（2）相当の期間の経過

「1　地方自治法251条の7第1項は，同項に定める違法の確認の対象となる不作為につき，是正の指示を受けた普通地方公共団体の行政庁が，相当の期間内に是正の指示に係る措置を講じなければならないにもかかわらず，これを講じないことをいう旨を定めている。そして，<u>本件指示の対象とされた法定受託事務の処理は，上告人が本件埋立承認を職権で取り消したことであり，また，本件指示に係る措置の内容は本件埋立承認取消しを取り消すという上告人の意思表示を求めるものである</u>。これに加え，被上告人が平成27年11月に提起した前件訴訟におい

---

(6) 本判決は，①職権取消しの根拠（不当を含むか），②職権取消しの取消訴訟における審査対象（原処分の違法か職権取消しの違法か），③公有水面埋立法4条1項1号及び2号に関する司法審査（裁量審査）の方法，④是正の指示の要件，⑤相当の期間の経過等について判示しているが，本稿では国地方公共団体間の法関係に特有の論点と思われる④及び⑤のみを取り上げる。

ても本件埋立承認取消しの適否が問題とされていたことなど本件の事実経過を勘案すると，本件指示がされた日の1週間後である同28年3月23日の経過により，同項にいう相当の期間が経過したものと認められる。

　また，本件において，上記の期間が経過したにもかかわらず上告人が本件指示に係る措置を講じないことが許容される根拠は見いだし難いから，上告人が本件埋立承認取消しを取り消さないことは違法であるといわざるを得ない。

　したがって，上告人が本件指示に係る措置として本件埋立承認取消しを取り消さないことは，地方自治法251条の7第1項にいう不作為の違法に当たる。

　2　なお，所論は，上告人が本件委員会決定を受けて被上告人に協議の申入れをしたことなどを指摘して，上告人に地方自治法251条の7第1項にいう不作為の違法はない旨をいう。しかしながら，上告人は，本件指示に係る措置として本件埋立承認取消しを取り消していないのであるから，上告人に同項にいう不作為の違法があることは明らかであり，上告人が本件委員会決定を受けて被上告人に協議の申入れをしたことは，上記の結論を左右しない。」

3　検　討

　是正の指示の要件について，Yは，「法定受託事務の処理が法令の規定に違反している」（地方自治法245条の7第1項）とは，「全国的な統一性，広域的な調整等の必要という観点から看過しがたい違法があり，かつそのことが明らかな場合を意味する」と主張していた。本判決は，法定受託事務の処理が違法であれば，直ちに是正の指示を行うことができるとしており（(a)），文理解釈を重視したようである(7)。

　不作為の違法確認訴訟（抗告訴訟）では，法令に基づく申請に対し，何らの処分等もしないことの違法確認が求められる（行政事件訴訟法3条5項）。これに対し，本件不作為の違法確認訴訟（関与訴訟）では，是正の指示に係る措置を講じる（本件では本件埋立承認取消しを取り消す）義務があるにもかかわらず，これを講じないことの違法（本判決によれば本件埋立承認の違法等）の確認が求められる（本稿V参照）。したがって，両訴訟の性質は大きく異なるが，「相当の期間」の解釈については前者が参考となりうる(8)。

---

(7) 衣斐瑞穂「判解」最判解民平成28年度595頁。稲葉馨「判解」重判解平成29年度（有斐閣，2018年）54頁は，「文理解釈に徹することをもって「当然」と断じ得るほど単純な論点ではないことのみ指摘しておきたい」と述べる。

(8) 衣斐・前掲注7）596頁は，不作為の違法確認訴訟（抗告訴訟）の「「相当の期間」における考慮要素と類似した要素を考慮しているとみることも可能であろう」と説明する。

本判決は，本件指示が処分取消しという意思表示を求めていること，前件訴訟でも本件埋立承認取消しの適否が争われていたこと等からすると，本件指示がされた日の1週間後には「相当の期間」が経過しており，にもかかわらず措置を講じないことが許容される根拠も見出しがたいとして，不作為の違法を認めた⁽⁹⁾。また，Yが本件委員会決定を受けてXに協議の申し入れをした点についても，上記結論を左右するものではないとする⁽¹⁰⁾((b))。

Ⅲ　辺野古埋立承認撤回事件⁽¹¹⁾

1　事　案

辺野古埋立承認取消事件（本稿Ⅱ）を受け，当時の沖縄県知事は，辺野古埋立事業（本件埋立事業）に係る埋立承認（本件埋立承認）の取消処分を取り消したが，その死亡後，職務代理者から委任を受けた副知事は，本件埋立承認後に判明した事情（本稿Ⅴ参照）により，本件埋立事業は公有水面埋立法所定の要件を満たしていないなどとして，本件埋立承認を取り消す（撤回する）処分（本件処分）をした。沖縄防衛局が，行政不服審査法2条，地方自治法255条の2第1項1号（本件規定）に基づき，本件処分の取消しを求める審査請求をしたところ，公有水面埋立法を所管するY（国土交通大臣）は，認容裁決（本件裁決）をした。X（沖縄県知事）は，本件裁決は「国の関与」（地方自治法250条の7第2項）に当たるとして，同法251条の5第1項に基づき，本件裁決の取消しを求める訴え（本件訴え）を提起した。審査請求に対する裁決は「国の関与」から除外されているが（地方自治法245条3号かっこ書），国の機関が「固有の資格」で受けた処分であれば，行政不服審査法は適用されず（同法7条2項），本件訴えは適法となる。原審

---

(9) 人見剛「辺野古争訟の経緯と諸判決に関する一考察」Law & Practice 11号（2017年）46頁以下は，「本判決は，是正の指示がなされたのが2016年3月16日であり，辺野古第1次争訟においても埋立承認取消処分の適否が問題とされていて問題の所在は県知事において十分に認識されており，なされるべき作為は埋立承認取消処分を取り消すという簡明な意思表示であるということを根拠に，指示から1週間後の同年3月23日の経過による「相当の期間」（地方自治法251条の7第1項）を経過しており「不作為」状態にあったとした」と説明する。

(10) この点の批判として，武田真一郎「判批」成蹊法学86号（2017年）198頁以下。今野智紀「判解」平成28年行政関係判例解説（2018年）199頁は，国地方係争処理委員会が国の関与について適法違法の判断を示さないことは地方自治法が予定しておらず，「法的に疑義のある本件決定を違法性阻却事由とみることは困難であろう」と述べる。

(11) 最一小判令和2・3・26民集74巻3号471頁。

は「固有の資格」該当性を否定して訴えを却下し，本判決はXの上告を棄却した。

2 判　旨

（1）「固有の資格」の意義

「行政不服審査法は，国民が簡易迅速かつ公正な手続の下で広く行政庁に対する不服申立てをすることができるための制度を定めることにより，国民の権利利益の救済を図るとともに，行政の適正な運営を確保することを目的とする（1条1項）。そして，同法7条2項は，国の機関等に対する処分のうち，国民の権利利益の救済等を図るという上記目的に鑑みて上記制度の対象とするのになじまないものにつき，同法の規定を適用しないこととしているものと解される。このような同項の趣旨に照らすと，同項にいう「固有の資格」とは，国の機関等であるからこそ立ち得る特有の立場，すなわち，一般私人（国及び国の機関等を除く者をいう。以下同じ。）が立ち得ないような立場をいうものと解するのが相当である。」

（2）「固有の資格」の判断方法

「行政不服審査法は，行政庁の処分に対する不服申立てに係る手続（当該処分の適否及び当否についての審査の手続等）を規定するものであり，上記「固有の資格」は，国の機関等に対する処分がこの手続の対象となるか否かを決する基準であることからすれば，国の機関等が一般私人が立ち得ないような立場において相手方となる処分であるか否かを検討するに当たっては，当該処分に係る規律のうち，当該処分に対する不服申立てにおいて審査の対象となるべきものに着目すべきである。

〔中略〕国の機関等と一般私人のいずれについても，処分を受けて初めて当該事務又は事業を適法に実施し得る地位を得ることができるものとされ，かつ，当該処分を受けるための処分要件その他の規律が実質的に異ならない場合には，国の機関等に対する処分の名称等について特例が設けられていたとしても，国の機関等が一般私人が立ち得ないような立場において当該処分の相手方となるものとはいえず，当該処分については，等しく行政不服審査法が定める不服申立てに係る手続の対象となると解するのが相当である。この点に関し，国の機関等と一般私人との間で，当該処分を受けた後の事務又は事業の実施の過程等における監督その他の規律に差異があっても，当該処分に対する不服申立てにおいては，直接，そのような規律に基づいて審査がされるわけではないから，当該差異があることは，それだけで国の機関等に対する当該処分について同法の適用を除外する理由となるものではなく，上記の解釈を左右するものではないというべきであ

る。」

3　検　討

　本判決は，「固有の資格」とは「一般私人が立ち得ないような立場」をいうとし（(a)），その具体的な判断方法を示す（(b)）。特に，行政不服審査法が「行政庁の処分に対する不服申立てに係る手続」を規定するものであり，「固有の資格」が「国の機関等に対する処分がこの手続の対象となるか否かを決する基準」であることを理由に，当該処分に係る規律のうち，「当該処分に対する不服審査において審査の対象となるべきものに着目すべき」とし[12]，当該処分後の事務事業の実施過程等における監督等の規律に差異があっても，それだけで「固有の資格」とは認められない，とする点が重要と思われる。

　Xが上告理由で主張していたように，私人に対する埋立免許と国に対する埋立承認は，前者が「竣工認可を条件として埋立地の所有権を取得する権利を設権する」点で，「処分の法的性質及び法効果が本質的に異なる」と解される[13]。しかし，本判決によって着目すべき規律が限定されたことで，上記の相違点が捨象される結果となった可能性がある[14]。これに対し，原審は「処分の性質・効果や要件などに照らし」て判断すべきとしていたので，上記の相違点に鑑みれば，「固有の資格」を肯定する余地もあったと思われる。

　いずれにしても，本判決は行政不服審査法の趣旨から上記のような解釈を行っており[15]，その射程は同法7条2項のみに及ぶ（さらに，地方自治法245条，行政手続法4条1項にも及ぶ可能性がある[16]）ものと考えられる。

　「法律上の争訟」（裁判所法3条1項）の解釈において，「固有の資格」を判断基準とする有力な学説[17]や，これに類する見解に立つ裁判例[18]もあるが，本判決とは必ずしも整合しないように思われる。

　なお，宝塚市パチンコ店建築中止命令事件（最判平成14・7・9民集56巻6号1134頁）は，もっぱら「行政権の主体」として国民に対して行政上の義務の履行

---

(12) 貝阿彌亮「判解」最判解民事篇令和2年度（上）170頁は，この判示は，「行政不服審査法にいう『固有の資格』とは，いわば，同法が定める紛争処理制度と行政内部での紛争処理制度との振り分けのための基準であることから，『固有の資格』該当性の判断に当たっては，そのような意義，機能に即した実質的，分析的な検討（具体的には，処分に係る規律のうち，当該処分に対する不服申立てにおいて審査の対象となるべきものに着目すること）が必要であることを示したものと解される」と説明する。
(13) 紙野健二＝本多滝夫編『辺野古訴訟と法治主義』（日本評論社，2016年）50頁以下（徳田博人），晴山一穂ほか編『官僚制改革の行政法理論』（日本評論社，2020年）224頁以下（徳田博人）など参照。

を求める訴訟は、「法律上の争訟」に当たらないと判示している。「行政権の主体」の意味は定かでないが、福間町公害防止協定事件（最判平成21・7・10判時2058号53頁）において公害防止協定に基づく訴えが適法とされていることからす

---

(14) 本判決は、当てはめ部分において、「国の機関が埋立承認を受けることにより、埋立てを適法に行うことができるようになるという効果は、国以外の者が埋立免許を受ける場合と異ならない」と述べる。この記述は誤りではないが、埋立免許によって私人が本文で述べた「権利」も付与されるとすれば、法的効果が同じとはいえないと思われる。西上治「判批」民商157巻4号（2021年）760頁参照。この点に関し、貝阿彌・前掲注(12)178頁は、最判昭和47・12・12民集26巻10号1877頁、最判昭和60・12・17判時1179号56頁、最判昭和61・12・16民集40巻7号1236頁を引用して、「これまでの最高裁判決は、埋立免許は埋立権を付与する処分であり、埋立地の公用の廃止及び所有権の取得は竣功認可の効果であると解しているように思われる」と述べる。しかし、これらの判決は埋立免許及び竣功認可の一般的な説明をしているに過ぎないから、上記のような結論を直ちに導き出せるかは疑問である。これに対し、衣斐・前掲注(7)597頁注7）は、埋立免許について、「私人の埋立てに係る免許権者が、埋立てをする者に埋立権及び（竣功認可を条件として）埋立地の所有権を付与するものであることは異論がないものと考えられる」と述べ、「この旨を述べた最高裁判例」として前掲最判昭和47・12・12を挙げている。同判決は、公有水面埋立法23条に基づき「埋立権者が竣功認可前において埋立地を使用する権利は、埋立工事を行なうために必要な限度にとどまらず、埋立地を完全に支配し、埋立の目的に反しないかぎりこれを自由に使用しかつ収益しうることを内容とするものであつて、竣功認可後に取得すべき所有権と実質において異ならない内容のものと解すべきである」と判示しており、竣功認可を条件として所有権を付与するという理解に立つとみるのが素直ではないかと考えられる。いずれにせよ、私人による埋立ては所有権の取得を目的とするものであるから、埋立免許と竣功認可をことさら峻別し、前者の効果を限定して解釈するのは、必ずしも適切ではないと思われる。

(15) これに対し、Yは、「固有の資格」とは、「行政機関を相手方とする公権力の行使に係る争訟が、特定人の権利利益の保護を目的とする主観争訟となるか、法規の適正ないし一般公益の保護を目的とする客観争訟となるかを区分・識別する概念である」とし、国の機関が処分を受ける場合はそもそも「固有の資格」が認められないなどと主張しており、「固有の資格」と「法律上の争訟」（裁判所法3条1項）と結びつけて理解するようである。貝阿彌・前掲注(12)173頁以下は、本判決はYの主張を採用しなかったものと解されるとし、「上記解釈は、行政不服審査法7条2項の「処分」につき、同法1条2項において定義された「処分」とは異なる意味を有するとの解釈を前提とするものであり（そうでなければ、同法7条2項は実質的に無意味な規定となる。）、関係規定の文理上不自然であるといわざるを得ないこと等が考慮されたものと考えられる」と説明する。

(16) 貝阿彌・前掲注(12)192頁注13）。

(17) 藤田宙靖『行政法の基礎理論下巻』（有斐閣、2005年）58頁以下など。地方公共団体が国を被告として提起した一連の訴訟における国側の主張も同旨と思われる（前注(15)参照）。

(18) 大阪高判令和5・5・10訟月69巻12号1231頁は、「国と地方団体を当事者とする紛争は、個々の国民と同様の立場に立って行うもの（財産権の主体として自己の財産上の権利利益の保護救済を求めるような場合）は格別として、双方が行政権の主体同士として関与する、行政権内部の法適用の適正をめぐる一般公益に係る紛争である限り、法律上の争訟に該当しない」と判示する。

ると，これはいわゆる公権力の主体を意味し，「財産権の主体として自己の財産上の権利利益の保護救済を求めるような場合」とは，それ以外の場合を広く含むと解することができる。そうであれば，「法律上の争訟」について「固有の資格」を判断基準とする見解は，これらの判例（その当否はここでは論じない）にもそぐわないように思われる[19]。

以上からすると，判例においては，審査請求を提起する資格と訴訟を提起する資格は，必ずしも同じではないと解されていることが確認できるように思われる[20]。

Ⅳ 泉佐野市ふるさと納税事件[21]

1 事　案

ふるさと納税制度に関して返礼品競争が過熱したので，総務大臣は，技術的助言（地方自治法245条の4第1項）として，返礼割合を3割以下とすること等を求める通知（本件各通知）を発したが，十分な効果がなかった。そこで，地方税法37条の2及び314条の7の改正規定（本件改正規定）により，ふるさと納税制度の対象となる地方団体を総務大臣が指定する制度（本件指定制度）が設けられた。改正法37条の2第2項の委任に基づき，総務大臣が指定基準を定める告示（本件告示）を行ったが，本件告示2条3号は，改正法施行前の一定期間，ふるさと納税制度の趣旨に反する方法で寄附金の募集を行った地方団体ではないこと，という基準を定めていた。X（泉佐野市）が本件指定制度に基づく申出（本件指定申出）をしたところ，本件告示2条3号等に違反するとして指定をしない決定がされたため，地方自治法251条の5第1項2号に基づき，その取消しを求めて出訴した。原審は請求を棄却したが，本判決は，本件告示2条3号は法による委任の範囲を逸脱し，違法であるとして，請求を認容した。

---

[19] 村上裕章「判解」令和5年度重判解（有斐閣，2024年）39頁。
[20] 貝阿彌・前掲注(12)194頁注18は，「行政不服審査制度は，憲法上の司法権に基づく訴訟とは異なり，付加的簡易救済制度として位置付けられるものであって〔中略〕，その範囲をどのように構築するかは立法政策に委ねられた問題であるから，抗告訴訟の対象となるが審査請求の対象とならないという行為は当然に存在し得る」と述べる。
[21] 最三小判令和2・6・30民集74巻4号800頁。

2 判　　旨

（1） 委任範囲逸脱禁止の原則の適用

「地方税法37条の2第2項は，指定の基準のうち「都道府県等による第1号寄附金の募集の適正な実施に係る基準」の策定を総務大臣に委ねており，同大臣は，この委任に基づいて，募集適正基準の一つとして本件告示2条3号を定めたものである。また，地方自治法245条の2は，普通地方公共団体は，その事務の処理に関し，法律又はこれに基づく政令によらなければ，普通地方公共団体に対する国又は都道府県の関与（同法245条）を受け，又は要することとされることはないとする関与の法定主義を規定するところ，本件告示2条3号は，普通地方公共団体に対する国の関与に当たる指定の基準を定めるものであるから，関与の法定主義に鑑みても，その策定には法律上の根拠を要するというべきである。

そうすると，本件告示2条3号の規定が地方税法37条の2第2項の委任の範囲を逸脱するものである場合には，その逸脱する部分は違法なものとして効力を有しないというべきである。」

（2） 委任範囲逸脱の判断方法

「（ア）　本件告示2条3号は，本件指定申出のように初年度について本件改正規定の施行の日（令和元年6月1日）より前に申出書が提出される場合についてみれば，本件改正規定の施行前の一定期間において同号に定める寄附金の募集及び受領をした地方団体について，一律に指定の基準を満たさないこととするものである。また，同号は，当該期間における寄附金の募集の方法及び寄附金の受領額を，他の地方団体への影響又は他の地方団体との比較という観点から問題とするものである。

このような内容に照らせば，本件告示2条3号〔中略〕は，被上告人が主張するとおり，本件指定制度の導入に当たり，その導入前にふるさと納税制度の趣旨に反する方法により寄附金の募集を行い，著しく多額の寄附金を受領していた地方団体について，他の地方団体との公平性を確保しその納得を得るという観点から，特例控除の対象となる寄附金の寄附先としての適格性を欠くものとして，指定を受けられないこととする趣旨に出たものと解される。言い換えれば，そのような地方団体については，本件改正規定の施行前における募集実績自体を理由に，指定対象期間において寄附金の募集を適正に行う見込みがあるか否かにかかわらず，指定を受けられないこととするものといえる。

そして，本件告示2条3号にいう本件告示1条に規定する趣旨に反する方法とは，本件指定制度の導入の経緯等に照らし，主として返礼品の提供の態様を指す

ものと解されるから，同号は，地方団体が本件改正規定の施行前における返礼品の提供の態様を理由に指定の対象外とされる場合があることを定めるものといえる。

（イ）ところで，本件改正規定の施行前においては，返礼品の提供について特に定める法令上の規制は存在せず，総務大臣により地方自治法245条の4第1項の技術的な助言である本件各通知が発せられていたにとどまる。同法247条3項は，国の職員は普通地方公共団体が国の行政機関が行った助言等に従わなかったことを理由として不利益な取扱いをしてはならないと規定するところ，その趣旨は，普通地方公共団体は助言等に従って事務を処理すべき法律上の義務を負わず，これに従わなくても不利益な取扱いを受ける法律上の根拠がないため，その不利益な取扱いを禁止することにあると解される。しかるに，本件告示2条3号は，上記のとおり地方団体が本件改正規定の施行前における返礼品の提供の態様を理由に指定の対象外とされる場合があることを定めるものであるから，実質的には，同大臣による技術的な助言に従わなかったことを理由とする不利益な取扱いを定める側面があることは否定し難い。そのような取扱いであっても，それが法律上の根拠に基づくものである場合，すなわち，同号が地方税法の委任の範囲内で定められたものである場合には，直ちに地方自治法247条3項に違反するとまではいえないものの，同項の趣旨も考慮すると，本件告示2条3号が地方税法37条の2第2項の委任の範囲を逸脱したものではないというためには，前記（ア）のような趣旨の基準の策定を委任する授権の趣旨が，同法の規定等から明確に読み取れることを要するものというべきである。」

3 検　　討

委任範囲逸脱禁止の原則について，本件告示は地方団体を相手方とするため，その通用を否定する見方もありうる[22]。しかし，本判決は，関与の法定主義（地方自治法245条の2）を根拠に[23]，関与には法律の委任が必要であること，委

---

(22) 貝阿彌亮・最判解民事篇令和2年度（上）304頁。
(23) 本判決は，委任範囲逸脱禁止の原則が適用される理由として，本件告示が地方税法の委任に基づくことも挙げている。関与の法定主義が適用されないとすると，本件告示が地方税法に違反する場合には違法となるが，委任されていない事項を定めるに過ぎない場合は，固有の規範制定権に基づくものとして，適法と解する余地もあると思われる。西上治「判批」行政法研究36号（2020年）175頁，同「判批」判評765号（2022年）8頁，白藤博行「国の関与の転形と地方自治の規範的秩序の形成」本多滝夫ほか編『転形期における行政と法の支配の省察』（法律文化社，2021年）210頁，中原茂樹「判解」『行政判例百選Ⅰ〔第8版〕』（2021年）99頁など参照。

任範囲逸脱禁止の原則が国地方団体の間にも適用されることを認めている（(a)）。

この点について，原審大阪高判令和2・1・30民集74巻4号921頁（参考判例）は，「法律による行政の要請は，国民の権利義務を制限する場合（国家行政組織法12条3項）と否とを問わず妥当するというべきである」と判示し，これを憲法違反の問題と捉えているようである。地方自治に関する日本国憲法の構造からすると，関与の法定主義は，創設的な規定ではなく，確認的なものと解する説も有力である[24]。

委任範囲逸脱の判断方法について，本判決は，技術的助言（地方自治法245条の4第1項）に従わない場合の不利益取扱禁止の規定（同法247条3項）を根拠として[25]，医薬品インターネット販売権確認等請求事件（最判平成25・1・11民集67巻1号1頁）に類似した厳しい判断基準を用いている（(b)）[26]。もっとも，不利益取扱禁止の根拠が法律にあるとすれば，法律の明示的な委任に基づくときは，不利益扱いも許容されることになりうる[27]。

原審は，同法247条3項は「関与の法定主義を別の形で規定したもの」と述べており，本判決も，上記のとおり，「その趣旨は，普通地方公共団体は助言等に従って事務を処理すべき法律上の義務を負わず，これに従わなくても不利益な取扱いを受ける法律上の根拠がないため，その不利益な取扱いを禁止することにある」と判示している[28]。

そうすると，関与の法定主義が憲法上の要請であるとすれば，不利益取扱禁止も同様と解する余地があり，法律によっても不利益取扱いはできないことになる

---

[24] 塩野宏『行政法Ⅲ〔第5版〕』（有斐閣，2021年）266頁など。
[25] 貝阿彌・前掲注(22)310頁は，本判決は，「国の関与に関する一般原則との抵触が問題となるような態様で一定の地方団体を不利益に取り扱う基準を，委任命令として定めるのであれば，そのような趣旨の基準の策定を委任する授権の趣旨が，授権法の規定等において明確にされていなければならないとしたものと解される」とする。
[26] 貝阿彌・前掲注(22)311頁は，本判決は，「委任命令によって制限される権利ないし利益の性質を，本件の特質に即して考慮することにより，前掲最二小判平成25年1月11日と同様の，委任命令の規定に対応する授権の趣旨が授権法の規定等から明確に読み取れることを要するとの解釈を導いたものということができる」とする。
[27] 貝阿彌・前掲注(22)310頁は，法律による明示的な委任がある場合は，「そのような不利益な取扱いは法律上の根拠に基づくものといえ，また，当該規定は一般法たる地方自治法247条3項に対する特別法として位置付けられるため，当該規定については，憲法適合性等についての議論はあり得るにしても，直ちに同項との抵触を理由にその効力が否定されることにはならないものと考えられる」と述べる。西上・前掲注(23)行政法研究183頁は，本判決はこの点を留保しているとみる。
[28] 人見剛「判批」自治総研511号（2021年）89頁は，これらの判示によると，不利益取扱いの禁止は「関与法定主義のコロラリーとして位置づけられることになろう」とする。

可能性もある[29]。

V　辺野古サンゴ採捕許可事件[30]

1　事　案

　沖縄防衛局は辺野古埋立事業（本件埋立事業）に係る埋立承認を得ていたが（本稿Ⅱ），調査の結果，埋立予定水域の一部の地盤が軟弱であることが判明し，当該区域（本件軟弱区域）で地盤改良工事を追加実施することを決定した。他方で，同局は，本件埋立事業に係る環境影響評価書に基づく環境保全措置の実施を目的として，沖縄県漁業調整規則（本件規則）41条に基づき，X（沖縄県知事）に対し，本件軟弱区域外のサンゴ類を近隣の水域に移植することを内容とする特別採捕許可の申請（本件各申請）をした。Xは，上記地盤改良工事に係る設計変更等の申請がなされておらず，申請内容の必要性及び妥当性を判断することができないなどとして，何ら処分をしなかった。そこで，漁業法及び水産資源保護法（漁業法等）を所管するY（農林水産大臣）は，沖縄県の事務処理が漁業法65条2項1号及び水産資源保護法4条2項（漁業法65条2項1号等）に違背するなどとして，地方自治法245条の7第1項に基づき，沖縄県に対し，7日以内に本件各申請に対する許可（本件各許可処分）をするよう求める是正の指示（本件指示）をした。Xは，同法251条の5第1項1号に基づき，本件指示の取消しを求めて出訴した。原審は請求を棄却し，本判決はXの上告を棄却した（宇賀克也裁判官及び宮崎裕子裁判官の反対意見がある）。

2　判　旨

(a) 是正の指示の要件

　「(1)　地方自治法245条の7第1項は，国家行政組織法5条1項に規定する各省大臣等は，所管する法律又はこれに基づく政令に係る都道府県の法定受託事務

---

(29) 行政手続法32条2項の定める不利益取扱いの禁止については，行政指導に従わない場合に不利益処分に移行すべきことが個別法において明文で定められている場合は，不利益処分が特別法によって適法化されているので，同項とは抵触しないとされる（髙木光ほか『条解行政手続法〔第2版〕』（弘文堂，2017年）350頁（髙木）など）。行政指導に従わなかった場合，事後的に，法律の明文規定によって，これを理由に不利益処分をすることを認めうるか，という問題もあるが，本文で述べたのはこれと同様の問題ではないかと思われる。法律の不遡及原則については，齋藤健一郎『行政法の時に関する効力』（弘文堂，2024年）264頁以下など参照。

(30) 最三小判令和3・7・6民集75巻7号3422頁。

の処理が法令の規定に違反していると認めるときは，当該都道府県に対し，当該法定受託事務の処理について違反の是正又は改善のために講ずべき措置に関し，必要な指示をすることができる旨を規定する。そして〔中略〕，漁業法65条2項1号等により都道府県が処理することとされている事務は法定受託事務に該当するところ，漁業法65条2項1号等においては，都道府県知事は，漁業調整や水産資源の保護培養のため，水産動植物の採捕の制限又は禁止に関して必要な規則を定めることができる旨が規定されている。

　漁業法65条2項1号等の趣旨を検討すると，海その他の公共の用に供する水面については，水産資源の保護培養を図るとともに（水産資源保護法1条），その総合的な利用により漁業生産力を発展させるため（漁業法1条），本来，広域的な水産資源の適正な管理につき責務を有する国において，その利用を制限し又は禁止する措置等を講ずる必要がある。もっとも，都道府県の区域ごとに講ずべき措置については，その内容を一律に規定することが困難であり，また，具体的な事情に応じて随時変更することを要するものが多いという性質があるため，漁業法65条2項1号等は，当該措置に関する規定を都道府県知事の定める規則に委ねることとしたものと解される。そうすると，漁業法65条2項1号等は，都道府県知事が，規則を定めるに当たり，水産資源の保護等に関する専門技術的な知見を踏まえ，個別具体的な事情に即した妥当な措置がされることを確保するため，当該措置を個別の事案ごとに行政庁の裁量判断に委ねることを予定しているということができる。

　このように，漁業法等に係る都道府県の法定受託事務の処理について定める漁業法65条2項1号等は，都道府県知事の定める規則及びこれに基づく行政庁の個別具体的な措置の双方により，前記の漁業法等の目的に従って水産動植物の採捕を制限し又は禁止することとする趣旨の規定であると解される。

　（2）　本件規則は，漁業法等その他漁業に関する法令とあいまって，沖縄県における水産資源の保護培養，漁業調整等を図ることを目的とし（1条），造礁さんご類の採捕を全面的に禁止しつつ（33条2項），知事から個別の特別採捕許可を受けた者が行う試験研究等に限り，その禁止を例外的に解除することとしている（41条1項）。

　上記の特別採捕許可に関する判断は，本件規則41条1項の文言に加えて，上記（1）で述べた漁業法65条2項1号等の趣旨からすれば，水産資源の保護等に関する専門技術的な知見を踏まえて，当該申請に関する諸般の事情を総合的に考慮するとともに，漁業法等の目的等を勘案した知事の裁量に委ねられているが，裁量権の範囲の逸脱又はその濫用に当たると認められるときは，本件規則41条1項に

違反するとともに，漁業法65条2項1号等にも違反することとなると解するのが相当である。」

(b) 本件指示の違法

「前記第2によれば，被上告人は，上告人において本件規則41条1項に基づき本件各許可処分をしないことが裁量権の範囲の逸脱又はその濫用に当たると認められるのでなければ，沖縄県に対し，この法定受託事務の処理が漁業法65条2項1号等の規定に違反していることを理由に，地方自治法245条の7第1項に基づき本件各許可処分をすべき旨の指示をすることができないものと解される。

そして，前記第2の2(1)で述べた漁業法65条2項1号等の趣旨等を考慮すると，本件規則41条1項に基づく特別採捕許可に関する知事の判断は，これが裁量権の行使としてされたことを前提とした上で，その判断要素の選択や判断過程に合理性を欠くところがないかを検討し，重要な事実の基礎を欠く場合，又は社会通念に照らし著しく妥当性を欠くものと認められる場合に限り，裁量権の範囲の逸脱又はその濫用に当たると認めるのが相当である。」

3 検　討

Xは，本件各許可処分をしないことは本件規則に違反するに過ぎず，「法令の規定に違反している」とはいえないと主張していたが[31]，本判決は漁業法等にも違反するとした（(a)）。その上で，特定の処分を求める是正の指示は，当該処分について裁量が認められている場合は，当該処分をしないことが裁量権の逸脱または濫用に当たる場合に限って適法となるとする（(b)）。

この判示によると，特定の処分を求める是正の指示の取消訴訟においては，義務付け訴訟（行政事件訴訟法37条の2第5項等）に類した審理が行われることになる。調査官は，不作為が問題となっている場合の是正の指示には，何らかの措置を講ずべきとする「不特定型」と，一定の措置を講ずべきとする「特定型」があり，不特定型については，不作為の違法確認訴訟（抗告訴訟）等と同様，原則として「相当の期間」の経過があれば足りるのに対し，特定型については，義務付け訴訟の規定内容が参考になると説明する[32]。

本稿Ⅱの事案では，処分（本件埋立承認取消し）の取消しを求める是正の指示について，不作為の違法確認が求められていた。この指示は上記いずれの類型にも当たらず，いわば「取消型」であり，本案では処分の違法性（本件埋立承認の

---

(31) 白藤・前掲注(23)199頁など参照。
(32) 和久一彦「判解」曹時74巻10号（2022年）172頁以下。同185頁注14）も参照。

適法性等）が争点となった。県知事が是正の指示の取消訴訟を提起していたとしても，やはり処分の違法性が争点となったと考えられる[33]。そうすると，不特定型については不作為の違法確認訴訟（抗告訴訟）が，取消型については取消訴訟（同）が，特定型については義務付け訴訟（同）が，それぞれ参考になると解される。関与訴訟（取消訴訟及び不作為の違法確認訴訟）では是正の指示の違法性（適法性）が争われるところ，不特定型は何らかの行為を命じ，取消型は行為の取消しを命じ，特定型は特定の行為を命じるものであるから，このような整理は妥当ではないかと思われる[34]。

なお，本判決は，「上告人の判断は，当然考慮すべき事項を十分に考慮していない一方で，考慮すべきでない事項を考慮した結果，社会通念に照らし著しく妥当性を欠いたものというべきである」と述べており，いわゆる判断過程審査を行っているようにもみえる[35]。

判断過程審査には不明確な点が多いが，判断過程の瑕疵を理由に処分が取り消された場合，適切な判断過程を経て同内容の処分をする余地も否定できない，という見方がある[36]。それが正しいとすれば，特定の処分をする義務があるかが本案審理の対象となる義務付け訴訟（及び特定型の指示の取消訴訟）では，判断過程審査を利用できないことになりうる[37]。

---

(33) 武田真一郎「辺野古埋立承認と是正の指示について」成蹊法学93号（2021年）12頁。
(34) もっとも，不作為の違法確認訴訟（関与訴訟）には「相当の期間」の要件が設けられており（本稿Ⅱ参照），この点が取消訴訟（抗告訴訟）とは異なる。
(35) このように解するものとして，徳本広孝「判解」法教494号（2021年）136頁，中嶋直木「判解」新判例解説Watch 30号（2022年）43頁以下，西上治「判解」令和3年度重判解（有斐閣，2022年）51頁，中原茂樹「判批」民商158巻4号（2022年）116頁以下，島村健「判解」新判例解説Watch 32号（2023年）311頁以下，宇野雄一郎「判批」環境法研究48号（2023年）119頁以下など。
(36) 村上・前掲注（1）241頁以下，村上裕章『スタンダード行政法〔第2版〕』（有斐閣，2024年）41頁など。
(37) 小林久起『行政事件訴訟法』（商事法務，2004年）166頁は，義務付け訴訟に係る処分に裁量が認められる場合について，行政事件訴訟法30条と「基本的な考え方は同じと考えられます」と述べる。しかし，取消訴訟の本案勝訴要件は，係争処分が違法であることであるのに対し，義務付け訴訟のそれは，特定の処分をしないことが違法である（当該処分をする義務がある）ことであるから，必ずしも同じではないと思われる。村上・前掲注(36)268頁参照。義務付け訴訟において，裁判所の見解を踏まえて再処分を命じる判決（いわゆる「指令判決」）が可能であるとすれば（村上裕章『行政訴訟の基礎理論』（有斐閣，2007年）311頁以下など参照），上記の場合にこれを用いうるかもしれない。

Ⅵ 辺野古埋立承認裁決事件[38]

1 事　案

　沖縄県副知事が辺野古埋立事業に係る埋立承認を撤回する処分をしたところ，沖縄防衛局の審査請求を受けて，Y（国土交通大臣）が当該処分を取り消す裁決（本件裁決）をした。そこで，沖縄県知事が，地方自治法251条の5第1項に基づき，本件裁決の取消しを求める訴え（関与訴訟）を提起する（本稿Ⅲ）とともに，X（沖縄県）が，行政事件訴訟法3条3項に基づき，本件裁決の取消しを求める訴え（抗告訴訟）を提起した。第1審は本件訴えは「法律上の争訟」に当たらない等の理由で訴えを却下し，原審はXに原告適格がないとして控訴を棄却し，本判決はXの上告を棄却した。

2 判　旨

　「ア　行政不服審査法は，行政庁の違法又は不当な処分その他公権力の行使に当たる行為に関し，国民が簡易迅速かつ公正な手続の下で広く行政庁に対する不服申立てをすることができるための制度を定めることにより，<u>国民の権利利益の救済を図るとともに，行政の適正な運営を確保することを目的とするものである</u>（同法1条）。同法により，行政庁の処分の相手方は，当該処分に不服がある場合には，原則として，処分をした行政庁（以下「処分庁」という。）に上級行政庁がない場合には当該処分庁に対し，それ以外の場合には当該処分庁の最上級行政庁に対して審査請求をすることができ（同法2条，4条），<u>審査請求がされた行政庁（以下「審査庁」という。）がした裁決は，当該審査庁が処分庁の上級行政庁であるか否かを問わず，関係行政庁を拘束するものとされている</u>（同法52条1項）。
　イ　都道府県知事その他の都道府県の執行機関の処分についての審査請求は，上記アの行政不服審査法の定めによれば，原則として当該都道府県知事に対してすべきこととなるが，その例外として，当該処分が法定受託事務に係るものである場合には，本件規定〔＝地方自治法255条の2第1項1号〕により，他の法律に特別の定めがある場合を除くほか，当該処分に係る事務を規定する法律又はこれに基づく政令を所管する各大臣に対してすべきものとされている。<u>その趣旨は，都道府県の法定受託事務に係る処分については，当該事務が「国が本来果た

---

(38) 最一小判令和4・12・8民集76巻7号1519頁。

すべき役割に係るものであって，国においてその適正な処理を特に確保する必要があるもの」という性質を有すること（地方自治法2条9項1号）に鑑み，審査請求を国の行政庁である各大臣に対してすべきものとすることにより，当該事務に係る判断の全国的な統一を図るとともに，より公正な判断がされることに対する処分の相手方の期待を保護することにある。

　また，本件規定による審査請求に対する裁決は，地方自治法245条3号括弧書きの規定により，国と普通地方公共団体との間の紛争処理〔中略〕の対象にはならないものとされている。その趣旨は，処分の相手方と処分庁との紛争を簡易迅速に解決する審査請求の手続における最終的な判断である裁決について，更に上記紛争処理の対象とすることは，処分の相手方を不安定な状態に置き，当該紛争の迅速な解決が困難となることから，このような事態を防ぐことにあるところ，処分庁の所属する行政主体である都道府県が審査請求に対する裁決を不服として抗告訴訟を提起することを認めた場合には，同様の事態が生ずることになる。

　ウ　以上でみた行政不服審査法及び地方自治法の規定やその趣旨等に加え，法定受託事務に係る都道府県知事その他の都道府県の執行機関の処分についての審査請求に関し，これらの法律に当該都道府県が審査庁の裁決の適法性を争うことができる旨の規定が置かれていないことも併せ考慮すると，これらの法律は，当該処分の相手方の権利利益の簡易迅速かつ実効的な救済を図るとともに，当該事務の適正な処理を確保するため，原処分をした執行機関の所属する行政主体である都道府県が抗告訴訟により審査庁の裁決の適法性を争うことを認めていないものと解すべきである。」

3　検　　討

　本判決は，いわゆる裁定的関与に対し，地方公共団体が取消訴訟を提起できない旨を明示した。その理由として，①行政不服審査法の目的（国民の権利利益の救済）と裁決の拘束力，②国の行政庁である大臣に対して審査請求を認めた規定の趣旨（とくに処分相手方の期待保護），③国地方係争処理の対象から除外された趣旨（処分相手方の保護），④地方公共団体が裁決を争うことができる旨の規定がないことを挙げる(39)。

　本件裁決に対して，関与訴訟を提起できない上（本稿Ⅲ），取消訴訟も提起できないとすれば，司法的救済を得られない結果となり，憲法による地方自治の保障との関係が問題となりうる(40)。この点について，調査官は，法定受託事務に

---

(39) 包括的な批判として，人見剛「判批」自治総研546号（2024年）66頁以下。

については，「原処分を行う本来的な権限が裁決をした各大臣の所属する国にあると解されること」からすると，①「裁決の適否を裁判上争う手段が確保されるという都道府県の利益」が，②「裁決により簡易迅速かつ実効的な救済を受けられるという私人（原処分の相手方）の利益」に対し，「当然に優越すると解すべき憲法上の根拠があるとまではいい難く，①の優先的な保護が『地方自治の本旨』と〔ママ〕成すとまではいい難いと考えられる」と説明する(41)。

上記の判示内容からすると，本判決の射程は，さしあたり，法定受託事務にのみ及び，自治事務については別途検討する必要がある(42)。また，調査官の上記説明を前提とすると，自治事務については違憲性に関する結論が異なる可能性も否定できないように思われる。

VII　辺野古設計概要変更事件(43)

1　事　案

沖縄防衛局は辺野古埋立事業の埋立承認を得ていたが，後に判明した事情（本稿V参照）を踏まえ，埋立地の用途等の変更承認申請（本件変更申請）をした。X（沖縄県知事）は，公有水面埋立法の規定（本件各規定）に違反するなどとして，これを拒否する処分（本件変更不承認）をした。沖縄防衛局の審査請求に対し，同法を所管するY（国土交通大臣）は，本件変更不承認を取り消す裁決（本件裁決）をした。Xが本件変更申請に係る変更の承認（本件変更承認）をしなかったので，Yは，地方自治法245条の7第1項に基づき，沖縄県に対し，本件変更承認をするよう求める是正の指示（本件指示）をした(44)。Xは，本件指示が違法な国の関与に当たると主張し，同法251条の5第1項1号に基づき，その取消しを

---

(40) 塩野・前掲注(24)270頁は，「今後，地方自治の本旨の観点から見直されるべき制度である」と述べる。岡田正則「行政機関が『終審として裁判を行ふ』ことにしてよいのか？」法セ818号（2023年）43頁は，本判決は憲法76条2項に違反するとする。
(41) 和久一彦「判解」曹時76巻3号（2024年）170頁以下。
(42) 自治事務について個別法で裁定的関与が規定されている場合もあるが，和久・前掲注(41)177頁注23は，「自治事務については，法定受託事務のように判断の全国的な統一を図る必要は一般的には認め難いから，自治事務に係る処分についての審査請求について，本判決の射程が直ちに及ぶとはいい難いように思われる。なお，本判決のような考え方を前提とすると，自治事務に係る処分についての裁定的関与に対する抗告訴訟の許否は，国の機関に対する審査請求を認めた個別の法律の趣旨がどのようなものであるかにより，結論が左右されるのではないかと考えられる」と述べる。
(43) 最一小判令和5・9・4民集77巻6号1219頁。

求めて出訴した。原審は請求を棄却し，本判決はXの上告を棄却した。

2 判　旨

「3（1）法定受託事務に係る都道府県知事の処分についての審査請求に関しては，原則として行政不服審査法の規定が適用されるところ（同法1条2項），同法は，行政庁の違法又は不当な処分その他公権力の行使に当たる行為に関し，国民が簡易迅速かつ公正な手続の下で広く行政庁に対する不服申立てをすることができるための制度を定めることにより，国民の権利利益の救済を図るとともに，行政の適正な運営を確保することを目的とするものである（同条1項）。そして，同法は，52条1項において，審査請求がされた行政庁（以下「審査庁」という。）がした裁決は関係行政庁を拘束する旨を，同条2項において，申請を棄却した処分が裁決で取り消された場合には，処分をした行政庁（以下「処分庁」という。）は，裁決の趣旨に従い，改めて申請に対する処分をしなければならない旨を規定しており，これは審査庁が処分庁の上級行政庁であるか否かによって異なるものではない。その趣旨は，処分庁を含む関係行政庁に裁決の趣旨に従った行動を義務付けることにより，速やかに裁決の内容を実現し，もって，審査請求人の権利利益の簡易迅速かつ実効的な救済を図るとともに，行政の適正な運営を確保することにあるものと解される。

そうすると，法定受託事務に係る申請を棄却した都道府県知事の処分について，これを取り消す裁決がされた場合，都道府県知事は，上記裁決の趣旨に従って，改めて上記申請に対する処分をすべき義務を負うというべきである。〔中略〕

以上によれば，法定受託事務に係る申請を棄却した都道府県知事の処分がその根拠となる法令の規定に違反するとして，これを取り消す裁決がされた場合において，都道府県知事が上記処分と同一の理由に基づいて上記申請を認容する処分をしないことは，地方自治法245条の7第1項所定の法令の規定に違反していると認められるものに該当する。

（2）前記事実関係等によれば，本件裁決は本件変更不承認が本件各規定に違反することを理由として本件変更不承認を取り消したものであるところ，上告人は本件変更不承認と同一の理由に基づいて本件変更承認をしないものといえるから，そのことは地方自治法245条の7第1項所定の法令の規定に違反していると

---

(44) 審査請求と是正の指示の併用に対する批判として，紙野健二ほか編『辺野古裁判と沖縄の誇りある自治』（自治体研究社，2023年）132頁以下（白藤博行），151頁以下（本多滝夫）など。

認められるものに該当する。

4　以上のとおりであるから，本件指示は適法であるとした原審の判断は，結論において是認することができる。論旨は採用することができない。」

3　検　　討

本判決は，裁決の拘束力は審査庁が上級行政庁ではない場合にも及ぶ（本稿Ⅵ参照）とした上で，申請を棄却した処分を取り消す裁決により，県知事はその趣旨に従って改めて申請に対する処分をすべき義務を負い，同一の理由に基づいて申請を認容する処分をしないことは，法令の規定に違反することになるから，本件指示は適法であるとする。

しかし，仮に処分取消裁決の拘束力が是正の指示に係る訴訟に及ぶとしても[45]，それは同一の理由に基づく処分を禁じるに過ぎず，別の理由に基づく（同一内容の）処分を禁じるわけではない[46]。一定の措置を講じるよう求める是正の指示（特定型の指示）について，義務付け訴訟と同様に解するのであれば（本稿Ⅴ参照），当該指示が適法とされるためには，当該指示によって求められた措置をしないことが違法であることが必要となる[47]。したがって，裁決によって取り消されたのと同一の理由で当該処分をすることが違法であるだけでは足りず，当該処分をする要件がすべて具備されていることが必要なはずである[48]。

本件についていえば，本件指示が適法とされるためには，本件変更不承認が違法であるだけでなく，本件変更承認の要件がすべて満たされていることが必要であり，この点に関しては判断がなされていないように思われる[49]。この点について，義務付け訴訟と異なる解釈をとる余地も否定できないが，そうすると地方公共団体の機関が法令の要件を満たさない措置を判決によって義務付けられることになりかねず，適切ではないと考えられる。

---

(45) この点に対する批判として，武田真一郎「判批」成蹊法学99号（2023年）384頁以下，興津征雄「判解」法教520号（2024年）115頁，山下竜一「判解」判例秘書ジャーナルHJ100192（2024年）8頁などがある。山田健吾「裁決の拘束力と裁定的関与」専修大学法学研究所所報66号（2023年）27頁も参照。

(46) 和田山弘剛「判解」曹時76巻8号（2024年）237頁も，「処分庁である都道府県知事には，裁決の趣旨に反しない限度で，申請に対する処分を再度行う権限が留保されている」と述べる。

(47) 本稿Ⅴで検討した前掲最判令和3・7・6は，「本件各許可処分をしないことが裁量権の範囲の逸脱又はその濫用に当たると認められるのでなければ〔中略〕，地方自治法245条の7第1項に基づき本件各許可処分をすべき旨の指示をすることができない」と判示している。

Ⅷ　おわりに

本稿の検討結果をまとめると，次のとおりである。

第1に，是正の指示に係る関与訴訟（取消訴訟及び不作為の違法確認訴訟）の本案審理に関し，指示の類型に応じて，抗告訴訟（取消訴訟，不作為の違法確認訴訟，義務付け訴訟）が参考になることが示唆されたが（Ⅱ・Ⅴ），その当てはめには一部疑問も残る（Ⅶ）。

第2に，「固有の資格」の判断方法が示され，その当否には疑問もあるが，行政不服審査法等に固有の問題である（「法律上の争訟」とは直接関係しない）ことが示された（Ⅲ）。

第3に，裁定的関与に対する地方公共団体の出訴が否定されたが，自治事務についてはなお検討の余地がある（Ⅵ）。

第4に，関与の法定主義等に基づき，国地方公共団体間でも委任範囲逸脱禁止の原則が適用されたが，もし法定主義が憲法上の要請であれば，より強い効果が生じる可能性もある（Ⅳ）。

---

(48) 原審福岡高那覇支判令和5・3・16民集77巻6号1291頁（参考判例）は次のように述べているが，本文と同趣旨と解され，それ自体は正当な指摘ではないかと思われる。「関与取消訴訟の判断の対象は，裁決の適否ではなく，是正の指示の適否であることを前提とした上で，①単に処分の取消しを命じる裁決と特定の内容の処分を行うことを命じる是正の指示とでは，その内容において異なる点や，②是正の指示は，その根拠として示された判断内容を問わず，都道府県知事に対し当該処分を行うべき義務を負わせるものであり，上記アで述べた裁決の拘束力（行審法52条）を超える法的効果を有する点などにおいて，両者には行政行為として本質的な相違がある」。「被告が主張するように裁決の拘束力を及ぼして関与取消訴訟における主張の制限をしてみたところで，是正の指示を対象とする関与取消訴訟においては，都道府県知事が審査請求の手続での主張とは異なる処分理由を主張することは妨げられず，また，当該審査請求の裁決に明白かつ重大な瑕疵があることや是正の指示に固有の違法性があることを主張することも妨げられないから，一定の審理が行われることになることは不可避であって，主張の制限が紛争の早期解決に資する程度は，この点においても限定的なものである。」

(49) 武田・前掲注(45)390頁以下，石崎誠也「判批」高岡法学42号（2023年）125頁以下など。和田山・前掲注(46)238頁以下は，「都道府県知事が申請を棄却した処分の違法を理由とする取消裁決後も当該処分と同一の理由に基づいて申請に対する処分をしない場合，都道府県知事は，裁決の趣旨に従った処分をすべきことを義務付けられているにもかかわらず，他に理由もないのに申請に対する応答をせず，これを放置していることにほかならない。このような状況の下で都道府県知事が申請認容処分をしないことは，少なくとも裁量権の範囲の逸脱又はその濫用に当たるといわざるを得ない」と述べる。しかし，申請に応答しないことが違法であっても，直ちに，申請認容処分をしないことが違法である（当該処分をする義務がある）ことにはならないと思われる。

本稿の検討はきわめて断片的なものにとどまるが，国地方公共団体間の法関係に関する学説・判例の展開の一助となれば幸いである。

※本稿の校正中に，注(18)で言及した大阪高判令和5・5・10の上告審判決（最判令和7・2・27裁判所HP）が現れた。重要な判決ではあるが，改めて検討することとしたい。

〈論　説〉

連載 事実認定と行政裁量(3)

船渡　康平

序章　課題の設定
　第1節　用語法
　第2節　課題の設定
　第3節　検討の方法と行論
第1章　これまでの主張の整理
　第1節　検討の視角と叙述の見通し
　第2節　大日本帝国憲法下の主張
　第3節　日本国憲法下の主張〈第1款第1項まで，58号，第2款第4項まで，59号〉
　第4節　これまでの主張の整理
第2章　これまでの主張の正当性
　第1節　評価対象の選定
　第2節　作用の考察による根拠付けの正当性〈以上，本号〉
　第3節　裁判所の機能・権限の考察による根拠付けの正当性その1
　　――準備的考察
　第4節　裁判所の機能・権限の考察による根拠付けの正当性その2
　　――大日本帝国憲法下における憲法解釈
　第5節　裁判所の機能・権限の考察による根拠付けの正当性その3
　　――日本国憲法下における憲法解釈
　第6節　裁判所の機能・権限の考察による根拠付けの正当性その4
　　――最終的な評価
結章　今後の展望と残された課題
　第1節　今後の展望
　第2節　残された課題

第1章　これまでの主張の整理（承前）

第3節　日本国憲法下の主張（承前）

第2款　狭義の事実認定の裁量（承前）

第5項　作用の考察による根拠付け

　狭義の事実認定の裁量が認められるかという問題についての主張を提示する際，近時は，裁判所の機能・権限の考察による根拠付けを行う性格が強いものが多いが（第4項参照），作用の考察による根拠付けを行う性格が強いものも存在する。本項では，これまでとは異なる形で作用の考察を行う，深澤龍一郎（1）および中川丈久（2）の見解を見る(360)。

1　深澤龍一郎の見解

　狭義の事実認定の裁量に関する深澤の見解が示されているのは，2016年の論稿である。この論稿の目的は，判断過程統制・行政判断の構造について論じた深澤の別の論稿を受けて，「英米法における事実の概念について再論したうえで，改めて行政判断の構造を分析するとともに，行政裁量……といった行政法学の基本概念を再定位しようとする」(361)ことにある。以下，この論稿に述べられている

---

(360) 三浦大介も，作用の考察による根拠付けによって，狭義の事実認定の裁量の存在を否定する主張を示している。しかし，そこで示される根拠は，これまで示されてきた根拠とほぼ同じである。すなわち，1つには，宮田三郎がバッホフの見解を引きながら述べていたこと（本款第2項2（2）参照）と同旨の根拠が挙げられ，もう1つには，「事実は客観的に存在するものであ」るという，明治憲法下から説かれてきた根拠とおそらく同旨の根拠が挙げられる（参照，三浦大介「行政判断と司法審査」磯部力ほか編『行政法の新構想Ⅲ　行政救済法』（有斐閣，2008年）103頁，111頁）。

　なお，後者の根拠に関して正確にいえば，三浦は，「事実は客観的に存在するものであり，その有無をめぐる判断について，行政庁と裁判所との間で齟齬が生じることはありえない」（同論文111頁）という。しかし，「事実が客観的に存在するものであ」るという理解を前提としても，そうした客観的な事実の存否について行政庁と裁判所との間で齟齬が生じることはあり得る（そうでなければ行政庁の事実誤認という違法事由は存在し得ない）。また，その齟齬をどう解消するかという問題に関して狭義の事実認定の裁量を認め行政庁の判断を優先することも直ちには排除されない。したがって，「齟齬」に関する前記の三浦の言明は，狭義の事実認定の裁量を否定する根拠たり得ない。

　前段落で述べたことに鑑み，本稿は，「齟齬」に関する前記の三浦の言明を度外視して，三浦は，狭義の事実認定の裁量を否定する主張の根拠の1つとして，「事実は客観的に存在するものであ」ることを挙げていると理解しておく。

(361) 深澤・前掲注(61)288頁。

ことを中心として，英米法における事実の概念についての深澤の説明を確認し（（1）），行政判断の構造の分析，および，行政判断の構造と行政裁量論との関係に関する深澤の説明を確認する（（2））。なお，本稿の意味における事実認定に行政裁量を認めるものとして深澤の見解を理解できるかは，検討を要する（（3））。

(1) 英米法における事実の概念
(a) 英米法における事実の分類

英米法における事実の概念については様々な観点からの分類がなされて説明されるが，ここでは，深澤の論稿で特に重要な役割を果たしている2つの分類を確認しておく。1つには，「第1次的事実（primary fact）—— 第2次的事実（secondary fact）」の分類であり，もう1つには，「究極事実（ultimate fact）…… —— 証拠的事実（evidential fact; evidentiary fact）」の分類である[362]。

前者の分類について曰く，「第1次的事実とは，証人……により目撃され，証言……により証明される事実，または，原本……のような物……それ自体の提出により証明される事実であるのに対し，第2次的事実とは，第1次的事実からの推論過程……により得られた結論……である」[363]。

後者の分類について曰く，「究極事実とは，適用されるべき一般的な法準則……のもとで，法関係……を変化させる……のに十分な事実である。他方で，証拠的事実とは，確定されると，別の事実を推論するための論理的（しかし決定的ではない）基礎を与えるものであり，後者の別の事実とは，究極事実であることもあれば，中間的な……証拠的事実であることもある」[364]。

(b) 日本における要件事実論との関係

続けて，深澤は，こうした「英米法における事実の概念と種別……は，わが国における要件事実論とはどのような関係にあるのだろうか」[365]と問題提起し，この問題について次のように説明する。曰く，一方で，「英米法の ultimate fact には，究極事実のほかにも主要事実という訳語が充てられ，また，evidentiary fact については，『Ultimate fact をわが国でいう主要事実ととらえるならば，間接事実に対応する』という（いささか微妙な）説明がされることがある」[366]。他

---

[362] 参照，深澤・前掲注(61)289頁。
[363] 深澤・前掲注(61)290頁。
[364] 深澤・前掲注(61)290頁。
[365] 深澤・前掲注(61)291頁。
[366] 深澤・前掲注(61)291-292頁。二重かぎ括弧内は，田中英夫編集代表『英米法辞典』（東京大学出版会，1991年）314頁。

方で,「ただし,英米法においては,究極事実は直接的に証明されうるものではない旨の指摘があることに注意をする必要がある」[367]。この注意喚起の意味はやや明確でないが,深澤が,「わが国では,『契約書等の直接証拠から,直接,要証事実である主要事実を認定する場合』がある」[368]と述べていることからすれば,"究極事実は,証拠から直接認定されるのではなく,証拠的事実からの推論を経て認定されるものである"という趣旨と理解できようか。

　直前の注意喚起の意味はともかく,前段落のような説明を踏まえて結論として深澤曰く,「このように,英米法の概念とわが国の概念との異同はもう一つ明らかではない」[369]。

(c) 英米法における事実の概念の採用

　このように,少なくとも,日本の要件事実論における事実の概念と,それとは何らかの形で異なるものとしての英米法における事実の概念とがあるところ,深澤は,自身の考察にあたって,英米法における事実の概念を用いることを選択する。この選択の理由としては,あえて分ければ,2つ挙げられている。1つには,「英米法の概念のメリットは,おそらく,『中間的な証拠的事実(の認定)』という概念を利用することにより,行政判断のうちのとくに『幾段階にも亘る評価を経て法令の要件への当てはめに至る……多段階的評価』が図式化し易くなる点にあるように思われる」[370]ことである。もう1つには,「このような行政判断の構造の図式化は,一般に『事実認定』といわれるものはどこまでであり,『事実認定の構成要件への当てはめ』とされるものはどこから始まるのか……という問題を顕現化させる」[371]ことである。

　前段落で言及された「図式化」の結果を深澤は図示している[372]のであるが,これを文章にして書き下せば,次のようになる。まず,①「証言,原本などの物自体の提出」がなされ,この証拠からの「証明」によって「第1次的事実……の認定」がなされる(これは「証拠的事実……の認定」ということでもある)。次に,②第1次的事実からの「推論」によって「第2次的事実……の認定」がなされ

---

(367) 深澤・前掲注(61)292頁。
(368) 深澤・前掲注(61)292頁注24。二重かぎ括弧内は,司法研修所編『事例で考える民事事実認定(初版)』(法曹会,2014年)13頁(なお,二重かぎ括弧内に対応する部分は太字で記載されている)。
(369) 深澤・前掲注(61)292頁。
(370) 深澤・前掲注(61)293頁。2つ目の二重かぎ括弧内は,交告尚史「行政判断の構造」磯部力ほか編『行政法の新構想Ⅰ　行政法の基礎理論』(有斐閣,2011年)269頁,274頁。
(371) 深澤・前掲注(61)293頁。
(372) 参照,深澤・前掲注(61)293頁。

る。さらに，③第２次的事実（の認定）は複層的であり得る。複層的である場合を具体的にいえば，第２次的事実として「中間的な……証拠的事実の認定」がなされ，この中間的な証拠的事実からの「推論」によってさらに（これまた第２次的事実である）「究極事実……の認定」がなされる。最後に，④究極事実に「一般的な法準則」が適用され，「法関係の変動」が生じる。

（２）行政判断の構造，行政裁量との関係
（a）行政判断の構造
深澤は，「以上で取り上げた事実の概念と種別を利用して，……判決に現れた行政判断……の構造を分析」[373]する。

本稿にとって重要であるのは，最大判昭和53・10・4民集32巻7号1223頁を素材とした検討がなされる箇所である。曰く，「この事案における究極事実とは何だろうか。在留期間の更新の要件は，『在留期間の更新を適当と認めるに足りる相当の理由がある』（旧出入国管理令21条3項）ことであるので，端的に『在留期間の更新を適当と認めるに足りる相当の理由があること』をもって究極事実と捉えることが一応は可能である。／ただし，本判決では，この要件について，『法務大臣は，在留期間の更新の許否を決するにあたっては，外国人に対する出入国の管理及び在留の規制の目的である国内の治安と善良の風俗の維持，保健・衛生の確保，労働市場の安定などの国益の保持の見地に立って，申請者の申請事由の当否のみならず，……諸般の事情をしんしゃくし，時宜に応じた的確な判断をしなければならないのである』という解釈が提示されており，本判決のいう『外国人に対する出入国の管理及び在留の規制の目的』に則して，『当該外国人が国益を害するおそれがないこと』というように究極事実をもう少し絞り込むことができるように思われる」[374]。

このように，深澤の分析によれば，法文上の要件部分と同じ内容の事柄か，あるいは法文上の要件部分とかなり近い内容の事柄が，究極事実とされている。このことから，深澤は（要件充足の判断に至るまでの）行政判断の大部分を事実認定として把握している，と理解できる[375]。

（b）行政判断と行政裁量
このように（要件充足の判断に至るまでの）行政判断の大部分を事実認定として把握する結果として，深澤は，狭義の事実認定の裁量を認めたものとしては通例は理解されていない判例を，狭義の事実認定の裁量を認めたものとして理解す

---

(373) 深澤・前掲注(61)293-294頁。
(374) 深澤・前掲注(61)294頁。

る。

　前提として確認すれば，深澤曰く，「『判断過程の統制』という審査方法によれば，裁判所は，行政機関が行った判断を追いかけて審査をするのであり，裁判所が行政機関の判断を尊重して審査を制限した部分に，結果として対司法裁量が容認されることになる」(376)。ここで深澤は，行政裁量が認められることによって司法審査が制限されるというよりも，司法審査が制限される結果として対司法裁量が認められるという順序で思考しているのではあるが，それはともかく，司法審査の制限の態様を審査密度の制限として把握しているようである(377)。

　前段落の前提を踏まえて，深澤による判例の理解を見よう。深澤曰く，「では，行政判断のどの部分に対司法裁量が容認されるのだろうか。前掲マクリーン事件上告審判決〔最大判昭和53・10・4民集32巻7号1223頁〕……は，行政判断のうちの究極事実の認定の段階，あるいは，見方を変えると，その前提となる一歩手前の証拠的事実の認定……の段階において対司法裁量を容認している」(378)。

　そして，このように判例を理解するのみならず，深澤は，このように理解した判例を（したがって究極事実の認定に行政裁量を認めることを）是認する(379)。前段

---

(375) さらに進んで，深澤は，要件充足を判断した上での行為の選択に関する判断も，事実認定（究極事実の認定）として把握する可能性を示す。曰く，「行政判断が大きく要件認定の段階と行為の選択の段階に分離されるといっても，結局のところは，個別の処分ごとの要件認定，さらにいえば，個別の処分ごとの究極事実の認定に帰着させることができるように思われる」（深澤・前掲注(61)297頁。ただし，同論文298頁では，ここから若干譲歩して，「行政行為の要件認定と行為の選択との関係の問題については，両者は峻別できるとは限らず，両者の構造の違いは相対的である」とされている）。

(376) 深澤・前掲注(61)305頁。

(377) また，判断代置審査が採られなくなるという意味での審査手法の制限も想定されていると思われる（ほぼ同時期の論稿である，深澤龍一郎「行政訴訟における裁量権の審理」現代行政法講座編集委員会編『現代行政法講座Ⅱ　行政手続と行政救済』（日本評論社，2015年）149頁，158-170頁では，「裁量審査の方法」として判断代置審査が挙げられていない）。ただし，同・前掲注(61)の後の論稿では，最高裁判所の判例を分析する文脈ではあるものの，判断代置審査を「審査『密度』のグラデーションの一方の極にある」ものとして理解する可能性が指摘されている（参照，深澤・前掲注(38)37頁）。そのため，審査手法の制限（判断代置審査が採られないこと）が審査密度の制限に還元されているとも理解できる。

(378) 深澤・前掲注(61)306頁。そのほか，本文の指摘は，日光太郎杉事件控訴審判決（東京高判昭和48・7・13行集24巻6＝7号533頁）にも妥当するものとされている（同論文306頁参照）。

(379) 深澤は，"判例を読むと，行政機関による究極事実以外の事実（第2次的事実）の認定も裁判所によって尊重されているのではないかとの疑問が生じ得る"という旨を指摘している。しかし，深澤は，こうした究極事実以外の事実については，行政機関による事実認定を裁判所が尊重することを是認しない（以上の二文につき参照，深澤・前掲注(61)306-307頁）。

落の引用箇所に続けて曰く,「このこと〔つまり最大判昭和53・10・4民集32巻7号1223頁が究極事実の認定の段階に対司法裁量を認めたこと〕自体は,おそらく,次の理由から首肯できるものである。

第1に,……行政機関が究極事実を(法令の規定よりも)具体化する余地を有するときに,行政裁量(対法律裁量)が存するのであり,究極事実の認定の段階に裁判所が対司法裁量を容認するかぎりにおいて,行政判断の構造における対法律裁量と対司法裁量の所在が合致するからである。

第2に,究極事実の認定は法関係の変動と直接的に関係するのであり,裁判所が,個別の行政行為の内容・性格や,<u>その行為を行う行政庁・関与する行政機関の地位・能力に着目して</u>,対司法裁量を容認すべきかどうかを判断することが妥当であるとすれば,対司法裁量は究極事実の認定の段階に容認されるべきことになるためである」[380]。

このうち第1点は,対法律裁量・対司法裁量の所在を一致させるべきであるという根拠であり,裁判所の機能・権限の考察ではなく対法律裁量の所在から議論を進めている点において,作用の考察による根拠付けであるといえよう。これに対して,第2点は,下線部を重視すれば,裁判所の機能・権限の考察による根拠付けであるといえよう[381]。しかし,裁判所の機能・権限に関して,さらに深澤

---

(380) 深澤・前掲注(61)306頁。下線引用者。
(381) ただし,深澤の挙げる第2点は,以下のような形で,これまでの学説で述べられていた根拠と同旨をいうものとして理解するべきであるように思われる。
　まず指摘すべきは,"行政機関の地位・能力等に鑑みて対司法裁量が認められるべきことは,究極事実の認定とは異なる段階の作用(証拠的事実の認定や法準則の適用等)についても妥当し得る",ということである。この指摘からすると,「「行政行為の内容・性格や……行政機関の地位・能力に着目して,対司法裁量を容認すべきかどうかを判断することが妥当であると」しても,そこから直ちに,ほかでもない「究極事実の認定の段階に」対司法裁量が「容認されるべきことになる」とはいえないのではないか"という疑問が生じる。そこで,こうした別の段階の作用ではなく,まさに究極事実の認定という作用に対司法裁量が容認されるべきと主張するには,さらに別の説明を要することになる。しかし,深澤の論稿に,そうした別の説明は見出せない(この別の説明に相当するのが,「究極事実の認定」が「法関係の変動と直接的に関係する」という記述であるのかもしれないが,この記述の位置付けは判然としない)。
　本注の前段落のように考えた上で,深澤のいう第2点を合理的に理解しようとするならば,"行政行為の内容・性格や行政機関の地位・能力に着目すると,究極事実の認定にも対司法裁量が認められ得る"という趣旨に理解すべきであると思われる(究極事実の認定という作用に常に対司法裁量が認められるべきとは,深澤も主張していない)。
　こう理解できるとすれば,深澤のいう第2点は,裁判所の機能・権限の考察による根拠付けとしては,山田準次郎・原田尚彦らが述べていた,"行政機関・裁判所間での機能分担の観点から,事実認定にも裁量が認められ得る"という根拠と同旨であると考えるべきことになろう(参照,本款第2項1,同項3)。

は，事実認定は裁判所の専権事項であるという命題は，「証拠的事実の認定の段階であれ究極事実の認定の段階であれ，〔事実認定の段階に〕対司法裁量」を認めることをおよそ否定するものであるのか，を検討する必要性を指摘しており[382]，前記の第1点・第2点だけで狭義の事実認定の裁量を肯定しようとしているわけではない。

（3）深澤龍一郎の見解に関する注意点

実質的証拠法則，および，山田準次郎の見解（本款第2項1参照）と同様に，深澤の見解についても，本稿の意味における事実認定に裁量を認めるという見解であるかどうかに注意を要する。このことを3つの段階に分けて説明する。

第1に，一般に究極事実の認定は当てはめとして把握され得るし（本節第1款第2項1（2）参照），実際，深澤は，法文上の要件部分と同じ内容の事柄を究極事実として一旦は位置付けていた（本項1（2）(a)参照）。

第2に，もっとも，深澤は，究極事実をもう少し絞り込んでいた（例えば最大判昭和53・10・4民集32巻7号1223頁については，究極事実が「当該外国人が国益を害するおそれがないこと」とされていた）ため，深澤の見解においては究極事実の認定が当てはめと直ちに同視されるわけではない。しかし，深澤は，この絞り込みをするに際して，同判決が示した，「法務大臣は，在留期間の更新の許否を決するにあたっては，外国人に対する出入国の管理及び在留の規制の目的である国内の治安と善良の風俗の維持，保健・衛生の確保，労働市場の安定などの<u>国益の保持の見地に立って</u>，申請者の申請事由の当否のみならず，……諸般の事情をしんしゃくし，時宜に応じた的確な判断をしなければならないのである」という解釈のうち，下線部を意識していると思われる（前掲注(374)に対応する本文を参照）。とすると，深澤の挙げる究極事実は，法文の要件部分と同じ内容の事柄ではないにしても，法文の要件を具体化した解釈を言い換えたものとして把握され得る[383]のであり，やはり，究極事実の認定は，本稿の意味における事実認定ではなく，認定された事実に評価を加えて当てはめをすることを意味するのではないか，との疑問が生じることになる。

以上2つの段落で述べたように，深澤が究極事実の認定に裁量を認めることを是認するとき，そこで是認されているのは，本稿の意味における事実認定に裁量を認めることではなく，当てはめに裁量を認めることではないかと思われる。

---

(382) 参照，深澤・前掲注(61)307頁。

(383) このことは，東京高判昭和48・7・13行集24巻6＝7号533頁に係る深澤の見解においてより明確に現れている（参照，深澤・前掲注(61)302頁）。

第3に，それでも，深澤が後の論稿で究極事実の認定を論じるときには，本稿の意味における事実認定が想定されているとも理解できる[384]。また，本款第7項2（1）(a)で後述するように，事実的要件については事実認定と当てはめとがほぼ同内容の作用になる（ただし，深澤が検討の素材とした要件が事実的要件であるわけでは必ずしもない）。これらのことに鑑みると，深澤の主張を，本稿の意味における事実認定に裁量を認めることを是認するという主張として理解することも可能であろう。以下，本稿は，この理解に基づき，本項1で見た深澤の主張を，狭義の事実認定の裁量を肯定する主張として扱うこととする。

  2　中川丈久の見解
　中川丈久は，事実認定という作用の考察を行うことで，深澤とは異なり，狭義の事実認定の裁量を否定する。
（1）中川丈久の用語法
　まずは，中川の見解を理解するために必要な，「法解釈」・「法的判断」・「非法的判断」という3つの言葉についての中川の用語法を確認する。
　第1に，中川は，「法解釈」は「司法裁判所による憲法解釈及び法令解釈を指す」と述べ，「『法解釈』そのものの定義としては，憲法や法令の文言（以下，『法文』ともいう）の意味を，（1）定義，（2）該当・非該当の判定方法（考慮義務要素と考慮禁止要素），（3）典型例（必ず該当する積極例と，決して該当しない消極例）という3つのうち，いずれか1つ以上を用いて示すことであるとしておく」，と述べる[385]。
　第2に，中川は，「法的三段論法に限らず，およそ，法解釈から演繹的に結論を導く（法解釈で結論を正当化する）推論の一切を，『法的判断』と呼ぶ」[386]と述べる。
　第3に，中川は，「法的判断以外の推論の仕方を，まとめて『非法的判断』と呼ぶ」[387]と述べる。この非法的判断とは，「たとえば原発の安全設計や，道路建設のルート設定を，原子炉事故や交通渋滞のシミュレーション，関係者（ステークホルダー）の意向などによって決める（正当化する）ことである」[388]。

---

(384) 深澤龍一郎「判批：最判令和4・9・17集民269号21頁」判評780号（2024年）113頁，115頁の検討を参照。
(385) 参照，中川丈久「行政法解釈と憲法・憲法解釈」神戸法学雑誌74巻2号（2024年）1頁，3頁。
(386) 中川・前掲注(385) 4-5頁。
(387) 中川・前掲注(385) 5頁。
(388) 中川・前掲注(385) 5頁。

（2）行政裁量の存否

（1）で見た用語法を前提として，中川は，行政裁量に関する諸問題について考察する。ここでは，本稿の見地からして特に重要な点である，行政裁量の存否についての考察だけを概観する。

行政裁量の存否について中川曰く，「行政裁量が認められる余地があるのは，法令が行政機関に権限……を付与する条文についてである」ところ，「そのような権限を与える条文を解釈する過程で，裁判所が，法文の定義の一部，判定方法の一部，そして非典型事例の振り分けの全部ないし一部が非法的判断に委ねられていると解するとき，その箇所が行政機関の裁量（行政裁量）に委ねられる。裁判所は法的判断しかしないからである」(389)。「最高裁判決によく登場する非法的判断」としては，「政策的判断」・「科学技術的判断」・「実情通暁者による判断」が挙げられる(390)。

（3）狭義の事実認定の裁量の否定とその根拠

（1）・（2）で確認したことを前提として，中川は，狭義の事実認定の裁量の存否について，次のように述べる。すなわち，まず，①「行政処分において，証拠による具体的事実の認定というプロセスに行政裁量を認める余地はな」(391)いと述べる。また，①として引いた記述を含む文に付された注では，塩野宏による判断過程の分析（「事実認定」・「事実認定の構成要件への当てはめ」・「手続の選択」・「行為の選択」・「時の選択」）(392)に言及しつつ，②事実認定「のうち，少なくとも具体的事実の認定（証拠の有無）のプロセスが，非法的判断たる行政裁量に委ねられることはない」(393)とも述べている。

以下，この中川の見解について，狭義の事実認定の裁量を否定する主張を示しているか（(a)），示しているとすればその主張の根拠は何か（(b)），を検討する。

(a) 狭義の事実認定の裁量の否定

一方で，中川は，①では，狭義の事実認定の裁量を否定する主張を示しているように読める。他方で，中川は，②では，狭義の事実認定の裁量を（完全には）否定しない主張を示している可能性がある。すなわち，②は，"事実認定の中に「具体的事実の認定」以外の何らかの作用が含まれることを想定しつつ，事実認定のうち「具体的事実の認定」については行政裁量が認められない（事実認定の

---

(389) 中川・前掲注(385)10-11頁。
(390) 参照，中川・前掲注(385)11頁。
(391) 中川・前掲注(385)17頁。
(392) 前掲注（3）に対応する本文を参照。
(393) 中川・前掲注(385)17頁注23。

中に含まれる別の作用には行政裁量が認められ得る）"との主張を示している，と読めるのである。もっとも，事実認定の中に含まれる，「具体的事実の認定」以外の何らかの作用が，具体的にどのような作用であるかは，明確にされていない(394)。

前段落で述べたことからすると，そして①・②を整合的に読もうとすると，現時点では，中川の記述について2つの読み方の可能性があることになる。読み方その1が，①を重視して，狭義の事実認定の裁量を否定する主張を示していると読む（②は①と同旨のことを述べていると読む）ものである。読み方その2が，②を重視して，"事実認定の中に「具体的事実の認定」以外の何らかの作用が含まれることを想定しつつ，事実認定のうち「具体的事実の認定」については行政裁量が認められない（事実認定の中に含まれる別の作用には行政裁量が認められ得る）"という主張を示していると読む（①は，このようなものとしての②と同旨のことを述べていると読む）ものである。

読み方その2には問題がある。この問題とは，読み方その2によれば，中川の見解が，「具体的事実の認定」以外の作用の中身を不明確にした，完結的でない見解であると位置付けられてしまうことである。この問題に鑑み，本稿は，（相対的に）完結的な見解としての位置付けを可能にする，読み方その1を採用しておく。かくして，本稿は，中川は狭義の事実認定の裁量を否定する主張を示していると理解する。

（b）狭義の事実認定の裁量を否定する根拠

では，この中川の主張の根拠は何に求められるか。

①の中には狭義の事実認定の裁量を否定する根拠は見当たらないが，読み方その1によれば，②は狭義の事実認定の裁量を否定する記述であると読むことになるから，②の中に狭義の事実認定の裁量を否定する根拠を探すことが可能になる。そこで，②の中に根拠を探してみると，中川において，狭義の事実認定の裁量が否定される根拠は，"事実認定が「非法的判断」ではなく法的判断であるからだ"ということに求められている，と理解できる(395)。

---

(394) 付言すれば，まず，中川・前掲注(385) 4 頁では，（法的三段論法を論じる文脈における）「事実とは，証拠で存否を認定する具体的事実のことであ」ると述べられており，「具体的事実」以外の事実は想定されていないようである。

次に，②のかっこ書きからすると，"「証拠の有無」の判断と証拠から事実を認定する作用とを区別した上で，「証拠の有無」の判断に行政裁量が認められない（証拠から事実を認定する作用には行政裁量が認められ得る）ということを述べている" と理解できるかもしれないが，この理解は①の言明と整合しにくい。

（4）小　括

　以上を要するに，中川は，行政裁量は「非法的判断」であるという理解（（1）・（2））を前提として，事実認定は法的判断であるから，事実認定に行政裁量が認められる余地はない（（3）），と主張していると理解できる。これは，事実認定がいかなる作用であるのかを考察することによって狭義の事実認定の裁量を否定する主張であり，本稿の言葉でいえば，作用の考察による根拠付けをしているといえよう。

第6項　議論の構図の明確化

1　高田倫子の見解

　高田倫子は，ドイツの議論を主たる素材とした検討をしつつも，ドイツの議論（の一部）が日本にも妥当することを論証している。そして高田は，その結果として，狭義の事実認定の裁量に関する（あり得る）議論の構図を明確化している。

（1）問題設定

　高田の問題関心は，「行政訴訟における事実認定の審査に限界を認めるか，認めるとして，それをいかなる性質のものと解するか〔つまりその限界は行政裁量と同じものか否か〕」，という問いにある。高田は，この問いに関する日本の議論状況を次のように整理する。曰く，「事実認定は，伝統的には『司法権の専権』とされ，裁判所の完全な審査が及ぶとされてきた。もっとも，事実認定に高度な専門知識が必要となるような場合には，当該分野に必ずしも精通しない裁判所は，困難に直面することになる。かかる場合に，行政庁の判断が優先されるべきか，されるとして，それを裁量と呼ぶべきか，つまり，事実認定にも裁量を認めるかについては，見解が一致していない」[396]。

　なお，高田が，行政裁量による司法審査の制限の態様をいかに理解しているかは明確にされないが，高田は，日本の議論状況を整理する際にいくつかの文献を引用しており[397]，そうした文献（の多く）と同様の立場を前提としていると考えられる。そして，そうした文献（の多く）は，行政裁量が認められる場合，審査密度・審査手法が制限されるという立場を採っていると考えられる[398]から，高田もまた，この立場を前提としていると考えられる。

---

(395)「米国法では，適正手続さえあれば，裁判官でも陪審でも行政機関でも自らの権限としてこれ〔具体的事実の認定〕を行えるが，これが非法的判断だと考えられているわけではない」（中川・前掲注(385)17頁注23）という記述も参照。

(396) 本段落につき参照，高田・前掲注(60)「（1）」324頁。二重かぎ括弧内は，塩野宏『行政法Ⅰ　行政法総論（第6版）』（有斐閣，2015年）144頁。

〈連載〉　事実認定と行政裁量(3)〔船渡康平〕

　高田は，ドイツの議論を検討して，前々段落冒頭で見た問いに対する示唆を得ることを課題とする(399)。この課題設定に鑑み，以下，ドイツの議論を高田の検討に沿ってまとめ（(2)），日本への示唆がどのように示されているかを見る（(3)）。

（2）ドイツの議論

　ドイツには，高田が「真実説」と呼ぶ考え方と「権限説」と呼ぶ考え方とが存在する。真実説とは，「事実認定が，あらかじめ存在するただ1つの事実，すなわち真実を，客観的に認識する作用であること〔それに伴い法的評価とは異なる作用となること〕を出発点として，その審査のあり方を論じ」る説である。権限説とは，「事実認定と法的評価は性質上厳密には区別されえず，両者はともに，行政庁と裁判所の間の権限分配の問題として捉えられるという」説である(400)。以下，高田の要約に基本的に依拠して紹介する。

（a）真　実　説

　真実説は，行政機関による事実認定に対し，「裁判所の厳格な審査を要求する」(401)ものである。そうした厳格な審査あるいは「完全な審査」(402)を支える前提は，次の2つである。「第1に，事実認定は，所与の事実を客観的に認識する作用であ〔ると理解することであ〕り，第2に，裁判所は，職権探知主義に従って，事案に関係する事実を自ら包括的に解明する義務を負う，ということである」(403)。第2点を敷衍すれば，ドイツの「行政裁判所法86条1項1文前段は，『裁判所は職権によって事実関係（Sachverhalt）を調査する』ことを規定しており，行政訴訟法の主要な原則として職権探知主義を採用している。この原則から，行政裁判所は，当事者の主張又は証拠の申出に拘束されないことのみならず，職権により自ら事案を解明する義務が課されると考えられて」(404)いるので

---

(397) 例えば，要件裁量が認められる旨の記述に付された注（高田・前掲注(60)「(1)」325頁注1）では，塩野・前掲注(396)138頁以下，藤田・前掲注(235)123頁以下，宇賀克也『行政法概説Ⅰ〔第7版〕』（有斐閣，2020年）329頁以下，高木・前掲注(55)80頁以下，稲葉馨ほか『行政法〔第4版〕』（有斐閣，2018年）111頁〔人見剛〕がこの順番で引かれている。

(398) 前掲注(397)で見た文献のうち塩野については，本款第3項2(1)(a)を参照。高木・人見については船渡・前掲注(321)Ⅱ1(2)を参照（なお，塩野・高木・人見の論稿については，高田の論稿の後に改版されているが，本稿に関係する箇所の記述は変わっていない）。

(399) 参照，高田・前掲注(60)「(1)」325頁。

(400) 本段落の以上の部分につき，参照，高田・前掲注(60)「(1)」326頁。

(401) 高田・前掲注(60)「(2・完)」265頁。

(402) 高田・前掲注(60)「(1)」347頁。

(403) 高田・前掲注(60)「(1)」347頁。

ある。そして，前記2つ「の前提は，非法的な専門知識を要する事案にも妥当し，裁判所は，真実であるという完全な心証を形成するべく，学問及び実務の知見の水準の限界に至るまで，可能な限り広範な事案の解明を行うことが求められ」[405]ることになる。

　もっとも，行政機関による事実認定に対する裁判所の審査にも限界（つまり行政機関による事実認定を審査しきれない範囲）が存在し得ることは，真実説も認める。すなわち，前段落に述べたことからして，「裁判所のコントロールの範囲は，事実の存否に依存し，その客観的な認識が不可能である場合に〔つまり関連する学問及び実務において一般に承認された規準や方法が存在しない場合に〕，限界に突き当たることになる」[406]。

　しかし，重要なのは，この限界は，（要件）裁量とは区別されるものだということである。一方で，前段落で述べたように，行政機関による事実認定に対する裁判所による審査が持つ限界は，事実の認識を実際上行うことができないという「事実上の限界」[407]（あるいは実際上の限界）である。他方で，「法的評価における裁判所のコントロールの限界は，裁判所と行政庁の間の権限分配の問題であり，ここにおいて判断余地〔日本でいう要件裁量〕を認めることは，裁判所の判断よりも行政庁の判断が優れている場合に，憲法上定められた裁判所の最終的な決定権限を，行政庁に付与することを意味する。このような権限分配の変更は，意思に基づく規範的決定であり，……立法者の授権を通じてなされることになる」[408]。このような差異があることからして，この「事実上の限界」は，「裁量とは区別されることになろう」[409]とされる。

　(b) 権　限　説

　真実説に対して，「権限説の出発点は，事実認定のプロセス的・構成的な理解である」。すなわち，「真実説によれば，事実認定は所与の事実の客観的認識であるとされていたのに対して，」権限説の論者によれば，「唯一の正しい事実なるものは存在しないと」される。当該論者「によれば，あらゆるプロセスは，自身の固有の現実を生成するのであり，かかる現実は，実体的真実（materielle Wahrheit）ではなく，形式に関する法（行政手続法ないし訴訟法）のフィルターを通じて

---

(404) 高田・前掲注(60)「(1)」344頁。
(405) 高田・前掲注(60)「(1)」347頁。
(406) 高田・前掲注(60)「(1)」347頁。詳細には，同論文343頁を参照。
(407) 高田・前掲注(60)「(1)」347頁。もともとは，BVerfG, Beschl. v. 23.10.2018の言葉である（高田・同論文337頁を参照）。
(408) 高田・前掲注(60)「(1)」342頁。
(409) 高田・前掲注(60)「(2 ・完)」264頁。

構成された，形式的真実（formelle Wahrheit）に過ぎない。／その結果，この立場によれば，事実認定と法的評価の間の伝統的な区別も，維持しえないことになる。なぜなら，『重要な事柄がそうでない事柄から区分され，また，訴訟物に基づいた具体的な視点が採られることからして既に，あらゆる事実認定は評価（Wertung）をも含んで』おり，『事実問題と評価問題を，厳密な区別によって首尾一貫したやり方で分離することはできない』からである」[410]。

「かかる認識に基づいて，」当該論者「は，事実認定を『真実の問題（Wahrheitsfrage）』ではなく，『権限の問題（Kompetenzfrage）』であるとする。つまり，行政庁，訴訟参加人，第三者等，誰もが『正しい』事実に関する判断をなしうるが，そのうちただ１つが，法的に拘束力を持つものとして妥当する。そうであれば，ここで問題となるのは，いかなる機関が，いかなる手続において，決定にとって重要な事実を認定する権限を有するかという，法秩序における権限分配である，ということになる」[411]。

ただし，「唯一の正しい事実なるものは存在しない」からといって，訴訟における事実認定が，それ以外のプロセスにおいて認定される事実と無関係であることには当然にはならない。それでも，権限説によれば，訴訟における事実とそれ以外のプロセスにおいて認定される事実とが常に一致する必要はない。敷衍すれば，一方で，「環境法，計画法，経済法等の領域においては，しばしば，自然科学の因果法則や社会法則といった複雑な事実の解明が要求される」ところ，「真実説によれば，裁判所は，かかる事実が各学問において一般に証明されたものと認識されているか，という問題に取組むことになる」。すなわち，真実説においては，訴訟における事実認定が，それ以外のプロセスにおいて認定される事実を認定するものであることが必要とされる。他方で，権限説においては，（訴訟における事実認定が訴訟外の事実と無関係であるわけではないにせよ）前文で述べたような必要性は否定される。「というのも，裁判所による事実認定は，社会における他の認識メカニズムの場合と異なる，固有のルールに従っているからである。」[412]

---

(410) 本段落につき参照，高田・前掲注(60)「（２・完）」249-250頁。二重かぎ括弧内は，*Klaus Ferdinand Gärditz*, Die Amtsermittlungspflicht, in: *Verein Deutscher Verwaltungsgerichtstag e. V.* (Hrsg.), 19. Verwaltungsgerichtstag Darmstadt 2019, 2020, S. 432f.

(411) 参照，高田・前掲注(60)「（２・完）」250頁。二重かぎ括弧内は，*Klaus Ferdinand Gärditz*, Die gerichtliche Kontrolle behördlicher Tatsachenermittlung im europäischen Wettbewerbsrecht zwischen Untersuchungmaxime und Effektivitätsgebot, AöR 2014, S. 336f.

以上3つの段落を要するに，権限説では，「裁判所は，事実認定において真実を明らかにするという目標，及びその手段としての職権探知義務から解放されることになる。裁判所の事実認定は，実定法上与えられた権限に従った自律的な手続として理解される。訴訟手続において認定される事実は，訴訟外の事実と同じである必要はなく，学術的命題に関しても，……それを学問的知見の水準の限界まで調査することは要請されない。それに応じて，裁判所のコントロールの限界も，国家機関の間の権限の限界づけという〔，事実上の限界とは異なる〕規範的な問題であるとされ，法的評価の場合と同様に扱われることになる」。とすると，「それを裁量と呼ぶか否かはともかく，事実認定に関する行政庁の決定余地は，少なくとも裁量と性質の異なるものではない，ということになろう。」[413]

（3）日本への示唆

最後に，高田は，（2）で見たドイツの議論が日本にも当てはまることを指摘する。曰く，「以上の事実認定の性質をめぐるドイツの議論は，弁論主義をとる日本の行政訴訟にも基本的に当てはまる。我が国において，事実認定に関しては，主に立証責任の分配について議論されてきたが，その前提として，裁判所の心証形成が問題となるはずであり，そのための制度・理論の形成は不可欠だからである。そうであれば，事実認定に対する裁判所の完全な審査が，いかなる根拠に基づいて要請されるのか，またその審査の後退がいかなる場合に認められるのかということが，改めて問われるべきであろう」[414]。

2　高田倫子の見解の位置付け

高田の論稿は，日本法に関する解釈論として，狭義の事実認定の裁量が認められる・認められないという主張を積極的に提示したものではないし，日本における主張・根拠を本格的に整理してドイツの議論と比較したものでもない。そうではなく，ドイツの議論を参照して，日本においても想定し得る議論の構図を示したものである。とはいえ，高田が示した議論の構図は，日本において存在してきた議論と，部分的であるにせよ現に対応しており（後掲注(490)も参照），日本の議論を検討する際にも有益である。ここでは，例示的に2つの意義を指摘する。

第1。事実とは客観的に定まるものであるという理解は日本でも提示されている（参照，本節第2款第2項2，本款第1項1（2），本款第2項2（2））。ここ

---

(412) 本段落につき参照，高田・前掲注(60)「（2・完）」252-253頁。
(413) 本段落につき参照，高田・前掲注(60)「（2・完）」263-264頁。
(414) 高田・前掲注(60)「（2・完）」265頁。

〈連載〉　事実認定と行政裁量(3)〔船渡康平〕

で, 真実説においても裁判所の審査に限界が生じるという高田の指摘（本項1
(2)(a)）は, 前文で言及した理解の正当性を前提としてもなお裁判所の審査に
限界が生じる可能性を意識させるものであるから, "前文で言及した理解が, 狭
義の事実認定の裁量を否定する根拠として機能するのか" を検討する契機をも
たらす。

　第2。真実説に対して権限説が対置されていること（本項1(2)(b)）は, 前段
落冒頭で言及した理解の正当性を検討する契機をもたらす。

　第7項　水俣病訴訟をめぐる議論
　本章では, これまでの主張を分析するための視角の1つとして, "広義の事実
認定の裁量が認められることがあるか, あるとして, どのような場合に認めら
れるかという問題について, 各論稿がいかなる主張をいかなる根拠で示したか",
という視角を設定していた（本章第1節第1款）。本款第4項・第5項・第6項で
見た主張の多くが, この視角のうち, "広義の事実認定の裁量が認められること
があるか" という問題に関わる主張であったとすれば, 本項で扱うのは, この視
角のうち, "広義の事実認定の裁量が認められることがあるとして, どのような
場合に認められるか" という問題に関わる主張である（ただし, 原田尚彦・山本隆
司の主張は, この両方の問題に関わるものであった。参照, 本款第2項3・第4項2
(1)）。

　こちらの主張が学説において積極的に展開されたのは, 最高裁が事実認定と裁
量との関係について判断を示したと理解し得る最判平成25・4・16民集67巻4号
1115頁（以下「平成25年最判」という。）をめぐる議論の中であった[415]。そこ
で, 以下, この議論を検討する。

　なお, この議論の中で扱われる訴訟としては大阪訴訟・熊本訴訟という2つの
訴訟があり, これらの訴訟に係る2つの最高裁判決が同日に出ている。しかし,
これら2つの最高裁判決は, 本稿との関係で重要な部分が共通している。そこ
で, 以下では, 便宜のため, 民集掲載の大阪訴訟最高裁判決を取り上げることと
し（なお, 熊本訴訟における最高裁判決である最判平成25・4・16集民243号329頁を
「熊本訴訟最判」ということがある。）, また, 大阪訴訟・熊本訴訟で共通する事項
に関わる内容については, 評釈類も, 大阪訴訟・熊本訴訟のいずれに関するもの
であるかを問わず参照する。

　1　事案と判旨
　大阪訴訟の事案の概要は以下のとおりである。昭和46年まで水俣湾周辺に居住

(415) 事実認定と裁量との関係について判断を示したと理解し得る最高裁判決としては，最判平成25・7・12民集67巻6号1255頁も挙げられる。こうした理解を示唆する指摘として，①深澤・前掲注(38)38頁は，「『事実認定の方法についての裁量』を容認した」ものとしてこの判決を読む可能性を指摘し（二重かぎ括弧内は，芝池・前掲注(28)66頁注1），②仲野武志「（補論）事実認定手続と判断代置審査 ── 府中固定資産税判決を素材として」同・前掲注(222)333頁，337頁〔初出2014年〕は，この判決が，「裁判所による判断代置が可能な事実であっても，それを認定するための行政手続が法律自体に規定されている場合（以下このような手続を『法定認定手続』という。）には，法定認定手続に従って設定され，適用された基準に基づく事実認定は，裁判所によっても一定程度尊重されるとする」旨を述べたと読む（この箇所と裁量との関係，および，この箇所の批判的な考察として，同論文337-342頁も参照）。しかし，狭義の事実認定の裁量についての議論をより広く喚起したのは，この判決というよりも本文で挙げた平成25年最判のほうであるため，以下では，本文で挙げた平成25年最判のほうを扱う。

なお，友岡・前掲注(255)470頁は，最判平成5・3・16民集47巻5号3483頁，最判平成11・7・19集民193号571頁も，狭義の事実認定の裁量を認めた例として挙げる。ただし，友岡の引用した説示を見ても，友岡がどのようにしてこれらの判決を狭義の事実認定の裁量を認めたものとして読んでいるのかは明らかでない。

そのほか，近時は，「全く事実の基礎を欠く」という従前の判例の定式と異なり，「重要な事実の基礎を欠く」という定式を用いる判例が現れたこともあり（最判平成18・2・7民集60巻2号401頁），これらの判例の定式についての読み方（前者の定式については1980年代までとは異なる読み方も含む）も学説で示されるようになっている。一方で，これらの判例の定式は，裁判所の審査密度が低いこと（狭義の事実認定の裁量を認めること）を表している，という読み方もある（参照，常岡孝好「行政立法の性質と司法審査（2）── 最近の道路運送法に係る裁判例を素材にして」自研90巻11号（2014年）3頁，8-9頁）。他方で，これらの判例の定式は，狭義の事実認定の裁量を認めるものではないとする読み方もある。こちらの読み方には様々な種類があるが，例えば，「重要な事実」とは処分の内容に影響をもたらし得る事実を意味しているという理解として，参照，深澤龍一郎「裁量統制の法理の展開」同『裁量統制の法理と展開 ── イギリス裁量統制論 ── 』（信山社，2013年）353頁，365-366頁〔初出2010年〕，山本・前掲注(16)「判断過程統制の構造」234頁。これに類似する理解として，三浦大介「判批：最大判昭和53・10・4民集32巻7号1223頁」斎藤誠＝山本隆司編『行政判例百選Ⅰ〔第8版〕』（有斐閣，2022年）148頁，149頁。そのほか，鵜澤・前掲注(301)29-31頁も参照。

なお，三浦・本注評釈149頁は，椎名慎太郎ほか『ホーンブック新行政法〔3改訂版〕』（北樹出版，2010年）170頁〔交告尚史〕の記述を，事実認定「は，行政権限発動の根拠が存在するかどうかという，行政処分の適法性判定全般に共通する問題であることから，」事実認定「に裁量を観念することを消極的に解する立場」を示すものとして位置付ける。しかし，第1に，同書170頁にあるのは，「ある客観的な事実が存在したかしなかったのかということは，行政権限発動の根拠が存するかどうかという適法性判定全般に共通する問題であって，とくに裁量の問題ではないと考えられる」という記述（記述①）である。これは，狭義の事実認定の裁量を否定する趣旨というよりも，"事実の存否は，覊束処分でも問題となるもので，裁量処分に特有の問題ではない"という趣旨であろうと思われる。第2に，同書170頁には，確かに，「事実に関して裁量を語るとすれば，……事実の評価の局面こそがふさわしいと思われる」という記述（記述②）はあるが，記述②は記述①と直接に結びついていないし，内容的にも結びつきにくいため，記述②は記述①を直接の根拠として示されているわけではないように読める。

なお，本注の前段落のように読む場合には，記述②は狭義の事実認定の裁量を否定し

して日常的に魚介類を摂食していた原告は，昭和47年頃から足のしびれ等を訴え，熊本県知事に対し，公害健康被害補償法（昭和62年法律第97号による改正後は「公害健康被害の補償等に関する法律」であるが，改正前後を問わず以下では「公健法」という。）4条2項に基づく水俣病の認定の申請をしたところ，同知事は申請を棄却する処分をした。この処分に対する審査請求を経て，原告は，同処分の取消しを求める訴え，および，原告に対する認定の義務付けを求める訴えを提起した。

以下，本稿の関心から，公健法4条2項に基づく水俣病の認定に裁量が認められるかという点に絞って，最高裁の説示を確認する。

「(1) ア　公健法等は，水俣病がいかなる疾病であるかについては特段の規定を置いていないところ……，水俣湾周辺地域において発生した疾病が，チッソ水俣工場から水俣湾や水俣川河口付近に排出されて魚介類に蓄積されたメチル水銀が，その魚介類を多量に摂取した者の体内に取り込まれて大脳，小脳等に蓄積し，神経細胞に障害を与えることによって引き起こされるものとして捉えられたものであることに加え，救済法施行令別表を定めるに当たり参照された……佐々委員会の意見の内容や……救済法と公健法とは連続性を有していることに照らせば，公健法等にいう水俣病とは，魚介類に蓄積されたメチル水銀を経口摂取することにより起こる神経系疾患をいうものと解するのが相当であり，このような現に生じた発症の機序を内在する客観的事象としての水俣病と異なる内容の疾病を公健法等において水俣病と定めたと解すべき事情はうかがわれない。

イ　公健法等が定める疾病の中には，発症の原因となる特定の汚染物質が証明されていない慢性気管支炎，気管支ぜん息等のいわゆる非特異的疾患と，発症の原因とされる汚染物質との間に特異的な関係があり，その物質がなければ発症が起こり得ないとされている水俣病，イタイイタイ病等のいわゆる特異的疾患があるところ，公健法は，大気の汚染と疾病との間の因果関係をその機序を含めて証明することは不可能に近いことなどから，4条1項において，当該疾病に『かかっていると認められる』ことに加え，申請の当時当該第一種地域の区域内に住所を有し，かつ，申請の時まで引き続き当該第一種地域の区域内に住所を有した期間が一定期間以上であることなど類型的に当該第一種地域における大気の汚染による影響を相当程度受けていたことの徴表となる要件を定め（同項1号ないし

ている記述であるがその根拠は記述①には求められないということになる。そして，記述②を支える根拠は明確でない。これらの事情に鑑み，本稿では，以下，同書170頁の記述は取り上げない。

3号),これを満たす者の申請に基づき,当該第一種地域における大気の汚染とかかっている疾病との間の個別的な因果関係の有無を問うことなく,当該疾病が当該第一種地域における大気の汚染の影響によるものである旨の認定を行う制度的な手当てを新たに設けるに至ったものと解される。他方,公健法は,特異的疾患については,大気の汚染又は水質の汚濁と疾病との間の因果関係をその機序を含めて証明することは,一定の困難を伴うものであるにしても本来的には可能であって,当該疾病に『かかっていると認められる』ことがこれに内在する発症の機序が認められることを含むものであることから,同条2項において,非特異的疾患のような制度的な手当てを新たに設けることはしておらず,個々の患者について,諸般の事情と関係証拠に照らして,当該第二種地域につき,当該大気の汚染又は水質の汚濁の原因である物質との関係が一般的に明らかであり,かつ,当該物質によらなければかかることがない疾病にかかっていると認められる者の申請に基づき,当該疾病が当該第二種地域に係る大気の汚染又は水質の汚濁の影響によるものである旨の認定を行うこととしているものと解される。

ウ　そして,公健法等の制定の趣旨,規定の内容等を通覧しても,上記各法令にいう水俣病の意義及びそのり患の有無に係る処分行政庁の審査の対象を前記アのような客観的事象としての水俣病及びそのり患の有無という客観的事実よりも殊更に狭義に限定して解すべき的確な法的根拠は見当たらず,個々の具体的な症候が水俣市及び葦北郡の区域において魚介類に蓄積されたメチル水銀という原因物質を経口摂取することにより起こる神経系疾患によるものであるという個別的な因果関係が諸般の事情と関係証拠によって証明され得るのであれば,当該症候を呈している申請者のかかっている疾病が水俣市及び葦北郡の区域に係る水質の汚濁の影響による特異的疾患である水俣病である旨の認定をすることが法令上妨げられるものではないというべきである。……

（2）　また,公健法等において指定されている疾病の認定に際し,都道府県知事が,公害健康被害認定審査会又は公害被害者認定審査会の意見を聴いて申請に係る疾病が指定された地域に係る大気の汚染又は水質の汚濁の影響によるものであるかどうかの認定を行うことになるが,この場合において都道府県知事が行うべき検討は,大気の汚染又は水質の汚濁の影響によるものであるかどうかについて,個々の患者の病状等についての医学的判断のみならず,患者の原因物質に対するばく露歴や生活歴及び種々の疫学的な知見や調査の結果等の十分な考慮をした上で総合的に行われる必要があるというべきであるところ,公健法等にいう水俣病の認定に当たっても,上記と同様に,必要に応じた多角的,総合的な見地からの検討が求められるというべきである。

そして，上記の認定自体は，前記（1）アのような客観的事象としての水俣病のり患の有無という現在又は過去の確定した客観的事実を確認する行為であって，この点に関する処分行政庁の判断はその裁量に委ねられるべき性質のものではないというべきであり，前記（1）ウのとおり処分行政庁の審査の対象を殊更に狭義に限定して解すべきものともいえない以上，上記のような処分行政庁の判断の適否に関する裁判所の審理及び判断は，原判決のいうように，処分行政庁の判断の基準とされた昭和52年判断条件に現在の最新の医学水準に照らして不合理な点があるか否か，公害健康被害認定審査会の調査審議及び判断の過程に看過し難い過誤，欠落があってこれに依拠してされた処分行政庁の判断に不合理な点があるか否かといった観点から行われるべきものではなく，裁判所において，経験則に照らして個々の事案における諸般の事情と関係証拠を総合的に検討し，個々の具体的な症候と原因物質との間の個別的な因果関係の有無等を審理の対象として，申請者につき水俣病のり患の有無を個別具体的に判断すべきものと解するのが相当である。」

2　狭義の事実認定の裁量の存否に関する主張

平成25年最判をめぐる議論では，狭義の事実認定の裁量がどのような場合に肯定・否定されるかに関する主張が示された。すなわち，学説の多数の理解（を補足した理解）によれば，平成25年最判は，狭義の事実認定の裁量が否定される場合があることを具体的な事案において示したものと位置付けられ（(1)(a)），その反面で，狭義の事実認定の裁量が肯定される場合があることを示唆していると位置付けられる（(1)(b)）。また，平成25年最判に対しては，小川亮による，学説の多数の理解とは異なる角度からの批判があるが，小川の批判からしても，狭義の事実認定の裁量がどのような場合に認められるかについての問題が提起される（(2)）。

(1)　学説の多数の理解

(a)　狭義の事実認定の裁量の否定

行政法学においては，平成25年最判は事実認定に裁量を認めなかったとの理解が見られる[416]。もっとも，この事案では，「水俣病にかかつている」という公健法4条2項上の要件[417]への当てはめについて裁量が認められるか否かが問題となっていたのであるから，平成25年最判はこの要件への当てはめについて裁量を否定したと，ひとまずは理解されるべきである[418]。すなわち，平成25年最判は，要件への当てはめに関する裁量の存否について判示したのであって，狭義の事実認定の裁量の存否について直接に判示したわけではないのである[419]。しか

し，このことによって，平成25年最判は（当てはめと区別される）事実認定に裁量を認めなかったという本段落冒頭で示した理解が完全に否定されるわけではなく，次の２点のように説明を補えばこの理解を維持できる。

第１。平成25年最判は，「公健法等にいう水俣病とは，魚介類に蓄積されたメチル水銀を経口摂取することにより起こる神経系疾患をいうものと解するのが相当であり，このような現に生じた発症の機序を内在する客観的事象としての水俣病と異なる内容の疾病を公健法等において水俣病と定めたと解すべき事情はうかがわれない」こと，そして，「公健法等の制定の趣旨，規定の内容等を通覧して

---

(416) そうした理解を採る論者をここでは３人（正確には４人）挙げる。

第１に，磯野弥生「平成25年最判判批」環境と公害43巻２号（2013年）52頁，55頁は，大阪訴訟第２審判決（大阪高判平成24・４・12訟月59巻２号119頁）が「『水俣病かどうか』という事実認定についても全面的な審査」を行っていなかったところ，「最高裁は，このような大阪高裁の枠組みを真っ向から否定している」と述べている。

第２に，阿部・前掲注（３）『行政法再入門』259頁（同『行政法再入門　上〔第３版〕』（信山社，2024年）306頁）は，「事実の認定，法解釈，包摂の区別」という標題の下で，「水俣病患者に当たるかどうかの認定について，大阪高裁は裁量の司法審査としたが，最高裁（平成25・４・16判時2188号35頁）は次のように判示して，事実問題とした」と述べる。これは，平成25年最判は，当てはめ（包摂）と区別される事実認定の問題として問題を処理し，かつ，事実認定に裁量を認めなかった，という趣旨をいうものであろう。

第３に，大橋洋一『行政法Ⅰ　現代行政過程論〔第５版〕』（有斐閣，2023年）226頁は，事実認定に対する裁判所の審査手法を論じる箇所で，事実認定については裁判所が判断代置審査を採る旨を述べた後，平成25年最判の判断を紹介している（なお，大橋と類似の指摘を行うものとして，高橋・前掲注(31)88頁）。

(417) 正確にいえば，公健法４条２項の文言は，「当該第二種地域につき第２条第３項の規定により定められた疾病にかかつている」であるが，第２条第３項の規定により定められた疾病として，公健法施行令１条・別表第２が「水俣病」を挙げている。そのため，水俣病の認定の申請が問題となる場合には，公健法４条２項の文言を「水俣病にかかつている」と読み替えることができる。同旨の操作を行う，赤渕芳宏「平成25年最判判批」環境法研究10号（2020年）13頁，22頁も参照。

(418) 平成25年最判が要件裁量を否定した旨をいうものとして参照，島村健「公害健康被害の補償等に関する法律等における水俣病の概念（１）（２・完）」法教396号（2013年）58頁，65頁，法教397号（2013年）43頁，大塚直「平成25年最判判批」Law & Technology62号（2014年）52頁，53頁，55頁，越智敏裕「平成25年最判判批」平成25年度重判解（ジュリ臨増1466号）（2014年）38頁，40頁，下山憲治「平成25年最判判批」人間環境問題研究会編『最新の環境アセスメント法の動向と課題　環境法研究39号』（有斐閣，2014年）187頁，193頁，畠山武道「平成25年最判判批」環境法研究１号（2014年）137頁，153頁，澁谷勝海「平成25年最判判批」行政判例研究会編『平成25年　行政判例解説』（ぎょうせい，2015年）78頁，86頁，林俊之「平成25年最判判解」『最高裁判所判例解説民事篇（平成25年度）』（法曹会，2016年）229頁，246頁，三好規正「平成25年最判判批」大塚直＝北村喜宣編『環境法判例百選〔第３版〕』（有斐閣，2018年）184頁，185頁，赤渕・前掲注(417)20頁，横内恵「平成25年最判判批」斎藤＝山本編・前掲注(415)152頁，153頁。

(419) この理解に関し，赤渕・前掲注(417)22-25頁の検討が有益である。

〈連載〉　事実認定と行政裁量(3)〔船渡康平〕

も，上記各法令にいう水俣病の意義及びそのり患の有無に係る処分行政庁の審査の対象を前記アのような客観的事象としての水俣病及びそのり患の有無という客観的事実よりも殊更に狭義に限定して解すべき的確な法的根拠は見当たら」ないことを説示している。この説示は，公健法等における「水俣病にかかつている」という要件が評価的要件でなく事実的要件であることを明らかにしている，と理解し得る(420)。ここでいう評価的要件・事実的要件の定義を確認すれば，「実体法の法律要件の中で，事実を記載しているものと扱ってよい要件を事実的要件，評価を記載していると扱うのが相当である要件を評価的要件……と呼ぶことができよう」(421)。

第2。事実的要件は事実を記載しているものと扱ってよい要件であるから，事実的要件の場合には，主要事実を要件へと当てはめる作用は，主要事実の存在を認定する作用と同内容であると考えられる(422)。平成25年最判も，「公健法等にいう水俣病の認定」という，要件への当てはめの作用について，「上記の認定自体は，前記（1）アのような客観的事象としての水俣病のり患の有無という現在又は過去の確定した客観的事実を確認する行為であ」ると説示している(423)。

以上第1・第2の説明からすれば，「水俣病にかかつている」という要件へと主要事実を当てはめる作用は，申請者が水俣病にり患しているという主要事

---

(420) 山本・前掲注(326)20頁注10は，「過去の事実がそのまま処分等の要件とされている場合，当該事実の認定については，……行政裁量を認めにくい」として，平成25年最判を掲げる。また，大阪訴訟の1審判決（大阪地判平成22・7・16訟月59巻2号581頁）は公健法4条2項の「水俣病にかかつていると認められる」という要件について，熊本訴訟の2審判決（福岡高判平成24・2・27訟月59巻2号209頁）は公害に係る健康被害の救済に関する特別措置法3条1項（なお併せて参照，公害に係る健康被害の救済に関する特別措置法施行令1条・別表）の「水俣病にかかつていると認められる」という要件について，それぞれ，規範的要件であるという県側の主張を退けている（規範的要件と評価的要件との関係については，参照，前掲注(43)）。

なお，本文で述べた平成25年最判の判断とは異なり，原島良成「判批：福岡高判平成24・2・27訟月59巻2号209頁」速判解11号（2012年）301頁，304頁，同「平成25年最判判批」速判解14号（2014年）321頁，323-324頁は，公健法等にいう「水俣病」を解釈する段階に行政裁量を認めるべき旨の主張を提示する。原島の主張に対して，Narufumi Kadomatsu, Denial of "Interpretative Discretion" in Japanese Law, Zeitschrift für Japanisches Recht, Bd. 27 Nr. 53, 2022, 66-67は，「解釈裁量を否定するという日本法の基本的前提を考慮とすれば」原島のように解釈裁量を認めることはできない旨を指摘する（原文の強調は省略した。これとはやや異なる角度からの批判として，角松生史「行政法における法の解釈と適用に関する覚え書き」宇賀＝交告編・前掲注(344)383頁，398-399頁）。ただし，角松のいう「基本的前提」の根拠については，船渡・前掲注(321)で批判的に検討している。

(421) 難波孝一「規範的要件・評価的要件」伊藤滋夫編『民事要件事実講座第1巻』（青林書院，2005年）197頁，200頁。

実(424)を認定することと同内容の作用である(425)。とすると，この要件への当てはめに裁量が認められないという平成25年最判の判断は，申請者が水俣病にり患しているという主要事実の認定についても裁量が認められない，という意味をも含んでいることになる。

　こう理解することで，平成25年最判を，狭義の事実認定の裁量が否定される場合があることを実際に示したものとして位置付けることができる。

---

(422) 難波・前掲注(421)202頁は，「事実的要件においては，法文に記載されている法律要件それ自体が事実なのであるから，その法律効果を得ようとするものは，当該法文に記載されている事実を具体的に主張すればよい」と述べる。この言明は，事実的要件の場合には主要事実の認定と要件への当てはめとが内容的に同一であることを示唆する。なお，認定された主要事実が要件に当てはまることを判断する際には，確かに「法的な評価」(赤渕・前掲注(417)24頁注21。傍点原文)がなされるのであるが，評価的要件の場合と異なり，事実的要件の場合には，「法的な評価」は主要事実の認定と異なる独自の内容を持つものではなかろう。

(423) 亘理・前掲注(35)336頁は，「法令解釈から導かれる具体的基準」の事実への適用が「客観的事実への単純な当てはめ［適用］や事実の科学的評価の枠内にとどまる」場合の例として平成25年最判を引いており，公健法等における水俣病の認定処分について，事実的要件への当てはめと主要事実の認定とが同一内容であることを示唆する。なお，赤渕・前掲注(417)22-25頁は，平成25年最判の判断と，こうした理解を採る亘理格の見解とを異なるものとして把握しているようであるが，平成25年最判は本文で示したように(したがって亘理の見解と同旨をいうものとして)理解できる。

　本注の前段落で示した赤渕の把握についていえば，赤渕は，①「熊本訴訟最判は，〈申請者が『水俣病にかかっている』か否かの判断は事実認定に属する〉との同控訴審の判示を肯定的に解して」いると読解した上で，②「本判決〔平成25年最判〕および熊本訴訟最判の説明をつなげて理解すると，……〔平成25年最判のいう〕『客観的事実』の『確認』は『事実認定の問題』である，ということにもなりそうである」と理解している(赤渕・同評釈22-23頁)。しかし，②の理解の根拠として機能するところの①の読解に対し，以下のように異論の余地がある。熊本訴訟最判は，「救済法及び救済法施行令にいう水俣病にり患しているか否かの判断は，事実認定に属するものであり，医学的知見を含む経験則に照らして全証拠を総合検討して行うものであるとした原審の判断は，以上と同旨をいうものとして，是認することができる」(傍点引用者)と述べているにとどまる。赤渕は，傍点部をもって，熊本訴訟最判も水俣病の認定を事実認定の問題として捉えたと読むのであろう。しかし，このように読む必然性はない。なぜなら，本文で述べたような，"水俣病の認定の判断は，要件への当てはめ作用であるが，作用の内容としては主要事実の認定と同内容である(そしてその結果として裁量が否定される)"という理解を熊本訴訟最判が採っていたとしても，その理解もまた，熊本訴訟2審判決と「同旨をいうものとして」位置付けられるからである。

(424) 公健法等における水俣病の認定の主要事実について，赤渕・前掲注(417)24頁は，「申請者に現れた症状と申請者のメチル水銀暴露歴とを中核とする事実」と捉えているようである。しかし，前掲注(422)で示したように，事実的要件においては主要事実と法律要件とが一致すると考えられるため，公健法等における水俣病の認定についていえば，主要事実は，「水俣病にかかつていること」あるいは「水俣病にり患していること」になるのではないか。

(b) 狭義の事実認定の裁量を肯定する可能性

他方で，平成25年最判は，事案が異なれば狭義の事実認定の裁量が認められる可能性があることを示唆しているものとして位置付けられ得る。

まずは単純に考えると，平成25年最判は，同判決のいう「現在又は過去の確定した客観的事実を確認する行為で」はない行為（具体的には，将来予測に係る事実認定・確認行為）については，裁量が認められる余地を残している，と理解できる可能性がある。なぜなら，平成25年最判は，水俣病の認定に裁量が認められない理由を，「現在又は過去の確定した客観的事実を確認する行為であ」ることに求めていると読めるからである[426]。

しかし，前段落に示したように単純に考えるだけでは不十分である。なぜなら，より複雑な考察の必要性を示す3つの指摘があるからである。

第1に，平成25年最判「によって〈行政処分の審査対象となる事象が過去に属すれば裁量性が否定される〉との一般的な命題が導き出されうるかは，なお若干の留保が必要であろう」との指摘[427]がある。第2に，平成25年最判の判断は「将来予測がすべて裁量審査の対象となる〔つまり裁量が認められる〕という趣旨ではない」[428]との指摘がある。この指摘からすれば，事実認定に裁量が認められるためには，将来予測に係る事実認定であることに加え，事実認定が政策的判断を含むといった点等も考慮する必要が出てくるかもしれない[429]。第3に，そもそも「過去ないし現在の事実の認定と将来の事実の認定とは，本質的に大き

---

(425) 平成25年最判によれば「水俣病の認定は，客観的な事実認定の作用……であ」る（深澤龍一郎「平成25年最判判批」セレクト2013Ⅱ（法教402号別冊）5頁（2013年））という指摘や，平成25年最判は水俣病の認定を「事実認定の問題として捉えた」（越智・前掲注(418)40頁。同旨，大塚・前掲注(418)55頁，畠山・前掲注(418)153頁，横内・前掲注(418)153頁）という指摘は，赤渕・前掲注(417)25頁のいうとおり「理解がいささか困難である」が，一応，本文で述べた趣旨をいうものとして理解できよう。これらの指摘を本文で述べた趣旨をいうものとして理解するものとして，小川・前掲注(54)3(2)ウ（書籍版182頁）がある。

なお，小川・同論文は，同『一元的司法審査論』（東京大学出版会，2025年）に所収された（同書第1部第2章を参照）。本稿では，所収前の草稿の該当箇所を見出しを指示することで引用していたこと（前掲注(54)），本稿の連載第3回分を脱稿するまでに所収版を参照できなかったことから，草稿の見出しを使って草稿から引用せざるを得ない（ただし，校正時に書籍版の頁を前段落のように付した）。所収に際して見出し・表現・内容が変更されているところ，本稿ではこの変更に十分に対応できないことについては，読者のご海容を乞う。

(426) 参照，島村・前掲注(418)「(2・完)」43頁，山下竜一「平成25年最判判批」法セ704号（2013年）111頁，越智・前掲注(418)40頁，下山・前掲注(418)194頁，澁谷・前掲注(418)87-88頁，林・前掲注(418)246-247頁，三好・前掲注(418)185頁，横内・前掲注(418)153頁）。

く異なるものではない」ため,「将来の事実についてはさらに細かく区別する必要があり,その際には,経験則の確立の度合いといった実際的な視点まで取り入れざるをえないということになるのであろうか」(430)との指摘がある。この指摘は,単に将来予測というだけでは裁量を認めるためには不十分であることをいう点において,第2の指摘と共通する。

本章は,広義の事実認定の裁量に関する主張を整理することを目的としているから,以上の理解や指摘の正当性について,本章では立ち入る必要はない。ここでは,"学説の多数の理解からすれば,平成25年最判は,どのような場合に狭義の事実認定の裁量が認められるかをさらに考察する必要性を示しているものと位置付けられること"を確認しておけば足りる。

（2）小川亮による批判

（1）で見た学説の多数の理解とは異なり,小川亮は,平成25年最判を批判する。本稿では,狭義の事実認定の裁量という主題との関連で重要な批判のみを紹

---

(427) 赤渕・前掲注(417)32頁。同論文・31-32頁は,「過去事象が行政庁の審査対象とされる場合であっても」判断過程審査が用いられるべきとする主張として,三浦・前掲注(360)128頁があることに触れて,本文で引いた指摘を行っている。ただし,赤渕の指摘も三浦の主張も,直接には,狭義の事実認定の裁量を論じる文脈でのものではない。

　これに対し,小川・前掲注(54) 3（2）イ（書籍版180-181頁）は,狭義の事実認定の裁量を念頭に置いて,赤渕と類似する指摘を行う。曰く,「過去又は現在の事実であるから客観的に確定できるのに対して,……〔『将来の予測に係る事項』を含む事項に関する『未来裁判』は,〕まだ確定していない事実に関する裁判であるから,行政裁量を認めざるを得ない,という」「区別は,それだけでは正当化されない。事実が確定しているとしても,その事実を裁判所が行政よりも良く認識できるかは別問題だからである。確定した事実に限って行政よりも裁判所の方がより良く認識できるという主張が正当化されて初めて,上記の区別が行政裁量の有無に対応することになる。しかしながら,そのような主張が,一般的な形で正当化されるとは考えられない。そのような正当化が,上記判示〔つまり『客観的事象としての水俣病のり患の有無という現在又は過去の確定した客観的事実を確認する行為であって,この点に関する処分行政庁の判断はその裁量に委ねられるべき性質のものではない』という判示〕を支持する論者によっても提供されているわけでもない」。

(428) 参照,下山・前掲注(418)194頁。ただし,直接には,狭義の事実認定の裁量を論じる文脈での指摘ではない。

(429) こうした政策的判断の観点も含め,平成25年最判と将来予測に係る判断に関する伊方最判との同異を包括的に検討するものとして参照,赤渕・前掲注(417)26-32頁。

(430) 参照,深澤・前掲注(61)308-309頁。立法事実論を論じる文脈であるが,巽智彦「立法事実論の再構成 —— 事実認定論からみた違憲審査」石川健治ほか編『憲法訴訟の十字路 —— 実務と学知のあいだ』（弘文堂,2019年）1頁,21頁も,「仮定的な事実の『認定』」であり得るという点では将来の事実認定と過去または現在の事実認定とが共通することを指摘し,「仮定的事実の『認定』の困難性は,……それ自体として司法審査の密度の低下を正当化するわけではない」と述べる。

介する。
　(a) 評価的要件としての理解
　第1に,「水俣病にかかつている」が事実的要件であることを根拠として水俣病の認定に裁量を認めないという結論を導出する,（1）で見た多数の理解（を補足した理解）に対し, 小川は,「水俣病にかかつている」は事実的要件でなく評価的要件であると性質決定することによって批判を行う。以下, この批判を敷衍する。

　小川は, まず,「要件事実論の第一人者である伊藤滋夫」の論稿をはじめとして, 要件事実論に関する諸論稿を参照し, 評価的要件と事実的要件とを区別する指標を提示する。すなわち,「『誰もが事実として, 共通のイメージを持つことが出来る』ものが事実的要件と呼ばれ,『人は共通のイメージを持つことができず, 当事者が主張して初めて共通のイメージを持つことができる』ものが評価的要件と呼ばれる」[(431)]。

　そして, 小川曰く,「この区別からいえば,『水俣病にかかっている』は明らかに評価的要件である。／本判決によれば,『公健法等にいう水俣病とは, 魚介類に蓄積されたメチル水銀を経口摂取することにより起こる神経系疾患をいうもの』であり,『公健法等において指定されている疾病の認定に際し……都道府県知事が行うべき検討は, 大気の汚染又は水質の汚濁の影響によるものであるかどうかについて, 個々の患者の病状等についての医学的判断のみならず, 患者の原因物質に対するばく露歴や生活歴及び種々の疫学的な知見や調査の結果等の十分な考慮をした上で総合的に行われる必要があるというべきであるところ, 公健法等にいう水俣病の認定に当たっても, 上記と同様に, 必要に応じた多角的, 総合的な見地からの検討が求められるというべきである。』。／つまり, 本判決のいう『水俣病』は, メチル水銀によって生じる神経系疾患を指すところ, この認定のためには, メチル水銀を原因とし, そして神経系疾患を結果とする因果関係の判断が必要になる。そして, どのような事実があればこのような因果関係を認定できるかは, 少なくとも明確ではない。」[(432)] かくして,「水俣病にかかつている」という要件は, 人が共通のイメージを持つことができないものであるため, 評価的要件であるとされるのである。

---

(431) 本段落につき参照, 小川・前掲注(54) 4, 4（1）ア（書籍版184頁, 187頁）。二重かぎ括弧内は, 難波・前掲注(421)200頁（ただし, 難波・同頁では, 2つ目の二重かぎ括弧内のうち『初めて』は『はじめて』と記載されている）。この区別の小川自身による正当化については, 同論文 4（1）ア・イ（書籍版187-191頁）を参照。

(b) 狭義の事実認定の裁量を肯定する可能性

　第2に，小川は，「仮に『水俣病にかかっている』が事実的要件だとしても，それに対して……裁量を認めること〔つまり狭義の事実認定の裁量を認めること〕は可能である」(433)と批判する。以下，この批判を敷衍する。

　一方で，小川は，事実認定については裁量(434)が認められにくい旨を述べる。小川は，まず，①「事実認定を，特別な能力を必要としない，いわば誰でもできるものだと」いう旨をいう，ある裁判官の指摘を引用しつつ(435)，「それらの論者が指摘するのは，当事者の主張立証が十分になされたことを前提として，それらを材料としてある事実の存否を判断する能力について，裁判官が他の主体よりも特段に優れていると考えるべき理由は特に無い，という点である」(436)と整理する。次に，小川は，②最判昭和50・10・24民集29巻9号1417頁等において，訴訟上の因果関係の立証につき「『通常人が疑を差し挟まない程度』が重要な指標とされている」こと等を指摘し，「事実認定にまつわる基準には，『通常人』が登場することも見逃すことができない」とする(437)。①・②の事情を指摘した上で小川曰く，「そうだとすれば，事実認定は誰しもが持っている知識・能力に基づいて行うものであり，裁判官とその他の主体の間でその能力に差がない，と考えるのも不合理とは言い難い。そしてこのように考えるならば，事実認定においても，それをどの主体が判断すべきかという手続的問題は表面化しにくいことになる。なぜなら，この手続的問題もまた，従来の裁量論に立ち入らずに解決できるからである。／すなわち，両当事者及び裁判所の間で判断能力が変わらない以

---

(432) 小川・前掲注(54)5(1)ア（書籍版209頁）。続けて，「より一般に，因果関係はそれ自体として評価的要件であると有力に主張されている」ことも指摘されている（この指摘に際して，水野謙『因果関係概念の意義と限界』（有斐閣，2000年）81-88頁，343-346頁，米村滋人「法的評価としての因果関係と不法行為法の目的（2・完）――現代型不法行為訴訟における責任範囲拡大化を契機とする因果関係概念の理論的検討――」法協122巻5号（2005年）821頁，837-851頁，伊藤・前掲注(43)303-305頁，河村浩＝中島克巳『要件事実・事実認定ハンドブック〔第2版〕――ダイアグラムで紐解く法的思考のヒント』（日本評論社，2017年）129頁が引かれている）。

(433) 小川・前掲注(54)5(2)（同旨，書籍版214-215頁）。

(434) 小川・前掲注(54)4(3)ウ（書籍版207頁）では，行政裁量による司法審査の制限の態様が，本稿の言葉でいう審査密度の制限として把握されているように読める。なお，小川の別の論稿において，判断代置審査の禁止が審査密度の問題に還元されていることについては，参照，同・前掲注(35)768-766頁。

(435) そこで引用されるのは，田尾桃二「民事事実認定論の基本構造」田尾桃二＝加藤新太郎編『民事事実認定』（判例タイムズ社，1999年）31頁，56-57頁，土屋文昭『民事裁判過程論』（有斐閣，2015年）98-101頁である。

(436) 小川・前掲注(54)4(3)ウ（書籍版205頁）。

(437) 小川・前掲注(54)4(3)ウ（書籍版206頁）。

〈連載〉　事実認定と行政裁量(3)〔船渡康平〕

上，両当事者の間に事実について争いがなければ，裁判所はそれを覆すべき理由は，一般的にはない。……逆に，当事者間に争いがある事実については，裁判所が判断代置的に審査を行うしかない」[(438)]。

他方で，小川によっても，狭義の事実認定の裁量を認める余地は排除されない。曰く，「ただこれ〔つまり前段落で引いた説明〕はあくまで一般論である。例えば，一方当事者が，もう一方の当事者や裁判所よりも，関連する事実の認定に長けており，かつ，その当事者がもう一方の当事者に対してあえて不利な判断をする理由がない事例においては，その当事者に対して事実認定の裁量を認めることはあり得る。伊方原発訴訟判決を事実認定に裁量を認めたものと解釈する場合には，同判決の事案がまさにこのような場合であったと理解することになろう」[(439)]。

前段落で引いた小川の説明からすれば，小川の立場からも，狭義の事実認定の裁量についての問題が提起されることになる。その問題とは，「一方当事者が，もう一方の当事者や裁判所よりも，関連する事実の認定に長けており，かつ，その当事者がもう一方の当事者に対してあえて不利な判断をする理由がない」場合とはどのような場合であるのか，というものである。

ここに至って，学説の多数の理解も小川も，部分的には共通した問題を提起していることになる。すなわち，学説の多数の理解からは，"どのような場合に狭義の事実認定の裁量が認められるか"という問題が提起されていたところ（（1）（b）の最終段落を参照），小川も，（当事者・裁判所間での事実認定能力の比較を要するという，より特定された形での問題提起ではあるものの）"どのような場合に狭義の事実認定の裁量が認められるか"という問題を提起しているのである。

---

(438) 小川・前掲注(54)4（3）ウ（書籍版206頁）。小川のいう「手続的問題」は，「ある行政行為が公益を実現しているかという実質的問題と，それを誰がどのように判断するかという手続的問題」（同・前掲注(35)749頁）という形で，実質的問題との対比において用いられる用語である。そして小川曰く，「行政裁量の存否を決定するための直接の基準を得るためには，……手続的問題を分析する必要がある」（同論文748頁）ところ，この手続的問題に対する解決策を与えるのが，「(違憲)審査基準論である」（同論文748頁。詳細は，同「司法審査の基礎（6・完）──あるいは『行政裁量審査基準論』序説」国家136巻5＝6号（2023年）542頁，538-537頁，506-497頁（同・前掲注(425)所収））。

小川の見解において，裁量の存否を判断するにあたり当事者と裁判所との間で判断能力が比較されていることについては，同・本注論文515-510頁を参照。ここでは，同論文511頁から，次の説明を引いておく。「国会・行政対裁判所という比較において，ある事項につき国会・行政が裁判所より判断能力が優れているという機能的考慮は，従来の用語でいう判断代置方式の審査を否定する根拠である」。

(439) 小川・前掲注(54)4（3）ウ（同旨，書籍版207頁）。

第8項　藤田宙靖の見解

藤田宙靖は，近時，第7項までで見た議論とは別の観点から，狭義の事実認定の裁量の存在を否定する可能性を示している。

1　「裁量の第三相」

藤田は，自由裁量論について，3つの議論の場があることを指摘する。まず，「自由裁量論の『第一相』」として，「立法府と行政府との間の権限の振り分け（立法府から自由な行政の範囲は何か）」という議論の場があり，次に，自由裁量論の「第二相」として，「裁判所と行政庁との間での合理的機能配分」という議論の場がある(440)。最後に，「『第三相』とでも呼ぶべき議論の場」として，「紛争の一方当事者である原告との関係における裁判所（司法）のあり方」(441)というものを指摘し，藤田はこの第三相を検討する。

検討の出発点として「明確にしておかなければならないのは，『（自由）裁量処分の司法審査』が，（少なくとも我が国の現行法の制度の下では）あくまでも，『裁判』すなわち『両当事者間における紛争の解決』という法システムを通じての違法性コントロールであるということです」(442)。もう少し詳しくいえば，「我が国の現行訴訟制度の下では，行政処分の司法審査は，当事者による裁判所への訴え提起があって初めて行われるのであり，また裁判所は，基本的に，この紛争を解決するために必要な限りでの法律判断しかしません」(443)，というわけである。

「このような，『両当事者間の紛争の解決』という見地からするとき，ある処分

---

(440) 参照，藤田宙靖「自由裁量論の諸相 ―― 裁量処分の司法審査を巡って ―― 」同『裁判と法律学 ――『最高裁回顧録』補遺 ―― 』（有斐閣，2016年）163頁，176-177頁〔初出2015年〕。第一相がいわゆる対法律裁量に相当し，第二相がいわゆる対司法裁量に相当するようである（参照，藤田・前掲注(235)132頁，133頁注5，および，そこで参照される，山下竜一「行政法の基礎概念としての行政裁量」公法67号（2005年）214頁，215-216頁）。

　この第二相に関する従来の議論を振り返る際に，藤田は，行政裁量による司法審査の制限の態様を，審査密度が制限されるというものとして理解しているようである。すなわち，藤田は，従来の議論を振り返る際に，行政裁量が認められると裁判所が立ち入れない領域が発生することをおそらく前提として叙述しているのである（参照，同論文166-169頁）。なお，藤田は，行政裁量が認められると判断代置審査が行われなくなるという理解が従来の議論において採られていた旨をも指摘しているが，藤田自身は，判断代置審査と判断過程審査との「違いは甚だ微妙」と指摘している（参照，同論文168-169頁）。

(441) 藤田・前掲注(440)177頁。
(442) 藤田・前掲注(440)177頁。
(443) 藤田・前掲注(440)177頁。

〈連載〉 事実認定と行政裁量(3)〔船渡康平〕

が行政庁の裁量に委ねられていると裁判所によって判断されるということは，審理のある局面……において，一方当事者（行政庁）の主張が（『裁量に属する』との理由のみによって）丸ごと採用され，反対当事者（原告）は，その論点に関する反論・反証を（裁量権の限界を超えたという主張を除き）一切許されなくなるということを意味します。」[444] しかし，「両当事者に公平に主張・立証を尽くす機会が保障されることが裁判の本来のあり方であるとすれば，原告からその機会を奪うことには，そうしなければならない十分な理由が無ければならないはずです」[445]。

藤田は，この観点から，従来の議論では裁量を認めるための理由が十分に示されていないと評価する。具体的には，第二相の議論において行政裁量を根拠付けるための要素としてよく援用される，「『行政庁の専門技術性』を理由とする自由裁量論に再度目を向けてみますと，例えば次のようなことが言えます」[446]。

「まず，『行政内部において，専門家の判断を求める組織と手続が備わっていること』という要件を前提として裁量判断を認める考え方ですが，このような，判断過程の手続的整備・充実という要素は，本来，裁判官の心証形成に際して，そのような手続を経た判断であれば，そうでない判断よりは，合理性があることについてより強い推定が働く，といった証拠力・証明力の程度の問題として考えることも可能なはずです。言葉を換えて言えば，そのような手続を踏んだ行政庁の判断であっても，仮に反対当事者が更に強力な主張・立証を行うことができたならば，それにも拘らず，行政庁の『裁量』を認める，という理屈は，当然には出てこないのではないでしょうか」[447]。

「次に，……"公害裁判のような『過去裁判』とは異なり，原発設置許可処分の取消しを求めるような『未来裁判』においては，被告行政庁の科学技術的判断に優位が認められる"，という考え方について検討してみましょう。……確かに，例えば，原発の設置を認めるか否かという問題自体は，科学技術的問題であるとともに，重大な政治問題であって，本来，裁判官の判断に適した問題であるとは言えないでしょう。しかし，原発許可の取消訴訟において，裁判官は原発政策の適否を自ら取り上げていきなり判断するのではなく……，立法府が，法律という形式によって，こういった問題につきともかくも政治的に一定の結論を出したところを前提として，その定める法文の内容を，個別的事件に適用する限り

---

(444) 藤田・前掲注(440)178頁。傍点原文。
(445) 藤田・前掲注(440)182頁。
(446) 藤田・前掲注(440)179-180頁。
(447) 藤田・前掲注(440)180頁。

……において解釈する，という作業を行うに過ぎません。そしてその解釈・適用に当たって科学技術的問題についての理解・判断が必要になるといっても，それは，裁判官自らが，客観的・絶対的な真実を探究しなければならないといったものではなく，当事者双方が主張・立証するのを受けて，どちらをより合理的と考えるか，という判断をするだけのことなのです。……学問的に紛糾している論点であるならば，当然に両当事者からそれぞれの考え方が詳細に主張されることになるでしょう。こういった意味において，『未来裁判』というカテゴリーによって行政庁の裁量権を導くことについては，その理論的根拠がなお十分に説得的であるとは言えないように思います。」(448)

2 狭義の事実認定の裁量を否定する可能性

藤田は，以上と同旨の問題提起を，狭義の事実認定の裁量をも念頭に置いて行っていると理解できる。

1で見た主張と関連して，藤田は，「弁論主義の下では，裁判所は，処分の適否について，あくまでも当事者が主張する事実の枠内でしか判断できませんから，その判断が本当に客観的な真実に基づくものかどうかについての保証はできないわけで，裁判所は，行政処分の適否を判断するのに，果たしてそのような不確実な事実を前提としてこれを行うようなことがあってもよいのか」という問いを紹介する。そして，この問いについて考える際の論点の1つとして，「本来，『裁判』という営みは，客観的な真実を明らかにすること自体が目的であるのではなく，当事者間の紛争の最も適正な解決を目指すものであるのだから，そういった手続の中において，そもそも『客観的な真実』にそれほどこだわる必要があるのか」という論点を挙げる(449)。

この論点について，藤田は，民事訴訟・刑事訴訟では「客観的な真実」へのこだわりはそれほどない旨を指摘して，「それでは，何故行政事件においては，裁判所は『客観的な真実』の究明にこだわり，しかもそれを，行政庁の裁量の名の下に，訴訟の当事者である行政庁の判断に委ねるという方法で果たそうということになるのでしょうか」という問題を立てる。そして，この問題について次のようにいう。「この点，まずは行政処分を巡る法関係において，当事者のみならず第三者の利益が，民事訴訟や刑事訴訟に比較し，極めて重要な意味を持つものと

---

(448) 藤田・前掲注(440)181-182頁。
(449) 本段落につき，参照，藤田宙靖「自由裁量処分の司法審査」同・前掲注(440)129頁，151-152頁〔初出2014年〕。

されること……が挙げられましょう。言葉を換えて言えば，行政訴訟の場合，『紛争の最も適正な解決』の中には，第三者の利益を充分に踏まえた判断が必要（それ故に，当事者の主張に止まらぬ客観的な真実の認定が必要）ということもまた含意されているのだということになるかも知れません。しかし，仮にそうであるとしても，その判断が，訴訟の一方当事者である行政庁の判断を採用することによって行われなければならないという理屈は，そこから当然には出てこないように思われます」(450)。そして，「例えば，『専門技術的判断を行うために特別に置かれた機関』が行った事実認定は，そうであるが故にもはや裁判所が修正・補足することができないものか，といった問題があります。それは必ずしもそうではない，ということを示した近時の最高裁判決例を1つ挙げておきたいと思います」として，平成25年最判を挙げるのである(451)。

3　狭義の事実認定の裁量を認める余地の残存

　藤田の見解については，次の点に注意を要する。すなわち，藤田は，第三相に関する以上の主張でもって，行政裁量を認める余地が一切なくなるということまでは主張していない，という点である。藤田は，「両当事者に公平に主張・立証を尽くす機会が保障されることが裁判の本来のあり方であるとすれば，原告からその機会を奪うことには，そうしなければならない十分な理由が無ければならないはずです。このような理由とは，『訴訟権の濫用』のように原告の責に帰すべき事由を別とすれば，結局のところ，専ら『合理的な範囲において裁判官の負担を減らし，訴訟手続の遅滞を防ぐ』ということでしかないように思われます。……問題は，何がそこでいう『合理的な範囲』と言えるかということになります」(452)と述べ，原告から主張・立証の機会を奪う十分な理由があれば行政裁量を認める余地を残しているのである。

　そうだとすると，藤田は，少なくとも現時点では，行政裁量・狭義の事実認定の裁量をおよそ否定することまでは主張しておらず，問題提起を行ったにとどまると理解できよう。行政裁量一般ではなく狭義の事実認定の裁量に絞ってまとめれば，その問題提起の内容は次のようなものだといえる。すなわち，第7項まで

---

(450) 本段落の以上の部分につき，参照，藤田・前掲注(449)153-154頁。
(451) 参照，藤田・前掲注(449)153-156頁。原告の主張・立証の機会を奪う（つまり行政裁量を認める）という問題との関係で平成25年最判が用いられることについては，藤田・前掲注(440)183頁，188-189頁注33も参照。
(452) 藤田・前掲注(440)182頁。この問題を検討する際にさらに問題となる事項が，同論文183-184頁に掲げられている。

で確認したように，狭義の事実認定の裁量についても藤田のいう第二相の検討が中心的に行われてきたところ，藤田は，"裁量を認めることは原告の主張・立証の機会を奪うことになるという点をも意識するならば，狭義の事実認定の裁量の存在は（およそ一般に）肯定できないのではないか，肯定できるとすれば，どのような根拠で肯定できるか"，という問題を提起したのである。

第4節　これまでの主張の整理

　本章の目的は，本稿の第1の課題，すなわち，"広義の事実認定の裁量を認める主張・認めない主張や広義の事実認定の裁量に対する司法審査のあり方に関する主張としていかなるものがあったか，それらの主張の根拠はいかなるものであったか"を明らかにすること，に取り組むことであった。本節では，本章第3節までの内容を整理することで，この課題に対する結論を明らかにする。

　本章第1節第1款で設定した視角に応じて，本節では，第1款において，広義の事実認定の裁量の存否についての主張・根拠を，第2款において，広義の事実認定の裁量が認められる場合における司法審査のあり方についての主張・根拠を，それぞれ内容的に近いものをまとめた上で，提示された時期が早い順に整理する。

第1款　広義の事実認定の裁量の存否

　本款では，広義の事実認定の裁量の存否についての主張・根拠を整理する。

　広義の事実認定の裁量の存否については，大きく分けて2つの問題がある。1つが，広義の事実認定の裁量は認められることがあるかという問題であり，まずはこの問題についての主張・根拠を整理する（第1項）。もう1つが，広義の事実認定の裁量が認められることがあるとして，どのような場合に広義の事実認定の裁量が認められるのかという問題であり，続いてこの問題についての主張・根拠を整理する（第2項）。最後に，これらの問題についての主張・根拠の相互関係を整理する（第3項）。

　なお，整理に際しては，ある主張・根拠を提示した論者が行政裁量による司法審査の制限の態様をどのように理解していたかが重要である場合がある。その場合については，整理する中で適宜その旨を指摘する。

第1項　広義の事実認定の裁量は認められることがあるか
1　否定説 —— 広義の事実認定の裁量は認められないという主張
　広義の事実認定の裁量は認められることがあるかという問題については，一方

で，認められることはないという旨の主張（ここには，認められることはないと考える可能性があるという主張も含めておく。）が存在した。これを便宜上「否定説」と呼ぶと，否定説の根拠付けとしては，大きく分けて，作用の考察による根拠付けと裁判所の機能・権限の考察による根拠付けがあり，さらにそれぞれが細分化される。

（１）作用の考察による根拠付け

まず，（ⅰ）作用の考察による根拠付けがあり，この根拠付けで示される根拠がさらに（ⅰ-１）・（ⅰ-２）・（ⅰ-３）・（ⅰ-４）・（ⅰ-５）の５つに細分化される。なお，（ⅰ-３）はさらに二分される。

（ⅰ-１）は，"事実は客観的に定まるものであるため，行政機関は事実認定に際して選択の自由がない，行政機関は事実の存否を左右できない"，という根拠である[453]。

（ⅰ-２）は，"自由裁量は，何が公益に適合するかを定める，標準を選択するというものであるところ，事実の認識という作用はそうした判断の前段階に位置する"，という根拠である[454]。

（ⅰ-３）は，"事実認定と裁量の行使では判断基準が異なる"，という根拠である。この根拠にはさらに２つの種類があり，１つには，（ⅰ-３-１）"行政機関の判断基準が公益適合原則だけである場合には，裁量が認められるが，公益適合原則に加えて他の法があり，行政機関の判断基準が，そうした他の法が何を要求しているかというものである場合には，裁量が認められないところ，事実認定は後者の場合に当たる"，という根拠である[455]。もう１つには，（ⅰ-３-２）"事実認定は経験則を基準とする判断であるが，裁量は目的適合性を基準とする判断である"，という根拠である[456]。

（ⅰ-４）は，"狭義の事実認定の裁量を認めることは，侵害を正当化する要件を法律で定めることを要求する法律の留保（特に侵害留保）と整合せず，行政の法律適合性の原則の本質的内容を空洞化させる"，という根拠である[457]。

（ⅰ-５）は，"行政裁量は「非法的判断」であるところ，事実認定は法的判断である"，という根拠である[458]。

---

[453] 本章第２節第２款第２項２（２）（連載第１回181頁以下），本章第３節第２款第１項１（２）（連載第２回183頁以下），同款第２項２（２）（連載第２回192頁以下）。

[454] 本章第２節第２款第２項２（１）（連載第１回180頁以下）。

[455] 本章第２節第２款第２項１（連載第１回175頁以下）。

[456] 本章第３節第２款第１項１（２）（連載第２回183頁以下）。

[457] 本章第３節第２款第２項２（２）（連載第２回192頁以下）。

[458] 本章第３節第２款第５項２（連載第３回）。

（2）裁判所の機能・権限の考察による根拠付け

次に，（ⅱ）裁判所の機能・権限の考察による根拠付けがあり，この根拠付けで示される根拠がさらに（ⅱ-1）・（ⅱ-2）・（ⅱ-3）の3つに細分化される。なお，（ⅱ-3）はさらに二分される。

（ⅱ-1）は，"裁判所は法律問題を審査する権限を持つところ，法律問題を審査するためには事実認定をしなければならない"，という根拠である[459]。この根拠を提示した論者は，行政裁量による司法審査の制限の態様を，司法審査の範囲の制限という意味か，あるいは，審査手法・審査密度の制限という意味で把握していた。

（ⅱ-2）は，行政機関と裁判所との間での事実認定権の憲法上の分配（事実認定は裁判に含まれ，裁判所の専権であると考えること）による根拠である[460]。この根拠における，事実認定は裁判に含まれ裁判所の専権であるという理解を，本稿ではA説と呼んだ[461]。

（ⅱ-3）は，裁判所と私人との関係（あるいは裁判所と訴訟当事者の双方との関係）を念頭に置いた形で裁判所の機能・権限を考察することによる根拠である。ここに含まれるのが，（ⅱ-3-1）"狭義の事実認定の裁量を認めることは自由心証主義等の訴訟法の規律に反する"という根拠[462]，および，（ⅱ-3-2）"裁量を認めることが原告の主張・立証の機会を奪う"という根拠[463]である。

---

[459] 本章第2節第2款第3項1（連載第1回183頁），本章第3節第2款第1項1（2）（連載第2回183頁以下）。

[460] 本章第3節第1款第1項2（連載第1回186頁以下），同款第2項2（1）（連載第2回174頁），同節第2款第3項2（1）（連載第2回208頁以下），同款第4項1（連載第2回212頁以下）。

[461] なお，明治憲法下において，裁判の概念に事実認定の要素が含まれていることから，行政裁判所の事実認定権を根拠付ける説明があったが（参照，本章第2節第2款第3項2），本稿ではこれを独立した根拠としては扱っていない。なぜなら，裁判の概念に事実認定の要素が含まれているというこの考え方は，日本国憲法下においては，憲法32条・76条の「裁判」という文言の解釈の中で（したがって（ⅱ-2）の中で）利用されているところ，今日では，憲法32条・76条の解釈とは独立した根拠としてこの考え方を取り出す必要性がないからである。

[462] 本章第3節第2款第2項4（2）（連載第2回205頁以下）。
なお，訴訟法の規律に反するという根拠が（ⅱ-3）に含まれるとした理由は，次のとおりである。すなわち，訴訟法の規律の1つとして自由心証主義というルールが想定されていたところ，証拠制限契約等の議論が示唆するように，自由心証主義は訴訟当事者との関係で裁判所の権限を問題とするものであるからである（参照，新堂・前掲注（4）602-603頁，伊藤・前掲注（5）403-404頁，404頁注250）。

[463] 本章第3節第2款第8項（連載第3回）。

2　肯定説 —— 広義の事実認定の裁量は認められることがあるという主張

広義の事実認定の裁量は認められることがあるかという問題については，他方で，広義の事実認定の裁量が認められることがある，とも主張される。これを便宜上「肯定説」と呼ぶと，肯定説の根拠付けとしては，大きく分けて，作用の考察による根拠付けと裁判所の機能・権限の考察による根拠付けがあり，さらにそれぞれが細分化される。

（1）作用の考察による根拠付け

まず，（ⅲ）作用の考察による根拠付けがあり，この根拠付けで示される根拠がさらに（ⅲ-1）・（ⅲ-2）・（ⅲ-3）・（ⅲ-4）の4つに細分化される。

（ⅲ-1）は，"事実認定には選択の自由がある" という根拠である[464]。

（ⅲ-2）は，"未来的科学裁判の事案においては，事実認定という作用が不確実性や政策的な性格を持ち，経験則を基準とする判断だからといって裁判所の判断を優先させるべきではない"，という根拠である[465]。

（ⅲ-3）は，"事実認定という作用についても，そのために必要な知識・情報の創造・集約が複雑・困難な場合があり得る"，という根拠である[466]。

（ⅲ-4）は，"事実認定という作用の中でも，究極事実の認定という作用に裁量を認めれば，行政判断の構造における対法律裁量と対司法裁量の所在が一致する"，という根拠である[467]。

（2）裁判所の機能・権限の考察による根拠付け

次に，（ⅳ）裁判所の機能・権限の考察による根拠付けがあり，この根拠付けで示される根拠がさらに（ⅳ-1）・（ⅳ-2）の2つに細分化される。

（ⅳ-1）は，"憲法論としてではない形で，行政機関と裁判所との機能分担に注目する"，という根拠である[468]。

（ⅳ-2）は，行政機関と裁判所との間での事実認定権の憲法上の分配（事実認定権は裁判所の専権ではないと考えること）による根拠である。実質的証拠法則を合憲とする説としてはB-1説・B-2説・C説・D説があり[469]，狭義の事実認定の裁量を認めるための説明としては，機能分節の意味における権力分立原理による説明[470]と，実質的証拠法則に関するB-2説を利用する説明[471]が挙げられる。

---

[464]　本章第3節第2款第2項1（2）（連載第2回189頁以下）。
[465]　本章第3節第2款第2項3（連載第2回195頁以下）。
[466]　本章第3節第2款第4項2（1）（d）（連載第2回217頁以下）。
[467]　本章第3節第2款第5項1（2）（b）（連載第3回）。
[468]　本章第3節第2款第2項1（2），同項3（連載第2回189頁以下，195頁以下）。前掲注（381）も参照。
[469]　本章第3節第1款第2項2（2）（連載第2回174頁以下）。

3　根拠間の関係

続いて，否定説・肯定説の示した以上の根拠が相互にいかなる関係に立っているかについて，次の3つの段階の説明によって整理する。

（1）作用の考察による根拠と裁判所の機能・権限の考察による根拠との関係

第1段階として，作用の考察による根拠（（ⅰ）・（ⅲ））と，裁判所の機能・権限の考察による根拠（（ⅱ）・（ⅳ））との関係を整理する。

まず，作用の考察による根拠のうち，（ⅲ-2）と（ⅲ-3）は，裁判所の機能・権限の考察による根拠と関係を持つ。すなわち，（ⅲ-2）"未来的科学裁判の事案においては，事実認定という作用が不確実性や政策的な性格を持ち，経験則の適用だからといって裁判所の判断を優先させるべきではない" という指摘，（ⅲ-3）"事実認定という作用についても，そのために必要な知識・情報の創造・集約が複雑・困難な場合があり得る" という指摘は，それぞれの根拠を示した論者において，裁判所の機能・権限と行政機関の機能・権限とを比較する際に利用されていたのである[472]。

次に，（ⅲ-2）・（ⅲ-3）を除いては，作用の考察による根拠と裁判所の機能・権限の考察による根拠は独立しており，かつ，どちらかが論理的に先行するというようなものではない。

このように関係を整理した上で，以下では，専ら便宜のために，作用の考察による根拠を先行させて議論することとする。

（2）作用の考察による根拠に属する諸根拠の関係

第2段階として，作用の考察による根拠（（ⅰ）・（ⅲ））に属する諸根拠の関係を整理する。

まず，否定説の根拠のうち，（ⅰ-1）"事実は客観的に定まるものであるため，行政機関は事実認定に際して選択の自由がない，行政機関は事実の存否を左右できない"，という根拠に対しては，肯定説の根拠のうち，（ⅲ-1）"事実認定には選択の自由がある" という根拠が対置される。

次に，否定説の根拠のうち，（ⅰ-3-2）"事実認定は経験則を基準とする判断であるが，裁量は目的適合性を基準とする判断である"，という根拠に対しては，肯定説の根拠のうち，（ⅲ-2）"未来的科学裁判の事案においては，事実認定という作用が不確実性や政策的な性格を持ち，経験則を基準とする判断だから

---

[470]　本章第3節第2款第4項2（1）(b)（連載第2回214頁以下）。
[471]　本章第3節第2款第4項2（2）（連載第2回219頁以下）。
[472]　本章第3節第2款第2項3（4）（連載第2回198頁以下），本章第3節第2款第4項2（1）(c)（連載第2回215頁以下）。

といって裁判所の判断を優先させるべきではない"という根拠が対置される。

　最後に，否定説の根拠のうち（ⅰ-2）・（ⅰ-3-1）・（ⅰ-4）・（ⅰ-5），肯定説の根拠のうち（ⅲ-3）・（ⅲ-4）は，それ以外の根拠といかなる関係に立つか，明確でない。

（3）裁判所の機能・権限の考察による根拠に属する諸根拠の関係

　第3段階として，裁判所の機能・権限の考察による根拠（（ⅱ）・（ⅳ））に属する諸根拠の関係を整理する。

　まず，（ⅱ-2）・（ⅱ-3-1）・（ⅱ-3-2）・（ⅳ-1）・（ⅳ-2）が，それぞれ次のような関係に立っている。第1に，（ⅳ-1）は，憲法論としてではない形で，行政機関と裁判所との機能分担に注目した法律解釈をするものであるところ，これに対し，（ⅱ-2）が，事実認定権の憲法上の分配という観点に立って，"事実認定権は憲法上裁判所に専属するから，そうした機能分担に注目した法解釈は憲法に反する"と批判する。第2に，（ⅱ-2）に対し，（ⅳ-2）が，事実認定権の憲法上の分配についての別の理解を採って，"事実認定権は憲法上裁判所に専属しない"と批判する。第3に，（ⅳ-1）・（ⅳ-2）に対し，（ⅱ-3-2）が，"権限分配の観点からは問題がないとしても，裁量を認めることが原告の主張・立証の機会を奪うことから，裁量が認められない可能性がある"と批判する[473]。第4に，（ⅳ-1）に対し，（ⅱ-3-1）が，狭義の事実認定の裁量を認めることは自由心証主義等の訴訟法の規律に反すると批判する。

　次に，残る（ⅱ-1）は，それ以外の根拠といかなる関係に立つか，明確でない。

第2項　裁量が認められ得るとして，どのような場合に認められるか

　広義の事実認定の裁量の存否については，広義の事実認定の裁量が認められことがあるかという問題（第1項参照）に続けて，広義の事実認定の裁量が認められることがあるとして（つまり肯定説を採るとして）どのような場合に認められるかという問題がある。

　こちらの問題については，次のような主張が提示されていた。

　第1に，実質的証拠法則については，実質的証拠法則を適用するためには明文規定が不要であるとする立場からは解釈論上の問題となり，明文規定が必要であるとする立場からは立法論上の問題となるところ，いずれの立場からも，どのよ

---

[473]　（ⅱ-3-2）の議論が，裁量の「第二相」（行政機関と裁判所との権限分配）における主張に対する批判であることについて，参照，本章第3節第2款第8項1（連載第3回）。

うな場合に実質的証拠法則が認められるかに関しいくつかの主張が見られた。しかし，これらの主張には具体的でないものもあり，また，個々の主張が体系的に整理されていたわけではなかった(474)。

　第2に，狭義の事実認定の裁量については，次のような主張が示されている。

　一方で，狭義の事実認定の裁量が認められる場合を提示する者として，山田準次郎は，裁判所より行政機関のほうが適切な事実認定を行える場合に認められるという主張を示し(475)，原田尚彦は，未来的科学裁判の場合に認められるという主張を示し(476)，山本隆司は，「不確実性が大きい問題について，衡量の前提として行われる知識の創造（リスク評価の予測など）」の場合に認められるという主張を示していた(477)。なお，平成25年最判（水俣病最判）に関する議論では，将来予測に係る事実認定については裁量が認められる余地が残されていると理解できる可能性とともに，この理解をさらに吟味する必要性が示された(478)。

　他方で，狭義の事実認定の裁量が認められない場合を提示する者として，又坂常人は，「絶対的な憲法的価値」を制限する場合には狭義の事実認定の裁量は認められないという主張を示していた(479)。

第2款　司法審査のあり方

　第1款で整理したのは，広義の事実認定の裁量の存否という問題についての主張・根拠であった。これに続けて，広義の事実認定の裁量が認められるときの司法審査のあり方についての主張・根拠を，次のように整理できる。

　実質的証拠法則を適用する場合の司法審査のあり方のうち，まず，審査手法については，判断過程審査が用いられる（べき）という主張がなされた。次に，審査密度については，具体的に審査密度がどの程度であるべきかは明確にされていなかった(480)。

　狭義の事実認定の裁量が認められる場合の司法審査のあり方のうち，まず，①審査手法については，原田尚彦から，手続的審査方式を採用すべきという主張がなされていたが，この手続的審査方式は現在でいう判断過程審査として位置付けられる(481)。この手続的審査方式に対して，阿部泰隆から，特に原発訴訟を念頭

---

(474) 本章第3節第1款第2項3（連載第2回178頁以下）。
(475) 本章第3節第2款第2項1（2）（連載第2回189頁以下）。
(476) 本章第3節第2款第2項3（4）（連載第2回198頁以下）。
(477) 本章第3節第2款第4項1（d）（連載第2回217頁以下）。
(478) 本章第3節第2款第7項2（連載第3回）。
(479) 本章第3節第2款第3項2（2）（連載第2回211頁以下）。
(480) 本章第3節第1款第2項4（連載第2回180頁以下）。

に置いて，判断余地説に近い形での審査手法を採用すべきという主張がなされた[482]。そのほか，近時は，山本隆司から，判断過程審査を採用すべきという主張がなされている[483]。次に，②審査密度については，具体的な主張は見られないが[484]，狭義の事実認定の裁量の多くがおそらく分類される類型であるところの，専門技術的裁量について，山本隆司から，審査密度が高くなることが指摘されていた[485]。

第2章　これまでの主張の正当性

　第1章の作業によって，本稿の第1の課題が遂行された。本章では，本稿の第2の課題に取り組む。本稿の第2の課題は，"第1の課題に関する作業によって存在が明らかになった主張の一部が，これまでの日本の法学の知見に照らして，正当であるか"を明確にすることであった。

　以下では，まず，第1の課題に関する作業によって存在が明らかになった主張のうち，評価の対象となる主張・根拠を選定する（第1節）。次に，そうして選定された主張・根拠の正当性を検討する（第2節から第6節）。

第1節　評価対象の選定

　本節では，大きく分けて3つの段階の説明により，正当性の評価の対象とする主張・根拠を選定し（第1款），それを提示する（第2款）。

第1款　正当性の評価対象の選定
第1項　問題の限定

　第1段階として，本稿は，"広義の事実認定の裁量は認められることがあるか"という問題に関する主張のみを正当性の判断対象とする。

　敷衍すれば，第1款で見たように，広義の事実認定の裁量に関するこれまでの主張には，①広義の事実認定の裁量は認められることがあるか，②広義の事実認定の裁量が認められ得るとして，どのような場合に認められるか，③司法審査のあり方，という3つの問題に関する主張があった。本稿は，このうちの①の問題

---

(481)　本章第3節第2款第2項3（5）（連載第2回201頁以下）。
(482)　本章第3節第2款第2項4（1）(b)（連載第2回203頁以下）。
(483)　本章第3節第2款第4項2（1）(e)（連載第2回218頁以下）。
(484)　本章第3節第2款第2項3（5）（連載第2回201頁以下）。
(485)　本章第3節第2款第4項2（1）(e)（連載第2回218頁以下）。

に関する主張だけを正当性の判断対象とし，②・③の問題に関する主張は評価の対象から除外するのである。

　この選択を支える事情としては，次の2つが挙げられる。

　第1に，②・③の問題に関しては，具体的な内容を持つ主張は未だ多くないという事情である。具体的な内容を持たないと評価できるのは，次の3つの主張である。まず，②の問題のうち，実質的証拠法則がどのような場合に認められるかという問題に関する主張であり，次に，②の問題のうち，平成25年最判（水俣病最判）を素材とした主張であり，最後に，③の問題のうち，（実質的証拠法則・狭義の事実認定の裁量が認められる場合の）審査密度に関する主張である。具体的な内容を持たないこれらの主張の正当性を評価するのは時期尚早であるから，これらの主張については評価の対象から除外するのである。

　第2に，②・③の問題に関する主張のうち，第1点では評価の対象から除かれなかった主張（つまり具体的な内容を持つ主張）については，筆者の能力の限界や行政法学をはじめとする日本の法学の議論状況に鑑み，現時点では十分な評価を行えないと思われる，という事情である。以下，この事情を敷衍する。

　まず，狭義の事実認定の裁量がどのような場合に認められるかに関しては，山田準次郎・原田尚彦・山本隆司がそれぞれ具体的な主張を提示していた。しかし，筆者は，これらの主張の正当性を評価するための議論の素材を，現時点では行政法学をはじめとする日本の法学の中に十分に見出せていない。

　次に，狭義の事実認定の裁量がどのような場合に認められないかに関しては，又坂常人が，生命・身体といった「絶対的な憲法的価値」が関わる場合には認められないという形で，具体的な主張を提示していた。この主張の正当性を評価するためには，"憲法的価値・憲法上の権利が関わる場合に行政裁量が認められないことになるのか"という問いについての，近時の憲法学の議論を利用する必要があろう[486]。しかし，本稿の脱稿と相前後して，この問いにも関わり得る最高裁判例とその評釈類が出現していること[487]，また，この問いに関する本格的な論稿が公表され，その評価が始まっていること[488]からして，この問いについて今後さらに議論が進展することが予想される。したがって，現在は，この問いに関する憲法学の議論を利用するのに適切な時期ではないように思われる。

　最後に，司法審査のあり方に関しては，審査手法として判断過程審査を採るべきという主張があった（実質的証拠法則に関する議論，原田尚彦，山本隆司）ほか，原田尚彦の主張に対して，阿部泰隆が，判断余地説に近い形での審査手法の採用を主張していた。しかし，前々段落と同様，これらの主張の正当性を評価するための議論の素材を，現時点では行政法学をはじめとする日本の法学の中に十

分に見出せていない。敷衍すれば，判断過程審査については，その理論的基礎や類型が検討されているところであって(489)，判断余地説に近い形での審査手法の位置付けを含め，これからの議論の進展を待つ必要があると思われるのである。

　第2項　正当性を評価する必要がない根拠の除外
　第1項で見た第1段階の説明により，本稿は，"広義の事実認定の裁量は認められることがあるか"という問題に関する主張のみを正当性の判断対象とすることとなった。さらに続けて，第2段階として，本稿は，"広義の事実認定の裁量は認められることがあるか"という問題に関する主張の根拠（(i)～(iv)）のうち本項で述べるものは，評価の対象から除外する。これらは，それが正当であるか否かを問わず，それだけでは広義の事実認定の裁量の存否に関する根拠として機能しないため，正当性を評価する必要がないからである。

---

(486) 近時の憲法学の議論の起点は，宍戸常寿「裁量論と人権論」公法71号（2009年）100頁以下であろう（なお，宍戸・同論文が随所で引用するように，この問いに関する議論がそれまで存在しなかったわけではない）。宍戸の論稿の後の論稿としては，例えば，太田健介「憲法学から見た行政裁量とその統制」東京大学法科大学院ローレビュー5巻（2010年）25頁以下，渡辺康行「憲法上の権利と行政裁量審査 ── 判例状況の分析と今後の方向性」長谷部恭男ほか編『髙橋和之先生古稀記念　現代立憲主義の諸相　上』（有斐閣，2013年）325頁以下，太田航平「行政裁量統制 ── 委任の範囲を逸脱したかどうかを問う際に憲法的配慮はなされているのか？」大林啓吾＝柴田憲司編『憲法判例のエニグマ』（成文堂，2018年）243頁以下，栗田佳泰「行政裁量統制における憲法上の権利と憲法の価値に関する序論的考察」法学理論50巻1号（2018年）209頁以下，堀口悟郎「行政裁量と人権 ── 君が代懲戒処分事件判決における人権論の領分 ── 」法学研究91巻1号（2018年）479頁以下，尾形健「行政裁量の憲法的統制について ── 出入国管理行政をめぐる司法審査の一側面から ── 」立命館法学393＝394号（2021年）1958頁以下。なお，後掲注(487)・(488)も参照。
(487) 最判令和5年11月17日民集77巻8号2070頁。評釈類としては，連載第3回分脱稿時における最新の評釈である，常岡孝好「判批：最判令和5年11月17日民集77巻8号2070頁」民商160巻5号（2024年）786頁，791頁以下で引用されているものを参照。
(488) 裁量論と人権論の検討を1つの主題とした近時の本格的な論稿として，小川・前掲注(35)がある（なお，この論稿は6回連載分の第1回分であり，本注では，この第1回分の論稿を指示することで6回連載分の指示に代える）。この論稿に対しては，木下昌彦ほか「学界回顧　憲法」法時95巻13号（2023年）7頁，26-27頁〔片桐直人〕，上田健介ほか「学界展望　憲法」公法85号（2024年）245頁，273-275頁〔上田健介〕等のコメント・書評がある。そして，小川による前記の論稿は，加筆・修正を施されて2025年刊行の書籍（同・前掲注(425)）に所収された。
(489) 判断過程審査の理論的基礎については，例えば山本・前掲注(327)3-10頁を，判断過程審査の類型については，例えば村上・前掲注(33)240頁，243-245頁を，それぞれ参照のこと。

1 （ⅰ-1）・（ⅲ-1）の除外

　第1。否定説の根拠のうち，（ⅰ-1）"事実は客観的に定まるものであるため，行政機関は事実認定に際して選択の自由がない，行政機関は事実の存否を左右できない"，という根拠に対しては，肯定説の根拠のうち，（ⅲ-1）"事実認定には選択の自由がある"という根拠が対置されていた（第1章第4節第1款第1項3）。しかし，（ⅰ-1）・（ⅲ-1）のいずれが正当であるかを評価する必要はない。なぜなら，①仮に（ⅰ-1）のいうように正しい事実認定が一義的に決まるとしても，それだけでは狭義の事実認定の裁量を否定できないし，②仮に（ⅲ-1）が正しいとしても，それだけでは狭義の事実認定の裁量が肯定されないからである。

　②については（ⅲ-1）を提示していた論者自身が認めていたことであるから（参照，第1章第3節第2款第2項1（2）），ここでは①だけを敷衍する。正しい事実認定が一義的に決まるとしてもそれだけでは狭義の事実認定の裁量を否定できないのはなぜかといえば，結論が一義的に決まっている事項についても，当該結論まで裁判所が到達できない可能性がある場合には，行政機関の判断を優先させるべきではないか（したがって審査密度・審査手法を制限すべきではないか）という形で，裁量がなお肯定され得るからである(490)。確かに，そうした可能性がある場合でもなお裁判所の判断を優先させるべきだ（したがって審査密度・審査手法を制限すべきではない）という立場も成立し得るが，そうした立場の当否は，もはや，裁判所の機能・権限を論じた上でなければ検討できず，作用の観点からの根拠付けだけでは狭義の事実認定の裁量の存否を判断できないことには変わりがない(491)。

---

(490) こうした可能性を示すものとして，原田・前掲注(268)207-210頁，および，第1章第3節第2款第6項1（2）(a)で見たドイツの真実説を参照。本文の指摘に近い議論の必要性をより一般的に説くものとして，小川・前掲注(35)757-748頁を参照。
　ただし，（ⅰ-1）・（ⅲ-1）のいずれが正当であるかという問題を検討することは，本文で述べたように裁量の存否とは関わらないとしても，別の実益を持つ可能性がある。ここでは一例を挙げる。すなわち，（ⅰ-1）と（ⅲ-1）との対立に完全に対応するわけではないが，ドイツでは真実説と権限説とが対立していたところ（第1章第3節第2款第6項1（2）），権限説のように「唯一の正しい事実なるものは存在しない」と考えることによって，証明度の設定に影響が出ること，職権探知主義も真実説と異なり「『行政訴訟の不変の基本決定』ではないということになる」とが指摘されているのである（参照，高田・前掲注(60)「（2・完）」257-259頁。二重かぎ括弧内は，$Gärditz$, a. a. O. (Fn. 411), S. 337)。もっとも，このような証明度の設定や職権探知主義の捉え方に関する差異が，事実認定という作用の捉え方の差異（つまり真実説と権限説との差異）と一対一対応するのかは，なお批判的に検討する余地があるようにも思われる。

2 （ⅰ-3-2）の除外

第2。否定説の根拠のうち，（ⅰ-3-2）"事実認定は経験則を基準とする判断であるが，裁量は目的適合性を基準とする判断である"であるという根拠については，その正当性を評価する必要がない[(492)]。なぜなら，この根拠に対しては，既に，（ⅲ-2）"未来的科学裁判の事案においては，事実認定という作用が不確実性や政策的な性格を持ち，経験則を基準とする判断だからといって裁判所の判断を優先させるべきではない"という根拠が対置されていたことから窺えるとおり，（ⅰ-3-2）の根拠だけでは，狭義の事実認定の裁量を否定できないからである。付言すれば，確かに，（ⅲ-2）の根拠でもって狭義の事実認定の裁量を認めることに対してなお反論することは可能である。しかし，そうした反論は，（ⅱ-2）事実認定権の憲法上の分配に反するとか，（ⅱ-3-1）裁判所は経験則を自ら獲得・適用して判断することが訴訟法上求められているなどといった形で行われると想定されるため，結局，裁判所の機能・権限の考察による根拠付けの当否に議論が移行することになる。したがって，やはり，（ⅰ-3-2）の根拠だけでは，狭義の事実認定の裁量を否定できないことには変わりがない。

---

(491) なお，事実認定を所与の事実の客観的認識として理解する真実説からは，行政機関による事実認定に対する裁判所の審査の限界が，権限分配の問題（つまり規範的に設定された限界）ではなく事実上の限界として把握されていた（参照，高田・前掲注(60)「（1）」342頁）。この把握と，"結論が一義的に決まっている事項についてどの国家機関の判断を優先させるかは，裁判所の機能・権限を論じた上でなければ検討できない"という本文の指摘は，整合しないように見える。

しかし，事実認定が所与の事実の存在の客観的認識であったとしても，権限分配の問題，つまり，「いかなる機関が，いかなる手続において，決定にとって重要な事実を認定する権限を有するかという，法秩序における権限分配」（高田・前掲注(60)「（2・完）」250頁）の問題は，存在すると考えられる。実際，真実説においても，裁判所による職権探知主義の採用が前提とされているのであるが，裁判所による職権探知主義の採用は，行政機関ではなく裁判所が事実認定権を（全面的に）有するという権限分配の仕方を表現したものとして理解できるのではないか。

ただし，本注の指摘が正しいかどうかはなお検討を要する。本稿は比較法研究をするものではないから，詳細な検討は他日を期す。

(492) あえていえば，この根拠の正当性は疑わしい。なぜなら，「経験から帰納された事物に関する知識や法則であり，一般常識に属するものから，職業上の技術，専門科学上の法則まで含まれる」（新堂・前掲注(4)581頁）という経験則の定義，および，「自然現象から社会・経済・心理現象に至るまで我々の日常的判断はすべてこれ〔経験則〕によって行われている」（谷口・前掲注(13)9頁）という説明に照らせば，ある事項がある目的に適合しているかの判断に際しても，経験則が利用されていると考えられるからである。なお，経験則についての前記の定義が標準的であることにつき，参照，岡成玄太「裁判官の私知利用の禁止 ―― 経験則・公知の事実・立法事実の基礎理論 ―― 」大阪市立大学法学雑誌68巻1号（2021年）1頁，7頁。

3 (ⅱ-1）の除外

第3。否定説の根拠のうち、(ⅱ-1）"裁判所は法律問題を審査する権限を持つところ、法律問題を審査するためには事実認定をしなければならない"という根拠は、その正当性を評価する必要がない。なぜなら、行政裁量による司法審査の制限の態様を、今日の理解のように審査密度・審査手法の制限として理解した場合には（序章第1節第2款第3項2（1）(a))、(ⅱ-1）は狭義の事実認定の裁量を否定する根拠として機能しないからである。なぜこの場合に根拠として機能しないかといえば、法律問題を審査する前提として事実問題を審査する必要があっても、そうした事実問題の審査を、審査密度・審査手法を制限しつつ行うことは排除されないからである。

前段落で述べたことを別の角度からいえば、(ⅱ-1）は、裁判所が事実問題を審査する必要があるという主張しか根拠付けられないため、行政裁量による司法審査の制限の態様を司法審査の範囲の制限として理解した場合に限って、狭義の事実認定の裁量を否定する根拠として機能するにとどまる、というわけである[493]。

4 (ⅲ-2）・(ⅲ-3）・(ⅲ-4）の除外

第4。肯定説の根拠のうち、(ⅲ-2）・(ⅲ-3）・(ⅲ-4）は、それぞれ単独では狭義の事実認定の裁量を肯定できるような根拠として提示されていなかったから、ここで正当性を評価する必要はない[494]。

ただし、第1章第4節第1款第1項3（1）で述べたことからして、(ⅲ-2）・(ⅲ-3）は、裁判所の機能・権限の考察による根拠付けの正当性を検討する局面や、広義の事実認定の裁量がどのような場合に認められるかを検討する局面に、関わってくることになる。すなわち、まず、(ⅲ-2）"未来的科学裁判の事案においては、事実認定という作用が不確実性や政策的な性格を持ち、、経験則を基準とする判断だからといって裁判所の判断を優先させるべきではない"という根拠は、未来的科学裁判の事案においては広義の事実認定の裁量が認められるという主張につながることになる。次に、(ⅲ-3）"事実認定という作用について

---

[493] (ⅱ-1）を主張していた論者が、行政裁量による司法審査の制限として、司法審査の範囲の制限を想定していたと（も）理解できることについては、参照、第1章第2節第1款第1項2、第1章第2節第2款第3項1、第1章4節第1款第1項1（2）。

ただし、(ⅱ-1）と同旨の主張は、事実認定権の憲法上の分配を論じる文脈において出現する（参照、本章第4節・第5節）。本節第2款で述べるとおり、事実認定権の憲法上の分配についての主張・根拠は正当性を評価する対象となる関係で、こちらの文脈においては、(ⅱ-1）と同旨の主張は正当性を評価する対象になる。

も，そのために必要な知識・情報の創造・集約が複雑・困難な場合があり得る"という根拠は，1つには，(iv-2) 行政機関と裁判所との間での事実認定権の憲法上の分配（事実認定権は裁判所の専権ではないと考えること）による根拠が正当か否かを考える際に関わってくるし，もう1つには，知識の創造・集約が複雑・困難な場合に狭義の事実認定の裁量が認められるという主張につながることになる。

第3項　訴訟法上の規律に関する根拠・裁量の第三相に関する根拠の除外

第1項・第2項の作業を経て残った主張・根拠は，正当性を評価する必要がある。第1項で説明した第1段階，第2項で説明した第2段階に続く第3段階として，残る主張・根拠のうち，(ⅱ-3-1) 狭義の事実認定の裁量を認めることは自由心証主義等の訴訟法の規律に反するという根拠，(ⅱ-3-2) 裁量を認めることが原告の主張・立証の機会を奪うという根拠は，本稿では正当性の評価対象から除外する。なぜなら，(ⅱ-3-1)・(ⅱ-3-2) の正当性を検討するためには，裁量を認めることが訴訟法上何を意味するのかという点を明確にする必要性が高いところ（結章第1節参照），この点を明確にするためには，近時の議論の進展をも踏まえた別の本格的な検討を要するからである。

---

(494) あえていえば，(ⅲ-4) "事実認定という作用の中でも，究極事実の認定という作用に裁量を認めれば，行政判断の構造における対法律裁量と対司法裁量の所在が一致する"という根拠については，次の疑問がある。それは，行政の判断構造を（日本の要件事実論における事実概念ではなく，究極事実といった）英米法の事実概念を用いて分析をすることに対する疑問である。

第1。英米法の事実概念を用いることのメリットとして，①当てはめに至るまでの多段階的評価を図式化し易くなる点，②事実認定と当てはめとの区別という問題を顕現化させる点が指摘されていた（第1章第3節第2款第5項1(1)(c)参照）。しかし，①・②はいずれも英米法の事実概念を用いることでしか達成できないわけではない。①についていえば，当てはめに至るまでの多段階的評価は，日本の要件事実論における事実概念を用いても，少なくとも同程度の容易さ・精度で表現・図式化できると思われる（例えば再間接事実から主要事実を認定する過程について参照，伊藤・前掲注(19)16-17頁）。②についていえば，事実認定と当てはめとの区別という問題は，英米法の事実概念を用いずとも，既に指摘されてきた（例えば前掲注(19)を参照）。

第2。第1点からさらに進んで，日本の要件事実論における事実概念をむしろ優先して用いるべきであると思われる。なぜなら，日本の要件事実論における事実概念は，裁判実務でも共有されているものとして（例えば参照，伊藤・前掲注(19)16-17頁。なお要件事実論の意義について参照，同・前掲注(43)8-22頁），（行政）法学と裁判実務とを架橋するものとなるからである。日本の要件事実論における事実概念との関係が判然としない英米法の事実概念（第1章第3節第2款第5項1(1)(b)参照）を用いることは，この架橋の機会を失わせる可能性がある。

第2款　評価対象となる主張・根拠の提示

　第1款の作業によって，本稿が正当性を評価する対象は，否定説の根拠のうち（ⅰ-2）・（ⅰ-3-1）・（ⅰ-4）・（ⅰ-5）・（ⅱ-2），肯定説の根拠のうち（ⅳ-1）・（ⅳ-2）となる。

　以下では，まず，作用の考察による根拠付けである（ⅰ-2）・（ⅰ-3-1）・（ⅰ-4）・（ⅰ-5）を第2節で評価し，次に，裁判所の機能・権限の考察による根拠付けである（ⅱ-2）・（ⅳ-1）・（ⅳ-2）を第3節〜第6節で評価する。

第2節　作用の考察による根拠付けの正当性

　第1に，否定説の根拠のうち，（ⅰ-2）"自由裁量は，何が公益に適合するかを定める，標準を選択するというものであるところ，事実の認識という作用はそうした判断の前段階に位置する"，という根拠を評価する。

　（ⅰ-2）は正当でない。なぜなら，今日では，行政機関の判断過程の様々な段階に行政裁量を観念し得ることが議論の出発点となっている（前掲注（2）・（3）およびそれらに対応する本文を参照）ところ，公益適合性の判断・標準の選択が裁量であるという（ⅰ-2）が示す概念規定は，この出発点と整合しないからである[(495)]。なお，（ⅰ-2）の根拠を提示していた佐々木惣一においても，根拠としてより重要であるのは，"事実の認識には選択という作用が含まれない"という理解（つまり（ⅰ-1））のほうであったと考えられることに注意を要する（第1章第2節第2款第2項2（2）参照）。

　第2に，否定説の根拠のうち，（ⅰ-3-1）"行政機関の判断基準が公益適合原則だけである場合には，裁量が認められるが，公益適合原則に加えて他の法があり，行政機関の判断基準が，そうした他の法が何を要求しているかというものである場合には，裁量が認められないところ，事実認定は後者の場合に当たる"，という根拠を評価する。

　（ⅰ-3-1）は正当でない。なぜなら，次のように，今日では，そこでいわれている裁量の存否に関する区別は成立しないからである。今日では，行政裁量は法律がそれを授権することによって認められるものであり[(496)]，行政裁量は授権

[(495)] なお，本文で述べたことは，標準の選択という思考に注目することが全く意味を持たないという趣旨ではない（比較的近時でも標準の選択という思考を利用するものとして，参照，小早川光郎『行政法講義　下Ⅰ』（弘文堂，2002年）18-21頁，同『行政法講義　下Ⅱ』（弘文堂，2005年）190-191頁）。この点につき例えば参照，船渡康平「行政決定における裁量基準の適用と個別化の要請」東京大学法科大学院ローレビュー11巻（2016年）176頁，181-183頁，187頁。

を行う法律による拘束を受ける。それゆえ，一方で，公益適合原則のほかに他の法の拘束がない場合というものを想定できず，他方で，行政機関の判断基準が，そうした他の法が何を要求しているかというものである場合[497]であっても，行政裁量が認められることになる。

第3に，否定説の根拠のうち，（ⅰ-4）"狭義の事実認定の裁量を認めることは，侵害を正当化する要件を法律で定めることを要求する法律の留保（特に侵害留保）と整合せず，行政の法律適合性の原則の本質的内容を空洞化させる"，という根拠を評価する。

（ⅰ-4）は正当でない。なぜなら，法律で定められた要件（に該当する事実）の存否に行政裁量を認めることを否定するという内容を持つ法律の留保（あるいは法律適合性の原則）なるものを認めることは，今日の行政裁量の議論状況と整合しないからである。すなわち，こうした内容を持つ法律の留保（あるいは法律適合性の原則）を認めるならば，当てはめに関する裁量，つまり要件裁量も否定されねばならないところ，これは要件裁量を肯定する今日の行政裁量の議論状況と整合しないのである[498]。付言すれば，確かに，むしろ要件裁量を肯定する今日の議論状況が不当であって，要件裁量を否定する立場を採れば一貫するのではあるが，しかし，（ⅰ-4）を主張している論者も要件裁量を否定していない[499]。

第4に，否定説の根拠のうち，（ⅰ-5）"行政裁量は「非法的判断」であるところ，事実認定は法的判断である"という根拠を評価する。

（ⅰ-5）は正当でない。なぜなら，①法的判断と非法的判断との区別に，覊束（つまり裁量が認められない場合）と裁量との区別を対応させるべきではないからであり，②仮に①を度外視しても，事実認定が論者（中川）のいう法的判断に該当することは自明ではないからである。以下，①・②を敷衍する。

まず，①について。行政裁量は「非法的判断」であるという理解は，中川のいう「法的判断」についても裁量が認められ得ることを説明しにくい。例えば，行政機関の判断過程のうち「法解釈」は中川のいう「法的判断」に当たるであろうところ，法解釈に裁量を認める裁判例・判例・学説が存在するのである[500]。

---

(496) 参照，大橋・前掲注(416)216頁，高橋・前掲注(31)90頁，塩野・前掲注(3)138頁。「授権」という言葉の利用には反対するが，芝池・前掲注(23)160頁も参照。
(497) 山本・前掲注(327)6頁は，「裁量を授権し同時に裁量権の行使を方向づける行政処分の根拠規定等の法規範が」，「行政機関の行為規範」でもあることを指摘する。
(498) （ⅰ-4）の根拠の基礎を提供していたバッホフに対する類似の指摘として参照，山田・前掲注(223)125頁。
(499) 参照，宮田三郎『行政法総論』（信山社，1997年）136頁，142-143頁，三浦・前掲注(360)111頁。

もっとも，この事情に対しては，中川から，「法令解釈を裁量に委ねる余地もあるはずだとする」主張は，「裁判所が行政裁量の外側（外枠）を狭く解釈することが望ましいことがあるという主張にほかならないと思われる」(501)という指摘がある。すなわち，中川の理解と整合する形で問題を把握する可能性が提示されているのである。そのため，①として述べたことは重要ではないかもしれない。
　そこで，②についての説明に移る。前段落の末尾で述べた事情からして①を度外視しても，したがって，法的判断と非法的判断との区別に，覊束（つまり裁量が認められない場合）と裁量との区別を対応させるとしても，次のような問題がある。すなわち，中川は，事実認定が法的判断であることを当然の前提としているが，次の2点からして，それは自明ではないのである。
　1つには，事実認定が「法解釈から演繹的に結論を導く（法解釈で結論を正当化する）推論」たる法的判断といえるか，明確でない。敷衍すれば以下のとおりである。確かに，事実認定は，法的三段論法の小前提（つまり法規範に該当する事実）を確定する作業であるから，法規範を獲得するために行われる法解釈と無関係とはいえない。しかし，法的三段論法のうち事実認定の段階だけを取り出して観察してみると，事実認定が「法解釈で結論を正当化する」「推論」であるといえる理由は，詳細な説明なしには理解できないように思われる。なぜなら，事実認定とは，「経験から帰納された事物に関する知識や法則であ」(502)るところの経験則に従ってなされる(503)ものであるとされており，そうした経験則による推論は，直接には，法解釈（で用いられる経験則）「で結論を正当化する」「推論」ではないと思われるからである。
　もう1つには，経験則には，「一般常識に属するものから，職業上の技術，専門科学上の法則まで含まれる」(504)ところ，行政裁量が認められる「非法的判断」の例として中川が挙げる「政策的判断」・「科学技術的判断」・「実情通暁者による判断」は，まさに経験則によって行われるものではないか，という疑問がある(505)。もしこうした判断が経験則によってなされるのであれば（そしてそれにもかかわらず非法的判断であるならば），事実認定にそうした経験則が用いられる

---

(500) 日本の議論状況につき参照，船渡・前掲注(321) I 1 (2)。
(501) 中川・前掲注(385)18頁注24。
(502) 新堂・前掲注(4)581頁。
(503) 例えば参照，本間義信「訴訟における経験則の機能」新堂幸司編集代表『講座　民事訴訟⑤　証拠』（弘文堂，1983年）63頁，64-65頁，杉山悦子「経験則論再考」高田裕成ほか編『高橋宏志先生古稀祝賀論文集　民事訴訟法の理論』（有斐閣，2018年）479頁，481頁，484-485頁，新堂・前掲注(4)581頁。
(504) 新堂・前掲注(4)581頁。

可能性がある限り（例えば平成25年最判については，医学上の経験則が事実認定に用いられる），事実認定も非法的判断であり得る可能性が残っているように思われる。

　以上，②として指摘したことからすれば，事実認定を法的判断であるとする理解は，少なくとも現時点では採用できない。

［付記］本稿は，第87回日本公法学会における筆者の報告資料に加筆・修正を施したものである。また，この報告資料は，2017年1月に東京大学大学院法学政治学研究科に提出した研究論文の一部を取り出して加筆・修正を施したものである。
　研究論文の執筆に際しては，公益財団法人末延財団から法科大学院奨学生として助成を受けた。研究論文から報告資料への加筆・修正，報告資料から本稿への加筆・修正に際しては，JSPS科研費23K01079の助成を受けた。

---

(505) 念のために付言すれば，本文で述べた疑問は，"中川が挙げる「政策的判断」・「科学技術的判断」・「実情通暁者による判断」が事実認定という作用であるのではないか"という疑問ではない。経験則の用語法にもよるが，事実認定に限らず当てはめも経験則を適用する作用であると理解し得るのであって（参照，本間・前掲注(503)64頁，杉山・前掲注(503)484頁，新堂・前掲注(4)581頁），経験則を適用する作用であることからその作用が事実認定であるということは，直ちには導かれない。

行政法ポイント判例研究

厚木市議会ホームページ会議録発言掲載等請求事件
―― 発言取消命令に対する司法審査を中心に

横浜地判令和6年11月27日判例集未登載

神橋一彦

I 事案の概要

1 請求の内容

X（原告）は，Y市議会議員であるが，同議会の定例会議において，Y市立病院（以下「本件病院」という。）に関する質疑をしたところ，同議会議長は，同質疑のうち一部の発言が不穏当発言に該当するとして，Y市（被告＝厚木市）が開設するインターネットホームページ（以下「ウェブサイト」という。）掲載の会議録から上記発言の部分を削除するなどした。

本件は，Xが，Y市に対し，①主位的に，公法上の実質的当事者訴訟（行政事件訴訟法4条後段）として，議長の上記行為によりXの議員としての人格権若しくは名誉権及び議事参与権が侵害された旨主張し，予備的に，議長の上記行為により私法上の人格権又は名誉権が侵害された旨主張し，上記各権利による妨害排除請求権に基づき，上記発言をY市のウェブサイトに掲載する会議録に記載することを求める（以下「本件掲載請求」という。）とともに，②議長の職務義務に違反する上記行為により，人格権及び名誉権を侵害されて精神的苦痛を被ったとして，国家賠償法1条1項に基づき，慰謝料など合計33万円の支払を求める（以下「本件国賠請求」といい，本件掲載請求と併せて「本件請求」という。）事案である。

2 認定された事実[1]

（1）X議員の発言に至る経緯

①Xは，令和元年11月28日，令和元年Y市議会第5回会議（12月定例会議，以下「本件定例会議」という。）の第1日において，令和元年度Y市病院事業会計補正予算に関する質疑として，本件病院において，死期が迫っている末期がんの患

---

[1] この部分は，本判決の「第2 事案の概要等」「3 前提事実」と「第3 当裁判所の判断」「1 認定事実」の部分をほぼ再録したものである。

者に高額な薬品をどんどん投与されたが本当に必要だったのかという市民からの声があることを紹介し，他にもそういう医療関係者の声があるとして，薬品の使用の適切性について質問をしたところ，Y市の病院事業局長及び事業管理者（以下「本件病院長」という。）は，不必要な薬品の投与はないと確信している旨の答弁をした。

②令和元年12月20日，本件定例会議第5日（最終日）において，本件病院長は，上記①の質疑に関し，当該事案については，Xから患者の性別及び年代並びに最近3年以内のケースとの情報しか得られなかったが，Xの発言は本件病院の診療等に対する重大な指摘であり看過できないと考え，平成28年度から現在まで3年半の本件病院での死亡患者237人の全症例を調べたものの指摘の事案はなかった旨答弁した。これに対し，Xは，Y市の病院事業局長には，使用された薬品が成分輸血，抗生剤等であり，下顎呼吸で死期の迫っていたケースであることを伝えている旨指摘し，改めて検証，回答を求めるとともに，下記のような発言（以下「本件発言」という。）をした。

「市立病院に入院している患者さんやご家族からは，対応に関する相談はたびたびあり，その都度，改善の要望をしてきましたが，その兆しが見られないことは残念に思っているところです。その中でもひどいケースは，転院を迫られた患者のご家族が，市立病院が勧める病院では衛生面など希望に合わず，父がよりよい生活ができる病院を紹介してほしいと訴えたところ，82歳といえば日本人男性の平均寿命を超えているのだから，転院先の状況がよくなくて，生活環境が劣化し，弱っていくことも諦めるしかないと言われたことです。また，経鼻栄養のカロリーを徐々に減らされ，ベッドに寝ている成人男性に必要なカロリーに達していないと話したときも，平均寿命を超えていることを持ち出し，栄養が足りなくなって弱ってみとりの方向に行くのは仕方がないと言われたそうです。

家族でいい病院を探し，転院すると，そこでは栄養失調の状態ですと言われ，すぐ十分な栄養が摂取できるようになったそうです。その方は2年たった今でもご存命で，時折，外泊許可をとり，命ある幸せを家族でかみしめておられます。命を大切にする慈しみ深い病院は，その転院先のような病院のことを言うのではないでしょうか。

市立病院のそのような実態は，実はほかの方面から伝えるチャンスがありました。その方のお孫さんが中学生のころ，夏休みの宿題の人権の作文で，おじいさんが入院当初，歩いてトイレに行ける状態であったにもかかわらず，トイレに行きたいと看護師に言ってもサポートしてもらえず，おむつにされてしまったこと。排せつがあったのでおむつを交換してほしいと伝えても，1時間も放置されることが何度もあったこと。転院先で，きょうになってからおむつを交換していないんでしょ

う、かわいそうにと言われたことなどを踏まえて、患者の尊厳について書いたそうです。とても聡明で優秀なお孫さんですので、すばらしい内容だったそうですが、市立病院だとわかる文面だったため、市には提出できないと言われ、かわりにほかの宿題が学校代表となり、次の段階に提出されたそうです。教育現場が市立病院にそんたくせず、作文そのものを正当に評価し、市に提出していたら、少しは現場の改善につながっていたかもしれません。

　市立病院は立派な建物ができ上がりました。立派な理念はあります。その理念に少しでも近づくことを心から願い、初日に質問をいたしました。保身に走らず、患者のための病院に生まれ変わること、平均寿命で命に見切りをつけないことは多くの市民の願いであることを改めて認識してください。その上で、上質で慈しみ深く、敬愛のある医療を目指していただきたいと強く要望いたします。」

③その直後、他の議員の要請により暫時休憩となり、暫時休憩中に議会運営委員会が開催され、Xの発言内容の是非等が議論された。他の委員から、本件発言について、質疑の範囲を越え、意見を述べるものであり、妥当性を欠くとの意見が述べられ、同委員会としては、本件定例会議第1日及び第5日のXの本件病院に関する発言について、後日調査をして不穏当発言があった場合には善処する（すなわち、発言取消留保を宣告する）との結論となった。

　なお、発言取消留保宣告とは、議会の議場における議員の発言を取り消す方法の一つであり、不穏当性があると主張された発言につき容易に不穏当性の有無を認定することができない場合、議長が後日作成される会議録原本を十分精査し、その際に不穏当発言があるときは善処する（取り消す）、不穏当発言がなければ善処しない（取り消さない）旨を宣告することであり、いわば取扱いを議長に一任することである。また、不穏当発言とは、一般に、無礼の言葉、他人の私生活にわたる発言、誤解した発言、感情的な発言、発言の根拠が不明確である発言、事実と異なる発言及び基本的人権を侵害する発言等一切の不適切な発言をいう。

④暫時休憩後、本件病院長は、成分輸血や抗生剤等を下顎呼吸の状態の患者に投与した症例が、自分が調べた約80例の中に2例あったことを報告し、その投与は高額でもなく不適切な治療でもないとの考える旨の答弁をし、また、Xが本件発言において言及した人権作文に関し、学校教育部長が各学校の作文の指導等は適切に行っていると認識している旨の答弁をした。これに続いて、A議長は、「11月28日及び本日のX議員の市立病院にかかわる発言につきましては、後日調査して、不穏当発言があった場合には善処いたします。」と宣告した（以下、この宣告を「本件発言取消留保宣告」という。）。

（2）A議長による発言取消命令

①令和2年1月21日に開催された会派代表者会議において，本件定例会議におけるXの本件病院の医療及びそれに関連する人権作文に係る発言の取扱いについて議論がされた。他の議員からは，本件定例会議第5日の録画映像の音声の一部が消除された状態でY市のウェブサイトに掲載されているという状態［本稿筆者注：次の（3）参照］が，前代未聞なところもあるため，A議長から本件病院の理事者に対し事実確認をするよう申し入れることを求める意見や，事実確認のため患者の氏名を本件病院長にだけでも伝えるべきとの意見が出された。これに対し，Xは，本件病院に対して患者の氏名を伝える意思はない旨述べたほか，近日中に本件病院長と話合いをする予定がある旨述べ，今後，A議長も入りながら本件病院及び教育委員会と話し合い，調整していくこととされた。

②令和2年1月23日に予定されていたXと本件病院長との話合いは，本件病院長に急患が入って延期となり，その後同病院が新型コロナウイルス感染症患者の受入病院として業務多忙となったため，話合いは行われなかった。他方，同月24日，Xと教育委員会との話合いが行われ，教育委員会は，Xに対し，事実確認のため生徒等の氏名を教示するよう求めたが，Xは，これに応じなかった。

③令和2年2月21日に開催された会派代表者会議において，副議長から，本件定例会議におけるXの本件病院の医療及びそれに関連する人権作文に係る発言の取扱いにつき，副議長において，X，本件病院及び教育委員会が納得する形で文言の調整をする方法で決着することの提案があり，同会議としては，調整された文言を見て判断するとの結論となった。

④A議長は，令和2年2月28日，会派代表者会議が開催される前の時間に，Xが所属する会派に知らせることなく，同会派以外の会派の代表者を招集し，本件定例会議におけるXの発言について意見を聴取した。その際，副議長から，Xの発言について，Xと本件病院及び教育委員会との間で文言の調整をすることができなかった旨の報告がされ，会派代表者らから，本件発言について，事実確認ができないことや，議案と関係のないことなどが指摘されて，これを配布用会議録から削除すべきであるとの意見で一致した。

令和2年3月12日，議会運営委員会が本件定例会議におけるXの発言の取扱い等を議題として開催され，本件発言部分については，配布用会議録から削除すべきであるとの意見で一致した。なお，Xは，Y市議会委員会条例17条により，当事者として退席を命じられて，議事には参与しなかった。

⑤A議長は令和2年3月13日，議長室において，副議長及び議会事務局長の同席の下，Xに対し，議会運営委員会にも諮った上，本件発言が不穏当発言に

〈判例〉厚木市議会ホームページ会議録発言掲載等請求事件〔神橋一彦〕

当たるとともに，議案とは関係のない発言であることを理由に，本件規則上の議長の権限により，配布用会議録から本件発言部分及びこれに関する学校教育部長の答弁部分（以下「学校教育部長発言」という。）を削除する旨告知した。これに対し，Xは，本件発言が議案と関係のない発言とは考えておらず，本件発言が削除されるのは承服することができない旨述べた。また，その際，Xは，A議長が同年2月28日に「Bの会」以外の会派の代表者から，本件発言及びそれに関連する発言についての意見を聴取したことを初めて知らされ，同21日に開催された会派代表者会議の結論にいったん戻して，副議長において，本件発言の修正につきXと教育委員会との間の調整をするよう求めた。A議長は，教育委員会との話合いの場をもうけるよう努力すること，その場には自身も同席する旨述べた。

⑥A議長は，令和2年3月18日，議長室において，副議長及び議会事務局長の同席の下，Xに対し，（上記⑤の）Xの求めに応じ，教育委員会との調整を試みたものの，教育委員会の意向が，もう会う必要はない，本件発言部分は削除してほしいというものから動かなかったため，これで調整を終了するとして，同月13日に伝えたとおり，本件発言について取消しを命じる旨告知するとともに，取消しの理由として，議案に関係がないこと及び不穏当発言に当たることの両方を挙げて，不穏当発言には議案に関係のない発言も含まれる旨述べた。これに対し，Xは，不穏当発言には議案に関係のない発言は含まれない旨述べ，XとA議長の間で議論となった。その上で，Xは，A議長に対し，不穏当発言ではなく議案に関係ないという理由で，議会の議場における議員の発言を削除することができる根拠を示すよう求め，A議長が根拠を示すので今日のところは帰るよう伝えて，同日の面談は終了した。

（3）本件定例会議の映像の掲載

①Y市は，本件ネット中継要綱に基づき，Y市のウェブサイトにおいて，（ⅰ）令和元年11月28日，本件定例会議第1日に係る会議を生中継し，同年12月10日，同会議に係る録画映像を同サイトに掲載した。また，（ⅱ）令和元年12月20日，同じく，本件定例会議第5日に係る会議を生中継した。

②Y市は，A議長の措置として，（ⅰ）令和元年12月27日，Y市のウェブサイトに掲載された本件定例会議第1日の会議に係る録画映像からXの質疑等に係る（一部）発言部分の音声を消去したものを再掲載し，（ⅱ）令和2年1月23日，本件定例会議第5日の会議に係る録画映像からXの質疑等に係る（一部）発言部分の音声を消去したものを掲載した（以下，これらの音声が消去された録画映像の

各掲載行為を併せて「**本件掲載行為1**」という）。

（4）本件定例会議のウェブ会議録の掲載
①Xは，本件定例会議第1日において，本件規則79条及び昭和59年12月17日付け議会申合せ事項の定める会議録署名議員3人のうちの1人に指名されていたところ，令和2年8月21日，Y市議会事務局職員から，本件定例会議第5日に係る会議録原本への署名を求められ，本件発言を含む自身の発言が同会議録原本から削除されていなかったため，これに署名をした。しかし，Xは，上記職員が持参していた配布用会議録案を確認したところ，本件発言が削除されていたため，そうであれば議長と話合いをした上で決めたいと述べて，上記会議録原本への署名を留保することとし，上記会議録原本にした署名に抹消線を引いた上，訂正印を押捺した。なお，Y市議会において，議長が取消しを命じた発言については，会議録原本には記載されるが，本件規則78条により，配布用会議録には記載されない取扱いがされている。本件定例会議の配布用会議録は，現時点で配布，公表されていない。

②Y市は，A議長の措置として，令和2年8月28日，Y市のウェブサイトに，本件定例会議第5日の会議録として，同会議の議事の経過のうち本件発言部分のみを削除し，末尾に「上記会議のてんまつを記載し，その相違ないことを証し，ここに署名する」との記載に続き，議長及び副議長の氏名のほか会議録署名議員としてXを含む3名の氏名を記載したものを掲載した（以下，この掲載行為のうち，本件発言部分を削除したウェブ会議録を掲載した点を「**本件掲載行為2**」，会議録署名議員としてXの氏名を記載したウェブ会議録を掲載した点を「**本件掲載行為3**」といい，これらと本件掲載行為1を併せて「**本件各掲載行為**」という。）。

③Xは，本件定例会議第5日に係る会議録原本への署名を留保したため，議会事務局職員に対し，A議長と協議する場を設けてほしいと重ねて話をしていたが，同年9月7日，同職員から，地方自治法では2名の署名議員があればいいことになっているので，既にウェブサイトで公開していると知らされた。

Y市は，同月8日，上記ウェブ会議録末尾の記載が，実際にXが署名したかのように受け取られるものであり，それは事実にそぐわないため，A議長及びY市議会事務局において検討の上，ウェブ会議録から会議録署名議員としてのXの記名部分を削除した。

〈判例〉厚木市議会ホームページ会議録発言掲載等請求事件〔神橋一彦〕

Ⅱ 判　　旨(2)

請求棄却。

1　認定事実（略）
上記Ⅰ・2参照。

2　本件発言取消命令の存否等について

「(1)　上記認定事実によれば，A議長は，本件定例会議におけるXの発言の取扱いについて議会運営委員会に諮り，本件発言部分について配布用会議録から削除すべきであるとの意見で一致したことを踏まえ，令和2年3月13日，Xに対し，本件規則上の議長の権限により，配布用会議録から本件発言部分及び学校教育部長発言を削除する旨告知し，さらに，同月18日，Xに対し，教育委員会との調整の見込みがないため，調整を終了するとして，同月13日に伝えたとおり，本件発言について取消しを命じる旨明確に告知し，その理由についても，本件発言が議案に関係がない発言及び不穏当発言に当たることを挙げている。<u>かかる事実からすれば，A議長は，遅くとも同月18日には，Xに対し，本件発言取消命令を確定的に発出したということができる。</u>」（下線部，本稿筆者――以下同じ。）

(2)　Xは，A議長が，X及びXと同一会派の議員に知らせずに，X所属会派の議員を排除して秘密裏に会派代表者会議を開催し，それ以前に開催された会派代表者会議において確認された，本件発言につき文言の一部修正等により会議録に残すとの方向性を覆して，これを議会運営委員会にかけて当事者であるXの参与がない場で正当化し，本件発言の取消命令を発しようとしたのであって，その経過には不公正で重大な瑕疵があり，本件発言の取消命令が有効にされたとはいえない旨主張する。

上記認定事実によれば，本件発言を含む本件定例会議におけるXの発言の取扱いについては，会派代表者会議において，Xと教育委員会等との間で配布用会議録に残す文言の調整をする方向で検討されることになったが，調整することができなかったため，A議長がXの所属する会派に知らせることなく，同会派以外の会派の代表者を招集し，Xの発言について意見を聴取し，配布用会議録

---

(2) この部分は，本判決の「第3　当裁判所の判断」をほぼ再録したものである。

から削除すべきであるとの意見で一致したことが認められる。

　しかし，他方で，上記認定事実によれば，本件発言については，これがされた直後に開催された議会運営委員会において議論された結果，発言取消留保を宣告するとの結論となり，取扱いが議長に一任されたものである。また，地方自治法129条1項によれば，議会の会議における議員の発言の取消しは，議長の権限により，議員に対して命じることができるものであり，その判断に当たって，会派代表者から意見を聴くかどうか，意見を聴くとしていかなる範囲で聴くかについては，議長の裁量によるというべきである。加えて，A議長は，本件定例会議におけるXの発言の取扱いについて議会運営委員会に諮り，本件発言部分について配布用会議録から削除すべきであるとの意見で一致したことも踏まえて，本件発言取消命令を発出したものである。教育委員会と調整をする方向性が変更されたのは，副議長において調整を試みたものの調整をすることができなかったためであり，少なくともA議長があえてその方向性を覆したという事情はうかがわれない。上記議会運営委員会の議事にXが参与しなかったのは，Y市議会委員会条例17条に基づく正当な取扱いである。

　以上によれば，A議長が，Xが所属する会派に知らせることなく，同会派以外の会派の代表者らから意見を聴取したからといって，その経過に不公正で重大な瑕疵があるとはいえない。A議長が議長としての権限に基づいて発出した本件発言取消命令には，手続上の瑕疵はなく，有効にされたものといえる。」

3　争点1（本件訴えの適法性等）について

（1）本件訴えが法律上の争訟に当たるか

「ア　裁判所がその固有の権限に基づいて審判することのできる対象は，裁判所法3条にいう「法律上の争訟」，すなわち当事者間の具体的な権利義務ないし法律関係の存否に関する紛争であって，かつ，それが法令の適用により終局的に解決することができるものに限られる（最高裁昭和41年2月8日第三小法廷判決・民集20巻2号196頁，最高裁昭和56年4月7日第三小法廷判決・民集35巻3号443頁参照）。

　イ　本件掲載請求は，Xが，A議長の行為により，人格権，名誉権又は議事参与権を侵害されたとして，Yに対し，同各権利による妨害排除請求権に基づき，本件発言をウェブ会議録に記載することを求めるものである。

　本件国賠請求は，Xが，A議長の行為により，人格権又は名誉権を侵害されたとして，Y市に対し，国賠法1条1項による損害賠償請求権に基づき，慰謝料の支払を求めるものである。

〈判例〉厚木市議会ホームページ会議録発言掲載等請求事件〔神橋一彦〕

上記各請求に係る審判の対象は，上記妨害排除請求権及び上記損害賠償請求権の存否という原被告間の具体的な権利義務ないし法律関係の存否に関する紛争である。

また，上記妨害排除請求権及び上記損害賠償請求権の存否を決するためには，Xの上記各権利が侵害されているかどうかを判断することが必要であるところ，その判断は，民法等の法令の適用により行うことができるものである。

したがって，本件訴えは，裁判所法3条1項にいう法律上の争訟に当たる。」

（2）本件訴えが司法審査の対象となるか
「ア　裁判所は，憲法に特別の定めがある場合を除いて，一切の法律上の争訟を裁判する権限を有するが（裁判所法3条1項），ここに一切の法律上の争訟とは，あらゆる法律上の係争を意味するものではない。すなわち，法律上の係争といっても，その範囲は広汎であり，その中には事柄の特質上，裁判所の司法審査の対象外におくのを適当とするものもあると解される。

本件においては，本件掲載請求に係る妨害排除請求権及び本件国賠請求に係る損害賠償請求権の存否の判断の前提として，本件発言取消命令及び本件発言取消留保宣告の適否が争われており，議長による発言取消命令及び発言取消留保宣告が司法審査の対象となるか否かについて検討する。

イ　憲法は，地方公共団体の組織及び運営に関する基本原則として，その施策を住民の意思に基づいて行うべきものとするいわゆる住民自治の原則を採用しており，普通地方公共団体の議会は，憲法にその設置の根拠を有する議事機関として，住民の代表である議員により構成され，所定の重要事項について当該地方公共団体の意思を決定するなどの権能を有する。そして，議会の運営に関する事項については，議会の議事機関としての自主的かつ円滑な運営を確保すべく，その性質上，議会の自律的な権能が尊重されるべきであるところ，地方自治法104条は，普通地方公共団体の議会の議長は，議場の秩序を保持し，議事を整理する旨を規定し，同法129条1項は，議会の会議中，同法又は会議規則に違反しその他議場の秩序を乱す議員があるときは，議長は，発言を取り消させ，その命令に従わないときは，その日の会議が終わるまで発言を禁止し又は議場の外に退去させることができる旨を規定している。このような規定等に照らせば，議長が，議場の秩序の確保を図るため，議員の議事における発言の取消しを命ずることも，議会の運営に関する事項として，上記の自律的な権能の一内容を構成する。……発言取消命令を発出するかどうかを判断するために発言取消留保宣告がいったんされることがあるが，これも，議場の秩序の確保を図るために，議員の議事におけ

る発言の取消しを命ずるか否かを検討するためにされるものであることに照らせば，同様と解される。

　他方，普通地方公共団体の議会の議員は，当該普通地方公共団体の区域内に住所を有する者の投票により選挙され（憲法93条2項，地方自治法11条，17条，18条），議会に議案を提出することができ（同法112条），議会の議事については，特別の定めがある場合を除き，出席議員の過半数でこれを決することができる（同法116条）。そして，議会は，条例を設け又は改廃すること，予算を定めること，所定の契約を締結すること等の事件を議決しなければならない（同法96条）ほか，当該普通地方公共団体の事務の管理，議決の執行及び出納を検査することができ，同事務に関する調査を行うことができる（同法98条，100条）。議員は，憲法上の住民自治の原則を具現化するため，議会が行う上記の各事項等について，議事に参与し，議決に加わるなどして，住民の代表としてその意思を当該普通地方公共団体の意思決定に反映させるべく活動する責務を負うものである。

　ウ　議長による発言取消命令は，当該発言をした議員に対し，当該発言を取り消すことを命じるものであり，当該発言が関係者に配布される会議録に掲載されないことになるものの，議員の発言の機会や会議等に出席して議事に参与する機会自体を奪うものではない。また，取消しの対象は当該発言部分に限られる上，命令に従わないときも，その日の会議が終わるまで，発言の禁止や，議場外への退去の命令をすることができるが，翌日以降にわたることは許されないと解される。したがって，発言取消命令による制約は，一時的，限定的な制約にとどまるといえる。また，発言取消留保宣告は，それ自体により議員の活動を制約するものではない。

　他方，議長による発言取消命令及び発言取消留保宣告は，上記のとおり，議会の議事の秩序の確保を図るためのものであり，その性質上，当該発言の内容，当該発言がされた状況及びその前後の状況等に応じて適切に行使されるべきものであるから，その判断において議会に認められるべき自律性の程度は高いといえる。

　エ　このような発言取消命令及び発言取消留保宣告の性質や，これらによる議員活動に対する制約の程度，地方議会に認められるべき自律性の程度に照らすと，発言取消命令及び発言取消留保宣告の適否は，専ら議会ないし議長の自主的，自律的な解決に委ねられるべきである。したがって，普通地方公共団体の議会の議員に対する発言取消命令及び発言留保宣告の適否は，司法審査の対象とならないというべきであり，本件発言取消命令及び本件発言取消留保宣告の適否も司法審査の対象とならない。

〈判例〉厚木市議会ホームページ会議録発言掲載等請求事件〔神橋一彦〕

したがって，本件掲載請求に係る妨害排除請求権及び本件国賠請求に係る損害賠償請求権の存否を決するに際し，本件発言取消命令及び本件発言取消留保宣告の適否については，これらに係るA議長の自律的判断を尊重し，これを前提として判断することで足りる。また，Xは，本件発言取消命令及び本件発言取消留保宣告自体でなく，（Yがこれらに基づきしたと主張する）本件各掲載行為により権利を侵害されたことを理由に本件掲載請求及び本件国賠請求をしているのであるから，本件発言取消命令及び本件発言取消留保宣告が司法審査の対象とならないとしても，裁判所が上記妨害排除請求権及び損害賠償請求権の存否を判断すること自体が妨げられるものとまではいえない。
　したがって，本件訴えは司法審査の対象となる。」

4　争点2（本件掲載行為2によるXの権利侵害の有無）について

「（1）　……Y市は，従前から，Y市のウェブサイトにウェブ会議録を掲載する取扱いをしている。ウェブ会議録は，配布用会議録とは体裁が異なるものの記載内容は同一であり，Y市議会の公開状況……にもかんがみると，ウェブ会議録掲載の趣旨・目的は，配布用会議録の配布及び供閲等により行っている議会の議事の公開（地方自治法115条1項）を拡充するところにあると解される。
　他方，ウェブ会議録に係る上記取扱いの根拠についてみると，その取扱いについて定めた規則や要綱等は存在しない。議会の議長は，地方自治法104条に基づき，議会の事務を統理する権限（以下「事務統理権限」という。），すなわち議会運営に伴う事務である議事日程の作成，議案の整理，会議録の調製等の事務を統一的に処理する権限を有しており，議会の会期中であるかどうかを問わず行使することができるところ，ウェブ会議録は，議長が自らの事務統理権限に基づき，Y市のウェブサイトに掲載しているものと解される。そして，その取扱いは，ウェブ会議録掲載の趣旨・目的からすれば，配布用会議録に関する定め（本件規則78条）に従うことが想定されていると解される。
（2）　以上を前提に検討すると，本件掲載行為2（本件発言部分を削除したウェブ会議録の掲載）は，A議長が本件発言取消命令を発出していたことを踏まえて，議長の事務統理権限に基づき，配布用会議録に関する定めに従ってした措置ということができる。そして，上記3（2）オにおいて説示したとおり，本件掲載請求に係る妨害排除請求権の存否を決するに際し，本件発言取消命令の適否については，これらに係るA議長の自律的判断を尊重し，これを前提として判断することで足りるところ，本件発言取消命令を踏まえて，本件発言を削除したウェブ会議録を掲載することの適否についても，議会の内部規律の問題であって，A

議長の自律的な判断に委ねられるべきものである。このことは，……本件定例会議の配布用会議録が現時点で配布・公表されていないことを前提としても同様である。

そうすると，本件発言取消命令において取消しの対象とされた本件発言を削除したウェブ会議録を掲載する行為（本件掲載行為2）をもって，Xの人格権及び名誉権を侵害するものということはできない。

なお，Xは，私法上の人格権及び名誉権のほかに，議員としての人格権及び名誉権が侵害された旨主張する。Xは，Y市議会議員であることから，Xの人格権及び名誉権には議員としての側面もあるといえるものの，それも含めてXという一個人の人格権及び名誉権が構成されているというべきであるから，Xの主張は採用することができない。

また，Xは，本件掲載行為2によりXの議事参与権が侵害された旨主張するが，Xに議会の議員としての地位に基づき議事に参加する権限があるのはさておき，第三者に対して行使することができる具体的な権利として議事参与権という権利があると認めることはできず，Xの上記主張は，その前提を欠く。

したがって，本件掲載行為2によりXの権利が侵害されたということはできない。」

5　争点4（本件各掲載行為に係る国賠法適用上の違法の有無）について

「本件事案の内容に鑑みて，争点3［注：本件掲載行為1及び3によるXの権利侵害の有無］より先に争点4から判断する。

（1）判断枠組み　　普通地方公共団体の議会の議員に対する懲罰その他の措置が当該議員の私法上の権利利益を侵害することを理由とする国家賠償請求の当否を判断するに当たっては，当該措置が議会の内部規律の問題にとどまる限り，裁判所としては，議会の自律的な判断を尊重し，これを前提として請求の当否を判断すべきものと解するのが相当である（最高裁平成31年2月14日第一小法廷判決・民集73巻2号123頁）。

（2）本件掲載行為1について　　本件掲載行為1（Xの発言部分等の音声が消除された録画映像の掲載）は，A議長が，本件発言取消留保宣告を踏まえて，議長の事務統理権限に基づき，本件ネット中継要綱5条2項に従ってした措置ということができる。これは，Xの議員としての行為についてされた措置であり，かつ，本件ネット中継要綱に基づくものであって，法的効力はなく，事実上の措置にとどまる。

そうすると，本件掲載行為1は，議会の内部規律の問題にとどまるものという

〈判例〉厚木市議会ホームページ会議録発言掲載等請求事件〔神橋一彦〕

べきであるから，その適否については議会の自律的判断を尊重すべきであり，本件掲載行為1が違法な公権力の行使に当たるということはできない。

したがって，本件掲載行為1が国賠法1条1項の適用上違法であるということはできない。

（3）本件掲載行為3について　本件掲載行為3（会議録署名議員としてXの氏名を記載したウェブ会議録の掲載）は，A議長が，議長の事務統理権限に基づき，Xが署名議員として指名された者であることを示すためにした措置であり，法的効力はなく，事実上の措置にとどまる。また，本件掲載行為3は，殊更にXの社会的評価を低下させるなどの態様，方法によって行われたものとはいえない。

そうすると，本件掲載行為3は，議会の内部規律の問題にとどまるものというべきであるから，その適否については議会の自律的判断を尊重すべきであり，本件掲載行為3が違法な公権力の行使に当たるということはできない。したがって，本件掲載行為3が国賠法1条1項の適用上違法であるということはできない。」

「以上によれば，XのY市に対する妨害排除請求権及び国家賠償請求権の存在を認めることはできない。」

Ⅲ　解　　説

1　はじめに

本件は，①地方議会議員に対して行われた議長の発言取消命令と，それを受けて行われた②ウェブサイトに掲載された会議録画映像からの発言削除（本件掲載行為1），③ウェブサイト会議録からの発言削除（本件掲載行為2）などの適法性が争われた事件である。本評釈では，Ⅰ，Ⅱにおいて本判決の内容をほぼ引用する形で，煩を厭わず，事実と内容について紹介した。これは，現時点（2005年1月現在）で判決が公刊されていないという事情によるものだけではなく，出席停止の懲罰に対する司法審査を認めた岩沼市議会事件大法廷判決（最大判令和2年11月25日民集74巻8号2229頁――以下「令和2年最大判」という。）以降，地方議会議員に対する懲罰その他の不利益的措置（ちなみに，本件で問題となった発言取消命令は「懲罰」ではない。）についてどのような司法審査がなされるべきかについて，具体的に考察するための素材を提供していると考えられるからである。

すなわち，本件の事案は，発言取消命令とそれを受けた議事録（配布用会議録

315

やウェブ版会議録）等からの削除の適法性が争われた愛知県議会事件（最（一小）判平成30年4月26日判例時報2377号10頁 —— 以下「平成30年最判」という。）と基本的に同様のものであるが、周知のように、平成30年最判は、令和2年最大判によって判例変更された山北村議会事件大法廷判決（最大判昭和35年10月19日民集14巻12号2633頁 —— 以下「昭和35年最大判」という。）を引用し、「普通地方公共団体の議会における法律上の係争については、一般市民法秩序と直接の関係を有しない内部的な問題にとどまる限り、その自主的、自律的な解決に委ねるのを適当とし、裁判所の司法審査の対象とはならない」としていた。その点で、本件は、令和2年最大判以降における同種の事件であるという点で特徴がある(3)。令和2年最大判（出席停止の懲罰の事例）により、発言取消命令に対する司法審査のあり方に変容が及ぶのかどうか。また、「議員の議事における自らの発言が配布用会議録に掲載される権利」を前提に法律上の争訟性を肯定した控訴審判決（名古屋高判平成29年2月2日判例地方自治434号18頁）が再評価されることになるのか。こういった点が、本件の焦点である。

2　議長の発言取消命令
（1）判断枠組み

本判決では、「3　争点1（本件訴えの適法性等）について」において、まず「（1）本件訴えが法律上の争訟に当たるか」について検討し、本件訴えの審判の対象が、原告が主張する妨害排除請求権および損害賠償請求権の存否という原告と被告の両者における「具体的な権利義務ないし法律関係の存否に関する紛争」であり、民法等の法令の適用により判断できるものであるとして、これを肯定する。その上で、「（2）本件訴えが司法審査の対象となるか」という問題を立てるわけであるが、そこで対象となっているのは、本件訴えそのものではなく、議長の発言取消命令が司法審査の対象となるか否かについての一般論的な判断である。すなわち、議長の発言取消命令について、本判決は、①本件発言取消命令の有効性について審査した上で(4)、②有効に行われたことを前提に、本件発言取

（3）　令和2年最大判以降、発言取消命令にかかわる下級審裁判例として、旭川地判令和3年11月19日LEX/DB文献番号25591539がある。この事件は、議員に対する問責決議案につき当該議員が弁明を行ったところ、当該弁明の直後、当該議員の発言中に誹謗中傷する発言があったとして、発言取消の動議が出され、休憩を挟んで、議長が発言の取消しを命じたが、当該議員はこれに応じなかったことを理由として、最終的に戒告の懲罰がなされた事案において、当該議員が、当該戒告は、市議会の裁量権を逸脱・濫用するもので、表現の自由及び名誉権が侵害されたとして国家賠償請求訴訟を提起したものである（請求棄却）。

〈判例〉厚木市議会ホームページ会議録発言掲載等請求事件〔神橋一彦〕

消命令（及び発言取消留保宣告）が司法審査の対象になるか否かについて判断し，司法審査対象性を否定しているのである(5)。もし仮に，発言取消命令（及び発言取消留保宣告）が完全に司法審査の対象にならないとすれば，上記の①本件発言取消命令の有効性（手続的瑕疵）も審査の対象にならないはずである。この点，平成30年最判が一般的に「県議会議長の県議会議員に対する発言の取消命令の適否は，司法審査の対象とはならないと解するのが相当である」としているのに対し，本判決は，発言取消命令に「その経過に不公正で重大な瑕疵があった場合」には，当該手続的瑕疵につき司法審査が及び，違法と評価されることがあることを示しているとも解される。しかし，本判決は，重要な先例である平成30年最判を引用していないから，同最判との関係は不明である。ちなみに，本件訴えにおいてXは，そもそも「本件発言についての取消命令は，A議長が具体的な根拠を提示するとしながら提示しないままであるため，未確定であって存在しない」として，本件発言取消命令そのものの存否も争っているが，それについては，「A議長は，遅くとも［令和2年3月］18日には，Xに対し，本件発言取消命令を確定的に発出したということができる」と判示しているところである。

（2）本件発言取消命令に対する手続的統制

このように本判決は，発言取消命令について，「その過程で不公正で重大な瑕疵があった場合」には，無効となりうることを認めているかのごとくである。しかしながら，判決によれば，「本件発言については，これがされた直後に開催された議会運営委員会において議論された結果，発言取消留保を宣告するとの結論となり，取扱いが議長に一任されたもの」であり，「地方自治法129条1項によれば，議会の会議における議員の発言の取消しは，議長の権限により，議員に対して命じることができるものであり，その判断に当たって，会派代表者から意見を聴くかどうか，意見を聴くとしていかなる範囲で聴くかについては，議長の裁量によるというべきである」として，本件発言取消命令を発出する前に行われた会派代表者会議からXが属する会派（Xほか1名の会派）が排除されたことや，議会運営委員会からY市議会委員会条例の規定を根拠に当事者として退席を命じられ，議事には参与できなかったことについても，「その経過に不公正かつ重大な瑕疵があったとはいえない」として，「A議長が議長としての権限に基いて発

---

(4) 本判決「第3 当裁判所の判断」「1 認定事実」（本稿Ⅰ・2）参照。
(5) 本判決「3 争点1（本件訴えの適法性等について）」「（2）本件訴えが司法審査の対象となるか」（本稿Ⅱ・3（2））参照。

出した本件発言取消命令には，手続上の瑕疵はなく，有効にされたものといえる」と結論づけている。

このように本判決は，発言取消命令の発出につき，議長一任の下，議長に強い権限と広範な裁量を認めるものとなっている（その他，判旨（Ⅱ・4）で触れられている議長の「事務統理権限」についても同様である）。しかしながら，Xの属する会派の代表者を会派代表者会議から排除した点について，それが会派間の平等取扱いとの関係で合理的理由によるものであったかどうかについては一切言及がないし，条例の定めにより議会運営委員会そのものにXの出席が認められなかったとしても，それとは別にXに対し意見陳述の機会を設けるなど，被処分者に対する手続的な配慮は考えられたところであろう。そして仮にそうだとすると，本件発言取消命令については手続的にも瑕疵の存在が疑われることになる。

（3）発言取消命令の性質・内容

発言取消命令については，既に平成30年最判の先例があるが，同最判の事案も含め，この制度をめぐっては，十分な説明のないまま，運用上拡大解釈が行われてきたのではないかという疑念がある。発言取消命令につき，平成30年最判は，次のように述べている。

「普通地方公共団体の議会の運営に関する事項については，議会の議事機関としての自主的かつ円滑な運営を確保すべく，その性質上，議会の自律的な権能が尊重されるべきものであり，地方自治法104条は，普通地方公共団体の議会の議長は，議場の秩序を保持し，議事を整理する旨を規定し，同法129条1項は，議会の会議中，同法又は会議規則に違反しその他議場の秩序を乱す議員があるときは，議長は，発言を取り消させ，その命令に従わないときは，その日の会議が終わるまで発言を禁止し又は議場の外に退去させることができる旨を規定している。このような規定等に照らせば，同法は，議員の議事における発言に関しては，議長に当該発言の取消しを命ずるなどの権限を認め，もって議会が当該発言をめぐる議場における秩序の維持等に関する係争を自主的，自律的に解決することを前提としているものと解される。」

本判決は，上記引用の下線部と結論を同じくしているが，令和2年最大判を意識してか，理由を付加している。すなわち，「議員は，憲法上の住民自治の原則を具現化するため，議会が行う上記の各事項等について，議事に参与し，議決に加わるなどして，住民の代表としてその意思を当該普通地方公共団体の意思決定に反映させるべく活動する責務を負うものである」という部分がそれである。しかし他方で，①議長による発言取消命令は，当該発言をした議員に対し，当該発

〈判例〉厚木市議会ホームページ会議録発言掲載等請求事件〔神橋一彦〕

言を取り消すことを命じるものであり，当該発言が関係者に配布される会議録に掲載されないことになるものの，議員の発言の機会や会議等に出席して議事に参与する機会自体を奪うものではないということ，②取消しの対象は当該発言部分に限られる上，命令に従わないときも，その日の会議が終わるまで，発言の禁止や，議場外への退去の命令をすることができるが，翌日以降にわたることは許されないと解されること，そしてその上で，③「発言取消命令による制約は，一時的，限定的な制約にとどまる」とする。さらに④「議長による発言取消命令及び発言取消留保宣告は，……議会の議事の秩序の確保を図るためのものであり，その性質上，当該発言の内容，当該発言がされた状況及びその前後の状況等に応じて適切に行使されるべきものであるから，その判断において議会に認められるべき自律性の程度は高い」として，「このような発言取消命令及び発言取消留保宣告の性質や，これらによる議員活動に対する制約の程度，地方議会に認められるべき自律性の程度に照らすと，発言取消命令及び発言取消留保宣告の適否は，専ら議会ないし議長の自主的，自律的な解決に委ねられるべきである」としている。このように本判決は，平成30年最判及び令和2年最大判を引用していないが，実質的に平成30年最判に令和2年最大判を接木したようなものと解される。とりわけ，発言取消命令による制約は，「一時的，限定的な制約にとどまる」としているのは，出席停止の懲罰はそれにとどまらないとした令和2年最大判を意識した判示であろう。

しかし，発言取消命令による制約が「一時的，限定的な制約にとどまる」かといえば，本件も含めた現状の運用を見る限り，直ちに肯定できるか否か極めて疑問である。改めて発言取消命令の根拠規定をみると，地方自治法は，第6章（議会）第9節「紀律」において，次のように定めている。

第129条　①普通地方公共団体の議会の会議中この法律又は会議規則に違反しその他議場の秩序を乱す議員があるときは，議長は，これを制止し，又は発言を取り消させ，その命令に従わないときは，その日の会議が終わるまで発言を禁止し，又は議場の外に退去させることができる。

この条文をみると，本条に基づく発言取消命令は，第一次的には，「議場の秩序を乱す」ことに対する議長の「議場」の秩序維持権（議場整理権）の行使によるものとみることができる。それも，「議会の会議中」とあることから，時間的には本会議の開会中に限定されると解されるとすれば，基本的には即時対応的な行使がまずは念頭に置かれることになろう。例えば，議場における暴言や名誉毀損的な発言，さらには議事進行を妨げるような議題と関係のないことが明白であ

319

るような発言については，議場のその場において制止したり，発言を取り消したりすることになる(6)。したがって，発言取消命令については，議長が，「ただいまの発言は不適切発言であるので，取消しを命じます。」との意思表示（発言）を行い，それに対して，当該議員が当該発言につき「取り消します。」との意思表示（発言）を行うことをもって，結了することになろう。逆に，「不穏当発言ではないので，取り消さない。」という意思表示（発言）を行った場合は，命令に従わないということになり，場合によっては，さらに議長が発言禁止や議場からの退去を命ずることになるとおもわれる(7)。そして，地方自治法129条1項の条文の解釈としては，《議会の会議中この法律又は会議規則に違反すること》は当然に《議場の秩序を乱す行為》であると解することになろう。

しかしながら，実際には，会議中における議場での対応のみならず，会議終了後，一定程度時間が経った段階で発言取消命令が発せられることがある。平成30年最判（愛知県議会）の事案においては，発言から発言取消命令までの期間は8日間，本判決の事案においては，その間が4か月弱とかなりの長期にわたっている。そのような場合，個別の事情にもよるであろうが（注(8)参照），議場整理権にもとづく即時対応的な意味はほとんどなくなり（本件の場合，ないといってもよいであろう。），発言内容に対する事後的な統制という意味合いが強くなる（本件の場合，ほぼそれのみといってよいであろう）。そうだとすれば，本判決は，「発言取消命令による制約は，一時的，限定的な制約にとどまる」と述べているが，議場整理権に基づく即時対応的な性格を超えた，発言内容の事後統制的なものについてまで，そのように簡単にいいうるか，疑問が生じよう。現に本判決は，一方において，「議長が，議場の秩序の確保を図るため，議員の議事における発言の取消しを命ずることも，議会の運営に関する事項として，上記の自律的な権能

---

(6) 地方自治法129条については，明治11年の府県会規則が「議場ヲ整理スルハ議長ノ職掌トス若規則ニ背キ議長之ヲ制止シテ其命ニ順ハサル者アルトキハ議長ハ之ヲ議場外ニ退去セシムルヲ得其強暴ニ渉ル者ハ警察官吏ノ処分ヲ求ムルヲ得」（30条）と規定したのを嚆矢とし，その後，市制町村制においては，「会議中本法又ハ会議規則ニ違ヒ其ノ他議場ノ秩序ヲ紊ス議員アルトキハ議長ハ之ヲ制止シ又ハ発言ヲ取消サシメ命ニ従ハザルトキハ当日ノ会議ヲ終ル迄発言ヲ禁止シ又ハ議場外ニ退去セシメ必要アル場合ニ於テハ警察官吏ノ処分ヲ求ムルコトヲ得／議場騒擾ニシテ整理シ難キトキハ議長ハ当日ノ会議ヲ中止シ又ハ之ヲ閉ツルコトヲ得」との規定が置かれていた（市制59条／町村制55条，さらに府県制にも同様の規定があった）。その後，現行の地方自治法は，制定当時から129条につき改正は行われていないが，旧制度にあった警察官の実力行使は削除されている（佐藤英善編著『逐条研究 地方自治法Ⅱ』（2005年，敬文堂）640頁以下参照）。
(7) 前掲注(3)の旭川地判の事例では，発言取消命令に従わないことが，懲罰たる戒告（135条1項1号）の理由とされている。

〈判例〉厚木市議会ホームページ会議録発言掲載等請求事件〔神橋一彦〕

の一内容を構成する」としながら，他方において，「議長による発言取消命令及び発言取消留保宣告は，……議会の議事の秩序の確保を図るためのものであ[る]」(傍点，本稿筆者)として，「議場の秩序」から「議事の秩序」へと言い換えているが，この同一の判決文中にみられる「議場の秩序」と「議事の秩序」の異同は，些細な言葉の言い換えとして看過すべきでなく，そこに注目すべき重大な問題が伏在しているようにおもわれる。すなわち，そのような発言内容の事後統制的な発言取消命令を発するに当たっては，即時対応的な措置とは異なる一定の判断過程というものが前提となるはずであり，そうだとすれば，そこにしかるべき手続が必要ではないかという問題が生じる。さらにいえば，そのような発言取消命令の運用が，場合によっては，議会における自由闊達な議論に対し委縮効果を及ぼしかねないということも考慮されなければならないであろう。ちなみに，本件訴えの目的も，その点を広く議会の内外に問題提起することにあったと考えられる。

以上を要するに，地方自治法129条1項の発言取消命令には，議場整理権に基づく即時対応的なものと発言内容の事後統制的なものがあるというのが，(少なくともY市議会における)運用の実態ではないかと考えられる。現に，本件においては，発言取消留保宣告という法令にはない手続がみられるが，これは，発言内容の事後統制的なものについては，発言内容の精査(一定の判断過程)に時間がかかることが前提になっているからであろう[8]。しかし，平成30年最判では不問に付されているが，そもそもそのような発言内容の事後統制的な発言取消命令が，地方自治法129条1項の下でどの程度許容されるものであるかは，1つの重要な問題である[9]。またそのようなタイプの発言取消命令は，発言内容に着目した議会活動の制限であるから，議員の発言の自由(一般的な委縮効果も含む。)に関わるものであることが留意されなければならない。その点において，本判決は，発言取消命令の(法的のみならず，事実上の)効果とそれに相応な手続的保障の必要の観点からして疑問が残る。

(4) 発言取消命令に対する実体的統制

以上，発言取消命令に対する手続的統制に関する判示について解説したが，実体的な統制について，本判決の判示をみると，「このような発言取消命令及び発言取消留保宣告の性質や，これらによる議員活動に対する制約の程度，地方議会に認められるべき自律性の程度に照らすと，発言取消命令及び発言取消留保宣告の適否は，専ら議会ないし議長の自主的，自律的な解決に委ねられるべきである」とした上で，「普通地方公共団体の議会の議員に対する発言取消命令及び発

321

言留保宣告の適否は，司法審査の対象とならないというべきであり，本件発言取消命令及び本件発言取消留保宣告の適否も司法審査の対象とならない」とする。そして，「本件掲載請求に係る妨害排除請求権及び本件国賠請求に係る損害賠償請求権の存否を決するに際し，<u>本件発言取消命令及び本件発言取消留保宣告の適否については，これらに係るA議長の自律的判断を尊重し，これを前提として判断することで足りる</u>」として，いわゆる「判断受容型」の判断を行っている[10]。要するに，発言取消命令については，形式的な手続的審査を通過すれば，議長の「自律的判断」が，議会の「自律的判断」として，最終的に適法なものとされるということであろう。このような判断については，次のような疑問が生じる。

---

(8) 本判決は，「議長による発言取消命令及び発言取消留保宣告は，……議会の議事の秩序の確保を図るためのものであり，その性質上，当該発言の内容，当該発言がされた状況及びその前後の状況等に応じて適切に行使されるべきものであるから，その判断において議会に認められるべき自律性の程度は高いといえる」と判示しているが，これは，議場の秩序維持のためになされる即時対応的な発言取消命令についてはある程度当てはまるであろうが，発言内容の事後統制的な発言取消命令には直ちに当てはまるか疑問である。特に何が発言取消留保宣告の対象となる不穏当発言に該当するかについては，必ずしも一義的かつ誰の眼から見ても明白とは限らないであろう。議会に自律性が重要であることはいうまでもないが，それと並んで公選の職である議員についても一定程度の自律性も認められるべきとすれば，これらの場合には，まず第一次的に，議員本人において自らの発言について取消し，修正などを含め判断し，一定程度その判断を尊重することも必要ではないかとおもわれる。ちなみに，発言取消留保宣告という手続自体は，Y市議会に独自のものではなく，他の地方議会においても一般に行われているものであり，行政実例（昭和38年4月11日）もあるとのことである。そこでは「議会の会議中議長が議員の発言を不穏当と認め，『○議員の発言中不穏当と認められる部分があるので，後刻速記を調査のうえ措置いたします。』と宣告し，この宣告に対して当日中に異議の申出がないときは，議長限りにおいて不穏当と認められる発言部分を議員及び関係者に配布するため調製する会議録から削除することができると思うがどうか。」との「問」に対して，「答」として「会議規則の定めるところによるが，一般的には地方自治法129条の規定により議員の発言を取り消させることを明らかに留保したと認められる場合には，削除できる。」とされている。また，発言取消留保宣告に基づく議長の措置の時期につき，全国市議会議長会の実務担当者によれば，「議員の発言が不穏当か否かの判断は，対象となった議員にとっては重大な問題と思われるため，当該発言が行われた会期中に行われることが理想的ですが…，会期末近くや最終日に行われた発言については，速やかに不穏当か否かを判断することが困難なことが予想されることから，法129条に基づく発言取消に準じる発言取消の留保宣告を会期中に行っていることを根拠に，閉会後に議長が記録等を確認し，不穏当か否かを判断することは可能であると考えます」とされている（以上の点につき，本橋謙治「議会運営Q＆A」自治体法務研究2016年夏号80頁以下）。ただし，この命令の時間的限界については，取消命令は発言した日に限られるとする総務省と会期中であれば可能であるとする議会の実務者とで見解が分かれているとのことである（野村稔＝鵜沼信二『地方議会実務講座 改訂版 第3巻』（2013年，ぎょうせい）278頁以下参照）。

〈判例〉厚木市議会ホームページ会議録発言掲載等請求事件〔神橋一彦〕

　第1は，本判決では，「発言取消命令及び発言取消留保宣告の適否は，専ら議会ないし議長の自主的，自律的な解決に委ねられるべきである」とされているが，Y市議会をめぐる条例，規則に，発言取消命令の適否について不服を申し立てる手続は定められていない。「議会……の自主的，自律的な解決」に委ねるとは，昭和35年最大判の部分社会論においても述べられていたところであるが，実際に，「自主的，自律的な解決」がどのようなものかについては，不問に付されてきたところである。本判決は，主語を「議会ないし議長」とややぼかした表現を用いているが，要は，「議長一任」の下に行われる議長の独裁的判断が議会の「自律的」判断とされるというに等しい[11]。

　第2は，本判決は，「議長による発言取消命令は，当該発言をした議員に対し，当該発言を取り消すことを命じるものであり，当該発言が関係者に配布される会議録に掲載されないことになるものの，議員の発言の機会や会議等に出席して議事に参与する機会自体を奪うものではない」と，議員の議会活動[12]に対する影響を極めて限定的に解している。しかしながら，議員の発言は，その場での発言にとどまらず，それが会議録に掲載されて，さらに住民一般に共有されてこ

（9）いま一度，更地に立ち返って考えると，このような発言内容の事後統制的な発言取消命令は，①地方自治法129条1項によって許容されるとする考え方，②許容していない（違法である）とする考え方，さらには，③地方自治法129条1項の範囲には入らないが，議会の自律権の範疇として正当化（許容）されるといった考え方があるであろう。しかし，地方自治法129条の沿革や文言に照らし，①の考え方を無限定に許容すること（本判決は，ほぼそれに近い。）はできないとおもわれる。特に，令和2年最大判の後は，部分社会的な議会観から地方議会の「法化」への方向性が正当であると考えた場合，地方自治法129条1項の解釈を詰めて論じることは，必要不可欠である。さらに，地方自治法129条1項に至る発言取消命令にかかる規定の沿革については，注（6）で述べた通りであるが，現状における発言取消命令の運用実態を前提にする限り，現行129条1項の規定には不備，欠缺があるともいえ，議員の発言の自由を実質的に保障する観点からしても，立法的な手当ての検討が必要であるとおもわれる。ちなみに，地方自治法の実務的な解説書である松本英昭『新版　逐条地方自治法　第8次改訂版』（2015年，学陽書房）における発言取消命令に関する記述（475頁以下）を見ても，議場の秩序維持を超えた発言内容の事後的統制に及ぶような運用を念頭に置いた記述はみられない。本件においてもみられる「発言取消留保宣告」も，本橋・前掲注（8）や野村＝鵜沼・前掲注（8）のような自治体関係者向けの解説において言及がみられるが，法令に定めのないものであることもあってか，松本・前掲には言及がない。したがって，地方議会の実務慣行として行われているものといえよう。現に，インターネットで「発言取消留保宣告」を検索したところ，地方議会における運用取扱いをめぐる記事がヒットする。このような運用の実態そのものも，今後，ひとつの研究の対象となりうるとおもわれる。

（10）請求の前提問題にかかる司法審査の限界をめぐっては，「判断受容型」のほか，宗教団体の内部紛争にかかる判例にみられる「判断放棄型」があることが指摘されてきた（安念潤司「司法権の概念」大石眞・石川健治編『憲法の争点（ジュリスト増刊　新・法律学の争点シリーズ3）』（2008年）250頁以下参照）。

そ，発言の意味がある[13]。したがって，その発言がなされた時間だけ，出席停止がなされたのに近い効果を持つといってもよいであろう。さらに，以上述べたように，発言取消命令が，議場の秩序維持を目的とする即時対応的なものにとどまらず，内容の事後統制的な運用もなされているのが現状であることに鑑みると，運用次第によっては，議員の発言が憲法21条の表現の自由の保護を受けるか否かはさておくとしても[14]，発言取消命令が議員の発言に対し少なからぬ萎縮的効果を及ぼすものであることは明らかであろう。しかしながら，以上のような視点は，本判決においては全く等閑視されている。

このように考えてくると，本判決の基礎には，旧来の部分社会論的な地方議会観があるといえよう。地方議会の自律権はもとより令和2年最大判も前提とする

---

(11) 議会の「自主的，自律的な解決」といっても，現状においては，実質的に議会内多数派の決するところに他ならないのではないかということについては，既に昭和35年最大判や部分社会論との関連で指摘したところである（神橋一彦「地方議会議員に対する懲罰と「法律上の争訟」―― 出席停止処分に対する司法審査を中心に ――」立教法学102号（2020年）39頁以下）。

　なお，発言取消命令については，地方自治法129条1項の規定上，特段の手続が規定されていないため，命令を行うに当たって事前の手続は不要であるとも解され，即時対応的な命令の場合，それが妥当であることもあろう。しかしながら，本件におけるような発言内容の事後統制的な命令については，手続的な考慮が必要である場合もありうるし，現に本判決も手続的瑕疵の問題について，一応は言及しているところである。

(12) 一般に「議員活動」というと，議会の内外における種々の活動が含まれ，一般の「政治活動」との区別があいまいとなる。本稿では，議員が議会において行う権限行使や活動を特に「議会活動」として区別する（駒林良則『地方自治組織法制の変容と地方議会』（2021年，法律文化社）217頁。同書では，本会議及び委員会での質疑，質問，表決，意見表明さらには全員協議会などの協議機関での活動が含まれるとされている）。また，「議会活動」という語は，「議会総体としての『議会活動』」という形で，「議会の会議運営や議員個人の議会に関する諸活動（例えば，議会での質問を行うための調査活動）を含み，さらに会議運営以外の議会総体として取り組む諸活動をも視野におさめたもの」として観念され，近時の地方議会をめぐる法状況の変化の中で重要な視点であるとされている（駒林良則「現在の地方議会に関する議論について」立命館法学414号（2024年）32頁）。本稿は，このような意味での「議会総体としての『議会活動』」を健全ならしめるために，司法の役割はどのようにあるべきかについて，極めて限定的な範囲ではあるが，検討を試みるものである。

(13) この点，発言取消命令を受けても発言自体，議事録原本から削除されない限り，それは情報公開請求（さらには場合によっては，裁量開示や情報提供など）により原本は閲覧できるのではないかという指摘も考えられる。しかし，情報公開請求に対し，（全部ないし一部）不開示決定がなされた場合，争訟によらざるをえず，筋論としても，本来の議会の公開以外の手段によって代替されることで議事録公開の一部制限を正当化することはできないとおもわれる（井上武史「判批」平成30年度重要判例解説（2019年）8頁参照）。なお，平成30年最判との関係で，「配布用会議録に議長が取消しを命じた発言を掲載しないこととしている理由」につき言及するものとして，襲田正徳「判批」自治研究95巻6号（2019年）127頁参照。

ところであるが，それは地方議会が法（ひいては司法）から解放された空間であることを意味するものではない。

3 ウェブ会議録からの削除など

本件において，Xは，本件発言取消命令が違法であることを前提に，対象となった発言をウェブ会議録に記載することを求めている。愛知県議会事件（平成30年最判）の訴えが，発言取消命令の取消しを請求するものであったのに対し，本件訴えは，ウェブ会議録への掲載という一種の給付請求を行っている点で，両者は異なる。

そしてそこで問題となるのは，そのような給付請求の基礎となる権利は何かであるが，その点につき，Xは，私法上の人格権及び名誉権のほかに，議員としての人格権及び名誉権，さらには議員の議事参与権を主張している。これに対し，本判決は，特に「議員の議事参与権」に基づく給付請求という構成について，「Xは，本件掲載行為2によりXの議事参与権が侵害された旨主張するが，Xに議会の議員としての地位に基づき議事に参加する権限があるのはさておき，第三者に対して行使することができる具体的な権利として議事参与権という権利があると認めること」はできないとしている。

しかし，このような判断は，令和2年最大判が議員の議事参与権（会議及び委

---

(14) 平成30年最判をめぐっても，発言取消命令が，議員の発言の自由との関係で憲法論に及ぶことを指摘する見解がみられたところである（山崎友也「判批」判例評論724（判例時報2401）号（2019年）148頁，赤坂幸一「判批」・速報判例解説〔24〕（法学セミナー増刊，2019年）17頁参照）。

さらに最高裁は，府中市議会2親等規制条例事件において，「本件規定〔＝2親等規制〕が憲法21条1項に違反するかどうかは，2親等規制による議員活動の自由についての制約が必要かつ合理的なものとして是認されるかどうかによるものと解されるが，これは，その目的のために制約が必要とされる程度と，制約される自由の内容及び性質，具体的な制約の態様及び程度等を較量して決するのが相当である」と述べ，議員活動の自由に憲法21条1項の保障が及ぶと判示しているがごとくである（最（三小）判平成26年5月27日判例時報2231号9頁）。仮にそうだとすれば，議員活動に関しては，まず，当該議員は，①私人として享受する基本権としての表現の自由（憲法21条1項，およびそこから派生する政治活動の自由）を有し，議員としての地位を得た後には，②議員としての政治活動（議員として住民に対し自らの政治的意見を発信する活動など）の自由があり，さらにその上に，③議会における会議や委員会に出席し，議事に参与して議決に加わるなどの「議員としての中核的な活動」にかかわる議会活動の自由（議員固有の地位に基づく議事参与権）を有するとみることができるのではないかとおもわれる。このように，議員の政治活動をめぐっては，3層構造の自由を構想することができると考えられるが，この点については，発言取消命令についてより一般的に論じる別稿において，具体的に論じる予定である。

員会への出席が停止され，議事に参与して議決に加わるなどの議員としての中核的な活動を行う権利）を議員の権利として位置づけたことを踏まえれば，妥当なものとはいえない。すなわち，議員の議事参与権は，議員たる「地位」から生ずる「権利」であるが，単に議会の会議に出席し，表決等の議事手続に参加することの保障のみでは十分ではなく，住民の負託を受けた議員としての責務を十分に果たし得るようにする必要がある。かかる観点からすれば，議会の会議における議員の発言は議事参与権の行使であるが，そのような発言は単に会議における行為にとどまらず，会議録に記載され，住民に情報として共有されることによって意味をなすことになる。そのような一連の過程を考えると，議員たる「地位」に基づく議事参与権という「権利」を前提に，さらに議事参与ないし議会活動を実効的なものにならしめる請求権が発生すると考えることも可能である。その意味で，愛知県議会事件控訴審判決が，「議員の議事における発言が配布用会議録に記載される権利は，議会内部に止まらず一般社会と直接関係する重要な権利というべきである」と判示したことは，高く評価に値する。同控訴審判決は，部分社会論との関係を意識して，一般市民法秩序に紐づける立論を行っているが，本稿の立場からすれば，これを議事参与権から導かれる請求権（議員個人の権利というより，議員たる地位に固有の権利）と位置づけることが可能ではないかと考えられる[15]。いずれにしても，本判決がいうような議長の「事務統理権限」のみで処理されるべき問題ではない。

　なお，この他に，本件訴えでは国賠請求もなされているが，本判決は，2で述べた自律的決定受容論に立ち，請求を棄却している。本判決の自律的決定受容論が不当であることは既に述べたところであるから，国賠請求に関する判示（判旨4）について，これ以上の論評はもはや不要であろう。

4　おわりに

　以上，本判決につき検討を行った。令和2年最大判が，昭和35年最大判につき判例変更を行ったのは，出席停止の懲罰には司法審査が及ばないという命題の部分に限られるとするのが，調査官解説の立場である[16]。もしそうだとすれば，平成30年最判の結論は，令和2年最大判によって直接には影響を受けないということになるのかもしれない。しかし，それは切ったのはトカゲの尻尾だけであって，胴体はまだ残って生きているというに等しい。令和2年最大判の形成過程に

---

(15)　神橋一彦「公法解釈と自律的法規範」公法研究85号（2024年）80頁。
(16)　荒谷謙介「最高裁調査官解説」法曹時報73巻10号（2021年）203頁以下。

おいて，各裁判官の間にどこまで一致した見解や認識が形成されたかはともかく，地方議会のあり方を踏まえ，同最大判から一定の考え方の方向性を模索する議論がつとになされてきたところである。具体的には，部分社会論からの脱却，地方議会の「法化」，地方議会の自律的決定に対する裁量審査の可能性といった種々の指摘である[17]。地方議会の自律が尊重されるべきことは当然であり，令和2年最大判もそれを前提にしているところであるが，仮にそうだとしても，そのような自律的判断は，法（さらには司法）から自由な判断ではなく，法的に枠づけられた裁量として捉えられるべきである。とりわけ，令和2年最大判以降の下級審裁判例は，本判決も含め，令和2年最大判が，「出席停止の懲罰は，……これが科されると，……議員としての中核的な活動をすること」ができなくなることから，「このような出席停止の懲罰の性質や議員活動に対する制約の程度に照らすと，これが議員の権利行使の一時的制限にすぎないものとして，その適否が専ら議会の自主的，自律的な解決に委ねられるべきであるということはできない」との判示を念頭に，「議員としての中核的な活動」に当たらないものについては，「議員活動に対する制約の程度」が低いとして，司法審査の対象とはならないという逆推論の結論を導く傾向があるとおもわれる[18]。しかしながら，「議員としての中核的な活動」については，狭い意味での議事参与権の保障（会議及び委員会への出席，議事に参与して議決に加わるなど）に限られるべきものではなく，プロセスとしての議事手続や議会運営が公正に行われることこそ，基盤も含めた「議員としての中核的な活動」の実質的な保障にとって必要不可欠であると考えられる。そして，そのような実質的な保障の中で司法がいかなる役割を果たすべきかが検討されるべきであろう。いずれにしても，単に「専ら議会ないし議長の自主的，自律的な解決に委ねられるべきである」の一言で軽々に処理されるべき問題ではない[19][20]。

そのような観点からみると，本判決は，関連判例であることが明白である平成30年最判，令和2年最大判のいずれも引用せず，担当裁判官が独自の見解を展開

---

(17) 既に数多くの指摘がなされているが，ここでは，論究ジュリスト2021年春号（36号）の特集「地方議員出席停止処分大法廷判決」に掲載された各論稿（市川正人，勢一智子，土井翼）を挙げておく。
(18) 前掲注(3)の旭川地判も同様である。
(19) 本稿で指摘した発言取消命令の運用に問題が存することは，既に，神橋・前掲注(15) 80頁以下において指摘したところである。また，駒林良則は，近時，「司法審査に耐えうる法整備の必要」を説く中で，「司法審査の拡大は，議会の『自律権』が縮小したことを意味するのではなくその適正な運用を求めているのである」と指摘している（駒林・前掲注(12)「現在の地方議会に関する議論について」37頁）。本稿も全く同じ立場である。

しているがごとくである。これらの判例は，審理の中でも当然，問題となったはずのものであり，この点については，判決理由において最高裁判決の先例との関係を殊更に重視する裁判実務の作法からしても，いささか奇異の感を免れない。
いずれにしても，地方議会がややもすれば閉鎖的なイメージで捉えられてきた「部分社会」ではなく，住民に開かれた議事機関とするために，司法の果たすべき役割は何かということが問われよう。この一事例の分析が，今後の議論の参考になれば幸いである[21]。

〔付記①〕本稿は，日本学術振興会・科学研究費助成事業基盤研究（C）24K04525の助成を受けた研究の一部であるが，判決の速報という意味もあり，取り急ぎ執筆したものである。幸い今般，本稿執筆にあたり，同基盤研究の一環として，ごく限られた範囲ではあるが，地方議会の実務担当者に依頼して，議会運営の実務に

---

[20] 発言取消命令の運用をめぐる実態に関しては，本稿筆者自身，必ずしも十分に把握しているわけではないが，最近，吉田利宏（元衆議院法制局参事）は，講演の中で，「……地方自治法第129条には『その他議場の秩序を乱す発言』とあります。しばしば問題になるのが，事実無根の発言とか，事実と証明されていない発言，あるいは聞いた住民が不快になるような発言です。事実でない情報が議会で流布されると，議会秩序が保てない，住民の信頼を大きく損なわせるということで，発言の取消しを命じることになるのだろうと思います。／そのことを利用して，執行部批判の発言に対して，発言の取消しを議会で求めるということが割と多発しています。議会で発言取消しの議決をしようが，議会運営委員会で発言の取消しを決めようが，従うかどうかの最終的な判断は議長の権限です。しかし，発言取消しの動議が可決したとか，議会運営委員会で発言取消しが各会派の総意となったり，あるいは，一番大きな会派の意見として強く言われたとなると，事実上拘束されることになります。結果として，多数派の議員により，少数派の議員の発言，特に執行部批判が取消しの対象に挙げられやすい傾向にあります。特定の議員や少数会派の抑圧に，倫理条例さえ使われることもあります。」と指摘した上で，「多数派による発言取消し命令の悪用は議会の自殺行為」であると，強い警告を発している（吉田利宏「自治体議会のズレ，その分析と補正」アカデミア144号（令和5年冬号）6頁）。本稿筆者も，本判決を検討する中で，このような認識を共有することとなったが，裁判所も，このような指摘を正面から受け止めるべきではないかとおもわれる。ちなみに，2023年の地方自治法改正により，89条3項として「前項に規定する議会の権限の適切な行使に資するため，普通地方公共団体の議会の議員は，住民の負託を受け，誠実にその職務を行わなければならない。」との規定が新設された。この内容自体にさしあたり正面からの異論はないとしても，地方議会の審議の荒廃の現状とともに，この規定が懲罰等の根拠に使われるのではないかとの懸念が，国会審議において指摘されていたことが注目される（令和5年4月13日・第211回国会／衆議院総務委員会など）。
　本件で問題となった発言取消命令のみならず，議会における刑事確定訴訟記録に基づいて議会で質問したところ，その後，当該議員に対し質問が不許可となった事例（長岡市）が報道されている（経緯と問題点については，福島至「長岡市議会質問不許可事件と刑事確定訴訟記録法」龍谷大学社会科学研究年報51号（2020年）1頁参照）。
[21] なお，本判決を承けて，原告は，東京高等裁判所に控訴したとのことである。

ついて聴取調査，意見交換を行うことができた。それを通じて，本稿との関係では，特に「発言取消留保宣告」をはじめとする発言取消命令の運用などの実務上の留意点について貴重な知見が得られたほか，それとあわせて，協力いただいた議会事務局など関係者においては，公平な議会運営に向けて，従来からの経験の蓄積を踏まえた日常的な検討，努力が重ねられていることがうかがわれた。今後，そのような議会の正常な自律的運営については，これをサポートするという意味でも，法的な理論づけも含めた学問的な議論の深化がさらに必要ではないかと感じた次第である。なお，本稿は，地方分権改革を特集する本号に掲載していただくこととなった。地方議会の内部紛争をめぐる１つのケーススタディとして，本号の特集の趣旨ともタイアップするものとご理解いただけたら幸いである。 (2025年２月)

〔付記②〕本稿注(14)において「別稿」として予告した拙稿は，「地方議会における「紀律」と「自律」──発言取消命令（地方自治法129条１項）を中心に」との題名で2026年２月に刊行予定の書籍に収録予定である。収録書の書名等詳細は，同書が刊行され次第，researchmap の本稿筆者の「業績」欄に掲載する。(2025年３月)

| 書評 1 |　　　　　　　　　　　　　　　　　　　　筑紫　圭一

友岡史仁『原子力法の構造と専門知制御』
（信山社，2024年）

1　本書の概要

　本書は，原子炉安全規制と放射性廃棄物処分規制を2つの柱とし，原子力に係る専門知の制御を論じる。本書でいう専門知は，専門的知見（3頁）や先端的技術（v頁）と同義である。

　筆者の友岡史仁・日本大学教授は，行政法や経済法を専門とする研究者であり，幅広い分野で精力的に活躍されてきた。原子力法についても，2011年3月の福島原発事故以前から研究を進められ，これまでに多数の業績を残されている。本書は，それらの研究成果を中心としつつ，未公表分も収めた論文集である。先端的技術の統制を論じた本書は，行政法学の見地からも注目すべき一冊といえよう。

　本書の本文は288頁であり，序章と4部で構成される。以下に，その概要を述べる。

（1）序章「原子力法制を論ずる現代的意義」

　序章は，本書の視座と問題意識を述べた箇所である。原子力政策の在り方（Ⅰ），原子力に係る専門知の在り方（Ⅱ），法的評価の課題と限界（Ⅲ）を論じる。

　Ⅰは，本書の視座を2つ示す（3〜4頁）。1つは，行政規制に着目することである。日本では，民間企業が原子力技術を保有し，国がその利用を規制するため，行政と企業の二面関係に加え，立地周辺住民等の第三者を含めた三面関係が問題になる。もう1つは，多重防護（Defense in Depth）という概念を基軸にすることである。これは，国際原子力機関（IAEA）の提唱する概念であり，防護レベルを5層に分けて，第1層から第3層を設計上の防護，第4層を設計基準外の事象，第5層を緊急時対応とする。多重防護は，原子炉施設の設計思想の前提であったものの，福島原発事故の国会事故調報告書によれば，事故以前の原子力安全委員会は，IAEAの方式と異なる審査方式に依拠した。そこで筆者は，これが「概念と政策の不一致を物語る」と指摘する。

Ⅱは，原子力に係る専門知の特徴，及び，その現状と課題を論じる（4～7頁）。まずその特徴は，新しい専門知の探究が市民生活での科学技術利用に寄与すると考えられてきたことである。とくに地震などの自然災害が頻発する日本では，専門知の安全規制への反映が必須となってきた。しかし福島原発事故では，科学的技術的に高度な能力を有する人的集団（学協会，民間事業者，行政担当官）によっても制御不能となり，人為的欠陥ではないかとの鮮烈な印象が国民に与えられた。筆者は以上の特徴を踏まえ，現状と課題を3点から論じる。第一の学術分野については，専門知の原子力法制への取込みが事故後の継続的課題である。「専門家同士の見解の相違（＝学説等の対立）という現象」，「問題事象を一定の解へと導き得る学術体系が一概に定まらないという自然科学に見られる必然的現象」が大きな課題だという。第二の訴訟については，福島原発事故前後で「その主流が民事訴訟へと完全にシフトする実態」があり，それに伴って「裁判所による原子力に係る『専門知』へのアプローチの仕方」に少しずつ変化が見られるという。すなわち，「安全基準を決する行政機関の判断に対し，民事訴訟…の提起に伴って，裁判所自身の審理対象が広範化することにより，実質的には行政訴訟において限定されてきた審理の在り方から，かなり拡大した結果，原子炉施設の『再稼働』に係る差止請求等について司法判断により認容に至るケースがしばしば登場する。」そこで筆者によれば，「裁判所に求められる原子力に関する『専門知』への適切なアプローチを開拓すること」が必須となる。第三の放射性廃棄物最終処分（地層処分）については，「原子力専門知に対する制御の観点から，いかなる法規制が構築されているか，またそれをめぐる課題の所在を明らかにすること」が不可欠とされる。日本では，原発由来の放射性廃棄物が増す一方で，「自治体の名乗り」がないと処分候補地の選定手続自体が始まらない状況にあり，「重要な制度設計上の課題」があるためである。

Ⅲは，法的評価の課題と限界として，パブリック・アクセプタンスの意義と実践的課題に触れる（7～9頁）。まず意義につき，原子力分野では「専門知を持たない（非専門知）公衆による慎重な合意形成」（パブリック・アクセプタンス）が重視されると指摘した上で，日本の方式を「非公式（インフォーマル）な方法」と性格付ける。原子炉施設の再稼働に関し，福島原発事故後の改正後炉規制法は，パブリック・アクセプタンスに係る規定を欠く。地方レベルでは，立地自治体と原子力安全協定を締結した事業者が「事前了解」を締結自治体から得ることとされるものの，この了解は「再稼働を法的意味において可能にするといった特別の効果」を持つと解されてこなかった。そのため筆者は，原子力に係る専門知が「パブリック・アクセプタンスの過程にどの程度（優位性をもって）機能する

〈書評1〉『原子力法の構造と専門知制御』〔筑紫圭一〕

のかが不透明であり，その過程が非公式である以上，法的評価が難しい」とする。次に実践的課題につき，最も合理的なパブリック・アクセプタンス手法は一概に決まらず，個別事情に鑑みた実践例を通じて学ぶほかないとし，本書でイギリスの例を取り上げることを説明する。その例とは，原子力施設の立地選定手続で適用されてきた「公開審問（public inquiry）」（第4章第1節）や，地層処分事業の候補地選定手続における「共同体パートナーシップ（Community Partnership）」の形成（第9章）である。後者のパートナーシップは，自治体・利害関係団体・組織・個人等から成る合意形成組織での討議を念頭に置く。その形成は，土地利用規制前の「事実上の手続」として重視され，さらにこのパートナーシップでは，専門知を学協会から取得可能とし，客観的評価に近付け解決を図る体制が採られるという。対する日本では，特定放射性廃棄物の最終処分に関する法律（特廃法）上の合意形成方式が，「自治体の"手上げ"方式」に委ねられており，2020年に北海道の寿都町と神恵内村が文献調査に名乗りを上げたのに対し，道と周辺基礎自治体は条例で持込み拒否の意思表示をしている。そこで筆者は，「候補地の受入れのための合意形成を一自治体に委ねるといった極めて重い負担を強いるのが現行制度である。つまり，候補地として手を挙げたという実践例があったとしても，受入れに向けた整合的な仕組みそのものの欠如という大きな課題が残されている」とする。

（2）第1部「原子力政策の法的課題」（第1章～第2章）

第1部は，原子力政策の在り方を主に行政組織（第1章）と行政手続（第2章）の観点から考察する。本部は，主に原子炉安全規制に関わる箇所である。

第1章「原子力政策と行政組織」は，原子力規制組織の変遷（Ⅱ），その中立性担保（Ⅲ），原子力法制変革後の課題（Ⅳ）を論じる。Ⅱは，IAEAの提示する「規制と推進の分離」という観点から，福島原発事故前の「ダブルチェック体制」を分析する（13～16頁）。この体制は，設置許可権者を主務大臣とし，安全審査の主体を「経済産業省の外局たる資源エネルギー庁の『特別の機関』（国家行政組織法8条の3）であった原子力安全・保安院」と「内閣府の原子力安全委員会」とした。原子力安全委員会は，同法8条の「合議制の機関」であり「決定権のない（参与機関ではない）機関」であったものの，総理府に置かれた点で「独立性を担保する意図」も看取できた。しかしこの体制は，「安全確保の観点から多角的に評価する」よりも，行政官（保安院）の安全審査を専門家集団（原子力安全委員会）が事後チェックする「"後追い的"意味合い」を持った。筆者によれば，本

来,「安全性の担保は,常に多角的観点からその精度を向上させることが求められる」ところ,原子力安全委員会のモデルは,その点で限界を有した。とくに,委員会の専門家による客観的審議を「直接的な規制根拠として最終判断に反映するための法的根拠」を欠いたため,最新知見の行政過程への反映は,「実運用に委ねられる構造」となっていた。そこで筆者は,この体制が「規制側と推進側の妥協点を作りやすい環境」にあり,「判断過程に不透明性を残す結果に陥る潜在的危険性」をそもそも秘めていた,と評価する。

Ⅲは,規制と推進の分離という観点からは,営利企業(被規制者)との関係も問題となるとし,現行の「原子力規制委員会」と「原子力規制庁(事務局)」の中立性担保措置に着目する(16～18頁)。前者については,原子力規制委員会設置法(設置法)が,「推進と規制の両方の機能を担うことにより生ずる問題」の解消を目的とし(1条),その実効性を担保するため,委員長・委員の任命要件(7条7項3・4号)や遵守すべき内部規範の設定・公表(11条4項)を規定することを述べる。後者については,①原子力利用を推進する行政組織への配置転換を禁止するノーリターンルール(設置法附則6条2項)などを通じ,規制と推進の分離の確保が目指されていることや,②人事面での専門性強化を図る観点から,独立行政法人原子力安全基盤機構の「原子力規制委員会(原子力規制庁)への吸収」が実施されたことを説明する。②に関し,「事務局の専門能力は,原子力規制委員会自体の専門能力を引き上げ,被規制者との対等な関係を維持する上での重要な要素である」という。

Ⅳは,付与された権限という観点から,原子力規制委員会を分析する(19～24頁)。まず,同委員会は「各原子力関連分野の専門家から構成された委員会の全構成員が規制権限者であり,その専門家が合議を通じて,規制権限を行使する」仕組みであるとする。その上で,①規制権限が大臣から同委員会へ移されたことで安全審査の中身に影響があるとは解されず,炉規制法の処分要件に根本的変化がないことなどに照らせば,少なくとも司法審査密度の緩和といった解釈には結びつかないこと,②改正後炉規制法が安全規制の根拠を同委員会の規則と明示した点(43条の3の6第1項4号,43条の3の8第1・2項)は「規制の判断過程の透明性」を向上させたと評価できるものの,安全審査に直接関わる同委員会は「政治的責任を含むかなり負担の重い立場」に立たされ,「学問的に評価の分かれる事象を,規制機関自身が専門家の立場で一元的(集中的)に判断すれば,審議は長引けど,本来求められるべき,多面的な視点からの緻密な安全審査が困難といった課題」が考えられること,③国家行政組織法上の「三条委員会」である同委員会は,その判断が国会のみに依拠する可能性が論理的にあり得るものの,こ

〈書評1〉『原子力法の構造と専門知制御』〔筑紫圭一〕

の位置付けを「専門能力に照らした慎重な判断を下すこと」から正当化できるとすれば，今後は，多面的な知識に裏打ちされた審査を可能とする方向での議論に力点が置かれるべきことを指摘する。さらに，諮問機関（原子炉安全専門審査会と核燃料安全審査会）の位置付けと運用，原子力委員会の存在意義についても分析する。

　筆者は本章の結論として，原子力規制委員会が「多面的な視点にたった審査が十分に可能な体制として組織化されているかは，やはり疑問なしとしない」とする。その上で，「専門家集団としての判断が行政組織の中で，客観的に審査される場面を創出すること（物申すこと）ができる体制が整備され，それが行政過程に効率的に反映される仕組み」が望ましいとする（24〜25頁）。

　第2章「原子力政策と行政手続」は，行政過程（Ⅱ）と司法過程（Ⅲ）での最新専門知の取込みについて検討する。Ⅱはまず，専門知が反映される行政過程として，炉規制法上の発電用原子炉設置許可手続を挙げ，原子力規制委員会がいかに「中立・公平な安全審査を行い得るか（より信頼に足る『専門知』に照らした判断を下し得るか）」という実質的機能と，それを確保する手続の側面が重要な課題になるとする（30〜32頁）。その上で，①営利企業との関係，②研究者・研究機関との関係，③組織内における専門知について検討し，たとえば②につき，学協会の策定した規格基準（民間規格）を許認可の判断基準として採用する場合があるところ，福島原発事故前にはそれを精査せず用いた例もあったことから，今後は行政判断としての技術基準に該当するかをより精査する必要があると指摘する（32〜40頁）。また，改正後炉規制法が被規制者の責務として「原子炉施設における安全に関する最新の知見を踏まえつつ」「必要な措置を講ずる」こととした点（57条の9〔現57条の8。筑紫付記〕）を「専門知の行政過程へのスピーディーな投影に伴う専門知への信頼向上に向けた大きな意義がある」と評価し，いわゆるバックフィット制度（43条の3の14・43条の3の23）の仕組みや損失補償の要否についても検討する（40〜42頁）。結論として，必要な施設改修は事業者負担とされてきた点に加え，実定法上補償の根拠がなく，常に安全性維持が求められる原子炉には新知見の厳格な反映が求められるべき点などから，「まずはその代償は，設置許可を受けた事業者による負担とするのが現実的解決策といえる」とする。

　Ⅲは，原発訴訟における司法審査の在り方を示した伊方原発最判（最判平成4・10・29民集46巻7号1174頁）と学説を踏まえつつ，福島原発事故後の課題を検討する（42〜55頁）。具体的には，①専門技術的判断に係る司法審査の判断枠組

みと審査密度，②適正手続の保障と安全審査手続，③多重防護と原発訴訟の関係という課題を取り上げる。筆者は各課題につき，①改正後炉規制法の規制構造に照らせば，「現時点では同最判において定立された判断枠組みを凌駕する基準はない」ものの，高度な専門技術的能力を有する者に過剰な期待を抱いていたとの批判は説得的であり，事故後は，原子力規制委員会の安全審査手続に対し公正・中立性を基軸とした司法審査密度の向上が要求されること，②安全審査基準の法形式につき，改正後炉規制法が同委員会の規則を根拠としたことは，学説に沿う法改正であるところ，今後は「当該規則の合理性」とともに「各種指針（原子力規制委員会は現在「ガイド」と称している）がどの程度規則に則り策定され当てはめられているかを審査すること」が司法審査の具体的課題となろうこと，③「狭義の多重防護」の枠組みで論じた従来の裁判例と福島原発事故での「重大事故対策」不足に言及した上で，今後は「少なくとも，原子力規制委員会が『狭義の多重防護』にとらわれず『重大事故対策』を含め安全審査を行っていたか，それに対し十分な対策が施されているか，といったより拡大的な視点によって安全審査の妥当性を司法が判断すべきこと」（とくに重大事故対策へ結びつく知見がその後判明したにもかかわらず看過されていた実態・度合いを従前の判例以上に厳格に審査することが，行政訴訟でも民事差止訴訟でも求められること）など，多様な指摘を行う。結論として，安全審査手続に常に注目し，「法的統制の及ぼし方を引き続き検討することが必須となる」と述べる。

（3）第2部「原子力法における専門知制御」（第3章～第5章）

　第2部は，規制構造への「専門知」の反映について詳しく分析する。日本（第3章）とイギリス（第4章）の安全審査，及び，日本の原子力災害対策（第5章）を取り上げる。

　第3章「原発『再稼働』に係る専門的知見の反映」は，安全審査に係る規制構造（Ⅱ），新規制基準の内容と課題（Ⅲ），新規制基準以降の原子力訴訟（Ⅳ）を扱う。新規制基準とは，原子力規制委員会により「炉規制法に基づき許可等の基準として制定された諸規則」を意味する（59頁）。
　Ⅱは，原子力法制の骨格として設置法と炉規制法を分析する（60～64頁）。設置法については，「厳格な安全審査を行う上での"規制主体"に求められる公正中立性に係る形式的側面における諸課題」を制度上解消したと評価する。炉規制法については，新規制基準に着目し，「経験則を必要十分に踏まえた規則の変化」（定期的精査と必要な改正）と「その結果を常に審査段階に投影できるという

『バックフィット』制度の活用」が理想的な在り方であり、また、「経験則に伴う新技術の規則化過程の公正性担保」が枢要だと指摘する。その上で、現状の再稼働（設置変更許可）に係る審査が上記2法の目指す理想形を実現しているかは、「疑問なしとしない」と述べる。その理由は、「諸審査の手続を見る限り、知見集約の場が十分に整備されていない、または、その集約の方法が必ずしも十分でない」ためである（次のⅢ③）。

Ⅲは、新規制基準とその解釈・ガイドに関する説明を経て、次の4点を指摘する（64～73頁）。すなわち、①「法的拘束力を持つ規則に何を書き込むべきかという視点」が重要である点、②新規制基準が国会事故調報告書を踏まえて多重防護概念の厳格化という発想に立ち、重大事故に係る諸規定を置いた点、③専門的知見同士の衝突が生じた活断層に係る安全審査事例では、「食い違いを解消するための具体的手続」に問題があった点、④再稼働の法定要件に「どの程度原子力災害対策が採られているかという視点」を加えることの是非を検討する作業が立法論的課題として残る点である。

Ⅳは、福島原発事故後の裁判例を概観した後、民事差止事件の裁判所が原子力規制委員会の判断や新規制基準への配慮を要するかという問題を扱う（73～77頁）。筆者は、新規制基準から離れて審査した大飯差止判決（福井地判平成26・5・21判時2228号72頁）を素材とし、その思考方法と学説を分析した上で、「ストレートに新規制基準の合理性を否定する方法として、行政庁による判断そのものを司法審査の対象とする行政事件が、本来的には守備範囲とすべきもの」との見解を示す。

本章の結論として筆者は、新規制基準制定後も再稼働をめぐる法的課題が山積すると述べる（77～78頁）。すなわち、①新規制基準に最新知見を効率的に取り込む具体的方法を追求する必要があること、②専門的知見の対立を乗り越える必要性を再度自覚し、科学技術の客観的・公正中立的評価につなげること、③「裁判官の思考方法」において「新規制基準の中身に入った実体審理」を行い得るかという問題があり、福島原発事故の経験則の活かし方が重要な争点になり得ることを指摘する。

第4章「原子力安全審査手続――イギリスの事例」は4節で構成され、立地規制の構造（第1節）、大規模基盤施設と土地利用規制（第2節）、原子力法制と安全規制の構造（第3節）、革新的小型原子炉の開発と規制（第4節）を論じる。本章でいうイギリスは、イングランド・ウェールズを指す（79頁）。

第1節は、イギリスの原発立地手続では公開審問を通じた第三者の参加が主要

課題とされ，その議論が参考に値すると述べる（79〜97頁）。まず，一般的な審問手続と原発に係る審問手続を概観し，後者については1989年電力法が規律し，その詳細を1992年審判審問法に基づく2007年規則が定めること，及び，その審判手続が審問官（国務大臣の指名）・申請者・反対者・行政庁の参加する準司法的な対審構造をとる一方で，手続の内容は審問官の裁量で決まること，などを説明する。次に，イギリスの経験として，①長期に及んだ Seizewell B（1994年運転開始の原子炉）の審問に関し，1965年原子炉施設法の許可手続で安全審査を行いつつ，審問手続でも原子炉の安全性問題を取り上げた点が非効率な二重審査と批判されたこと，②その反省から，2006年以降に政府文書を通じ審問手続の効率化が図られたことを詳述する。とくに，2006年エネルギー報告書が「国家的戦略的な規制問題」を公開審問以外で，「提案，地域の計画，そして地域の環境上のインパクト」を公開審問で扱うべきとしたことや，健康安全局（HSE）も，原子炉安全審査との関係上，地域問題を審問事項とし，その前段階で国民全体から意見聴取を求める提案をしたことなどを指摘する。結論としてイギリスでは，事前の安全審査段階で十分に民意を吸収し，審問段階で地域問題に絞る形をとることで，①「直接民主的な手法としての審問手続」が生きており，また，②非効率性の解消に努めている，と評価する。

　第2節は，大規模基盤施設をめぐる土地利用規制に着目し，審問制度とその改革について論じる（98〜129頁）。具体的には，一般法たる1990年都市農村計画法（Ⅱ）や個別法（Ⅲ）の審問手続を説明した上で，2008年計画法（Ⅳ）が「手続の合理化」を図ったことを述べる。大規模基盤施設に係る土地開発に必要な許可申請がなされ，それに対する権限機関の判断を前に利害関係者が異議を申し立てると，審問が行われうる。審問は，審判官が関係当事者の批判にさらされた証拠に照らし申請内容を認めるか否かに関する報告書を作成し，権限機関への提示と公表を行う行政手続である。対審構造の準司法手続をとる一方で，周辺住民一般や環境保護団体も参加可能であり，法的拘束力を欠くものの，判断権者への政治的圧力になるという意味で「参加型民主制モデル」に位置付けられ，コモン・ロー上の「自然的正義の原則」に基づき規律される。実定法上の審問は，①1990年都市農村法上の地域計画局の判断に係る一般的審問，②同法上の同局に対する国務大臣の強制介入権行使（コール・イン）に伴う審問，③個別法上の審問に大別される。審問は，手続の長期化とコストの増加という経済合理性に反する面があり，その改善を企図した立法が2008年計画法であった。その主な特徴は，①国家的大規模重要基盤施設計画（NSIP）に係る開発につき，大規模基盤施設計画委員会（IPC）が事業者の申請を審査する仕組みとした点や，②立地政策を具体化するも

〈書評１〉『原子力法の構造と専門知制御』〔筑紫圭一〕

のとして国家政策声明書（NPS）を導入した点にある。筆者は，最後にその有効性と課題を分析し，高レベル放射性廃棄物の地層処分事業と2008年計画法の関係を第９章第２節で取り上げると予告する。

第３節は，イギリス（北アイルランドを除く）の原子炉安全規制制度を検討する（130～145頁）。筆者は，それが安全性の検証を客観的・中立的に担保する点や放射性廃棄物処分を新規立地段階から検証事項とする点で有益な比較対象であるとし，原子力政策の動向（Ⅱ），原子炉施設に係る法規制の構造（Ⅲ），行政組織の構造（Ⅳ），安全規制の全体的構造（Ⅴ）を論じる。Ⅲは，当初，国やイギリス原子力公社（UKAEA）が原子力事業主体であったところ，①1959年原子力施設（許可及び保険）法が原子力施設監察局（NII）を新設したこと，②1965年原子力施設法が公社以外の者に施設設置を認め，安全規制を本格化させたこと，③同法が2013年法により大改正されたこと，④放射性廃棄物の規制法としては，1960年放射性物質法の制定・改正を経て現行の1993年放射性物質法があり，これは1965年原子力施設法と別体系下にあること，などを述べる。また，1965年原子力施設法の主な内容として，原子力立地許可（NSL）の仕組みも概説する。Ⅳは，行政組織に着目し，①1965年原子力施設法がNSL権限の主体を労働年金省下のHSEとし，規制機関の独立性が担保されたこと，②2013年法が原子力規制を一元的に担う「合議制機関」として原子力規制庁（ONR）を正式発足させたものの，HSEも安全規制の担い手として依然機能していること，③そのほか，諮問機関の原子力査察長官諮問パネル（CNIAP）の設立が発表されたことに加え，NSL要件として，許可業者に「原子力安全委員会」（HSEが委員選任に関与）の設置義務を課し，自主規制的方法で技術的信頼性を確保すること，などを述べる。とくに②に関し，規制の客観性を担保する工夫として，ONRの組織に着目する。ONRは，❶執行役員（原子力査察長官と執行長官など）と非執行役員（核防護の専門家など）の最大11名で構成され，その専門も工学や労務管理など多様である点や，❷公法人であることから，委員の要件を法文上ではなく「コーポレートガバナンス」の一環として要件化している点に特徴があるという。ONRは，NSL要件の策定を職務とするものの，「純粋な安全性を審査しうる能力」を有するというよりは，「執行役員の職務遂行にあたり，非執行役員を含む他の委員からの非専門知による客観的視点に照らし，安全性を担保する点」に組織的特質があるとされ，「原子力の安全性に係る専門家同士において議論を戦わせたうえで一定の結論を得るという意味での合議制機関ではない」と評する。Ⅴは，安全規制の全体像を示し，次の４点を説明する。第一に，NSL要件として，許可事業者は，原子炉の運転に係る安全性を証明し，かつ，安全性に係る要件・限度を特定した十分な

「セーフティー・ケース」を運転規則として策定し，HSE の同意を得る必要がある。また，NII が用いる安全審査基準に「安全評価原理」(SAP) と「技術評価指針」があり，事業者が SAP 基準へのセーフティー・ケースの適合性を立証できなければ，NSL 要件を欠くことになるという。第二に，NSL 要件に明文規定がないものの，バックフィット類似の効果を持つ仕組みがある。具体的には，同要件で定期検査，試験・検査業務を許可事業者に義務付けるところ，SAP 見直しが行われると，それに従って事業者がセーフティー・ケースとして自社施設の安全性を証明する必要が生じ，仮に安全性に係る新知見が該当施設に反映されないときは，1965年原子力施設法に基づき NSL の取消し等が行われるという。第三に，新規原子炉施設の設計をめぐり，安全・防護・環境の3点から包括的審査を行う「包括的設計評価 (GDA)」を採用している。第四に，安全規制と土地開発許可・審問手続との関係上，GDA には公開審問の審理範囲限定が期待されている。NSL に先立ち ONR と環境庁が分担して行う GDA は，義務的手続ではないものの，次のメリットを有する。すなわち，①規制当局が初期段階から設計者に関与でき，書面レベルで設計変更を容易に実施し得る，②事業者の財政・規制リスクを段階的に減らし得る，③GDA を立地関連の問題と切り離すことで規制手続を効率化できる，④インターネット上の詳細な設計情報について国民が検証し意見を出せるため，規制機関が自らの評価の進展度を定期的にフィードバックできる，というメリットである。さらに，❶ONR の担当項目に関し，GDA が原発施設に係る設計技術の観点を，NSL が立地場所と運転事業者固有の観点を評価対象基準とする点，❷環境庁の担当項目に関し，原発施設から排出される放射性廃棄物を念頭に置いた評価が行われる点も指摘される。最後にイギリス法の示唆的な点として，①合議制を通じて規制の客観性担保を図り専門知の信頼性を高めているが，行政組織外からの専門知取込みは限定的であること（GDA 段階で諮問機関が不在であるなど），②安全規制は事業者の自発性に委ねられる部分がかなり大きく，最新知見の迅速な反映を安全規制プロセスの中でいかに行い得るかが問題であること，③科学技術の信頼性向上につき，安全性に係る設計技術の観点から議論を深化させる工夫が凝らされており，その例が GDA であること，を指摘する。

第4節は，革新的小型原子炉の開発（Ⅱ），イギリスでの開発状況（Ⅲ），安全審査とその課題（Ⅳ）を論じる（146〜162頁）。Ⅱの主な指摘は4つある。第一に，小型モジュール原子炉（SMR）は「出力300メガワット以下であり，かつ別の場所で製造された部品を統合して当該施設に建設される経済性のあるモジュール型であること」が国際標準とされ，SMR 以外にも先端的モジュール原子炉（AMR）

がある。第二に，革新的小型原子炉は経済性の面で注目されるが，その指標をどこに置くかが問題となる。第三に，SMR・AMRも多重防護など既存の安全基準を充たす必要があるところ，新知見の安全審査への継続的組入れや安全基準に係る国際標準の策定が必要となる。第四に，SMR・AMRは，脱炭素面での魅力が再生可能エネルギー源との関係で決まる上に，小出力で多数の建設を余儀なくされるため，放射性廃棄物の排出量が従来以上に問題となり得る。Ⅲは，イギリスの開発状況と政府の開発促進策を述べる。ブレア政権は，2006年に原子力政策推進へ舵を切り，革新的小型原子炉開発を制度的に担保する2つの試みをした。第一に，規制当局の審査をできる限り革新的技術の知見を踏まえたものにする試みである。第二に，2020年原子力エネルギー（資金調達）法により規制資産ベース（RAB）モデルを導入したことである。これは，「規制当局による資産評価を発電所の運転開始前から行うことによって当該施設に対しより確実な投資を確保することが期待されるモデル」（傍点ママ）であり，原子力施設への投資リスク軽減措置である。Ⅳは，革新的小型原子炉とGDAの関係を分析する。2007年開始のGDAは2019年に一部改定されており，改定の柱は，三段階審査手続を定めて各段階に目安期間を設けた点にある。GDA評価完了事例は4つあるものの，革新的小型原子炉については，「立地可能な原子炉として認識されたり，設置予定の具体的な場所が決せられたりする段階には至っていない」（傍点ママ）。最後に筆者は，革新的小型原子炉に関し，従来の軽水炉を前提に確立した技術を応用するとはいえ，「安全性や環境に影響を及ぼし得る詳細設計上のギャップを規制当局と事業者（技術開発者，電力事業者）との間でどの程度埋められるのか」が問題だと指摘する。

　第5章「原子力災害対策法制の課題」は，原子力災害対策特別措置法（原災法）の沿革（Ⅱ）と福島原発事故後の法的課題（Ⅲ）を論ずる。Ⅱは，JCO事故（1999年）が災害対策基本法（災対法）で対処され，それを契機に原災法が制定された点を説明する（164〜168頁）。しかし，①同事故がウラン加工作業の人為的ミスから生じた施設内の臨界事故であったため，「極めて広範囲にわたる大規模な自然災害に伴う原子力災害対策という意識」は原災法の制度化段階で欠如しており，また，②同法は，内閣総理大臣が関係行政機関や自治体に必要な指示を与える仕組みを採用したことから，「現場に近い関係者の意見の比重が下がりかねない」との懸念もあったという。

　Ⅲは，福島原発事故で原災法の実効性が課題となり，設置法に基づく一部改正（平成24年改正）が行われたことを解説する（168〜177頁）。その課題とは，内閣総

理大臣による原子力緊急事態宣言発出の遅れであり，国会事故調報告書は，主因として同大臣の資質を指摘した。そこで平成24年改正は，専門知を有する原子力規制委員会が，原子力災害対策指針を策定・公表し（6条の2第1項），原子力緊急事態発生時に内閣総理大臣へ必要な情報の報告や指示案の提出を行うなど，具体的に関与できる制度へ変更した（なお，災対法も一部を除き「原子力災害」に適用される）。また，策定された原子力災害対策指針も，予防的防護措置を準備する区域（PAZ）の仕組みを取り入れ，国会事故調報告書の指摘する課題の克服を図った。しかし筆者によれば，炉規制法と原子力防災対策の関係につき，制度設計上の課題が残る。すなわち炉規制法は，多重防護の概念を踏まえ，原子炉設置（変更）許可の基準を「災害の防止上支障がない」ことと定める一方で，同法の原子炉設置事業者に対する安全規制は，多重防護の第5層（原子力防災の概念）を切り離し，原災法が，災害対策の責務を国や自治体に課してきた。そこで，この建付けを前提とした場合，「許可基準となる新規制基準に原子力災害に係る具体的な規定をどの程度含み得るのか，それが原子力規制委員会による本来の審査事項として適合的といい得るか」が問題となる。また今後，自治体の定める災害対策計画の十分性が，法的課題となりうることも指摘する。「日本原子力発電」の東海第二原発再稼働に係る民事差止請求事件（水戸地判令和3・3・18判時2524・2525号合併号40頁）では，裁判所が，「自治体」の策定する避難計画の実現可能性と体制の不備をもって，人格権侵害の具体的危険性を認めた。筆者は，①避難計画がどの程度事前に策定されていないと具体的危険があることになるのか，②災害対策計画の策定を自治体に委ねる原災法の構造にあって，避難計画の在り方をめぐる本判決の判断方法が適当といえるか，と疑問を呈する。そのほか，原子力安全協定上の事前了解と仮処分の関係にも言及しつつ，最後に「原子力災害対策そのものを訴訟の視角から検討する必要性」を指摘し，本章の検討を終える（178頁）。

（4）第3部「核燃料サイクル法制の構造」（第6章）

　本部は，第6章「核燃料サイクルと原子力体系」という1つの章で構成される（181～198頁）。核燃料サイクルとは，「ウラン鉱石の採掘・精錬から，濃縮，核燃料集合体への加工を経て原子炉において燃焼後，再処理され核燃料として再利用または放射性廃棄物として最終処分される一連の工程」をいい，採掘から核燃料への加工までの工程をフロントエンド，再処理及び放射性廃棄物最終処分までの工程をバックエンドと呼ぶ。日本では，かねてより核燃料サイクルの実現性が疑問視され，福島原発事故によりその存在意義が広く問われるに至った。そこで

本章は，政府計画上の位置づけ（Ⅱ）と炉規制法の規制構造（Ⅲ）を確認した上で，再処理制度の課題（Ⅳ）を検討する。

筆者によれば，バックエンドで再処理と直接処分のいずれを採用するかは，原子力政策の根幹に関わる論点であり，福島原発事故後の日本は，再処理を制度的に継続すると選択した。その資金確保制度である再処理等拠出金法は，特定実用発電用原子炉設置者が，原子炉の運転に伴い生ずる使用済燃料の再処理等業務に必要な費用に充てるため，各年度，使用済燃料再処理機構（機構）に拠出金を納付する方式を採る（4条1項）。この拠出金方式は，「電力システム改革による民間事業者の経営判断に左右されない」制度設計を前提としつつ，事業者自身による実施を念頭に置き，「国の支援という形ではないこと」も前提とする。筆者は，同法に係る課題・論点として，①拠出金納付を要する業務を「再処理等」と広く定義したものの（2条4項1号・同項2号イ・ロ参照），海外に再処理委託契約済のものを対象外とした同法附則2条により，海外保管中のプルトニウムが拠出金の対象外となること，②機構が再処理事業者（日本原燃）に業務委託するスキームを採用するところ，同法が地域振興を狙いとするか不明なこともあり，日本原燃による地域振興策の維持に懸念があり，資金提供者たる機構の対応が問題となること，③附帯決議において余剰プルトニウム保有への対策強化が打ち出され，いわゆるプルトニウム・バランスを考慮すべきとされた点は新動向と捉えられること，を挙げる。その上で，実際のサイクルが稼働していないことは明白であり，当該制度自体への疑義がある中で，継続の是非を含めた課題が残ると指摘する。

（5）第4部「放射性廃棄物の法規制」（第7章～第9章）

第4部は，放射性廃棄物処分規制を扱う部分であり，日本（第7章・第8章）とイギリス（第9章）の法規制を分析する。第9章でいうイギリスとは，イングランド・ウェールズを指す。

第7章「放射性廃棄物処分の制度化」は，処分方法の決定経緯（Ⅱ）を確認した上で，①炉規制法が規制対象とする放射性廃棄物（Ⅲ），②特措法が地層処分の対象とする高レベル放射性廃棄物（Ⅳ），③超ウラン核種を含む放射性廃棄物（TRU廃棄物）（Ⅴ）について規制の仕組みと課題を分析する。いわゆるRI・研究所等廃棄物は，検討の対象外である。

Ⅱは，原子力委員会が1956年から計10回公表した「原子力長計」を素材とし，放射性廃棄物に係る処分方法の決定経緯を分析する（203～206頁）。具体的には，

第6回長計が処分方法を以前より明確に方向付けた点，第8回長計が高レベル放射性廃棄物処分を具体化した点，及び，原子力政策大綱（第10回長計）が日本の処理・処分原則を明示した点などを説明する。その原則とは，現世代の将来世代に対する責務を踏まえ，「発生者責任の原則」「放射性廃棄物最小化の原則」「合理的な処理・処分の原則」「国民との相互理解に基づく実施の原則」を掲げたものであり，使用済核燃料の再処理を前提とする方針は，「合理的な処理・処分の原則」を徹底したものと解されるという。

Ⅲは，炉規制法上の規制に着目し，①処分対象の決定，②処分方法・計画，③2007年改正後について論じる（206〜213頁）。①は，同法（平成19年法律84号による改正前）が低レベル放射性廃棄物処分に主眼を置き，最終処分に当たる「廃棄物埋設」とそれ以前の「廃棄物管理」に分けて許可制度を設けた点を説明し，規制対象となる「廃棄物」の確定が政省令に委任されたことの問題などを検討する。②は，現行法が海洋処分を認めない点や埋設方法・処分計画手続を具体的に定めない点を指摘する。また同法は，最終処分後に一定の管理期間を経て事業者の責任を解除する「管理処分」の仕組みを設けるものの，管理終了後（場合により3〜400年後）に「どの程度の具体的責任を負うべきか」という論点があり，放射線量に対する特別の配慮や記録の永久保存などが必要だと論じる。③は，2007年改正後，「廃棄物」は法律上第1種と第2種に分けて定められ（51条の2第1項1・2号），上記①の問題に改善が図られたことなどを説明する。

Ⅳは，地層処分に係る課題を分析し，①法的位置づけ，②立地選定の問題，③安全規制の在り方を論じる（214〜222頁）。①は，2000年成立の特廃法が地層処分に法的根拠を与えた点や，地層処分が管理処分（本章Ⅲ②）と異なり「処分場を人間による半永久的な管理状態におくこと」を意味する点を説く。②はまず，地層処分が長期の安全性確保を重要な課題とする上に，土地利用が制限されて周辺住民を利する可能性も低いことから，その立地選定手続に周辺住民を中心とした手続的参加が求められ，原発や核燃料施設と同等以上に住民とのコンセンサス形成が必要となると指摘する。その上で筆者は，特廃法と住民参加，環境アセスメントとの関係，受入拒否条例，住民投票条例について検討し，残された課題を述べる。ここではとくに，特廃法が，地層処分を担う原子力発電環境整備機構（NUMO）の業務運営につき，周辺住民への情報公開（60条）を努力義務として定めるほか，同法施行規則が，3段階選定手続のいずれにおいても，報告書の作成・知事と市町村長への送付・公告縦覧（5〜9条・2条2項・13条2項）や，周辺住民の意見提出機会（10〜12条）を定める点に着目し，こうした法制度上の手続を優先して用いるべきと主張する。③は，特廃法20条により，地層処分に係る

〈書評１〉『原子力法の構造と専門知制御』〔筑紫圭一〕

業務遂行時の安全規制が別途立法化される必要がある点を解説し，その検討状況を確認する。加えて，炉規制法の廃棄物処分規制との異同を考慮しつつ，地層処分の安全規制について法定すべき内容を具体的に検討する。

Ⅴは，TRU廃棄物の最終処分制度が形成された経緯を述べる（223～233頁）。TRU廃棄物は，再処理施設やMOX燃料加工施設等の操業・解体に伴い発生するものであり，使用済核燃料や再処理後のプルトニウムを扱うことで放射性廃棄物と化したもの（低レベル濃縮廃液，エンドピース，廃溶媒，スラッジ，雑廃棄物など）である。その内容と発生源は一様でなく，原発から排出される他の放射性廃棄物とも性格や発生原因などが異なる。政府は，2000年の第１次TRU処分レポートで高レベル放射性廃棄物との「併置処分」という方針を示したものの，炉規制法の枠組みでは限界があり，平成19年法律84号の特廃法改正で同法の射程に置いた（第８章Ⅱ①参照）。筆者は，最後にTRU廃棄物処分特有の問題を分析し，ここでの検討を終える。

第８章「地層処分事業の制度構造をめぐる課題」は，日本における高レベル放射性廃棄物最終処分の現状と課題を検討する（235～249頁）。地層処分は，「該当廃棄物をガラス固形化した後，発熱密度の低減を図るために一定期間貯蔵した上で深地層に半永久的に処分する方法」である。最大の課題は，「最終処分地の選定に係るプロセスの在り方」であり，それは，法律学やパブリック・アクセプタンス，世代間公平の見地から重要な課題として捉えられてきた。本章は，特廃法の構造（Ⅱ）を概観し，福島原発事故後の地層処分に係る動向と課題（Ⅲ）を分析する。

Ⅱは，①特廃法２条１項が「特定放射性廃棄物」を二分し，TRU廃棄物も規制対象とすること，②同条２項が最終処分を定義し，これが地層処分を最終処分方法とする法的根拠となること，③同法３条が経産大臣に基本方針の設定と公表を求めており，その内容にパブリック・アクセプタンス増進施策を含むこと，④同法16条が最終処分の実施主体を民間事業者主体のNUMOとすること，などを指摘する。

Ⅲは，福島原発事故後公表の総合資源エネルギー調査会・原子力小委員会「放射性廃棄物WG中間とりまとめ（平成26年６月）」（中間とりまとめ）に着目する。筆者によれば，中間とりまとめは，最終処分の方法について「可逆性・回収可能性を担保し，将来世代も含めて最終処分に関する意思決定を見直せる仕組みとすること」を必要不可欠とし，特廃法が前提とする地層処分を絶対視しないと明言した。また中間とりまとめは，従来よりも「国のイニシアティブ」を求めるほ

か，候補地選定を進める上で「科学的妥当性」を重視する。特廃法が「自発的な応募のインセンティブとして交付金という手段」を用いるのに対し，中間とりまとめは「科学的知見を優先した処分地選定を進めていくべき」と方針を転換しているためである。この点につき筆者は，「専門知」の在り方という見地から「極めて重要な問題意識の改善点」と評価する。さらに筆者は，超長期に及ぶ地層処分の安全性担保につき，「確立した技術を前提とする特廃法の限界」を指摘し，中間とりまとめが，地層処分の安全性に不確実性が残ることを率直に認め，可逆性・回収可能性の担保を1つの柱とする点も，その大きな特徴として挙げる。

最後に，①NUMOが候補地選定という重要局面で積極的に関与できていないこと，②選定手続への国の関与につき，その具体化がパブリック・アクセプタンスとの関係で今後の課題となろうこと，③特廃法に基づく地層処分に関し，サイトごとに専門知を反映した安全審査が求められるとしても，「超長期にわたる視点をどの程度この審査に組み入れられるか」が最大の論点となろうこと，を指摘する。

第9章「地層処分事業における候補地選定手続 —— イギリスの事例」は，2節で構成される。第1節は2008年白書に基づく展開を，第2節はそれ以降の展開を論じる。

第1節は，①放射性廃棄物処分の変遷，②処分法制と管理主体の変遷，③候補地選定方式の内容を扱う（251～271頁）。①は，政府の2008年白書が「高レベル放射性廃棄物の地層処分に係る候補地選定を目指した具体的方策」を明確化したことを述べる。②は，放射性廃棄物の処分や集積が1993年放射性物質法の認可を要し，地層処分の施設が1965年原子力施設法の許可を要する点に加え，2004年エネルギー法が廃炉の責任管理局（LMA）を非政府法人「原子力廃炉機構」（NDA）とした点を説明する。③は，2008年白書の「段階的アプローチ」と2010年3月の「NDA・RWMD報告書」により具体化された，候補地選定方式の全体像を説明する。同報告書は，選定手続を「準備研究段階」「地表基礎調査段階」「建設および地下基礎調査段階」「実施段階」「閉鎖段階」という5段階に分け，各段階の具体的手続を定める。たとえば第1段階では，共同体立地パートナーシップが地方公共団体の決定機関に対し，次の段階に進むべきか否かについて勧告する手続がある。このパートナーシップは，2008年白書が「自発性と協議に基づくアプローチ」を用いる一環として，「受入地共同体，意思決定機関及び広範囲の地方利害関係者が，NDAの出先機関及び他の関連利害当事者との間で，結果を成功裏に達成するためにともに活動を行う」ことを狙い，設立を求めたものである。実例

である西カンブリアMRWSパートナーシップは，その構成員を，地元地方公共団体と利害関係者・顧問構成員（他組織）・招待構成員（環境関連団体等）とした。西カンブリア地域では，同パートナーシップの報告書を受け，2013年に3主体の地域代表者による投票が行われたところ，1主体（Cumbria County）で反対とされ，政府もこれを尊重したため，次段階移行手続の受入拒否が確定した。これを踏まえて筆者は，イギリスの地層処分が「地元自治体との合意形成を重要関心事とし，…常に地元自治体が候補地点の申出を撤回することを可能にすることで，その任意性を確保している」（傍点ママ）と評価し，次の3点に注目する。すなわち，①周辺住民，関係行政主体（国・地方公共団体）のほか，「パートナーシップにおける自律的秩序に従った上で環境保護団体をはじめとした地層処分そのものに反対する組織をも参加主体として取り扱うこと」を認める点，②合意形成プロセスが「厳密に法的手続とは言えない」までも，2008年白書という形で国民に示されている点，③西カンブリアMRWSパートナーシップも，合意形成に「段階的な地域代表者による投票という手段」を用い，「国レベルの意思形成」に先立ち「住民の意思を尊重した」点である。

　第2節は，2014年白書が2008年白書を概ね踏襲する点（Ⅱ）や，2018年改訂文書がより詳細な枠組みを提示した点（Ⅲ）などを説明する（272〜288頁）。Ⅱは，2014年白書が，共同体パートナーシップに先立つものとして，政府（主宰者）・開発者・自治体政府の代表・研究者・関係政府当局で構成する「共同体意見表明ワーキンググループ」（作業部会）の創設を打ち出した点などを指摘する。Ⅲは，まず2018年改訂文書が示した詳細スキームにつき，①具体的な候補地の絞込み，②作業部会の機能と構成，③共同体パートナーシップの機能と構成，④科学的・技術的情報へのアクセスという観点から内容を説明する。とくに④では，地層処分事業に係る専門知の取込みプロセスとして，❶同パートナーシップが，政府の独立諮問機関・放射性廃棄物管理委員会（CoRWM）・規制当局からの情報共有や（合意した活動計画に沿って）独立した専門家に特定分野に係る報告や調査を依頼できる点に加え，❷その構成員が，政府と諸学協会との覚書に基づき，「議論がありかつ未解決な科学的・技術的課題」に係る学協会の見解を入手できる点に着目する。その上で筆者は，2018年改訂文書が示した詳細スキームにつき，次の評価を行う。

　第1に，同文書自体の評価である。具体的には，①候補地選定手続において共同体パートナーシップをよりフォーマル化する（公的機関の合意形成の役割を担わせる）一方，その前段階の作業部会でインフォーマルな形で合意形成に係る諸要素を精査する仕組みがとられたこと，②作業部会と共同体パートナーシップの構

成員を見る限り，政府は当事者として積極的に事業推進の旗振りを果たすわけでなく，政府関与の在り方がより間接的になっていること，及び，③共同体パートナーシップのうち，「関連する主要自治体」が正式な受入れに係る意思表示を行う主体である点に変更はない一方で，当該自治体の「撤退権の行使」に係る最終的意思表示に先立ち，他の構成員が「助言」を行うこととする点は，全構成員の意見を反映するスキームの構築を狙うものといえること，などを述べる。第2に，実践事例が残した課題の処理という見地からの評価である。すなわち，2013年に反対の意思を表明したCumbria Countyの担当者書簡を踏まえ，撤退権の法令化問題や住民意思の聴取方法，安全性に関する主張について検討する。さらにⅣは，イギリスの地層処分事業施設が土地利用規制も受けることから，2008年計画法上の大規模施設立地手続の概要，地層処分事業・合意形成手続との関係を分析する。本節の結論として，候補地選定手続の現況につき，2008年白書に示されたパートナーシップ型合意形成モデルの枠組みを踏襲しながらも，作業部会の設立により対象候補地の領域的選定を段階的・着実に行う点と「従前以上に政府が関与する中でも前面に登場しないための詳細なスキーム」が設定された点に変化があると指摘する。ただし，同モデルでの討論内容・考慮要素が2008年計画法の開発同意手続にどう反映されるのかは必ずしも明確でなく，検討の余地が残るという。

2　本書の特徴と意義

次に，本書の特徴と意義を3つ述べたい。なお，先行研究への言及がごく一部にとどまる点をお詫び申し上げる。

第1に，本書を一読すれば，日本の原子力法制の全体像と多くの論点を把握できることである。まず，原子力安全規制と放射性廃棄物処分規制を中心に，核燃料サイクルと原子力災害規制まで網羅的に扱う点は特筆に値しよう。また，各章では各規制の形成過程も丁寧に説明するため，読者は原子力政策の沿革も把握できる。そうした沿革を把握することは，現行制度の課題を深く理解する上で重要であろう。たとえば，原災法の制定・改正経緯（第5章）を知ることにより，同法が福島原発事故に十分に対応できない仕組みと化していた理由や，炉規制法と原子力防災対策の関係について制度設計上の課題が残る理由をよく理解できる。加えて，最新の話題・論点を取り上げる点も注目される。とりわけ，革新的小型原子炉（SMRやAMR）の開発と規制（第4章第4節）は，日本でも関心が高まりつつある話題である一方で，いまだに法学研究の蓄積が乏しい領域であり，それを先導する本書の意義は小さくない。このように，原子力法制全般について多角

的かつ丹念に調査・分析・評価を行う点は，それ自体，本書の大きな特徴といえよう。なお，原子力損害賠償は，本書の検討対象外である。行政法学者による研究として，高橋滋『科学技術と行政法学』（有斐閣，2021年）第2篇第2部（208～312頁）〔初出2011年・2014年・2016年・2019年〕，清水晶紀『環境リスクと行政の不作為』（信山社，2024年）第4章・第5章（145～196頁）〔初出2023年・2018年〕を挙げておきたい。また，本書と同様に，原子力問題について幅広く検討する近時の研究として，山下竜一編『原発再稼働と公法』（日本評論社，2021年）がある。

　第2に，原子力に係る専門知の統制方法として，行政組織・行政手続・司法審査に着目し，それぞれの意義と課題を明らかにしたことである。先端技術の規制は，行政法学の重要関心事であり，原子力法分野は，それが問題となる代表的分野の1つである。たとえば，先端技術に着目した先行研究として，高橋滋『先端技術の行政法理』（岩波書店，1998年）は，原子力技術と遺伝子組換え技術を，同『科学技術と行政法学』（有斐閣，2021年）は，原子力安全規制を中心に原子力法分野を扱っており，寺田麻佑『先端技術と規制の公法学』（勁草書房，2020年）は，AI技術，オンラインプラットフォームサービス，ドローンなどを扱う。いずれも，先端技術を適切に規制する上では，多角的な統制が必要であることを示しており，その点は本書も同様である。本書（第1章）によれば，福島原発事故後，規制と推進の分離を目的として原子力規制委員会が創設され，制度上の改善が図られている。しかし，専門家が諮問機関でなく規制機関に位置付けられたことにより，その「政治的責任を含むかなり負担の重い立場」に立たされており，むしろ多面的な審査が困難となっているとの指摘は，とくに興味深い。三条機関としての原子力規制委員会の在り方は，今後も重要な検討課題であると思われる。

　第3に，イギリス法の分析から有益な示唆を導いた点である。筆者の指摘するとおり，パブリック・アクセプタンスの望ましい実現方法は，各国で異なり得ると考えられ，どの国も大きな困難を抱えつつ，試行錯誤を続けてきた。日本の行政法学においても，原子力分野におけるパブリック・アクセプタンスの重要性は，早くから指摘されてきた。たとえば，保木本一郎『原子力と法』（日本評論社，1988年）第3章〔初出1975年〕・第4章〔初出1981年〕は，アメリカや西ドイツの実践例を参照し，日本の問題を検討している。近時においても，田中良弘編著『原子力政策と住民参加――日本の経験と東アジアからの示唆』（第一法規，2022年）は，東アジアの例を踏まえ，原子力分野における住民参加の在り方を学際的・国際的に検討している。イギリスの実践例を分析した本書は，こうし

た研究の蓄積をさらに豊かにするものであろう。本書は，原子力安全規制（原発設置）と放射性廃棄物処分規制（処分場設置）のいずれにおいても，パブリック・アクセプタンスが必要となること，また，期間と彼此相補性の見地から，処分場設置に係るパブリック・アクセプタンスが同等以上に重要であり得ることを指摘する。原発設置に関しては，本書（第4章）の分析から，安全審査と審問の重複を排して各手続の役割を明確化し，全体の効率化を図ろうとする取組みが進められている現状を詳しく理解できる。処分場設置に関しては，筆者の整理によると，「イギリスの場合，候補地選定手続において『パートナーシップ型』合意形成モデルといった複数当事者の『パートナーシップ』の形成に伴う候補地選定のための『専門知』の共用をはじめとする特殊な試みを経たうえで，候補地が受入に係る選択を行おうとするものである。日本の場合，この合意形成に係る具体的手順は必ずしも十分に事前制度化されていないが，イギリスではかなり詳細な手続を踏まえることが求められ，受入予定の自治体における『撤退の自由』を認め得るプロセスを設けるなど，極力住民への配慮を行うようフォーマル化している点の違いなどが，指摘できる。」という（vi頁）。本書の比較法研究は，読者に対し，イギリスにおけるパブリック・アクセプタンスの理念や国の関与姿勢，専門的知見の共有方法などに係る貴重な知見を提供すると同時に，日本の自治体手上げ方式が合意形成手続を十分に制度化していない実態を浮き彫りにする。本書は，この点でもさらなる研究・実践の必要性を教えてくれる一冊である。

書評 2　　　　　　　　　　　　　　　　　　　　　　　宇那木正寛

宇賀克也『行政の実効性確保
―― 行政代執行を中心として』
（勁草書房，2024年）

1　本書の学術的意義

　著者は，現在，最高裁判所判事である宇賀克也東京大学名誉教授であるが，長年，中央官庁や自治体の審議会などの委員を多数歴任するなどして，国や自治体のの立法政策に対する多大な貢献をされてきた。こうした著者の豊かなキャリアと比類なき分析能力から生み出された論考は常に鋭く，公法はもとより，私法などの他の研究領域においても広く参照されている。さらに，著者の臨床的知見を踏えた精緻な論考は，これを好む中央官庁や自治体においても強く支持されてきたところである。
　本書は，こうした学界を代表する著者による行政上の実効性確保制度についての研究の集大成であるから，学界，実務においても待望の書であることはいうまでもない。副題として「行政代執行を中心として」とはされているが，行政代執行以外の「実効性確保」についての考察も豊富である。本来であれば，本書のすべての項目について，評することが評者としての役割であろうが，少しでも早く，本書の内容を広く一般に紹介したいという思いから，特に評者の関心の高い領域である行政代執行とこれに関連する内容に限定したことについてご寛恕いただきたい。
　さて，本書の中心的テーマである行政代執行であるが，戦後，我が国における行政代執行の研究としてその筆頭に上げるとすれば，広岡隆博士の研究であろう[1]。ただ，近年まで，行政代執行の不活発な時代が続き，また，行政庁による情報提供も限られた状況にあった。このため，岡山市の実施した行政代執行など注目された事例[2]もあったが，研究対象事例が豊富であるとはいえなかった。こうした状況を一変させたのが，平成26年の空家等対策の推進に関する特別

（1）　広岡隆『行政上の強制執行の研究』（法律文化社，1961年），同『行政代執行法〔新版〕』（有斐閣，1981年）など。

措置法（以下「空家法」という）の制定であった。同法の制定を契機に自治体による空家除却の行政代執行が活発化し，こうした状況に伴って北村喜宣教授による多数の研究成果が生まれたのは周知のとおりである[3]。

本書は，行政代執行やその関連分野だけではなく行政法学を中心とした，幅広い領域にわたる先行研究を踏まえ[4]，現行システムの不備に対する解決方法として，新たな解釈論を示すとともに，立法論の観点からも示唆に富む提案をするものである。

2　本書の構成

本書の全体の構成は，次のとおりである。すなわち，「序章　本書の問題意識」，「第1章　行政の実効性確保総論」，「第2章　行政代執行」，「第3章　簡易（略式）代執行」，「第4章　行政代執行の機能不全」，「第5章　強制金」，「第6章　直接強制」，「第7章　行政上の強制徴収」，「第8章　即時強制」，「第9章　行政上の制裁」，「終章　行政の実効性確保のための法整備」である。

このうち，小稿では，前述の理由から，行政代執行およびこれに関連し，特に実務上関心が高いであろう11のテーマを中心に著者の見解を紹介するとともに，当該見解に対する論評を加えるものである。

3　著者の見解及び論評

（1）代執行権限を有する者（本書54頁）

行政代執行法2条は，「法律（法律の委任に基く命令，規則及び条例を含む。以下同じ。）により直接に命ぜられ，又は，法律に基き行政庁により命ぜられた行為（他人が代つてなすことのできる行為に限る。）について義務者がこれを履行しない場合，他の手段によつてその履行を確保することが困難であり，且つその不履行を放置することが著しく公益に反すると認められるときは，当該行政庁は，自ら義務者のなすべき行為をなし，又は第三者をしてこれをなさしめ，その費用を義

（2）市街化調整区域に許可なく建築された4階建ての違法建築物に対する除却の代執行事例。詳細は，岡山市行政代執行研究会編『行政代執行の実務 —— 違法建築物除却事例から学ぶ』（ぎょうせい，2002年）参照。

（3）例えば，北村喜宣『空き家問題解決のための政策法務 —— 法施行後の現状と対策』（第一法規，2018年），同『空き家問題解決を進める政策法務　実務課題を乗り越えるための法的論点とこれから』（第一法規，2022年），同『空き家問題解決を支える政策法務 —— 施策展開のための改正法解釈』（第一法規，2025年）など。

（4）本書では500を優に超える国内外の文献が引用されているとともに，主要な引用文献についてはその詳細な内容の紹介やこれに対する著者の分析も示されている。

務者から徴収することができる。」と定めている。

このうち，「当該行政庁」の解釈をめぐって，「当該行政庁」は命令を発出した行政庁のみが代執行権限を有するとする命令発出権限者説と，「当該行政庁」は，命令を発出した行政庁ではなく，法律上本来的に代執行権限を有する行政庁であるとする法定代執行権限者説の対立がある[5]。

この点に関して，著者は，通常，命令を発出する権限を有する機関と代執行権限を有する機関は一致するので，命令を発する機関が「当該行政庁」になるとしたうえで，命令を発出する権限と代執行権限が分離されている場合には，法律上本来的に代執行権限を有する機関が「当該行政庁」であるとしており，法定代執行権限者説に立つと解される。

命令発出権限者説では，命令発出について権限を委任した以上，当然に受任行政庁が代執行せざるを得ない。現場をよく知る出先機関の長に命令発出の権限を委任することは権限の効率的行使の観点から有効である。他方，代執行の実施が予算確保を含めた行政組織の総力戦であることを考えれば，当該命令権限の受任行政庁が，機関として代執行に必要な権限と能力を備えているといえない場合もある。この点を考えれば，法律上本来的に代執行権限を有する機関が「当該行政庁」であるとする著者の見解は，合目的的といえよう。

（2）法律により直接命ぜられた義務（本書83頁）

行政代執行法は，行政庁により命ぜられた義務だけではなく，法律により直接命ぜられた義務についてもその対象としている。法律により直接命ぜられた義務の例として，これまで例として取り上げられてきたのは，火薬類取締法22条に定める残火薬の廃棄義務や都市公園法10条1項の原状回復義務である。これらの義務が行政代執行の対象として認められるためには，行政行為による具体化を要しない程度の具体的内容を持っていることが必要である。

著者は，この点に関し，代替的作為義務を個別に行政処分で課すほうが，相手方に事前の意見聴取の機会を付与したり理由を提示する等，相手方の手続保障の観点から望ましいといえるので，法律により直接に命じられた代替的作為義務に基づく代執行を行うのは，個別に代替的作為義務を課す行政処分を行うのでは実効性が乏しい例外的な場合に限って認められるべきとする。

---

(5) 両説の対立の詳細については，宇那木正寛『実証　自治体行政代執行の手法とその効果』（第一法規，2022年）3頁以下参照。なお，評者の調査では，国を含め命令発出権限者説の立場で代執行している自治体が多いようであるが，法定代執行権限者説の立場にたって代執行を実施している自治体も少なくない。

行政手続法のもと，特に不利益処分に対する事前手続が重視されている現在，法律により直接命ぜられた義務に対する行政代執行は，実質的に事前手続を回避するものである。

措置命令発出の根拠がある場合にはその手続の定めるところにより代執行を行い，法律により直接命ぜられた義務についての代執行は，そうした措置命令発出の根拠がない場合など限定的に解すべきであろう。著者の手続保障重視の視点は重要である。

（3）「その不履行を放置することが著しく公益に反すると認められるとき」の要件（本書111頁）

行政代執行法2条は「その不履行を公益に反することが認められるとき」にあたることを代執行の要件の1つにしている。この要件については，行政庁が実際に代執行を実施する場合において，慎重に検討されることも少なくない。同要件の充足について，著者は，他者の生命，身体，財産等の重要な法益侵害既に発生しているか，または発生する蓋然性が高い場合や義務不履行が公共性の高い事情の遂行に支障となる場合等を意味するとし，違反の規模が大きいこと，過失による違反ではなく故意による悪質な違反であること等もこの要件該当性を判断する際の考慮要素になるとする。評者もこの見解を支持する。

加えて，著者は，行政代執行法2条の要件としては，明記されていないが，比例原則の観点から代執行により保護される公益と義務者「等」に生ずる不利益を比較衡量する必要があるとする。著者は，具体的例として，義務者が所有する違反建築物を第三者が賃借し，当該建築物の除却により賃借人の立ち退きが必要になる場合を挙げ，こうした場合，義務者の財産的不利益のみならず，立ち退きを迫られる賃借人の不利益も考慮すべきであるとしている。これまで，代執行により保護される公益と義務者に生ずる不利益を比較衡量する必要性については，評者も意識してきたところであるが[6]，義務者以外の第三者の利益についても「公益」要件の1つとして考慮すべきという点は，評者にとっては新たな視点であった。

（4）相続財産清算人に対する行政代執行（本書130頁）

特定空家等の所有者が死亡し，相続人がいない場合の除却の方法として，①略

---

(6) 例えば，除却対象建物に高度の障害を有する高齢者が1人で居住しており，退去を拒否しているケースのような場合である。

式代執行による方法，②相続財産清算人を選任[7]して，その管理に委ねる方法[8]，そして③相続財産清算人を選任し，相続財産清算人を相手方をとして代執行手続を進める方法[9]があるとしたうえで，これら三者を比較し，③の方法を推奨する。

その理由として著者は4つの理由を挙げている。すなわち，1つ目は，除却対象建物内に大量の残置物がある場合，相続財産清算人が残置物の処分権を有することから，残置物の処分に苦慮しないですむという点である。2点目は，代執行に要した費用を国税滞納処分の例により強制徴収できるとともに，国税および地方税に次ぐ先取特権を有し，徴収上有利であるという点である。3点目は，相続財産清算人が，当該土地以外の財産を発見し，その財産を処分して得た収益で自ら老朽化した建物の除却を行う可能性があるとする点である。4つ目は，代執行後の跡地についても相続財産清算人が管理するため，代執行後の跡地について管理について検討する必要がなく，相続財産清算人が跡地を売却できた場合，その売却代金がが相続財産となり，代執行に要した費用の回収に寄与する点である。

こうした相続財産清算人を選任し，同人を相手方をとして代執行手続を進める方法については，板橋区などの事例[10]があるが，著者の見解は，その事例に対する精緻な分析の結果，導出されたものであり，今後，この同種の事例における執行上の指針となりえよう。

ところで，令和5年，空家法の改正により，空家等にあっては，所有者不明土地管理制度（民法264条の8）を，また，管理不全空家等または特定空家等にあっては，管理不全土地管理命令（民法264条の9）や管理不完全建物管理命令（民法264条14）の各制度をそれぞれ市町村が活用できるようになった（空家法14条2項および3項）。

これらの制度により，市町村における空き家対策の選択肢は広がった。こうして新たに民法に定められた財産管理のスキームにおいても，管理人が選任される

---

(7) 市町村長は，空家法14条1項に基づき相続財産清算人の選任を家庭裁判所に請求をすることができる。
(8) 著者は，代執行に要する費用は生じないというメリットはあるが，相続財産清算人の対応次第では，状況が改善せず，現状維持の継続が懸念されるとする。
(9) 著者は，相続財産清算人を選任し，相続財産清算人を相手方として代執行手続を進める方法には，その手続に時間を要するため，この点が略式代執行と比較してデメリットであるとする。
(10) 事例の詳細については，宇那木正寛監修・板橋区都市整備部建築指導課編『こうすればできる　所有者不明空家の行政代執行――現場担当者の経験に学ぶ』（第一法規，2019年）参照。

ことから，これらの管理人を名宛人とする代執行を行うのか，もしくは，管理人にその対応を委ねるのか，または略式代執行を利用するのかについても，本書で著者が示した指針が参考になろう。

　（5）措置命令と戒告の結合（本書139頁）
　措置命令発出の際，既に，行政代執行法2条の要件を満たしている場合において，当該命令と併せて戒告を同時かつ適法にすることは可能であろうか。これを認める裁判例（大津地判昭和54・11・28判タ409号138頁）もあり，また，近年，この手法を用い道路法に基づき老朽化した歩道上のアーケードの撤去を行った新庄市の行政代執行事例も存在する(11)。このような手法が肯定されるのは，手続合理性の観点からである。なお，いうまでもないが，命令発出の時点にいおいおいて行政代執行法2条に定める要件を満たしていることが必要である。
　著者は，行政代執行法2条の要件を満たした段階において戒告を行い自発的履行の機会を付与する趣旨に鑑みれば，緊急性がある場合，緊急代執行を行い，緊急代執行の要件を満たさない場合，措置命令の履行期限ごに戒告を行い，義務者に任意に履行を行う機会を付与するのが原則であるとする。そのうえで，義務者が義務を履行しない意思を明確にしている場合や，資力に欠けることが明確な場合には，任意の履行の機会を付与するという戒告の意義が認められないことになり，かかる場合には，措置命令と戒告を同時に行うことも例外的に許容されるとする。
　評者も著者の見解を支持する。特に代執行着手要件が緩和されている場合（たとえば，空家法22条9項など）の場合には，措置命令と戒告との結合を認めやすく，これにより行政代執行を効率的かつ有効に活用しうるであろう。

　（6）「代執行に要した費用」の範囲（本書209頁）
　著者は，代執行費用の範囲について，いくつかの解釈が成立しうるとしたうえで，文理解釈では結論を導くことはできず，どこまで義務者に負担させ，どこまで公費で負担すべきか，また，義務者に負担させる場合，行政上の強制徴収の対象とすべき範囲はどこまでかという目的論的解釈により結論を導かざるを得ないとする。こうした観点から，①調査費用，②人件費，③物件保管費，⑤代替住居の提供費用および⑥廃棄費用といった具体的費目を個別に取り上げて，その代執

---

(11) 事例の詳細は，宇那木正寛「道路占用物件の除却 ── その課題と対応をめぐって」行政法研究54号145頁以下参照。

行費用該当性について個別具体的に検討を行っている。検討プロセスは，極めて精緻であり，その結論には説得力がある。

さらに，著者は「代執行に至らなかった場合」の費用についての見解も示す。すなわち，代執行費用とは実力行使としての代執行の実行に限らず，戒告から代執行の終了に至る全過程を意味するのであれば，実力行使としての代執行が中止されたとしても，代執行の請負業者が事前に現地を視察して見積を作成した費用や当日の出張費等については，義務者の請求可能という解釈も成り立つとする。ただし，この点については「代執行」を狭義の実力行使として捉えた場合，それが中止された以上，代執行費用は徴収すべきではないとの考え方も成り立つことから立法により明確にすることが望ましいとする。これまで「代執行に至らなかった場合」の費用についての議論は多くはなされてこなかった論点であり，今後の議論が期待される。

(7) 共有物件に係る代執行債務（本書237頁）

数人の共有による特定空家等に対する除却義務は，その性質上不可分な給付について複数の義務者が存在する。この場合，除却義務は不可分債務であることから，連帯債務に準じて，共有者各人が除却の全部の履行についての義務を負うと解される（民430条による民436条の準用）。この際，代執行が実行されれば，当該不可分債務は代執行費用債務に転化するが，これを可分債務と解してよいかという論点がある。

この点に関し，著者は，可分債務とすると，持ち分割合で按分して個別に請求しなければならないが，それは困難な場合があり，そのため代執行に要した費用を徴収できないということになると，社会的公正を害することになるし，代執行自体を躊躇することになりかねないとする。そのうえで，共有物の場合には，地方税法10条の2第1項の類推適用により，義務者が連帯して納付義務を負うことになると解するのが適当であるとする解釈論を示している。また，同項を準用する旨の規定を設けておくことが望ましいとしている。

共有持分に応じた，分割債務とする見解[12]もあるが，行政実務では，連帯債務に準じた扱いがなされている[13]。分割債務として共有持分に応じて請求するのが，義務者の理解を得やすいが，債権の管理を共有者個々に行わなければなら

---

(12) 北村喜宣『空き家問題解決を進める政策法務 —— 実務課題を乗り越えるための法的論点とこれから』（第一法規，2022年）60頁。なお，北村教授は，近年，本書の見解を引用したうえで一人に全額請求できるとの見解に改めている（同『空き家問題解決を支える政策法務 —— 施策展開のための改正法解釈』（第一法規，2025年）143頁）。

ず大変である。また、共有者の1人が義務を履行する場合には、事実上、全額自身で除却に要した費用を負担しなければならない場合もあるのに対し、履行をあえて拒否し、行政庁が代執行すれば、義務者は共有持ち分に応じた費用のみ負担すればよいことになる。これでは、共有の義務者に当該義務の任意の履行を求めることは事実上期待し得なくなるであろう。

以上のように考えると、著者の見解のとおり、連帯債務に準じた扱いをすることには合理性がある。なお、著者は、こうした解釈論とともに、分割債務に比較してより大きな債務負担となることから連帯債務とする明確な法律上の根拠を設けることが望ましいとする。

（8）物件保管義務（本書247頁）

道路法に基づく撤去対象動産のように行政代執行の直接の対象となっている執行対象物件や建築基準法に基づく除却対象建物の中に存置されている動産のように行政代執行の直接の対象となっていない執行対象外物件にどのように対処すべきかという実務上悩ましい問題がある。換言すれば、引取がなされない執行対象（外）物件について執行中あるいは執行後、代執行庁に保管義務があるかどうかという論点である。代執行庁の保管義務を認める裁判例[14]や前述の岡山市の代執行事例のように代執行庁の保管義務を前提とする執行対象（外）物件の保管事例[15]もあるが、保管義務を認めず、執行対象（外）物件の保管を民法上の事務管理と解する裁判例もある[16]。また、実務の趨勢は保管義務はないとする[17]。

著者は、まず、こうした保管義務を認めない立場に対する異論として次の3説を紹介する。すなわち、①代執行庁に条理上の保管義務があるとする説[18]、②執行対象物件および執行対象外物件いずれについても、代執行に伴い行政主体が占有権を取得した物件について、行政主体が信義則上の義務を負うため、義務なく他人の事務を管理するという事務管理の要件を満たさず、民法400条に準じ

---

(13) 土地収用代執行研究会『〔改訂増補版〕土地収用の代執行 —— 行政代執行の法律と実施手続』（プログレス、2014年）111頁は、性質上の不可分債務であるとする。
(14) 代執行庁が保管義務を負うした裁判例として、福岡地行橋支判平成29・7・11判自439号106頁がある。
(15) 岡山市行政代執行研究会・前掲注（2）87頁参照。
(16) 代執行庁が保管義務を負わないとした裁判例として福岡高判平成29・12・20判自439号103頁がある。なお、同判決は、前掲注(15)判決の控訴審判決である。
(17) 小澤道一『逐条解説土地収用法第4次改訂版（下）』（ぎょうせい、2019年）55頁以下など。
(18) 北村喜宣「行政による事務管理(2)」自治研究91巻4号36頁。

〈書評２〉『行政の実効性確保〔宇那木正寛〕

て，相当期間にわたり保管義務を負い，保管義務が消滅した後の保管は，事務管理であるとする説(19)，③代執行に伴って動産等の移動および一次保管が必要になった場合には，合理的期間の保管に要した費用は「代執行費用」であるとする説(20)である。

執行対象（外）物件の保管義務の有無について前述のような議論があるなか，著者は，次のような見解を示している。すなわち，動産の保管や処分については，行政代執行法にも空家法にも規定が置かれていない。本来であれば，建物を除却する義務を負うものは，当該建物内に存置されている動産も自らの責任で搬出すべきであって，措置命令の名宛人が引取りに応ずべき合理的期間までは，行政代執行に密接に関連する事務として，行政主体に保管義務が生じ，名宛人が引取りに応ずべき合理的期間経過により行政主体の保管義務は消滅し，それ以後も行政主体が管理を継続する場合には事務管理として管理することになるとする。

評者は，これまで代執行を実施した行政庁に対するヒアリングを実施してきた。その際の現場担当者の意見として耳にするのは，代執行庁に保管義務がないというのは道理に合わないが，実務の大勢にしたがい，保管義務がないことを前提に事務管理で対処しているというものである。

著者の行政主体に保管義務ありとする主張は，まさに，行政主体（代執行庁）に保管義務ありとする近時の異説とほぼその考え共有するものでり，これまでの実務や裁判例に対し，一石を投じるものとなろう。

（9）条例による簡易（略式）代執行制度創設の可否（本書261頁）

行政代執行法１条は「行政上の義務の履行確保に関しては，別に法律で定めるものを除いては，この法律の定めるところによる。」と定めていることから，略式代執行が賦課された行政上の義務の強制執行であることを前提に，条例で定めることはできないと解されてきた。近年，こうした伝統的な解釈に疑問を呈し，空家対策条例を中心に条例で略式代執行を定める地方公共団体も少なくない[21]。

この点に関し，広岡隆博士は，略式代執行について，行政代執行法に基づいて戒告および令書による通知の手続を経て行われる正式の代執行とは区別されると

---

(19) 宇那木・前掲注（5）21頁から25頁までおよび38頁から39頁まで。
(20) 北村喜宣・須藤陽子・中原茂樹・宇那木正寛『行政代執行の理論と実務』（ぎょうせい，2014年）40頁［中原茂樹執筆］。
(21) 東京都板橋区老朽建築物等対策条例13条２項，豊田市不良な生活環境を解消するための条例14条２項など。なお，空家対策条例以外でも，多久市法定外公共物管理条例13条２項，墨田区特定法定外公共物等管理条例20条３項など多数ある。

ころの公告を前提する略式の代執行であるとする[22]。これに対し，須藤陽子教授は，略式代執行と称される措置の性格は，「代執行」ではなく即時強制であるとし，「公告」や「公示」は，その手続をとったからといって不明の所有者に義務を命ずるものではないとする[23]。また，北村喜宣教授も略式代執行には，命令という前提がなく，したがって「義務」履行確保という把握はできないから，この仕組みに「代執行」という名称を付すのはミスリーディングであるとする[24]。

これらの諸見解に対し，著者は，簡易（略式）代執行には，即時強制を条例で定めることができるにもかかわらず，簡易（略式）代執行は条例で定めることを認めないことは均衡を欠くとする。

このように著者は，略式代執行を条例で定めることについて否定的立場をとっているわけではない。しかしながら，著者と須藤説・北村説とでは，結論に至るアプローチが大きく異なっている。すなわち，須藤説や北村説によるときは，略式代執行が義務を課さないものであることを大前提とし，これにより行政代執行法1条の反対解釈により，条例による略式代執行の制度設計が可能であるという結論を導くことになる。これに対し，著者は，略式代執行が義務を課すものではないことを大前提とするのではなく，義務賦課のプロセスを必要としない即時強制が条例で定めることができるにもかかわらず，簡易（略式）代執行を条例で定めることを認めないことは均衡を欠くことを理由とするものである。

こうした著者のアプローチは，略式代執行における公告による義務賦課の法的効果を肯定する立場とも矛盾はしない。さらに，略式代執行は略式の「代執行」であると解しながら，これを条例で定められないことについて，収まりの悪さを感じている者にとっても，受け入れやすい立論ではなかろうか[25]。評者にとっても新たな気付きとなった見解である。

(10) 運用上の改善策（本書283頁）

著者は，行政代執行法の運用上の改善策として，ドイツにおける公務員研修を例に挙げ，我が国においても，特に地方公務員については，各地方公共団体単位

---

[22] 広岡隆『行政代執行法［新版］』（有斐閣，1981年）40頁。
[23] 須藤陽子『即時強制と現代行政法理論』（信山社，2024年）112頁。
[24] 北村喜宣『空き家問題解決を進める政策法務 ── 実務課題を乗り越えるための法的論点とこれから』（第一法規，2022年）261頁。同旨同『空き家問題解決を支える政策法務 ── 施策展開のための改正法解釈』（第一法規，2025年）133頁。
[25] 著者は，条例で略式代執行を定めることについて否定説も存在することから，行政代執行法を改正して，同法に略式代執行の規定を設けることが望ましいとしている。

〈書評2〉『行政の実効性確保〔宇那木正寛〕

で行うことは困難であることから，自治大学校，市町村アカデミー，全国市町村国際文化研修所（JIAM）などで，行政代執行に関して集中的に研修できるコースを設けることやその研究の講師として民事執行の経験を有する執行官等も含めることを提案する。

　評者は，著者の提案に大賛成である。評者は，自治大学校，市町村アカデミー，全国市町村国際文化研修所においても講師の経験を有する者であるが，こうした研修機関へ派遣される職員は明確な目的意識と高い研修意欲を有しており，効果的な研修成果を期待しうるからである。特に短期的かつ専門の研修に力を入れている市町村アカデミーや全国市町村国際文化研修所においては，カリキュラム改編の際，法理論だけではなく，現実の執行方法や費用徴収の方法を含む臨床的知識についても修得できる研修を是非検討してほしいものである。

(11) 即時強制に要した費用の負担（本書362頁）

　即時強制を条例で定めた場合，即時強制に要した費用を相手方に負担させることができるかどうかについては，議論がある。この点，地方自治法は，地方公共団体が住民に対して課すことができる金銭的負担を地方税，分担金，使用料，加入金および手数料に限定しているため，これらに該当しない即時強制に要した費用は，法律で定める場合は格別，条例では定め得ないとするのが考え方が実務では根強い。

　この点，著者は，即時強制に要した費用を地方自治法に定める分担金，使用料，加入金，手数料のいずれかに当たるとみることには疑問の余地があるとする。他方で，即時強制に要した費用は，即時強制を必要とする外部不経済をもたらした者の負担とすることを原則とすべきであり，条例で即時強制を認めつつも，それに要した費用を相手から徴収できないことは，原因者負担の観点から考えれば疑問があるとする。そのうえで，法律または条例で即時強制を設ける場合には，その費用を相手方に負担させる根拠規範を「法律」により定めることを提案する。

　著者が主張するように，条例で即時強制に要した費用を相手から徴収できるか否かについては，解釈上の疑義を払拭するには十分とはいえず，また，地方自治法の解釈はもとより地方財政法の解釈[26]からしても立法的解決が必要であろう。

4　最後に

　本書では，行政代執行およびその関連領域におけるほぼ全ての論点に対して，先行研究に対する鋭い分析をもとにした精緻な解釈論が提示され，また，解釈が

対立する事項や実務における課題解決のための有意な方策についての立法論が展開されている。本書は今後の我が国における行政代執行制度を中心とする行政の実効性確保のシステムについて，その進むべき方向性を示す羅針盤となるであろう。是非とも勧めたい力作である。

---

(26) 地方財政法10条は，地方公共団体の事務を行うために要する経費については，当該地方公共団体が全額これを負担すると定めており，国や住民からその負担を求めることはできない。即時強制により要した費用も同条の例外ではない。同条に定める地方公共団体全額負担の原則の例外を定めたものが，地方自治法の手数料，使用料，分担金の規定や道路法などで定める原因者負担金の規定である。地方財政が，国の財政運営と密接に結びついている以上，地方財政法10条に定める「地方公共団体全額負担の原則」の例外を定めることは，条例ではできず，法律のみという結論にならざるを得ないであろう。

執筆者紹介
(第60号，掲載順)

宇 賀 克 也（うが かつや）
東京大学名誉教授
〈主要著作〉『行政法概説Ⅰ〔第8版〕』（有斐閣，2023年），『行政法概説Ⅱ〔第7版〕』（有斐閣，2021年），『行政法概説Ⅲ〔第6版〕』（有斐閣，2024年），『行政法〔第3版〕』（有斐閣，2023年），『ブリッジブック行政法〔第3版〕』（信山社，2017年），『地方自治法概説〔第11版〕』（有斐閣，2023年），『判例で学ぶ行政法』（第一法規，2015年），『行政の実効性確保 —— 行政代執行を中心として』（勁草書房，2024年），『国家賠償法〔昭和22年〕』（信山社，2015年），『新・個人情報保護法の逐条解説』（有斐閣，2021年），『自治体職員のための2021年改正個人情報保護法解説』（編著，第一法規，2021年），『自治体のための解説個人情報保護制度〔改訂版〕』（第一法規，2023年），『新・情報公開法の逐条解説〔第8版〕』（有斐閣，2018年），『逐条解説　公文書等の管理に関する法律〔第3版〕』（第一法規，2015年），『マイナンバー法の逐条解説』（有斐閣，2022年），『行政手続三法の解説〔第3次改訂版〕』（学陽書房，2022年），『行政不服審査法の逐条解説〔第2版〕』（有斐閣，2017年），『解説　行政不服審査法関連三法』（弘文堂，2015年），『国家補償法』（有斐閣，1997年），『国家責任法の分析』（有斐閣，1988年），『アメリカ行政法〔第2版〕』（弘文堂，2000年），『情報法』（共編著，有斐閣，1988年），『次世代医療基盤法の逐条解説』（有斐閣，2019年），『行政手続法の理論』（東京大学出版会，1995年），『自治体行政手続の改革』（ぎょうせい，1996年），『行政手続オンライン化3法』（第一法規，2003年），『行政手続と行政情報化』（有斐閣，2006年），『行政手続・情報公開』（弘文堂，1999年），『情報公開法の理論（新版）』（有斐閣，2000年），『情報公開法・情報公開条例』（有斐閣，2001年），『ケースブック情報公開法』（有斐閣，2002年），『解説　個人情報の保護に関する法律』（第一法規，2003年），『個人情報保護法制』（有斐閣，2019年），『個人情報の保護と利用』（有斐閣，2019年），『情報公開・オープンデータ・公文書管理』（有斐閣，2019年），『マイナンバー法と情報セキュリティ』（有斐閣，2020年），『情報公開法 —— アメリカの制度と運用』（日本評論社，2004年），『情報公開の理論と実務』（有斐閣，2005年），『個人情報保護の理論と実務』（有斐閣，2009年），『情報公開と公文書管理』（有斐閣，2010年），『情報公開・個人情報保護 —— 最新重要裁判例・審査会答申の紹介と分析』（有斐閣，2013年），『改正行政事件訴訟法〔補訂版〕』（青林書院，2006年），『Q&A 新しい行政不服審査法の解説』（新日本法規，2014年），『政策評価の法制度 —— 政策評価法・条例の解説』（有斐閣，2002年），『条解国家賠償法』（共編，弘文堂，1999年），『行政組織法の理論と実務』（有斐閣，2021年），『対話で学ぶ行政法』（共著，有斐閣，2003年），『逐条解説　宇宙二法』（弘文堂，2019年）

斎 藤　　 誠（さいとう まこと）
東京大学大学院法学政治学研究科教授
1986年東京大学法学部卒業
〈主要著作〉『バイオテクノロジーの法規整 —— 交差する公法と知的財産法』（有斐閣，2020年），『現代地方自治の法的基層』（有斐閣，2012年）。（以下は地方自治法・行政法の近業から）「種子法の廃止と独自条例の登場 —— 規制改革と地域に根ざした法政策の行方」法学教室525号（2024年），「国家の経済活動関与と租税国家 —— 近代日本からの考察一斑」増井良啓他編『市場・国家と法 中里実先生古稀祝賀論文集』（有斐閣，2024年），「地方自治の法的構造 —— その史的前提」後藤・安田記念東京都市研究所編『都市の変容と自治の展望』（後藤・安田記念東京都市研究所，2022年）

幸田雅治（こうだ まさはる）
　神奈川大学法学部教授
　1979年東京大学法学部卒業，同年自治省（現総務省）入省。内閣官房内閣審議官，自治省国際室長，総務省行政課長，総務省消防庁国民保護・防災部長などを歴任後，2014年から神奈川大学法学部教授。弁護士。
　〈主要著作〉『保育の質を考える』（編著，明石書店，2021年），『行政不服審査法の使いかた』（編著，法律文化社，2016年），『地方自治論』（編著，法律文化社，2018年），『市町村合併による防災力空洞化』（編著，ミネルヴァ書房，2013年）など

木村俊介（きむら しゅんすけ）
　明治大学公共政策大学院専任教授
　東京大学法学部卒，博士（一橋大学）
　〈主要著作〉『パンデミックと行政法』（信山社，2023年），『広域連携の仕組み〔改訂版〕』（第一法規，2019年），『グローバル化時代の広域連携』（第一法規，2017年），『Regional Administration in Japan』（Routledge，2017年）

飯島淳子（いいじま じゅんこ）
　慶應義塾大学大学院法務研究科教授
　東京大学大学院法学政治学研究科修了，博士（法学）
　〈主要著作〉「国地方間の係争処理手続 ── 辺野古事案を題材として」有斐閣オンラインジャーナル記事ID：L2406005（2024年），「地方自治と行政法　再論」太田匡彦＝山本隆司編『行政法の基礎理論 ── 複眼的考察』（日本評論社，2023年），「「社会」改革と行政法理論」宇賀克也＝交告尚史編『小早川光郎先生古稀記念　現代行政法の構造と展開』（有斐閣，2016年）

小西砂千夫（こにし さちお）
　総務省地方財政審議会会長・関西学院大学名誉教授
　関西学院大学大学院博士課程修了，博士（経済学）
　〈主要著作〉『地方財政学』（有斐閣，2022年），『詳解地方財政法』（学陽書房，2022年），『日本地方財政史』（有斐閣，2017年）

勢一智子（せいいち ともこ）
　西南学院大学法学部教授
　1998年九州大学大学院法学研究科博士課程単位取得退学。同年西南学院大学法学部専任講師，同助教授を経て，2007年より現職
　〈主要著作〉「環境アセスメント制度の空間管理の課題 ── 風力発電に対する立地問題を契機として」環境法研究18号（2024年），「ドイツにおける洋上風力発電に関する法政策動向 ── セントラル方式の日本環境法への示唆」環境法研究16号（2023年），「地方分権時代における計画行政の諸相」後藤・安田記念東京都市研究所編『都市の変容と自治の展望』（後藤・安田記念東京都市研究所，2022年）

中嶋直木（なかじま なおき）
　熊本大学大学院人文社会科学研究部（法学系）准教授
　東北大学大学院博士課程後期3年の課程修了，博士（法学）
　〈主要著作〉「現在の『地域』と行政法学」法律時報95巻10号（2023年），「自治体の関与の正統性と法的根拠 ── 安全規制への周辺自治体の関与を中心に」山下竜一編『原発再稼働と公法』（日本評論社，2021年），「裁量基準の条例化に関する諸論点」原島良成編著『自治立法権の再発見　北村喜宣先生還暦記念』（第一法規，2020年）

執筆者紹介

駒林良則（こまばやし　よしのり）
　立命館大学法学部特任教授
　大阪市立大学大学院法学研究科修士課程修了，博士（法学）
　〈主要著作〉『地方自治法入門〔第3版〕』（共編著，成文堂，2024年），『地方自治組織法制の変容と地方議会』（法律文化社，2021年），『地方議会の法構造』（成文堂，2006年）

石川恵子（いしかわ　けいこ）
　日本大学経済学部教授
　2001年明治大学経営学研究科博士後期課程修了，博士（経営学，明治大学）
　〈主要著作〉「地方自治体におけるIT費用・資産が行政コストに与える影響」会計プログレス25号（共著，2024年），「DX推進を見据えた地方自治体の内部統制の構築に向けた考察」會計203巻5号（2023年），『地方自治体の内部統制──少子高齢化と新たなリスクへの対応』（中央経済社　2017年），『地方自治体の業績監査』（中央経済社，2011年）

曽和俊文（そわ　としふみ）
　関西学院大学名誉教授
　1981年京都大学大学院法学研究科公法学専攻博士後期課程満期退学
　京都大学助手，三重大学人文学部助教授・教授，関西学院大学法学部教授，関西学院大学司法研究科教授，同志社大学司法研究科特別客員教授を経て，2022年3月同志社大学を定年退職。現在，関西学院大学と大阪公立大学で非常勤講師。
　〈主要著作〉『住民訴訟の法理と改革』（第一法規，2023年），『現代行政法入門〔第5版〕』（共著，有斐閣，2023年），『事例研究行政法〔第4版〕』（共編著，日本評論社，2021年），『行政調査の法的統制』（弘文堂，2019年），『行政法総論を学ぶ』（有斐閣，2014年），『行政法執行システムの法理論』（有斐閣，2011年）

村上裕章（むらかみ　ひろあき）
　成城大学法学部教授
　1988年九州大学大学院法学研究科博士後期課程単位取得退学
　〈主要著作〉『スタンダード行政法〔第2版〕』（有斐閣，2024年），『行政法〔第5版〕』（共著，有斐閣，2023年），『行政訴訟の解釈理論』（弘文堂，2019年），『判例フォーカス行政法』（共編著，三省堂，2019年），『行政情報の法理論』（有斐閣，2018年），『行政訴訟の基礎理論』（有斐閣，2007年）

船渡康平（ふなと　こうへい）
　信州大学学術研究院（社会科学系）准教授
　2017年東京大学大学院法学政治学研究科法曹養成専攻修了（法務博士（専門職）），2024年博士（法学，東京大学）
　〈主要著作〉『行政法における組織規範の法的性質』（有斐閣，2025年），「紹介：ヤン・ベールマン『第三者による行政管轄の行使』(Jan Behrmann, Ausübung von Verwaltungszuständigkeiten durch Dritte, 2024)──『行政内部過程の把握と統制』補遺」信州大学経法論集18号（近刊），「行政機関による法解釈における裁量の存否」斎藤誠＝山本隆司編『宇賀克也先生古稀記念　行政法の理論と実務』（有斐閣，近刊），「事実認定と行政裁量（1）（2）」行政法研究58号（2024年），59号（2025年）

神橋一彦（かんばし　かずひこ）
　　立教大学法学部教授
　　1987年東北大学法学部卒業，1994年東北大学大学院法学研究科公法学専攻博士課程修了，博士（法学）
　　〈主要著作〉『『憲法と行政法の交差点』（共著，日本評論社，2025年），「公共施設をめぐる『管理』と『警察』——集会の自由との関係を中心に」行政法研究36号（2020年），「公法解釈と自律的法規範」公法研究85号（2024年），「憲法上の法律関係と確認訴訟——在外国民審査権訴訟などを契機として」立教法学111号（2024年），『行政訴訟と権利論』（信山社，2003年），行政救済法〔第3版〕』（信山社，2023年），『行政判例と法理論』（信山社，2020年）など

筑紫圭一（ちくし　けいいち）
　　上智大学法学部教授
　　2006年上智大学大学院法学研究科博士後期課程単位取得退学，博士（法学，上智大学）
　　〈主要著作〉「米国における行政立法の裁量論（1）〜（4・完）」自治研究86巻8号，9号，10号，11号（2010年），「アメリカ行政法における不確実性と裁量審査」行政法研究31号（2019年），「法律規定条例の法律適合性審査」原島良成編『自治立法権の再発見』（第一法規，2020年）

宇那木正寛（うなき　まさひろ）
　　鹿児島大学学術研究院法文教育学域教育学系教授
　　1987年3月広島大学卒業，同年4月岡山市役所入庁。市税滞納整理，例規審査，訟務，情報公開，市長政策秘書，環境などの業務を25年余りにわたり担当。岡山大学社会文化科学研究科非常勤講師，鹿児島大学法文学部教授などを経て2022年より現職。
　　〈主要著作〉『改正個人情報保護法で変わる——自治体防犯カメラの法務と実務』（ぎょうせい，2022年），『実証 自治体行政代執行の手法とその効果』（第一法規，2022年），『行政代執行の理論と実践』（共著，ぎょうせい，2015年），『行政強制実務提要』（編集代表，ぎょうせい，加除式）

〈編　集〉

行政法研究会

創刊第60号特別企画
〈特集〉
地方分権改革の
検証と課題

◆ 行政法研究　第60号 ◆

2025（令和7）年4月25日　第1版第1刷発行　　28460-01012

編　集	行政法研究会
発行者	今井　貴　稲葉文子
発行所	株式会社　信　山　社

〒113-0033 東京都文京区本郷6-2-9-102
Tel 03-3818-1019　Fax 03-3818-0344
info@shinzansha.co.jp
出版契約 No.2025-28460-01012 Printed in Japan

Ⓒ編著者, 2025　印刷・製本／藤原印刷
ISBN978-4-7972-8460-7：012-060-018-N20 C3332
P368　分類323.903.a014　行政法

JCOPY 〈(社)出版者著作権管理機構 委託出版物〉
本書の無断複写は著作権法上での例外を除き禁じられています。複写される場合は、
そのつど事前に、(社)出版者著作権管理機構（電話03-5244-5088, FAX03-5244-5089,
e-mail:info@jcopy.or.jp）の許諾を得てください。

行政法研究

第 59 号

＜巻頭言＞スマホ競争促進法のエンフォースメント〔宇賀克也〕

— * —

【特集】災害法の現状と課題—隣接分野・実務との対話（第 23 回行政法研究フォーラム）
- 1 災害・防災にかかる避難行動と行政による情報発信
  —防災に関する情報的手法の活用の可能性〔村中洋介〕
- 2 巨大災害発生時の自治体対応—災害応急対策における国・地方間関係の在り方〔室田哲男〕
- 3 住民による災後の実践〔窪田亜矢〕
- 4 災害と損害賠償—近時の水防災政策の転換を踏まえて〔近藤卓也〕
- 5 ドイツ電気通信法制小史—収益性と公益の交錯〔福島卓哉〕

【シンポジウム】災害法の現状と課題—隣接分野・実務との対話

　　　出席：村中洋介・室田哲男・窪田亜矢・近藤卓也
　　　司会：斎藤　誠・大久保規子

— * —

【論　説】連載　事実認定と行政裁量（2）〔船渡康平〕

【書　評】
- 1 武田真一郎『自治と参加の理論—住民投票制度と辺野古争訟を中心として』
  （東信堂，2024 年）〔稲葉　馨〕
- 2 石村修・稲正樹・植野妙実子・永山茂樹編著『世界と日本の COVID-19 対応
  —立憲主義の視点から考える』（敬文堂，2023 年）〔榊原秀訓〕
- 3 板垣勝彦『都市行政の変貌と法』（第一法規，2023 年）〔角松生史〕
- 4 榊原秀訓・本多滝夫編著『地方自治をめぐる規範的秩序の生成と発展』
  （日本評論社，2024 年）〔横田光平〕
- 5 成澤孝人・榊原秀訓編著『イギリス保守党政権下の公法訴訟制度改革』
  （日本評論社，2024 年）〔洞澤秀雄〕

【行政法ポイント判例研究】
- 1 御嶽山国賠訴訟控訴審判決〔村中洋介〕
  東京高判令和 6 年 10 月 21 日裁判所ウェブサイト
- 2 環境影響評価書確定通知取消請求事件（横須賀石炭火力訴訟）〔陳　瑤瑤〕
  東京地判令和 5 年 1 月 27 日裁判所ウェブサイト
  東京高判令和 6 年 2 月 22 日判例集未登載

〒113-0033　東京都文京区本郷6-2-9-102　東大正門前
TEL:03(3818)1019　FAX:03(3811)3580　E-mail:order@shinzansha.co.jp

信山社
http://www.shinzansha.co.jp